普通高等教育经济管理类专业系列教材

公司薪酬设计与管理

熊敏鹏　余顺坤　袁家海等　编著

机 械 工 业 出 版 社

本书全面系统地阐述了现代公司薪酬设计与管理的基本理论、主要思路及操作实务，具体分为谋略篇、技术篇、发展篇共三篇十四章。谋略篇概述了薪酬的基本原理与公司薪酬策略的选择；技术篇全面探讨了公司薪酬设计的基础准备、公司薪酬诊断、公司工作分析与岗位评价、公司薪酬调查、公司工资总额与薪资比例的决定、公司各类薪酬制度及不同人员薪酬制度的设计与管理思路与操作实务、公司人工成本控制与调整策略；发展篇介绍了公司能力薪酬、宽带薪酬、股权激励设计及管理的思路与操作实务。综观全书，从理论到实务，具有内容新，知识系统全面，操作性强，管理、教学、查询都适用的特点。

本书适合作为以下部门与人员的教材及参考书：①高等学校人力资源管理、劳动与社会保障、工商管理专业的本、专科、MBA及研究生；②公共管理和财务专业研究人员；③工商企事业单位人力资源（劳动人事）管理岗位专业技能培训参训人员；④公司领导人及具体管理岗位实际工作者。

图书在版编目（CIP）数据

公司薪酬设计与管理/熊敏鹏等编著．—北京：机械工业出版社，2006.7（2025.1 重印）
普通高等教育经济管理类专业系列教材
ISBN 978-7-111-19365-4

Ⅰ．公…　Ⅱ．熊…　Ⅲ．公司－工资制度－高等学校－教材
Ⅳ．F276.6

中国版本图书馆 CIP 数据核字（2006）第 063817 号

机械工业出版社（北京市百万庄大街 22 号　邮政编码 100037）
责任编辑：商红云　版式设计：张世琴
责任校对：李秋荣　责任印制：刘　媛
涿州市般润文化传播有限公司印刷
2025 年 1 月第 1 版第 9 次印刷
169mm×239mm · 22.5 印张 · 434 千字
标准书号：ISBN 978-7-111-19365-4
定价：49.80 元

电话服务	网络服务
客服电话：010-88361066	机　工　官　网：www.cmpbook.com
010-88379833	机　工　官　博：weibo.com/cmp1952
010-68326294	金　　书　　网：www.golden-book.com
封底无防伪标均为盗版	机工教育服务网：www.cmpedu.com

普通高等教育经济管理类
专业教材编审委员会

编 者 的 话

新世纪伊始，北京地区部分高等院校联合成立了经济管理类专业教材编审委员会，组织编写、出版一套适合各校情况、满足本科层次教学需要的管理类专业系列教材。在各校管理学院、系领导及教师的大力支持和参与下，经过一年多的努力，系列教材终于面世了。

改革开放以来，我国管理学科的发展极其迅猛。在这种形势下，各高等院校普遍设置了管理专业，其发展速度之快，规模之大，也是前所未有的。而教材建设一直是专业建设和教学改革的瓶颈。

据对参加编审委员会的院校管理专业的统计，在我们这支协作队伍中，有5个博士点，30多个硕士点，并拥有400多名专业教师，其中不乏教学经验丰富、学术造诣较深的老、中、青骨干力量。编委会认为，集中各校优势，通过合作方式实现教学资源优化配置，编出一套适合各校情况的教材，对加强各校的合作交流，推动师资培养，促进相关课程的教学改革，是一件一举多得的好事。

“质量第一，开拓创新”是我们编写这套教材的指导思想，出版精品是我们的奋斗目标。现阶段应该从教材特色做起。有特色才能有市场，才能为各校师生所接受和欢迎。这套教材具有以下特点：一是内容上有创新，在继承的基础上，反映了当代管理学科的新发展；二是适用、好用，教材编写精练，并留有余地，各教材每章后都附有相配套的作业题；三是有理工科特色，合作院校的教学对象多数是理工科学生。

为了确保教材质量，经过编委会遴选，各门课程教材都由资深的教授担任主编，同时各教材编写组成员相对稳定，教材根据使用情况及时修订，使其常用常新，不断提高。

为了配合各校开展多媒体教学的需要，某些教材编写组将合作制作与教材配套的课件，以方便广大师生使用。

机械工业出版社是我国于20世纪50年代初成立的国家级出版社。数十年来，曾出版过许多在国内外有重大影响的科技和管理图书。改革开放以来曾经承担全国理工科院校管理工程专业全国统编教材的出版发行，为我国管理专业的建设和发展作出了重大贡献。这套系列教材出版得到机械工业出版社的大力支持，谨表示衷心感谢！

普通高等教育经济管理类专业教材编审委员会

2001年10月

前　言

对于公司总经理和人力资源经理来说，设计与管理薪酬制度是一项最困难的人力资源管理任务。薪酬是一把“双刃剑”：使用得当能够吸引、留住和激励人才，可以卓有成效地提高公司的实力和竞争力，从而使公司进入创新的良性循环；使用不当或制度失灵，则会带来危机，如员工的心灰意冷和企业的人心涣散。有一项民意调查结果显示：在所有的职业中，员工们都将薪酬与收益视为最重要或次重要的指标，薪酬能极大地影响员工行为和工作绩效。如何做到让员工将“薪”比心，让员工从薪酬上得到最大的满意，成为现代公司企业应当努力把握的课程。建立全面的、科学的薪酬管理系统，对于在知识经济时代培育公司核心竞争能力和竞争优势，获得可持续发展具有重要意义。

现代公司薪酬体系的设计思路可以从薪酬战略确定、因素综合平衡、建立制

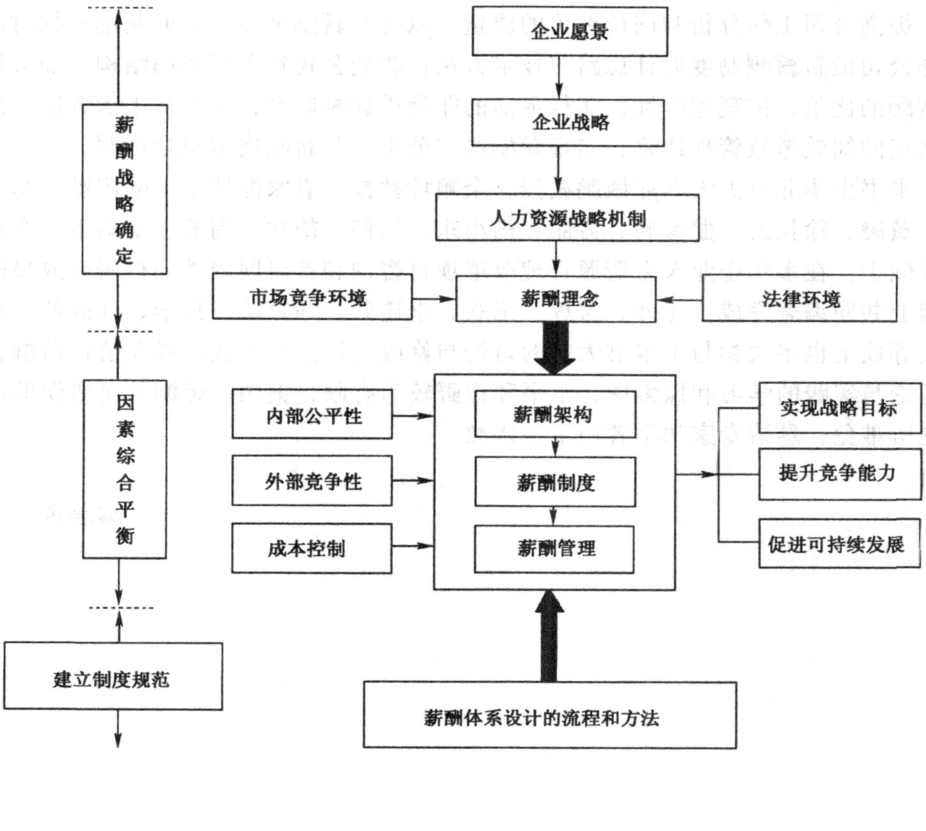

度规范等三个层面展开，具体如上图所示。

在这三个层面的工作中，薪酬战略的确最为重要，因素综合平衡最为复杂，建立制度规范最为繁琐。

在制定公司薪酬的战略时，首先要考虑的是公司愿景与目标，结合公司制定的人力资源规划和原则，充分考虑公司所处的市场环境和社会环境，经过认真的认证，形成不同时期的公司薪酬战略，并且将这一战略进行阶段细化。

因素综合平衡就是在公司薪酬战略的指导下，按照特定的薪酬设计原则，全面考虑各原则的制约因素，从而确定出公司的基本薪酬体系框架和原则，为公司的薪酬制度建设奠定基础。

建立制度规范的过程就是将已经确立的框架和原则，细化为一项项可以操作和执行的公司薪酬规章制度，做到条理清晰，简明易行。公司要宣传这些制度，让每一个员工都了解、明确。这些制度包括了公司薪酬方案组合和变更薪酬方案的方法两大部分。

如何通过重建薪酬体系，让公司的薪酬管理重新焕发活力，发挥积极的激励作用是本书努力解决的问题。在深入分析的基础上，本书给出了重建公司薪酬体系的建议和具体措施：以与公司发展战略相适应的薪酬战略来指导薪酬体系设计；提高公司工作分析和岗位评价的质量，以夯实薪酬体系设计的基础；探讨国内外公司最新薪酬制度设计思路与技术方法；改变公司货币薪酬的结构，加大绩效薪酬的比重，体现竞争性；实行灵活的非货币薪酬制度，提高员工满意度；建立真正的绩效考核管理体系，实现薪酬的“公平”与薪酬成本总量控制。

本书由华北电力大学熊敏鹏教授，余顺坤教授，袁家海博士，欧阳敏、赵玉涛、黄凌、徐长凯、曲彦利、孟丽、杨小东、温伟、胡欢、周健、胡诣生、李秀媛等硕士，在多年企业人力资源管理改革项目咨询和参研国内外同行研究成果的基础上共同编著完成。此外，廖辉、王欢、李连荣、马育苗、孙李、邢丽萍、郝丽媛等硕士也多次参与了本书大纲的讨论与修改工作。由于我们尚在公司薪酬管理理论与实践的学习和探索中，水平和视野较为有限，偏颇、疏漏甚至错误的地方在所难免，恳请专家和学者们不吝赐教。

编著者

目　　录

编者的话

前言

第一篇　谋　略　篇

第一章　薪酬的基本原理 ……… 2

第一节　薪酬的概念………………… 2

第二节　公司薪酬分配的属性与设计目标………………………… 6

第三节　公司薪酬分配的原则与方式………………………… 8

第四节　公司薪酬理论与管理变迁 ………………………… 11

复习思考题 ……………………… 19

第二章　公司薪酬政策 ………… 20

第一节　公司战略对薪酬政策的影响 …………………… 20

第二节　公司生命周期对薪酬政策的影响 ……………… 23

第三节　公司薪酬策略的选择 …… 25

复习思考题 ……………………… 34

第二篇　技　术　篇

第三章　公司薪酬设计的前期准备 ……………………… 36

第一节　公司薪酬设计的基础准备 ……………………… 36

第二节　公司薪酬诊断 ………… 40

复习思考题 ……………………… 67

第四章　工作分析与岗位评价 ……………………… 68

第一节　工作分析 ……………… 68

第二节　岗位评价 ……………… 88

复习思考题……………………… 107

第五章　公司薪酬调查 ……… 108

第一节　公司薪酬调查的工作要素……………………… 109

第二节　公司薪酬调查的实施步骤……………………… 112

第三节　公司薪酬调查应用中的常见问题及解决对策 …… 122

复习思考题……………………… 129

第六章　公司薪酬制度设计及管理（上） ……… 130

第一节　公司工资总额的决定 …… 130

第二节　公司薪资比例的决定 …… 145

复习思考题 …………………………… 152

第七章 公司薪酬制度设计及管理（中） ……… 153

第一节 几种基本工资制度间的逻辑联系 ………………… 153

第二节 岗位工资设计及管理 …… 155

第三节 技能工资的设计及管理 ………………………… 160

第四节 绩效工资的设计及管理 ………………………… 165

第五节 薪点工资的设计及管理 ………………………… 173

复习思考题 …………………………… 179

第八章 公司薪酬制度设计及管理（下） ……… 181

第一节 年薪制设计及管理 ……… 181

第二节 结构工资设计及管理 …… 189

复习思考题 …………………………… 208

第九章 公司各类人员的薪酬设计及管理 …………… 209

第一节 公司高级管理人员薪酬设计及管理 ………………… 209

第二节 公司营销人员薪酬设计及管理 ……………………… 218

第三节 公司研发人员薪酬设计及管理 ……………………… 226

复习思考题 ……………………………… 232

第十章 公司奖金和福利制度设计及管理 ………… 233

第一节 奖金概述 ………………… 233

第二节 公司奖金制度设计及管理 ……………………… 236

第三节 公司福利概述 …………… 245

第四节 弹性福利制度 …………… 248

复习思考题 ……………………………… 251

第十一章 公司人工成本控制与调整 ………… 252

第一节 公司人工成本及特点 ……………………… 252

第二节 公司人工成本统计方法和管理体系构建 ………… 254

复习思考题 ……………………………… 271

第三篇 发 展 篇

第十二章 能力薪酬设计及管理 ………………………… 274

第一节 能力和能力薪酬概述 …………………………… 274

第二节 能力薪酬设计实务 ……… 276

复习思考题 …………………………… 302

第十三章 宽带薪酬设计及管理 ………………………… 303

第一节 宽带薪酬体系概述 ……… 304

第二节 宽带薪酬体系设计 ……… 311

第三节 宽带薪酬体系的有效实施 ……………………… 317

复习思考题 ……………………………… 324

第十四章 公司股权激励设计与管理 …………………… 325
第一节 股权激励的基本原理 …… 325
第二节 股权激励的分类 ………… 329
第三节 股权激励的制度设计 …… 331
第四节 中国股权激励遇到的一些问题及解决思路 ………… 342
复习思考题 ………………………… 345
参考文献 ……………………………… 346

第一篇

谋略篇

第一章　薪酬的基本原理

本章概要：本章主要介绍了薪酬的概念，分析了薪酬的本质及其属性，探讨了公司薪酬分配的目标、理论思想、一般原则、方式方法等基本理论问题。

第一节　薪酬的概念

M 公司是一家成立不久的装饰设计公司，主要业务是面向商场、酒店以及房地产开发商，以大项目为主，定位较高，目标是在 10 年内做到全国同行业排行前 5 名。2003 年，公司的业务非常饱满，但到年底却发现全年利润只有 11%，而且年初公司承诺员工的提成及奖金还尚未扣除。

老板非常震惊，认为是目前的薪酬制度没有起到很好的激励作用，养懒了员工。于是提出 2005 年度要改革薪酬制度。对设计人员一律实行低底薪、高提成的薪酬管理办法，同时与回款率挂钩。要求每个设计人员每个月至少要完成 15 万元的项目，底薪一律为 1500 元（目前为 3000～6000 元），不能完成者降职为设计助理，底薪为 800 元；同时实行自动淘汰机制。

上面这个案例在我们日常生活中很常见，M 公司老板设计的薪酬制度究竟在哪些方面欠考虑呢？本章我们将告诉您什么是薪酬，薪酬的本质是什么，属性是什么，以及薪酬分配的一般原理等基本理论。

一、薪酬的概念

薪酬，不同的人，对其定义不同。美国著名薪酬管理专家米尔科维奇认为：薪酬是雇员作为雇佣关系中的一方所得到的各种货币收入，以及各种具体的服务和福利之和。从这个定义可以看出，米尔科维奇更倾向于把薪酬看作经济的产物。

而美国的薪酬管理专家约瑟夫 j. 马尔托奇奥把薪酬定义为：雇员因完成工作而得到的内在和外在的奖励。内在薪酬是员工由于完成工作而形成的心里形式，外在薪酬则包括货币奖励和非货币奖励。这种对薪酬的定义，更多的是将薪酬作为企业奖励员工，从而提高对员工的吸引，改变、保留和激励的一种手段和工具来看待。

国内学者则认为薪酬是员工从事某个企业所需要的劳动，而得到的以货币形式和非货币形式所表现的补偿，是企业支付给员工的劳动报酬。

笔者认为，薪酬从广义上而言，不仅包括企业向员工提供的经济性的报酬与福利，还包括由于良好的工作环境，企业自身特征和员工工作本身带来的非经济性的心理影响，具体如表 1-1 所示。

表 1-1 广义薪酬的内涵

企业薪酬				
经济性的		非经济性的		
直接的	间接的	工作自身	工作环境	企业特征
基础工资 绩效工资 奖金 红利 年金 佣金 各种津贴	保险 补助 免费工作餐 娱乐设施 带薪休假等	工作的趣味 工作的挑战 工作的责任 工作的成就感 发挥的机会与舞台	友好的同事关系 领导者的个人品质和风格 舒适的工作条件 团队氛围	组织在业界的声望和品牌 组织在行业内的领先地位 组织高速成长带来的机会与前景 组织的文化氛围

在表 1-1 中可以看出，企业向员工提供的薪酬，既包括经济性的，也包括非经济性的。经济性的包括直接的和间接的。直接薪酬主要包括：基础工资，绩效工资，奖金，年金，佣金，股权，红利和各种津贴等。间接薪酬包括企业向员工提供的各种福利，例如：保险，免费工作餐，带薪休假，娱乐设施等。非经济性报酬包括工作自身，工作环境，企业特征带来的影响三部分。工作自身带来的心理影响包括：工作的趣味，工作的挑战性，工作的责任，工作的成就感等；工作环境带来的心理影响则包括：友好和睦的同事关系，领导者的个人品质与风格，舒适的工作条件等；企业特征带来的心理影响包括：企业在业界的声望与品牌，组织在企业中的领先地位，组织高速成长带来的非经济性的机会与前景等。之所以把这些非经济性的心理影响也记入薪酬的组成部分，是因为这些非经济性的心理影响也是影响人们进行工作选择和择业选择的重要因素，并成为企业吸引人才，保留人才的重要工具和手段。

虽然非经济性的报酬是薪酬的重要组成部分，但在设计薪酬制度与进行薪酬管理过程中，我们仍然将我们的注意力集中于企业的经济性报酬的安排上。

在经济性报酬中，主要包括以下组成部分：

1. 基础工资

基础工资是企业按照一定的时间周期，定期向员工发放的固定报酬。基础工资主要反映员工所承担的职位的价值或者员工所具备技能或能力的价值，即分别是以职位为基础的基础工资和以能力为基础的基础工资。在国外，基础工资往往有小时工资、月薪和年薪等形式，在中国大多数企业中，提供给员工的基础工资往往是以月薪为主，即每月按时向员工发放固定工资。

2. 绩效工资

绩效工资是根据员工的年度绩效评价的结果而确定的对基础工资的增加部分，因此它是对员工的优良工作绩效的一种奖励。但它与奖金的差别在于，奖金是一次性的奖励，而绩效工资是随雇员业绩变化的基本工资的累加，是对过去工作行为和取得成就的认可，类似2年调整一次的级别工资。

3. 奖金

奖金也称为激励工资或者可变工资，是薪酬中根据员工的工作绩效进行浮动的部分，分长短其激励，短期奖一般采取非常特殊的绩效指标，长期奖的重点在雇员多年努力的成果如投资回报、市场占有率、资产净收益长期目标上，采取持股、期权等方式让雇员像主人那样工作。奖金可以与员工的个人业绩相挂钩，也可以与他所在的团队的业绩相挂钩，还可以与组织的整体业绩相挂钩，分别称为个体奖励、团队奖励和组织奖励。

4. 津贴

津贴是对职工在特殊劳动环境下劳动给予的附加薪酬，以弥补在恶劣环境下工作的职工健康和精神损失，吸引并稳定职工安心工作，一般以货币形式发放。

5. 福利

福利也是经济性报酬中十分重要的组成部分，而且在现代企业的薪酬设计中占据着越来越重要的位置。在中国企业的市场化改革过程中，为了改变企业办社会的局面，中国企业曾经大幅度削减提供给员工的福利，将福利转变为给予员工的货币报酬，但现在越来越多的企业开始转变观念，认识到福利对于企业吸引和保留人才的重要性。现代公司薪酬设计中的福利在很大程度上已经与传统的福利项目不同，带薪休假、健康计划、补充保险、住房补贴已经成为福利项目中的重要形式，并且根据员工个人偏好而设计的自助餐式的福利计划也成为新型的福利形式，并获得了广泛认可。

6. 股权

股票期权主要包括员工持股计划和股票期权计划。员工持股计划主要针对企业中的中基层员工；而股票期权计划则主要针对中高层管理人员、核心业务和技术人才。员工持股计划和股票期权计划不仅是针对员工的一种长期报酬形式，而且是将员工的个人利益与组织的整体利益相连接，优化企业治理结构的重要方式，是现代企业动力系统的重要组成部分。近年来股权激励已经受到中国企业越来越多的青睐。

薪酬从狭义上讲，包括在广义的范围内，是我们日常生活中以货币形式出现的薪酬，即经济性薪酬。在此不再叙述。本书以下所讨论的薪酬均为狭义薪酬。

二、薪酬的本质

(1) 劳动者与用人单位之间的薪酬关系是双方劳动关系的基本构成部分，是以雇佣为前提条件的。没有雇佣关系，也就不存在薪酬关系。

(2) 薪酬关系是一种交换关系。关系双方用来交换的，一方是薪酬，另一方是劳动。所以，薪酬是劳动、而非其他活动的报酬；薪酬所指向的对象是劳动行为，而不是劳动的结果或其他。因此，如果某种报酬指向的对象不是劳动行为，而是其他，那么这种报酬就不属于薪酬范畴。比如，自由职业者取得的一些收入就不属于薪酬范畴，因为他们用以交换的不是劳动行为本身，而是劳动行为的结果，是自由职业者通过劳动形成的某种方案、设计、程序或者报告等。对于一些企业就某个科研项目资助科研人员，并要求分享科研成果的行为，如果双方对什么时间出成果、出什么标准的成果有严格约定的话，那么这些资助就不具有薪酬性质；如果没有约定，或者约定不严格的话，那么这些资助就具有薪酬性质，起码具有部分薪酬性质。

(3) 既然薪酬关系是以雇佣关系为前提的，而雇佣关系又是一种约定关系，所以，薪酬关系是劳动者与用人单位之间就劳动报酬达成约定的产物。但在双方约定薪酬时，劳动过程还没有发生，双方所约定的劳动报酬——薪酬所指向的对象，就不可能是已经发生或者已经实现的劳动，而只能是预期在未来发生的劳动行为。换言之，薪酬的对象是预期的劳动，而非现实的劳动。

(4) 劳动过程本身同时也是劳动者的生命存在过程，而劳动者所选择的任何一种生命存在方式（通俗一点讲，就是一种“活法”）都需要衣、食、住、行等物质资料加以保证。在以社会分工为基础的商品社会中，绝大多数劳动者获得那些保证他选择的“活法”得以实现的物质资料，是通过为雇主提供劳动，取得薪酬，再通过市场交换实现的。所以，对劳动者来说，薪酬既是劳动者的劳动报酬，又是劳动者选择某种特定“活法”的物质保证；对用人单位来说，薪酬就是用人单位为了得到劳动者未来的劳动而对劳动者选择的这种“活法”做出的物质承诺，也可以看作是对劳动者因为为本单位工作而损失的其他机会成本（为其他单位劳动或者自己经营等）所做的补偿。补偿的最低限度是劳动者维持这种”活法”的最低标准。所以，各国政府规定最低工资标准符合薪酬的内在逻辑。

(5) 作为一种劳动报酬，薪酬既可以是实物形态（包括货币形态）的，也可以是非实物形态的，但货币形态是其基本形态。从逻辑上讲，凡是能够满足人们某种需要的东西都可以作为薪酬，比如住房、食品，或者带薪假期、为员工自主选择的外部培训项目提供学费资助、甚至某些体面的职务头衔等等。但除货币形态外，其他任何实物的或非实物的薪酬形态都不可能满足所有人的需要。只有货币是人人都需要的东西。所以，货币形态是薪酬的基本形态。需要注意的是，在一个组织内并非所有的能够满足员工需要的东西都可以被看作是薪酬项目，比如单位为提高员工的岗位技能而组织的集体性的培训活动、优良的办公条件、在著名企业工作的优越感等等。尽管这些项目确实可以满足一部分员工的需要，但它们并非是劳动的报酬，只能看作是员工得到的薪酬约定之外的额外“收益”。

第二节　公司薪酬分配的属性与设计目标

一、薪酬的属性分析

1. 薪酬的契约属性

雇佣关系是一种契约关系，薪酬内容是雇佣契约的基本构成部分。劳动者和用人单位之间的薪酬契约（约定）主要通过以下三种方式实现：一是通过在雇佣合同（劳动合同）中加注薪酬条款的书面约定方式实现；二是通过双方口头约定的方式实现；三是通过用人单位制定的薪酬管理制度、奖惩规定等“格式化合同”的方式实现。薪酬的契约属性要求用人单位的薪酬发放要按照约定进行。薪酬约定的内容，包括薪酬发放的方式、发放的标准，以及劳动者未来的劳动表现等等。需要指出的是：雇佣双方对薪酬的约定不是一次完成的，在整个雇佣过程中，双方对薪酬的约定是经常发生的。用人单位对某一名员工的任何一次薪资调整，都意味着双方对薪酬进行了重新约定。

2. 薪酬的风险属性

薪酬的风险属性是由薪酬的对象——预期在未来发生的劳动行为的不确定性决定的。由于雇佣双方在约定薪酬时，劳动过程还没有发生，所以双方的薪酬约定是根据各自对劳动者未来的劳动行为的预期做出的；而劳动者未来的劳动行为（表现）在劳动的类别、数量和质量等方面都具有很大的不确定性；所以薪酬对双方都有一定程度的风险性。对用人单位来说，如果员工在后来的实际工作中表现出的工作能力没有预期的高，或者工作中没有预期的那样积极努力，用人单位可能会觉得用这样的薪酬聘用这名员工不值。对员工来说，如果他实际从事的工作对能力、努力程度的要求超出他以前的预期，他可能觉得先前约定的薪酬太低了。

3. 薪酬关系的不对等性

在雇佣双方所形成的薪酬关系中，双方的地位是不同的：雇佣方处于主动地位，劳动者处于被动地位。在雇佣关系发生时，除了部分薪酬内容（如工资数额、发放周期等）劳动者可以和用人单位平等商谈外，大部分薪酬内容劳动者要适应或者接受雇佣方的薪酬管理模式。在雇佣关系存续期间，薪酬项目、数额等内容的调整都是雇佣方控制或主动做出的。

4. 薪酬的刚性

薪酬的刚性，根源于薪酬的契约属性。薪酬数额是雇佣关系发生时双方约定好的；此后，薪酬的每一次发放，都是对从前的薪酬约定的进一步证实。在这种情况下，除了薪酬中按约定可以变动的部分（如绩效奖金）外，其他部分数额的任何变化都意味着有一方没有遵守约定。正因为如此，即使某一名员工的劳动表现没有达到用人单位的预期要求，用人单位也不太容易对他做出降薪的决定。同理，即使某一名员工的劳动表现超出了用人单位的预期要求，用人单位也不可能马上给他增加薪酬，即降薪不易，增薪也不易。薪酬的刚性在实践中表现为：用人单位不会经常调整员工的薪酬标准。

5. 薪酬的弹性

薪酬的弹性是指员工对薪酬的满意度相对于薪酬变化的反应程度。在一个组织内，薪酬的弹性可以从以下三个方面加以考察：一是薪酬的整体弹性，即一个组织整体薪酬水平的变化所引起的员工整体的薪酬满意度的变化大小。二是薪酬的比价弹性。薪酬的比价是指不同层次人才（比如可将人才划分为决策类人、实施类人才、操作类人才等）的薪酬的比例关系。薪酬的比价弹性就是薪酬的比价变化所引起的员工对薪酬满意度的变化大小。三是薪酬的差价弹性。薪酬的差价是指同一层次的人才因经验、任职年限、技能水平、岗位等因素的不同而产生的薪酬差别。薪酬的差价弹性就是薪酬的差价变化所引起的员工对薪酬满意度的变化大小。

综合上述分析，薪酬弹性具有以下特征：

(1) 薪酬的整体弹性具有短期大、长期小的特点，即整体薪酬水平的小幅变化对员工薪酬满意度的影响短期较大、长期则较小。

(2) 薪酬的比价弹性较小，即员工对不同层次人才的薪酬差距变化反应较小。

(3) 薪酬的差价弹性较大，即员工对同一层次人才的薪酬差距变化反应较大。由于薪酬差价是衡量组织内部薪酬公平性的重要因素，所以，内部公平原则在薪酬管理实践中极其重要。

6. 薪酬的增长性

薪酬的增长性是指就全社会的整体薪酬水平而言，单个雇员平均薪酬的绝对额（不考虑实际购买力的名义薪酬）具有不断增长的趋势。

这种增长趋势根源于以下三个原因：

(1) 随着社会生产的物质技术水平的不断提高，单位劳动所创造的价值也不断提高。

(2) 从一个社会经济发展的历史考察，物价水平具有不断增高的趋势，薪酬作为满足大多数劳动者生活和发展需要的物质保证也会不断增长。

(3) 从用人单位内部考察，随着员工岗位任职时间的增长，其劳动技能和劳动效率也会不断提高。薪酬的增长性质，要求用人单位应根据经营情况定期或不定期地适度提高员工的薪酬水平。

7. 薪酬的保障属性

薪酬的保障属性表现在两个方面：一是薪酬是劳动者维持自身及家人生命过程的物质保证，必须及时发放，且数额不能低于满足其最基本生活需要的标准。二是薪酬除了要满足劳动者及其家人当前的生活需要外，还要满足劳动者在患病、生育、伤残、失业、退休等不从事劳动期间的生活需要，所以薪酬应包含劳动者参加社会保险的部分。

8. 薪酬的法律属性

现在各国的劳动法规及其他法规，对薪酬的发放标准、发放方式，以及与薪酬有关的其他方面内容都有许多规定，比如最低工资标准、社保资金的缴纳、个人所得税制度等等。这就使薪酬具有了法律属性。薪酬的这一性质，要求用人单位在薪酬管理中要严格依法操作。

二、公司薪酬设计的目标

康奈尔大学米尔柯西教授在美国薪酬协会一篇题为《变化的一百年》的文章中写到，现代的薪酬制度目标必须把战略的概念引入到薪酬制度设计中来，人力资源战略是为公司战略提供支持，薪酬战略是为人力资源战略提供支持，吸纳、维系、激励优秀员工就是现代薪酬制度设计的战略性目标。具体来讲，薪酬设计通过实现下面三方面的目标来支持组织战略：

(1) 内部协调性。即建立工作评价制度。这种制度明确定义了公司内部所有工作中每个工作的相对价值，薪酬专业人员通过工作分析和工作评估来达到内部协调。其中工作分析是纯粹描述性的，而工作评估则反映了管理层心目中的发展重点以及由此形成的不同岗位的价值和优先程度。

(2) 市场竞争性。这一点在吸引和保留优秀员工时起着非常大的作用，薪酬专业人员通过战略分析和薪资调查来实现市场竞争性。

(3) 承认个人贡献。即承认从事同一工作的不同能力员工的差异。

薪酬专业人员通过设计工资级别和工资范围（指每个级别最低、最高工资标准）来实现合理的工资结构，薪酬设计的三个目标充分体现了公平理论在薪酬设计中的应用。

第三节　公司薪酬分配的原则与方式

一、薪酬分配原则

从根本上思考，企业的薪酬分配的根本原则和重要性主要体现在以下几个方面：

(1) 必须坚持按劳分配的原则。在进行薪资调查的基础上，根据个人劳动付出和所在岗位为其定薪。反对同一时期同工不同酬现象的出现，反对平均主义。

(2) 薪酬分配有利于培育和增强企业的核心竞争能力。核心竞争能力的本质就是承载在企业人力资源（资本）身上的核心知识和技能，以及对这些核心知识和技能的整合、共享及不断学习和创新的能力。企业的薪酬制度不仅仅是企业的一项基本的管理制度，它更是一种机制，是企业培育核心竞争能力的保障。企业确定了自己核心竞争能力所需要员工的知识和技能后，企业薪酬设计就应该向具备这些知识和技能的员工倾斜。这是企业薪酬体系设计的重要性体现，也是企业薪酬体系设计首先应遵循的原则。

（3）薪酬分配必须促进企业的可持续发展。价值分配是人力资源价值链管理的终结，同时也是价值管理的起始。当一次价值创造过程完成时，如果价值分配不合理，那么人们就不会开始第二次价值创造，企业要获得可持续发展，必须解决价值分配中现在与将来的矛盾、老员工与新员工的矛盾及团体和个体之间的矛盾。

（4）薪酬分配必须强化企业的核心价值观。

（5）薪酬分配有利于吸引和留住企业的核心、关键人才。

（6）薪酬分配有利于营造响应变革和实施变革的文化等。

二、薪酬分配的方式

公司薪酬分配的方式主要有以下几种：

（一）计件工资

计件工资，是指对已做工作按计件价支付给劳动者的劳动报酬。

计件工资包含以下内容：

（1）按工作任务包干方法支付给个人的工资。

（2）按营业额提成或利润提成办法支付给个人的工资。

（3）实行超额累进计件、直接无限计件、限额计件、超定额计件等工资制，按劳动部门或者主管部门批准的定额计件单价支付给个人的工资。

（二）计时工资

计时工资是根据员工的实际工作时间和劳动者的工资等级以及工资标准核算和支付劳动报酬的工资形式。计时工资受岗位评估影响，注重工作本身的价值，而不是员工在此岗位上表现出的技能和能力的价值，或是业绩的质量或数量。

计时工资一般分为：

（1）小时计时工资。根据员工的小时工资标准和实际工作小时数计算工资。

（2）日工资。根据员工的日工资标准和实际工作天数计算工资。

（3）月工资。根据规定的月工资标准支付工资。计时工资适应性强，实行范围广，比较简单易行。

（三）岗位工资

岗位工资是指以岗位劳动责任、劳动强度、劳动条件等评价要素确定的岗位系数作为支付工资报酬的根据，工资多少以岗位为转移，岗位成为发放工资的惟一或主要的一种工资支付制度。

它主要的特点是对岗不对人。岗位工资制有多种形式，主要有岗位效益工资制、岗位薪点工资制、岗位等级工资制。但不论哪种工资制，只要称为岗位工资制，岗位工资的比重应该占到整个工资收入的70%以上。实行岗位工资，要进行科学的岗位分类和岗位劳动测评，岗位工资标准和工资差距的确定，要在岗位测评的基础上，引进市场机制参照劳动力市场中的劳动力价格情况加以合理确定。

（四）技能工资

技能工资制确定员工工资水平的标准是员工的技能类型和水平，而不是其所任职位的特征。

技能工资制与岗位工资制相比有以下特点：

(1) 技能工资评定的依据是技能特征而不是职位特征。

(2) 员工技能掌握程度也要被评定。

(3) 在技能工资制中，员工职位改变但工资可能不变。

(4) 在决定员工工资水平时很少考虑资历因素。

(5) 员工升职加薪的机会相对会更多。

（五）绩效工资

绩效工资制度的前身是计件工资，但它不是简单意义上的工资与产品数量挂钩的工资形式，而是建立在科学的工资标准和管理程序基础上的工资体系。它的基本特征是将雇员的薪酬收入与个人业绩挂钩。

业绩是一个综合的概念，比产品的数量和质量内涵更为宽泛，它不仅包括产品数量和质量，还包括雇员对企业其他贡献。企业支付给雇员的业绩工资虽然也包括基本工资、奖金和福利等几项主要内容，但各自之间不是独立的，而是有机地结合在一起。

（六）年功序列工资

年功序列工资制是一种简单而传统的工资制度，它是按照雇员工龄的长短和雇员工龄应计的工资额确定，与终生雇佣制相关联。基本特点是依据雇员个人年龄、工龄、学历、经历等要素来确定工资标准，年龄越大，企业工龄越长，工资越高。

（七）年薪制

年薪制是以年度为单位，根据经营者的生产经营成果和所承担的责任、风险等确定其工资收入的工资分配制度。该制度所遵循的原则是按要素分配，多劳多得。经营者年薪收入与普通职工工资收入分离，责任、风险、利益相统一。

年薪制的优点主要表现在以下几方面：

(1) 经营者收入较高，高收入能充分调动经营者的积极性。

(2) 高收入是与责任、风险直接挂钩的。

(3) 年薪制的核心是把经营者的收入与职工分离，克服目前经营者收入与本企业职工收入互相拉动，避免造成国有资产流失和收入分配过分向个人倾斜的弊端。

(4) 高薪养廉总比低薪养贪好。

年薪制在实际操作中，也存在一些弊端，具体表现为：

(1) 高级管理人员年薪最高多少，最低多少为合理，无客观标准。

(2) 建立企业家职业市场和利益风险机制是推行年薪制的基本条件。

(八) 职务工资

所谓职务工资制，是首先对职务本身的价值做出客观的评估，然后根据这种评估的结果赋予担任这一职务的从业人员与其职务价值相当的工资的这样一种工资制度。这种工资体系建立在职务评价基础上，职工所执行职务的差别是决定基本工资差别的最主要因素。职务工资制依据职务这一不含任何个人特征的因素来决定工资的主体部分，因而被称为“属职工资”。

(九) 能力工资

一个人能力大小，特别是表现出来的能力大小，与工资相对应就是能力工资制。

运作能力工资制的条件：

(1) 企业需求的专门人才，要依赖外部劳动力市场。

(2) 企业内部员工的竞争非常激烈，由于外部劳动力市场很发达，引导着教育发展。

(3) 流动非常频繁，流动量很大。

(4) 这套工资制度在运行过程中不利于新技术的采用，使新技术的采用受到阻碍。

第四节 公司薪酬理论与管理变迁

一、薪酬理论的发展与演变

(一) 古典经济学的工资理论

在早期的西方经济学著作中，已经开始论述到有关工资的一些问题。虽然他们的论述未形成一个完整的理论体系，但却为以后的工资理论研究奠定了基础。

(1) 亚当·斯密的工资理论。亚当·斯密是最早对工资进行分析和研究的经济学家之一。他认为：工资是财产所有者与劳动者相分离的情况下，作为非财产所有者的劳动者的报酬。因此，工资水平的高低取决于财产所有者即雇主与劳动者的力量的对比。对于影响工资增长的因素，他认为主要是由于每年增加的就业机会：即对劳动者的需求大于劳动者的供给，导致雇主们竞相出高价雇佣劳动者。

而对于劳动者需求，他认为必定随着预定用来支付劳动工资的资金的增加而成比例地增加，资金的增加是因为生产扩大和国民财富增加的缘故。

(2) 最低工资理论（维持生存工资理论）。在亚当·斯密之后，西方古典经济学家威廉·配第最早提出了最低工资理论。魁奈和李嘉图等人又在配第的基础上进一步发展。这种理论认为：工资和其他商品一样，有一个自然的价值水平，即最低生活资料价值：或者说工人的工资等于其最低生活费用。

根据最低工资理论，工人的最低工资不取决于企业和雇主的主观意愿，而是市场竞争的必然。工人和资本家作为劳动力市场上利益对立的双方，在劳动力供大于求的情况下，受追求剩余价值最大动机的驱使，资本家必然千方百计压低工人工资，但不能无限制压低，因为客观上存在一个最低工资限度，这就是维持工人极其家属的最低生活水平。如果工资水平下降到维持其生存的水平之下，必然结果将导致劳动力再生产下降一导致劳动力的供给减少。所以，不少政府相继制定了最低工资保障法律，保护劳动力的供给和实施政府的宏观调控。

(3) 工资基金理论。该理论的主要倡导者是约翰．穆勒，其主要观点是：

1) 资本是工资的决定性因素。理由是工资是资本的一个组成部分，其与机器、设备、原材料等投入一起组成资本总额。而且在一定的时期内，对一个国家而言工资支出是一个相对固定的量。这一相对固定量即为工资基金总额量的大小。

2) 在工资基金一定的情况下，工人的工资水平取决于工人人数的多少。工人人数多，工资就低；工人人数少，工资就高。

因此根据工资基金理论，在国家总工资规模和水平确定的情况下，工人和企业组织之间工资的变动是此消彼涨的关系，即一部分工人或企业工资增加是以另部分工人或企业工资减少为代价的。同样的，如果用于劳动者报酬的部分多了，工资的增长就会影响资本的增长，进而影响生产的发展，使下一个生产周期的资本和工资减少，所以工资增长不能影响资本增长。因此，若雇佣劳动者的就业总基金没有增加，或者劳动力市场的劳动力供给量不减少。工资总额不可能增加；用作支付劳动力的资金不减少，或者领取工资的劳动力人数不增加，工人的工资水平也不会下降。

工资基金理论相对于最低工资理论而言，应该说具有较多的合理成分。其能够解释随着经济社会的发展，资本的增长，薪酬具有增长趋势。

（二）现代西方经济学的工资理论

1. 边际生产力工资理论

边际生产力工资论是现代工资研究的基础理论，这个理论被认为是对长期工资水平做出的令人满意的解释。这一理论主要与美国著名经济学家约翰．克拉克相联系。

克拉克利用边际分析法，创立了边际生产力分配理论。该理论认为，在充分竞争的静态环境里，生产的两个决定性因素——劳动和资本，将依据自己对生产的实际贡献来公正地获得自己的收入。工资则取决于劳动边际生产力，也就是说，雇主总是力图使工资和他所雇佣的最后一个工人所增加的产量的价值相等。如果所增加的产量价值小于所付给的工资，雇主就不会雇佣他；相反，如果所增加的产量价值大于所付给的工资，雇主就会增加工人；一致到所增加的产量价值等于所付给的工资时，雇主才不会增加或减少工人。这样，工人的工资水平就由最后雇佣的工人的产量价值来决定。

显然，这一理论是以劳动力市场完全竞争和劳动力自由流动的理想假设为前提的。但是现实情况并非如此，企业中各种复杂因素，使得工人的边际劳动生产力难以计算。所以，工资并不决定劳动者的边际生产力，而是在一个较长的时间内，围绕着边际生产力摆动。尽管该理论由许多不足之处，但它建立起了工资和生产力之间的本质联系，开创了工资问题研究的新时代。

2. 集体谈判工资理论

这一理论是由美国的约翰·克拉克、英国的庇古等经济学家创立的。该理论认为，工资决定于劳动力市场上劳资双方的力量的对比，是劳资双方在工资谈判中的交涉力量抗衡的结果。在工业化早期，劳资双方的谈判是在单个之间进行的，后来由于工会力量的发展壮大，劳资双方的谈判就趋向于集体谈判方式，由资本家联合组织与工会组织之间集体谈判决定工资。在谈判中，双方均有工资的上限和下限。所以，工资谈判实际上是在工资上限和下限之间进行讨价还价，谈判结果是近于上限还是下限，表面上看似乎取决于双方力量的对比，但实际上，其背后仍是经济因素在起作用，因为双方都要受到各种经济因素的制约。

3. 人力资本理论

严格地说，人力资本理论不是工资决定理论，但它对工资的决定具有重大的影响。人力资本思想早在亚当·斯密和马歇尔等人的思想著作中就已经具备，但都未作深入的研究。20 世纪 50 年代末，美国经济学家西奥多·舒尔茨正式提出人力资本理论，后来加里·贝克尔又进一步加以发展。

该理论认为，人力资本是通过人力资本投资形成的。这些投资包括教育培训支出、卫生保健支出、劳动力国内和国外流动支出，以及获取相关信息的支出等。此外，人力资本投资实际上还包括了为了补偿劳动力消耗，在衣、食、住等方面的支出。不过，这种支出是人的生理需要所必需的经常性支出，一般不计算在内。人力资本投资的目的是为了获取收益，只有当预期收益的现值不低于投资支出的现值时，政府、企业或个人才愿意投资。

一般而言，人力资本的投资直接影响了人力资本的存量。雇员人力资本存量越高，劳动生产率也就越高，因而在劳动力市场上获得的报酬也越高。从这个意义上看，该理论可以很容易解释现实中雇员工资之间的差异和变动，比如，学历与个人薪酬收入成正比的现象。

4. 分享工资理论

分享经济理论由美国麻省理工学院的经济学教授马丁·魏茨曼在1984年提出。他从分析企业劳动报酬的形式入手，把传统的固定工资制度改为分享工资制度，将工人和雇主的利润联系起来，主张以分享基金作为工人工资的来源，它与利润挂钩，工人与雇主在劳动力市场上不再是拿固定工资，而是就双方在利润中的分享比例达成协议。利润增加，分享基金增加；反之，利润减少。

这一理论改变了传统的工资分配制度，认为工资不再具有刚性，而是随着利润的增减而变动。目前国内外许多企业广泛实行的利润分红制和利润提成制等薪酬分配形式，被认为是比较成功的方式。如何运用薪酬制度来建立和谐的劳资关系，调动员工的积极性，应该说提供了一种思路。

5. 均衡价格工资论

均衡价格工资论的理论基础，是英国经济学家马歇尔创立的均衡价格论。它指出，工资是劳动的供给和需求达到均衡时价格。

从劳动的需求方面来看，正如边际生产力工资理论所指出的，随着企业雇佣劳动力的增加，劳动的边际生产力不断下降，由此决定了企业愿意付出的报酬水平也逐渐下降。

短期来看，企业将根据员工薪酬的升降确定其对员工的需求量，基本的取舍准则是员工的边际生产力与薪酬的比较。由于对劳动的需求是派生性需求，当企业生产的产品的需求量上升，从而产品的价格上升，企业收益增加，从而使企业对劳动的需求量增大。

长期来看，薪酬提高对企业的劳动需求将有重大的影响，从社会角度来看也是如此。这是因为员工的薪酬提高以后，对劳动需求的减少将在两个方面同时表现出来。一方面，由于产品效应对劳动的需求减少。当员工的薪酬提高，会导致劳动成本（生产成本）提高。若产品的市场价格不变，则企业产出水平下降，直接导致企业对劳动的需求下降。另一方面，由于替代效应对劳动需求减少。在短期，当薪酬提高时企业还难以对资本的数量进行调整；在长期，当薪酬提高时，企业将易于以资本替代劳动，从而使劳动的需求减少。

从劳动的供给方面来看，劳动的供方提供的劳动的供给价格，包括劳动者养活自已和家庭，接受教育、训练、医疗保健等方面的费用，以及劳动对劳动者来说的负效用。随着薪酬水平的提高，劳动者愿意提供的劳动也在不断增加。这也不排斥在有些情况下，由于薪酬水平的提高，劳动者愿意提供的劳动减少。

对于工资理论，此外比较具有代表性的还有购买力理论、效率工资理论、和劳动力市场歧视理论等等。纵观上述种种工资理论，不同的学者从不同的角度对影响工资和决定工资的因素进行理论的研究和探讨，尽管大都从宏观的角度加以论述，且或多或少存在着一些不足之处，但他们对现代企业薪酬管理制度的确立和制定，仍具有一定的指导意义。

二、公司薪酬管理的变迁

总的说来，传统薪酬管理的变迁可以归结为以下三个阶段：

1. 早期工厂制度阶段——把工资水平降低到最低限度的观点

在前工业革命时期，当时的工人习惯于家庭或农村生活，不喜欢接受工厂管理的约束，工作时间随意性大，工厂面临的最大困难在于培养“工业习惯”。当时的情形正如一个观察家所描述的那样：“一个人在四天时间里如果能挣到足够维持七天生活的钱，那么他就会把那三天作为休息日。换句话说，他就会挥霍放荡地过日子。”（J. 鲍威尔，1772）。在这样的背景下，重商主义经济学派的研究结果是：“收入与所提供的劳动之间的关系是负相关的，也就是说，当工资增加时，工人宁可去花掉他们的钱，等钱花光以后，需要更多的钱时再去工作”（A. 雷恩）。因此，在很长一段时间里，雇主们认为：“最饥饿的工人就是最好的工人”。他们就尽可能地降低工人的工资，让工资稳定在最低水平上，使工人刚刚能够维持生计，争取“让工人尽快把钱花完，然后不得不回到工厂工作。”但是，为了吸引熟练的技术工人，这些雇主又不得不为他们提供稳定的较高水平的工资。于是，雇主们为了在两者之间实现平衡，就采用了各种不同的物质刺激方法。

在这个时期，工厂薪酬的支付沿用了家族制简单的计件付酬办法。在那些劳动密集型的工厂里，工资激励使用得相当广泛，那里的劳动力成本在总成本中占有很大比例，劳动报酬与个人表现紧密相关。当时，也有部分企业采用团体计件计划。比如，大多数煤矿实行小组工作。由于当时衡量工人表现的标准是以历史形成的平均工时为基础，而不是以工作本身及完成任务应当花费的时间的研究为基础，因此“小组的计件计划虽然是在实践中形成的，但却大都没有效率”（皮奇和雷恩，1992）。

为了充分发挥工资的激励作用，少数管理学者提出了利润分享计划作为固定工资的补充。比如，巴比奇提出的利润分享计划包括两个方面。①工人的部分工资要视工厂的利润而定。②工人如果能提出任何改进建议，那么就应获得另外的好处，即建议奖金。除了分享利润外，工人们按照他们所承担的任务的性质获得固定工资。这样，按照利润分享计划，工人作业组合将会采取行动，淘汰那些使他们分红减少的不受欢迎的工人（A. 雷恩）。应该说，在工厂制度逐步成熟的过程中，企业主已经意识到薪酬在管理中的地位和作用。

2. 科学管理阶段——围绕工作标准和成本节约展开的薪酬政策

在科学管理时代，“以高工资提高生产力，降低产品单位成本”的思想得到了发展。当时的观点认为，最好的办法就是把劳动报酬与劳动表现联系起来。利润分红能够鼓励工人以更低的成本生产出更多的产品，因为他们能分享盈利。

弗雷德里克.W·泰罗（Frederick W. Taylor）不赞同当时正在实行的利润分享计划，认为利润分享计划不能促进个人抱负的实现，因为不管人们做出的贡献大小，所有的人都参与分享利润。而且，按照时间接近的心理原则，这种制度“获得奖赏的日子太遥远”，在一年终了时分享利润并不能激励工人在每天都做出最大的成绩。1895 年，他针对工人的“偷懒”提出了差别计件工资制度，作为“部分解决劳动力问题的进一步措施”。

这个计划包括三部分内容：①通过工时研究进行观察和分析以确定“工资率”，即工资标准。②差别计件工资制。③“把钱付给人而不是职位”。泰罗认为，如果采用差别计件工资，一旦工作标准确定下来，差别计件制就能产生两方面的作用：使得达不到标准的工人只能获得很低的工资率，同时付给确实达到标准的工人以较高的报酬（W. 莱特尔，1942）。在此基础上，甘特发明了“完成任务发给奖金”的制度，实现了泰罗制所无法达到的鼓励工人相互合作的目的。根据这个制度，如果工人某一天完成了分配给他的全部工作，他每天将得到 50 美分的奖金。他建议，工人如在规定时间或在少于规定时间内完成任务，他们除了可得到规定内的报酬外，还能按该时间的百分比获得另外的报酬（甘特，1916 年）。

此外，甘特采纳了一位同事的意见：一个工人达到标准，工长就可以得到一笔奖金；如果所有的工人都达到标准，他还会得到额外的奖金。甘特认为，给工长这种额外奖金是为了“使能力差的工人达到标准，并使工长把精力用在最需要他们帮助的那些人身上”（甘特，1916）。可以说，这是最早关于管理者薪酬激励的表述。与此同时，利润分享计划也得到修正和改善。1938 年，约瑟夫.F·斯坎伦针对团体激励提出薪酬计划。当时，他所在的拉角公司处于破产的边缘。斯坎伦在同钢铁工人工会职员商量以后，制定了一个工会管理当局合作提高生产率的计划，该计划在工人节约劳动成本时给予奖金。这项计划使得拉角公司免于破产。

斯坎伦计划的核心是建议以计划和生产委员会为主体寻求节省劳动成本的方法和手段，不对提出建议的个人付给报酬，整个计划的首要原则是以团体为目标，强调的是协作与合作而不是竞争，任何一个人的建议都能使大家得到好处。在整个工厂或整个公司范围内付给报酬，鼓励工会管理当局进行协作以降低成本和分享利润。斯坎伦计划独特之处在于：①对提出的建议实行团体付酬。②建立讨论和制定节约劳动成本的联合委员会。③工人分享的是节省的成本，而不是增加的利润。

可以看出，这个时期完成了从“低薪”到“高薪”刺激理念的根本转变。

“最饥饿的工人就是最好的工人”的观点逐渐被“最廉价的劳动力是得到最好报酬的劳动力；正是由于得到最好报酬的劳动力去操纵机器，才保证了相对于资本投入的最多的产品”（阿特金森）的观点所替代。当时流行的观点是：如果雇主支付低工资，产量就会下降；但是，如果工人得到了高工资，并且与机器相结合，产量就会提高。为了证实这个结论，舍恩霍夫对各国的情况进行比较以后之后，发现支付工资最高的国家其成本最低（J. 舍恩霍夫，1893）。当时匹兹堡制钉工人的工资收入是英国同类工人的10倍，而前者铁钉的成本却只有后者的一半。这样，“高工资、低成本”的观点便在企业中得到确立。

3. 行为科学阶段——适应员工心理需求的薪酬制度

人际关系学派认为，“工作中的人同生活中其他方面的人没有多大差别。他们并不是彻底的理性生物。他们有感情。他们喜欢感到自己重要并使自己的工作被人认为重要。当然，他们对自己工资袋颇感兴趣，但这不是他们关心的主要问题。有时候，他们更关心的是他们的工资能确切地反映他们所做的不同工作的相对重要性”（勒特利斯贝格尔，1950）。因此，一些企业为满足个体心理需求而进行不同的尝试。

詹姆斯 .F. 林肯尝试并试验了一种以经验为基础的方法。他认为，对工作的自豪、自力更生以及其他久经考验的品德正在消失，为了恰当地解决这个问题，就要恢复个人“明智的自私自利”。激励人们的主要因素不是金钱、安全，而是对他们技能的承认。林肯计划试图使职工的能力得到最大的发挥，然后按照他们对公司成功做出的贡献发给“奖金”。结果表明，与克利夫兰地区其他制造工人的工资水平相比，林肯电气公司没有停工，也几乎没有职工离职现象，个人生产率是整个制造业平均生产率的5倍，每股的平均股息稳定上升，产品价格稳定下降，而工人的奖金保持在高水平上（F. 林肯，1951）。林肯电气公司的个人刺激计划一直得以延续执行，使企业一如既往地取得成功。这些做法在现在的美国还仍然获得很高的评价（C. 汉德林，1992）。

怀延·威廉斯最先提出工资权益理论。他认为，从工人的角度看，工资是相对的，也就是说，重要的并不在于一个人所得到的绝对工资，而在于他所得到的相对工资。到20世纪60年代，埃利奥特·雅克（1961）与约翰·斯泰西 . 亚当斯等人（1963）的公平激励理论发展了这种观点，即工资分配的公正是社会比较的结果。他们认为，一个人对薪金的感觉至少基于两种比率：①所得工资相对于他人工资的比率。②其“投入”（即所付出努力、受教育水平、技术水平、培训、经验）相对于“产出”（薪金）的比率。因此，他们强调了薪酬调查在薪酬决策中的地位。

从整个过程来看，在传统的薪酬管理思想中，薪酬政策考虑的因素往往是多维度的，“证据表明，工资刺激的效力是如此依赖于它与其他因素的关系，以至于不能将它分离出来作为一个独立的因素来衡量效果”（勒特利斯贝格尔和迪克森，1939）。

三、现代薪酬管理的新发展

传统薪酬管理思想关注的基本点是一般员工的工作效率，支付薪酬是为了降低员工的“偷懒”程度。到了20世纪70年代，美国职工持股运动持续了将近10年时间，“职工可以拥有公司所有权”的思想逐步为许多企业所接受。特别在委托代理理论提出后，经济学和管理学界将这种思路用于解决管理者报酬问题，提出把经理人报酬与企业业绩捆绑在一起，使经理分担部分经营风险，并努力提高企业的经营业绩，从而使委托人（企业所有者）和代理人（企业经理）的目标趋于一致。这样，经理人报酬中与股票价值相联系的长期报酬比重越来越高。20世纪90年代以后，管理界开始关心薪酬如何与新出现的管理变革，如柔性化、团队管理、流程再造等情况相适应，使得股票期权和职工持股制度推广得更为普遍。除此之外，还从广义的薪酬涵义出发，提出相对柔性的新型薪酬制度。

这个时期的薪酬管理强调的是员工的主动性、协作性和创新性的发挥，而不是传统的对“偷懒”行为的约束。一般认为，薪酬并不是简单对员工贡献的承认和回报，更应该成为公司战略目标和价值观转化的具体行动方案，以及支持员工实施这些行动的管理流程。大量案例表明，企业开始尝试可变薪酬制度，倾向于按业绩和竞争优势付酬，薪酬的概念已经突破“金钱”与物质的范畴，间接收入（福利）和一些非经济性报酬（心理收入）在薪酬设计中的地位越来越重要。之所以出现这种情况，主要原因是对员工的需求又有了新的认识。许多员工既重视工资和收益，同时又在意工作环境和发展机会，无论任职的形式如何，都倾向于认为自己是在为自己工作。因此，除了各种形式的收益分享计划外，薪酬制度又有了一些新的变化。

1. 宽带薪酬制度

这种薪酬体系将原来报酬各不相同的多个职位进行大致归类，每类的报酬相同，使同一水平工资的人员类别增加，一些下属甚至可以享受与主管一样的工资待遇，薪酬浮动幅度加大，激励作用加强。一些学者认为，这种薪酬模式突破行政职务与薪酬的联系，有利于职业发展管理的改善，建立一种集体凝聚力，适应组织扁平化造成晋升机会减少的客观现实。当然，由于操作性问题，这种薪酬体系还在继续接受实践的检验。

2. 以技能与业绩为基础的薪酬体系

20世纪90年代以来，西方企业的技能工资体系和收益分享体系发展迅速。面对技术人才的独立性，各国公司的对策就是制定有竞争力的薪酬计划来同其他公司竞争，吸引更多人才。为了适应新的环境，一些企业开始改变传统以职务或工作价值确定报酬的做法，采用以“投入”（包括知识、技能和能力）为衡量依据的薪酬制度，鼓励员工自觉掌握新的工作技能和知识。这种做法适应了知识经济本质与特征。同时，为了更好地激励员工，大量的企业也采用了以业绩为基础的收益分享薪酬体系。这种政策的出发点不仅是为了降低成本，而更多的是为了强化员工的归属感和团队意识。

3. 泛化的薪酬政策

John E. Tropman（1990）提出定制性和多样性整体薪酬计划。他提出应该把基本工资、附加工资、福利工资、工作用品补贴、额外津贴、晋升机会、发展机会、心理收入、生活质量和个人因素等统一起来，作为整体薪酬体系来考虑。而且，这种方法的背后必须把“以业绩为主”的薪酬理念作为基础，在投资和奖励之间实现合理平衡，以满足员工对非现金薪酬成分的要求。这种非常规的薪酬模式刚提出时，没有企业敢进行尝试，后来为“美国薪酬协会”所接受，并逐步得到推广。这说明，非货币薪酬的作用越来越受到西方企业的重视。

复习思考题

1. 薪酬包括哪些经济性、非经济性报酬？
2. 薪酬的本质是什么？
3. 薪酬的属性有哪些？
4. 薪酬的分配目标是什么？
5. 薪酬的分配原则是什么？
6. 薪酬有哪些分配方式？
7. 管理人员的薪酬分配应结合哪些基本理论来设计？
8. 技术人员的薪酬分配应结合哪些基本理论来设计？

第二章　公司薪酬政策

本章概要： 本章将向您介绍公司战略对公司薪酬政策的影响，公司生命周期变迁对薪酬政策的影响以及公司应该如何选择和应用各种薪酬策略。

A公司是一家生产电信产品的公司。在创业初期，依靠一批志同道合的朋友，大家不怕苦不怕累，从早到晚拼命干，公司发展迅速，几年之后，员工由原来的十几人发展到几百人，业务收入由原来的每月十来万发展到每月上千万。企业大了，人也多了，但公司领导明显感觉到，大家的工作积极性越来越低，也越来越计较。

A公司的老总一贯注重思考和学习，为此特别到书店买了一些有关成功企业经营管理方面的书籍来研究，他在介绍松下幸之助的用人之道一文中看到这样一段话："经营的原则自然是希望能做到'高效率、高薪资'。效率提高了，公司才可能支付高薪资。但松下先生提倡'高薪资、高效率'时，却不把高效率摆在第一个努力的目标，而是借着提高薪资，来提高员工的工作意愿，然后再达到高效率。"他想：公司发展了，确实应该考虑提高员工的待遇，一方面是对老员工为公司辛勤工作的回报；另一方面是吸引高素质人才加盟公司的需要。为此，A公司重新制定了报酬制度，大幅度提高了员工的工资，并且对办公环境进行了重新装修。

高薪的效果立竿见影，A公司很快就聚集了一大批有才华有能力的人。所有的员工都很满意，大家的热情高，工作十分卖力，公司的精神面貌也焕然一新。但这种好势头不到两个月，大家又慢慢回复到懒洋洋、慢吞吞的状态。这是怎么啦？

A公司的高工资没有换来员工工作的高效率，公司领导陷入两难的困惑境地，既苦恼又彷徨不知所措。那么症结在哪儿呢？

本章将向您介绍公司战略对薪酬政策的影响，公司生命周期对薪酬政策的影响以及薪酬策略应该如何选择。

第一节　公司战略对薪酬政策的影响

现代公司在进行薪酬设计时，往往必须充分考虑公司的发展战略，这与战略导向原则是一致的。公司设计薪酬制度还必须结合企业自身的发展阶段，不同的阶段对薪酬策略要求是不一样的。比如在创立期，企业的薪酬政策关注的是易操作性和激励性，表现出非常个人化的随机性报酬，在薪酬评价上以主观为主，总裁拥有90%以上的决策权；处于高速成长期的企业，在制定薪酬政策时，必须考虑到薪酬的激励作用，这个时候设计的薪酬工资水平较高，奖金相对来说非常高。但如果企业处于平稳发展期或者衰退期时，制定薪酬的策略又不一样了。因此，公司在进行薪酬政策设计时必须充分与企业发展的阶段相结合。

薪酬管理是企业人力资源管理的核心内容。在现代企业管理中，薪酬已不仅仅是具有传统的企业生产成本支出功能的载体，而是已经与企业人力资源开发战略紧密相联的管理要素；而人力资源战略是企业战略的一个重要组成部分，它为企业战略的实现提供人力上的保证。企业战略为企业勾画了美好的蓝图，而这蓝图最终只能靠人去完成。因此，激励开发人的潜能并最终为企业战略服务成为现代薪酬管理的一个重要职能。传统的薪酬管理已难以适应企业现代化管理的需要，因此建立起一套基于战略的薪酬体系就成为一种必然。

一、公司战略

战略的本义是对战争全局的谋划和指导。企业战略是指把战略的思想和理论应用到企业管理当中，指企业为了适应未来环境的变化，寻求长期生存和稳定发展而制定的总体性和长远性的谋划。企业战略可分为三个层次：公司战略（corporate strategy）、业务战略或竞争战略（business strategy）和职能战略（functional strategy）。三个层次的战略都是企业战略管理的重要组成部分，但侧重点和影响的范围有所不同。

（1）公司战略。又称总体战略，是企业最高层次的战略。它需要根据企业的目标，选择企业可以竞争的经营领域，合理配置企业经营所必需的资源，使各项经营业务相互支持、相互协调。如在海外建厂、在劳动成本低的国家建立海外制造业务的决策。

（2）公司的二级战略常常被称作业务战略或竞争战略。业务战略涉及各业务单位的主管及辅助人员。这些经理人员的主要任务是将公司战略所包括的企业目标、发展方向和措施具体化，形成本业务单位具体的竞争与经营战略。如推出新产品或服务、建立研究与开发设施等。

（3）职能战略。又称职能层战略，主要涉及企业内各职能部门，如营销、财务和生产等，如何更好地为各级战略服务，从而提高组织效率。如生产过程自动化。

总之，公司战略是指企业所有的经营活动的方针和策略，以及企业经营活动所采取的方式、方法和手段等，当然也包括了它们之间的有效组合。由此可见，企业战略实际上就是企业经营活动的纲领，即企业的行动纲领，是决定企业经营活动成败的关键性因素；是企业长久高效发展的重要基础。企业的一切活动都要围绕着战略展开，薪酬管理也不能例外。薪酬制度是企业战略的反映，又是这些持久战略决策的一部分。

二、基于战略的薪酬体系的三层次思考

企业在设计薪酬制度时，应从战略、制度、技术三个层面来系统化思考具有企业个性的结构化薪酬体系设计模型，具体如图 2-1 所示。

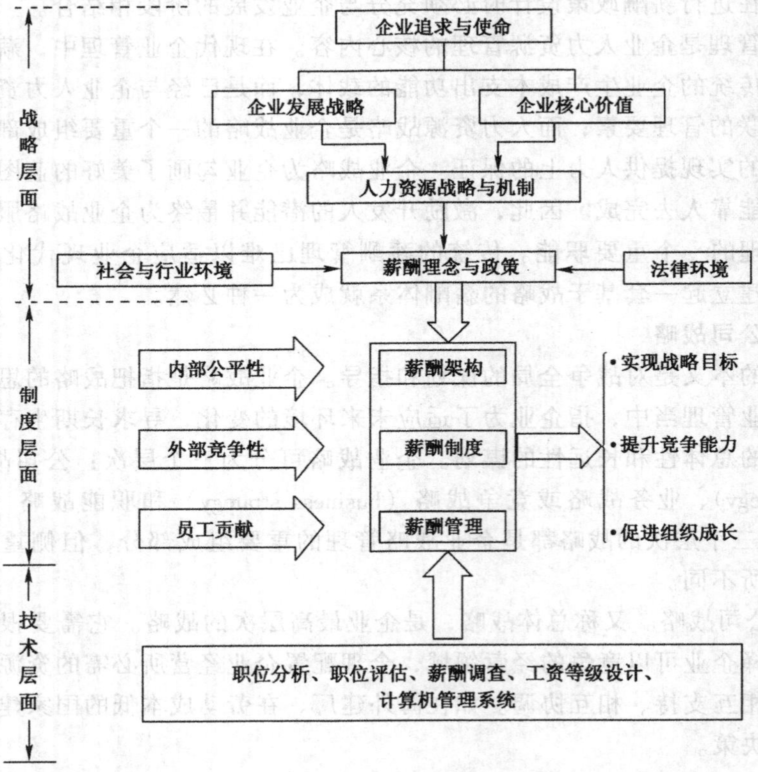

图 2-1 基于战略的结构化薪酬体系设计模型

(1) 战略层面。每个企业的存在都有其自身的意义，有的是为成就一项事业，有的就是为了赚钱，有的是为了做大，而有的只想在某一领域做强。这种不同的价值取向必然决定了企业是关注长期利益还是短期利益，在对员工的评价上企业是鼓励创新还是因循守旧。人力资源战略必须与企业的发展战略和价值导向匹配，这样才能驱使人的行为朝企业倡导的方向转变。在薪酬制度设计时必须赋予企业之“魂”，只有从战略上来系统化设计薪酬制度才能达到薪酬分配的根本目的。

(2) 制度层面。制度是战略与理念落实的载体。在战略指引下，制度设计的方向更加明确，制度的存在才有了意义。在薪酬制度设计时要避免孤立地去考虑单个制度，这一错误很容易犯。因为企业在由小到大发展过程中遇到的问题不同，因此薪酬制度设计的出发点也不同。许多企业的薪酬制度都是在企业发展过程中逐步形成的，如去年设计了工资制度，今年设计了奖金制度，明年还要设计股权制度。企业在设计这些制度时往往没有去考虑工资、奖金、股权之间的关联性，而且设计这些制度的人可能也是不同的。因此，不能对薪酬制度进行系统化结构设计，可能会造成各种制度都强调一种导向，而不是发挥各项制度的个性化的作用。

各项分配制度的设计要有个性化，但薪酬系统的组合要发挥整体效能，其最终目标是：实现企业的战略目标、提升企业的外部竞争能力、促进内部组织的均衡发展。

(3) 技术层面。薪酬设计技术是操作层面的事情，但许多人力资源专业人员经常陷入技术误区，采用各种所谓先进的科学方法来设计制度，而没有从战略层面来思考制度设计。因此，经常发现企业老总对人力资源部设计的制度没有感觉。技术是制度设计时运用的方法而不是出发点。但如果没有技术也很难设计出能够有效运作的制度，也会给制度的落实带来困难。

战略、制度和技术是一个不可分割的有机体。它是一个企业薪酬体系设计的系统工具。

第二节 公司生命周期对薪酬政策的影响

为了在日趋激烈的人才竞争中树立优势，重建薪酬体系已经成为目前许多中国企业改革中的一项重要而又紧迫的任务。但是，一些企业往往在薪酬设计的一开始就陷入到具体的细节中，反复商讨薪酬的单元构成、水平差异等问题，各种不同意见很难统一。其实，无论是薪酬系统，还是招聘、培训等其他人力资源管理工作，其目的都是帮助企业实现其战略目标。因此，在进行薪酬系统具体设计之前，十分有必要从战略的层面进行分析和思考，这样才能保证在薪酬战略指导下设计出来的薪酬系统是适合于本企业的，而不仅仅是“先进的”或“合理的”。公司所处的生命周期就是薪酬设计之前必须考虑的战略条件。

企业就像生命体一样，也要经历从出生、成长、成熟直至死亡等不同阶段。处于不同生命周期的企业（或者企业处于不同的生命周期）具有不同的特点，因此需要不同的薪酬系统来适应其战略条件，具体如图 2-2 所示。

例如，刚刚开始起步的企业通常正急于为其有限的产品打开市场，这一阶段常会出现现金流问题，收入和利润都较低，因此人力资源管理的目标就是吸引和留住关键人才、鼓励创新。近几年出现的一些网络公司就是例子。这些企业为了节省现金和控制成本，通常采用较低水平的基本工资和福利。在其薪酬系统中更

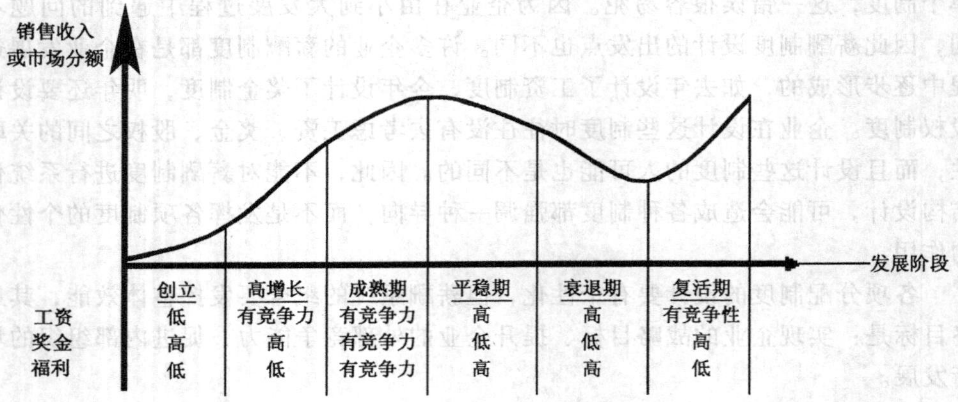

图 2-2 公司生命周期对薪酬政策的影响

强调部门或个人的业绩，常设立较高的绩效奖金，有些企业还采用期权等长期激励方式，以便将企业成长与员工收益、短期激励和长期激励有机联系起来，既降低了企业风险，又具有较强的激励作用。而处于成熟阶段的企业则与此不同，它们生产不同的产品，销售收入和利润都较高，人力资源管理的重心在于控制成本、提高管理和运作效率。这些企业常能提供较有竞争力的基本工资、短期激励和福利。

当然，并不是所有企业都经历了上述阶段，现实情况远比上图复杂。例如我们曾为一家大型企业设计薪酬体系，该企业拥有数个事业部和子公司，不同单位之间在业务、人员等方面的性质相差较大，既有属于劳动密集型的，也有刚设立的高新技术企业。企业原有的薪酬体系过多关注于不同单位之间的平衡，结果造成有的单位成本过高，产品缺乏竞争力，而有的单位人才流失严重。其实各个单位所处的生命周期等战略条件是不同的：高新技术企业正处于创业阶段，急于在激烈的“人才战”中“攻城掠地”；而处于传统行业的单位其管理和运作系统已相对稳定，部分类型的人员在人才市场上相对过剩，关键是留住核心的管理层。因此，不能简单、僵化地将整个企业划归到某一阶段而采用一样的薪酬系统。在深入调研的基础上，我们建议该企业改变原有的管理模式，由集权式向分权式转变，允许各下属单位建立适合自己的薪酬体系。公司高层采纳了这一意见。随后我们帮助该公司设定了适用于所有下属单位的薪酬管理原则和总量控制的办法，并帮助其下属的几个典型单位重建了薪酬系统，结果取得了很好的效果。

企业设计薪酬在依据其战略的同时，还需结合企业所处的不同阶段，实行不同的薪酬制度。

1. 成长阶段

对于那些处于迅速成长的企业，经营战略是以投资促进企业成长。为了与这个经营战略保持一致，薪酬设计应该具有较强的激励性，形成一个有魄力的、企业型的领导班子。要做到这一点，企业应该着重将高额报酬与中高程度的奖励相结合。虽然这种做法风险较大，但是，企业可以迅速成长，回报率也高。

2. 成熟阶段

对于处于成熟阶段的企业，其经营战略基本上以保持利润和保护市场为目标。与此相应，薪酬设计应以奖励市场开拓和新技术开发及管理技巧为主。要做到这一点，须以平均水平的报酬与中等的奖励相结合。

3. 衰退阶段

对于处在衰退阶段的企业，恰当的经营战略是收获利润并转移目标，转向新的投资点。与这种战略目标相适应，薪酬设计则应实行低于中等水平的基本工资、标准的福利水平，同时采用适当的刺激与鼓励措施并直接与成本控制相联系，避免提供过高的薪酬，具体如表 2－1 所示。

表 2-1　公司生命周期与薪酬政策的选择

企业成长阶段	薪酬策略	薪酬组合	经营战略
迅速发展阶段	刺激创业	高额基本薪资，中高等奖金与津贴，中等福利	以投资促发展
正常发展至成熟阶段	奖励管理技巧	平均的基本薪资，较高比例的奖金和津贴，中等的福利水平	保持利润和保护市场
无发展和衰退阶段	着重于成本控制	较低的基本薪资，与成本控制相结合的奖金，标准的福利水平	收获利润并向别处投资

第三节　公司薪酬策略的选择

一、公司薪酬策略选择的意义

薪酬策略是将企业经营竞争战略转化为一系列对员工行为和工作成果产生积极影响的薪酬项目的投资过程。可以帮助和引导企业通过对有效资源的利用加强其期望的员工行为和结果，为企业薪酬决策提供一个解决问题的框架，反映出企业在人力资源方面的投资策略。

在如今供大于求的经济状况下，顾客不再是你提供什么就买什么了，顾客变得越来越挑剔，需求变化越来越快，竞争者越来越多，企业要在这样的环境中获得成功没有过去那么容易了。因此，进行变革也就成了这个时代的主旋律，而作为支持和服务于企业经营发展的薪酬也必须进行相应的策略变化。

二、公司薪酬策略的转变

公司在进行薪酬制度设计时，其策略转变的应主要考虑以下的因素：

(1) 薪酬应改变员工的目光——薪酬观念的转变，由关注内部上级转变为关注外部顾客。因为顾客是企业将所有投资转化为产出的体现者，没有了他们，企业就无法生存。

(2) 薪酬应关注企业的关键成功领域，它可以是企业成功的核心竞争能力、核心员工群体等，这样才能支撑企业的经营发展。

(3) 薪酬支付项目的增加。过去有基本工资、绩效工资、奖励工资，现在有资本工资——股票、期权、利益共享等。

(4) 薪酬目标的增多。薪酬一方面要能吸引企业所需要的员工，更重要的是提供一种公正的价值分配机制使员工持续地为公司服务，而且还必须让员工受到激励以产生企业所希望的业绩。

虽然，企业经营对薪酬的要求越来越高，但是，就薪酬制度本身来讲，受到的限制因素却也越来越多。除了基本的企业经济承受能力、政府法律法规外，还涉及到企业不同时期的战略、内部人才定位、外部人才市场，以及行业竞争者的薪酬策略等因素影响。

因此，薪酬策略对企业来讲，其发挥效力的基本前提是：必须对建立企业价值和组织观念提供强有力的支持，与企业经营战略相辅相成、相得益彰。对企业员工来讲，其发挥效力的基本前提是：在外部具有竞争性，在内部具有价值分配公平性和价值获得对等性。基于企业和员工两方面的考虑，薪酬战略的目标应是在相关约束条件下达到企业吸引人才、使其持续服务和激励其产生佳绩的目标。

所以，从薪酬策略进行思考，薪酬是企业对人力资源的投资行为，改变了过去那种仅仅将薪酬看作成本的思维方式，更多的是考虑如何有效利用这种投资，即对企业有限的资源进行有效的利用，使其投放在最有效的领域，发挥最有效的作用。企业要思考的是投资多少？投资在哪些地方？怎样组合投资？对什么进行投资？谁会是投资的受益者？受益者之间的差别如何？投资的回报如何？等等。这些都是当前企业进行薪酬决策必须要进行深入思考的问题。

三、公司薪酬策略选择

公司设计薪酬制度，首先必须在发展战略的指导下制定企业的薪酬策略，企业薪酬策略的制定包含水平策略和结构策略两个方面。

(一)“纳什均衡”薪酬策略

在采用“纳什均衡”对薪酬策略进行选择的时候，我们将会做以下三个假设：

(1) 企业的目标是实现利润最大化（在这个条件下，企业始终把支付给员工的薪酬作为成本来考虑）。

(2) 博弈的双方是同行业或同地区的几家综合竞争力均衡的企业。

(3) 核心员工觉得博弈的双方的薪酬水平偏低，所以有离开目前行业或地区的倾向。

按照亚当·斯密的理论，每一企业都是从利己的目的出发，他们选择薪酬水平不变是最佳策略。原因有三：

(1) 如果对方薪酬水平保持不变，那么我方薪酬成本不会增加。

(2) 如果对方薪酬不变而我方薪酬提高，那么对方为了留住核心员工就会提升薪酬水平，从而敌我双方都会留住核心员工，但是薪酬成本会大大增加。

(3) 如果所有企业同时保持薪酬不变，那么核心员工会流向其他行业或地区，不会对我方企业构成威胁。

所以，薪酬水平不变策略是当所有企业薪酬不变的时候，应该选择的最佳策略。这种企业都选择薪酬不变策略而导致人才流向其他行业或地区做法被称为“纳什均衡”，也叫非合作均衡。

（二）薪酬结构策略

薪酬结构主要是指企业总体薪酬所包含的固定部分薪酬（主要指基本工资）和浮动部分薪酬（主要指奖金和绩效薪酬）所占的比例。供企业选择的薪酬结构策略有：

1. 高弹性型薪酬模式

这是一种激励性很强的薪酬模型，绩效薪酬是薪酬结构的主要组成部分，基本薪酬等处于非常次要的地位，所占的比例非常低（甚至为零）。即薪酬中固定部分比例比较低，而浮动部分比例比较高。这种薪酬模型，员工能获得多少薪酬完全依赖于工作绩效的好坏。当员工的绩效非常优秀时，薪酬则非常高，而当绩效非常差时，薪酬则非常低甚至为零。

2. 高稳定型薪酬模式

这是一种稳定性很强的薪酬模型，基本薪酬是薪酬结构的主要组成部分，绩效薪酬等处于非常次要的地位，所占的比例非常低（甚至为零）。即薪酬中固定部分比例比较高，而浮动部分比较低。这种薪酬模型，员工的收入非常稳定，几乎不用努力就能获得全额的薪酬。

3. 调和型薪酬模式

这是一种既有激励性又有稳定性的薪酬模型，绩效薪酬和基本薪酬各占一定的比例。当两者比例不断调和变化时，这种薪酬模型可以演变为以激励为主的模型，也可以演变为以稳定为主的薪酬模型。

三种薪酬模式的比较如表 2-2 所示。

企业在进行薪酬设计时，还可以选择一种叫做混合型的薪酬结构策略。这种策略的特点是针对不同的岗位、不同人才的特点选择不同的薪酬结构策略，比如严格要求自己、积极要求上进、而且喜欢接受挑战的员工可以采用高弹性的薪酬模型，对于老老实实做事、追求工作和生活稳定的员工可以采用高稳定型的薪酬模型。

表 2-2 三种薪酬模式的比较

	高弹性型薪酬模型	高稳定型薪酬模型	调和型薪酬模型
特点	绩效薪酬是薪酬结构的主要组成部分，基本薪酬等处于非常次要的地位，所占的比例非常低（甚至为零）	基本薪酬是薪酬结构的主要组成部分，绩效薪酬等处于非常次要的地位，所占的比例非常低（甚至为零）	绩效薪酬和基本薪酬各占一定比例
优点	对员工的激励性很强，员工的薪酬完全依赖于其工作绩效的好坏	员工收入波动很小，员工安全感很强	对员工既有激励性又有安全感
缺点	员工收入波动很大，员工缺乏安全感及保障	缺乏激励功能，容易导致员工懒惰	必须制定科学合理的薪酬系统

（三）薪酬水平策略

薪酬的水平策略主要是制定企业相对于当地市场薪酬行情和竞争对手薪酬水平的企业自身薪酬水平策略。供企业选择的薪酬水平策略有：

1. 市场领先策略

采用这种薪酬策略的企业，薪酬水平在同行业的竞争对手中是处于领先地位的。领先薪酬策略一般基于以下几点考虑：市场处于扩张期，有很多的市场机会和成长空间，对高素质人才需求迫切；企业自身处于高速成长期，薪酬的支付能力比较强，在同行业的市场中处于领导地位等。处于20世纪90年代初的深圳华为就采用的是市场领先的薪酬策略，因为当时的通讯行业正处于高速成长期，同时华为也处于飞速发展期。

世界著名的斯科（CISCO）公司的薪酬策略是：CISCO的整体薪酬水平就像CISCO的成长速度一样处于业界领导地位，为保持领导地位，CISCO一年至少做两次薪酬调查，不断更新。CISCO的工资水平处于中上，奖金是上上，股票价值是上上上，综合起来是上上。

2. 市场跟随策略

采用这种策略的企业，一般都建立或找准了自己的标杆企业，企业的经营与管理模式都向自己的标杆企业看齐，同样薪酬水平跟标杆企业差不多就行了。

3. 成本导向策略

成本导向策略也叫落后薪酬水平策略，即企业在制定薪酬水平策略时不考虑市场和竞争对手的薪酬水平，只考虑尽可能地节约企业生产、经营和管理的成本，这种企业的薪酬水平一般比较低。采用这种薪酬水平的企业一般实行的是成本领先战略。

4. 混合薪酬策略

顾名思义，混合薪酬策略就是在企业中针对不同的部门、不同的岗位、不同的人才，采用不同的薪酬策略。比如对于企业核心与关键性人才和岗位的策略采用市场领先薪酬策略，而对一般的人才、普通的岗位采用非领先的薪酬水平策略。

（四）中小企业的薪酬策略

对于中小企业来说薪酬策略应该是企业发展战略的一个重要组成部分，薪酬策略的制定应该以企业的发展战略为前提，符合企业的长远发展目标。

对于起步阶段的中小型企业来说，开发新产品、扩展市场以及吸引优秀人才的加盟是其发展战略的重要组成部分，但资金、规模、知名度等方面的劣势给其吸引优秀人才很大困难。据此，中小型企业应该选择以激励性为主，竞争性和成本性为辅的薪酬策略，使优秀人才特别是风险偏好型人才在目前的风险和将来的收益权衡中，以未来的预期收益抵消目前收益上的风险。

这种有效的激励型薪酬策略同时也是具有竞争力的，这种竞争力体现在对于薪酬的风险收入部分的高低和可预期的程度，可以用一个公式来表示这种收入的构成：

激励型薪酬总收入 = 固定收入 + 风险收入 × 预期实现率 × 变现率

如果通过比较，激励型薪酬总收入高于其他类型薪酬总收入，那么，这种激励型薪酬就是成功的和具有竞争力的。需要注意的是，这种薪酬策略也同时应该考虑企业的承受能力，符合企业的实力。

四、公司薪酬管理的发展趋势

薪酬制度对于企业来说是一把“双刃剑”，使用得当能够吸引、留住和激励人才；而使用不当则可能给企业带来危机。建立全新的、科学的、系统的薪酬管理系统，对于企业在知识经济时代获得生存和竞争优势具有重要意义，而改革和完善薪酬制度，也是当前企业面临的一项紧迫任务。

与传统薪酬管理相比较，现代薪酬管理有以下发展趋势：

1. 全面薪酬制度

薪酬既不是单一的工资，也不是纯粹的货币形式的报酬，它还包括精神方面的激励，比如优越的工作条件、良好的工作氛围、培训机会、晋升机会等，这些方面也应该很好地融入到薪酬体系中去。内在薪酬和外在薪酬应该完美结合，偏重任何一方都是跛脚走路。物质和精神并重，这就是目前提倡的全面薪酬制度。尽管薪酬与绩效挂钩，但单纯的高薪并不能起到激励作用，这是每一本薪酬设计方面的教科书和资料反复强调的观点，只有与绩效紧密结合的薪酬才能够充分调动员工的积极性。而从薪酬结构上看，绩效工资的出现丰富了薪酬的内涵，过去的那种单一的僵死的薪酬制度已经越来越少，取而代之的是与个人绩效和团队绩效紧密挂钩的灵活的薪酬体系。

增加薪酬中的激励成分，常用的方法有：①加大绩效工资（奖金）和福利的比例。②加大涨幅工资（浮动工资）的比例。③灵活的弹性工时制度。④把员工作为企业经营的合作者。⑤以技能和绩效作为计酬的基础而不是工作量。宽带型薪酬结构工资的等级减少，而各种职位等级的工资之间可以交叉。

2. 宽带的薪酬结构

宽带的薪酬结构可以说是为配合组织扁平化而量身定做的，它打破了传统薪酬结构所维护的等级制度，有利于企业引导员工将注意力从职位晋升或薪酬等级的晋升转移到个人发展和能力的提高方面，给予了绩效优秀者比较大的薪酬上升空间。

3. 雇员激励长期化，薪酬股权化

其目的是为了留住关键的人才和技术，稳定员工队伍。其方式主要有：员工股票选择计划（ESOP）、股票增值权、虚拟股票计划、股票期权等。重视薪酬与团队的关系以团队为基础开展项目，强调团队内协作的工作方式正越来越流行，与之相适应，应该针对团队设计专门的激励方案和薪酬计划，其激励效果比简单的单人激励效果好。团队奖励计划尤其适合人数较少，强调协作的组织。

4. 薪酬构成的细化

首先，过去计划经济时代的那种单一的、僵死的薪酬构成已经不再适应现代企业的需要，取而代之的是多元化、多层次、灵活的新的薪酬构成。其次是专门人员薪酬设计专门化，例如：营销人员在公司里作用巨大，专业人员的排他性比较强，临时工身份特殊，在设计这些人员的薪酬时不应该采取和其他部门人员相同的薪酬体系。此外，在一些指标的制定过程中，也应当细化，尽量避免"一刀切"的做法。例如，职务评价、绩效考评系统，不同职位层和不同性质岗位的考评应该分别制定标准。

5. 薪酬制度的透明化

关于薪酬的支付方式到底应该公开还是透明，这个问题一直存在比较大的争议。从最近的资料来看，支持透明化的呼声越来越高，因为毕竟保密的薪酬制度使薪酬应有的激励作用大打折扣。而且，实行保密薪酬制的企业经常出现这样的现象：强烈的好奇心理使得员工通过各种渠道打听同事的工资额，使得刚制定的保密薪酬很快就变成透明的了，即使制定严格的保密制度也很难防止这种现象。

既然保密薪酬起不到保密作用，不如直接使用透明薪酬。实行薪酬透明化，实际上是向员工传达了这样一个信息：公司的薪酬制度，没有必要隐瞒，薪酬高的人有其高的道理，低的人也自有其不足之处，欢迎所有员工监督其公正性，如果对自己的薪酬有不满意之处，可以提出意见或者申诉。

薪酬制度透明化应该注意的问题是：①在建立透明化的公平公开薪酬制度时，除各部门领导外，也应该有一定数量的员工代表。②职务评价时，尽量采用简单方法，使之容易理解。③发布文件详细向员工说明工资的制定过程。④评定后制定的工资制度，描述务必详细，尽可能不让员工产生误解。⑤设立一个员工信箱，随时解答员工在薪酬方面的疑问，处理员工投诉。

6. 有弹性、可选择的福利制度

公司在福利方面的投入，在总的成本里所占的比例是比较高的，但这一部分的支出往往被员工忽视，认为不如货币形式的薪酬实在，有一种吃力不讨好的感觉；而且，员工在福利方面的偏好也是因人而异，非常个性化的。解决这一问题，目前最常用的方法是采用选择性福利，即让员工在规定的范围内选择自己喜欢的福利组合。薪酬信息日益得到重视外部信息：指相同地区、相似行业、相似性质、相似规模的企业的薪酬水平、薪酬结构、薪酬价值取向等，外部信息主要是通过薪酬调查获得的。能够使企业在制定和调整薪酬方案时，有可以参考的资料。内部信息主要是指员工满意度调查和员工合理化建议。满意度调查的功能并不一定在于了解有多少员工对薪酬是满意的，而是了解员工对薪酬管理的建议以及不满到底是在哪些方面，进而为制定新的薪酬制度打下基础。

案例介绍：布朗德薪酬管理咨询体系简介

一、布朗德战略导向的薪酬管理体系

布朗德战略导向的薪酬管理体系如图 2-3 所示。

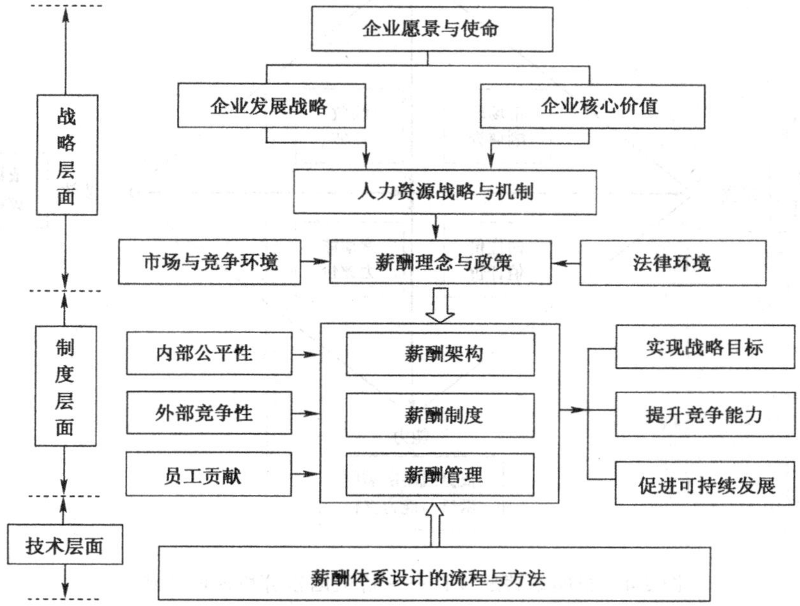

图 2-3 布朗德战略导向的薪酬管理体系

布朗德战略导向的薪酬管理体系包括三个层面，即战略层、制度层和技术操作层。在战略层面主要是对企业发展的战略、企业的愿景目标、企业使命、企业

核心价值观等进行分析和澄清，充分明确企业战略发展对企业人力资源管理的要求。然后在企业发展战略及核心价值体系的指导下制定企业人力资源管理的战略和规划，在人力资源管理战略与规划的指导下，通过对目前市场竞争环境和法律环境的分析，制定企业的薪酬策略，即前文分析的薪酬的水平策略和结构策略。

制度层面体现了具体的薪酬体系和制度，即在一定的薪酬原则（内部公平性、外部竞争性、员工贡献）的指导下制定和设计企业薪酬架构、薪酬制度和薪酬管理的系统，进而达到通过薪酬管理支撑企业战略目标的实现、提升企业竞争能力和促进企业可持续发展的目的。

技术层面说明企业制定和设计薪酬制度和管理体系所运用的技术和方法，比如岗位评估、能力评估、市场调查、问卷调查、访谈等等。

二、布朗德薪酬设计——价值因素分析四叶模型

布朗德薪酬设计——价值因素分析四叶模型如图 2-4 所示。

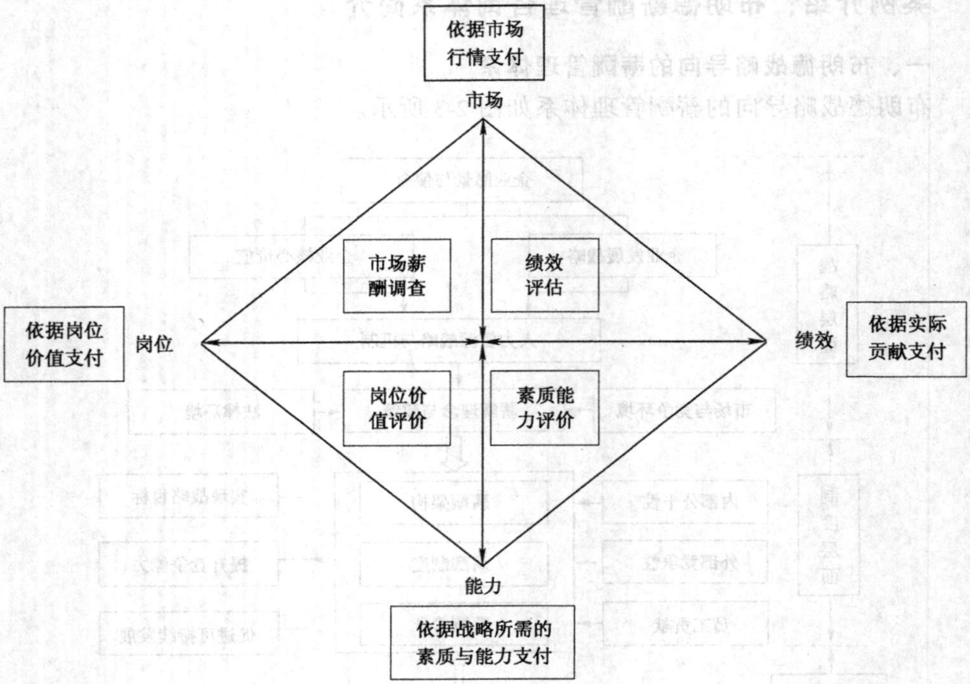

图 2-4　布朗德薪酬设计——价值因素分析四叶模型

布朗德薪酬设计价值分析四叶模型说明了企业在设计薪酬时必须考虑的价值因素，进而通过评估确定相应因素的薪酬支付标准。四叶模型中，市场因素表明企业在设计薪酬时离不开对人才薪酬市场的分析和判断，市场人才需求大于市场

供给时企业所需的人才在设计薪酬时必须给付较高的薪酬水平，市场人才供给大于市场需求时企业所需的人才在设计薪酬时可以给付较低的薪酬水平。

四叶模型中必须考虑第二个因素是岗位因素，即薪酬支付对象（员工）所在岗位责任的大小和相对重要性（价值判断），并通过岗位评价制定相应的岗位薪酬标准。

四叶模型中必须考虑的第三个因素是能力因素，即薪酬支付对象身上所承载的企业发展所需的知识、能力和经验的多少和相对重要性（价值判断），并通过能力评估来制定相应的能力薪酬标准。

四叶模型中必须考虑的最后一个因素是绩效因素，即薪酬支付对象为企业创造业绩的多少和相对重要性（价值判断），并通过绩效考核和评估确定相应的绩效薪酬标准。

三、布朗德战略导向的结构化薪酬设计体系

布朗德战略导向的结构化薪酬设计体系如图 2-5 所示。

薪酬总额	价值因素	性质	激励效果
基本工资	岗位、能力	固定与定期考核调整	短期与长期
绩效工资	绩效	浮动，比例考核调整	短期与长期
奖金	绩效与能力	固定与浮动	短期与长期
股权与股利分享	绩效与能力	浮动	长期
福利	岗位、绩效等	固定与浮动	长期

图 2-5 布朗德战略导向的结构化薪酬设计体系

上图说明了布朗德以战略为导向结构化薪酬设计体系。整个薪酬体系由基本工资、绩效工资、奖金、股权与股利分享、福利等五个部分组成。图中分别对决定它们的价值因素、薪酬的性质和激励效果做了说明。其中基本工资价值评价因素是员工所在岗位的价值、职责和现在拥有的能力存量，其性质基本上比较固定，只不过每经过一定周期（至少是一个季度，很多公司都是一年）进行调整，基本工资有短期激励作用，也有长期激励效果（稳定）。

绩效工资的价值评价因素是员工完成绩效的多少和相对重要性程度，有时候它也是奖金的一种形式。绩效工资的表现形式主要是总体薪酬中浮动的部分，比如各种提成或绩效奖金等。绩效工资的性质是浮动的，浮动的比例可以根据经营情况和员工的贡献大小与成长阶段进行调整。短期的绩效工资（如月度提成）具有短期激励效果，长期的绩效工资（如年度绩效分红）可以起到长期的激励效果。

奖金主要是指对做出突出贡献的员工的一种经济上的奖励（精神上的奖励属于内在薪酬），可以固定，也可以浮动。奖金的评价因素是绩效和能力。短期的

奖金形式具有短期激励作用，长期的奖金形式具有长期的激励作用。

股权和股利分享属于长期激励的薪酬。而企业中福利属于差异化最小的薪酬类型，它的评价因素要结合员工的能力和贡献，福利的激励效果主要是长期的，起到长期稳定和留人的作用。

四、布朗德战略导向的结构化薪酬设计流程

布朗德战略导向的结构化薪酬设计流程如图2-6所示。

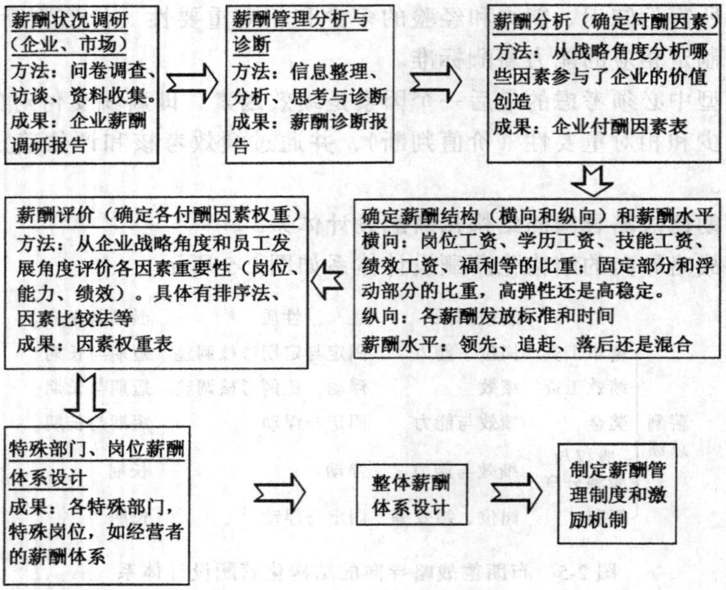

图2-6 布朗德战略导向的结构化薪酬设计流程

复习思考题

1. 请复述战略对薪酬有哪些影响？
2. 请复述公司生命周期对薪酬有哪些影响？
3. 在公司生命周期的不同阶段，应采用哪种薪酬策略？
4. 公司的薪酬策略有哪几种转变？
5. 公司在薪酬设计过程中如何选择薪酬策略？

第二篇

技术篇

第三章　公司薪酬设计的前期准备

本章概要： 本章主要介绍薪酬设计前的基础准备工作和薪酬诊断实务。公司薪酬设计的基础准备包括公司高层管理者的统一思想、公司的定编、定岗、定员与定责工作、公司薪酬设计参与人员的培训、公司薪酬设计工作机构的成立、公司薪酬设计的组织分工、公司薪酬设计的政策准备等内容；公司薪酬诊断包括薪酬诊断的意义、内容、角度和诊断工具，使读者对薪酬设计的前期工作有基本的了解。

第一节　公司薪酬设计的基础准备

一、公司高层管理者的统一思想

薪酬设计之初，最关键一点，需要公司高层管理者统一思想。这是由薪酬的意义决定的，一方面，薪酬是对员工贡献的承认或回报，公司需要这个体系来回报员工的贡献，另一方面，是因为公司要通过它来解决公司某些特定的问题。薪酬制度作为连接所有者和员工的联系纽带，已经成为表明公司发展动向和引导员工行为的一个最有力的信号。薪酬体系体现的是组织内部的一套全新的价值观和实践方法。它是一套把公司的战略目标和价值观转化成具体行动方案，以及支持员工实施这些行动的管理流程。

只有当高层管理者形成统一的薪酬理念和战略后，才能为薪酬设计提供最重要的价值观念支持，指明薪酬设计的方向，为薪酬设计的开展、薪酬设计的推广奠定基础。

薪酬设计牵一发而动全身，是影响公司战略发展的重要举措，也是公司上下员工切身利益的变革，因此薪酬设计之初，公司高层管理者首先应统一思想，形成积极的薪酬理念和战略，并对重大薪酬问题进行决策。

二、公司的定编、定岗、定员、定责

规范公司的定编、定岗、定员和定责工作（以下简称“四定”）是薪酬设计前期另外要解决的四个基础性管理问题。

公司“四定”的基本原则是：①精简机构、职责分明、权责对应的原则。②因事设岗、按岗配职的原则。③“一专多能”“一岗多责”的原则。④因地制宜的原则。

定编是指公司根据改革发展的需要和公司的实际情况，对现有的机构进行整理，实现精简高效。定编的某公司组织机构图如图 3-1 所示。

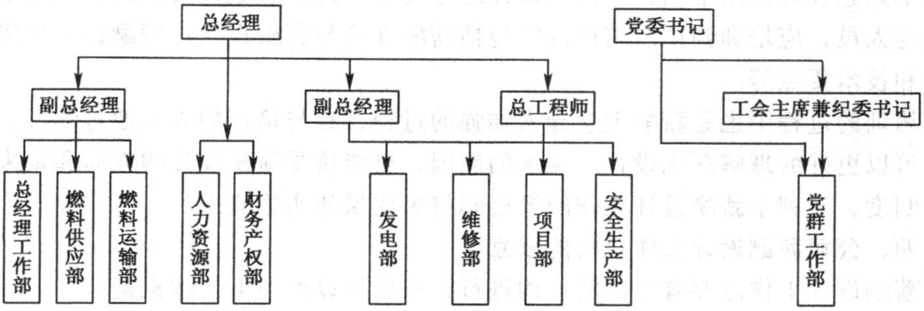

图 3-1　某公司组织机构图

定岗是指公司根据生产经营和劳动特点，通过岗位分析等方法科学设置岗位。

定员是指在公司核定的定员标准基础上，结合公司的实际情况进行调整核定各部（室）员工人数，公司定岗定员具体如表 3-1 所示。

表 3-1　某公司定岗定员

六	人力资源部	5	七	财务产权部	7
1	主任	1	1	主任	1
2	副主任兼人事调配	1	2	副主任	1
3	薪酬兼统计专责	1	3	成本管理专责	1
4	保险福利劳保专责	1	4	纳税往来帐专责	1
5	人事培训职称专责	1	5	燃材料核算专责	1
			6	工资固定资产专责	1
			7	出纳	1

定责是指在定编、定岗、定员的基础上，制定岗位规范，据此作为岗位劳动评价、员工竞聘上岗、岗位绩效考核及岗位培训的依据。

通过组织机构设计、工作分析和人力资源规划，进行合理的四定，才能为薪酬制度搭建一个良好的运作平台，如果以上几个问题解决不好，薪酬工作就没有立足点。例如以岗位为基础的设计模式，如果岗位不清就无法进行合理的工作分析，也就不能进行有效的岗位评价。

因此应做好“四定”，使得岗位设置按事不按人，特殊的人特殊处理，为薪酬设计扫清路障。

三、公司薪酬设计参与人员的培训

薪酬设计是一件开展意义重大、耗费时间长、技术难度大的工作，对参与人员的要求较高。参与人员如果对薪酬理念不理解或者产生理解偏差、对有关技术要领不熟悉或者使用不当，都会对设计进程构成障碍，造成损失，因此对薪酬设计参与人员，应培训到位。培训内容包括薪酬理论与薪酬观念；薪酬设计的操作程序和技术要点等。

培训的过程中也是薪酬理念导入加强的过程，参与培训的人员通过学习、提问，可以更好的理解薪酬设计、变革的原因，更能接受薪酬设计的方向和未来成型的制度，有利于薪酬设计工作的开展和将来成果的实施应用。

四、公司薪酬设计工作机构的成立

薪酬设计工作需要有专门的机构进行，一般可以设如下工作机构：

1. 薪酬改革决策委员会

薪酬改革决策委员会的人员组成包括：公司高层管理者、人事部经理、外聘专家小组负责人、工会组织代表等。

薪酬改革决策委员会的职能是：进行工资改革的决策，主要包括：改革的指导思想和原则；工资倍数的确定；最低工资标准与最高工资标准的安排；岗位（职务）等级数目的确立；岗位（职务）归级；工资总额的确定；工资结构（工资总额在标准工资、奖金、津贴、补贴之间的分配）；实得工资的计发；特殊情况下的工资安排等。

2. 薪酬改革办公室

薪酬改革办公室的组成：人力资源部部长（兼任办公室主任），人力资源部工作人员、相关部门人员以及外聘顾问等。

薪酬改革办公室的职能是：全面负责并处理工资改革的技术性问题，主要是工作分析、岗位评价、工资标准测算等；并就工资改革中的重大问题提出政策性意见，提供给工资改革领导小组参考。

3. 岗位评价委员会

岗位评价委员会的组成：公司各直线与职能部门经理、外聘顾问。公司各直线与职能部门经理的优势为：一是对公司及部门内部信息充分了解；二是他们是各部门领导，具有权威性与领导力。

外聘人员的优势是：技能高超、操作实务熟练、相对公正。

岗位评价委员会的职能是：设计、讨论通过《公司岗位评价体系》方案、组织实施公司岗位评价工作。

五、公司薪酬设计的组织分工

薪酬设计牵涉整个公司的方方面面，不同部门在其中扮演不同的分工：

(1) 高级管理层。主要决策薪酬的重大问题，包括薪酬的内部公平性与外部竞争性；固定工资与可变工资的比例；平均主义与精英主义的选择；薪酬水平的决定；货币性报酬与非货币性报酬的合理布局；绩效与个人、职位与个人的关系处理；公开与保密、集权与分权的政策选择等。

(2) 人力资源部与咨询机构。人力资源部是薪酬设计主要的牵头组织，负责与咨询机构合作，进行薪酬设计提议，开展工作分析，问卷发放统计，设计与宣传培训公司的薪酬制度，进行薪酬成本预算核算汇总，负责薪酬沟通反馈，调整维护薪酬体系。

(3) 各级线性部门经理。主要执行公司的薪酬制度，配合人力资源部做好工作分析、薪酬诊断等工作，进行绩效管理，为薪酬管理提供依据，年初完成薪酬成本预算，年末进行薪酬成本核算。

六、公司薪酬设计的政策准备

1. 公司单位收入分配改革的文件依据

(1) 劳动部发 2000 年 21 号文件《进一步深化公司内部分配制度改革的指导意见》。

(2) 一个《意见》，即 2001 年 3 月 13 日，国家经贸委、人事部、劳动和社会保障部《关于深化公司内部人事、劳动、分配制度改革的意见》。

2. 事业单位工资改革的文件依据

(1) 中组部、人事部关于加快推进事业单位人事制度改革的意见（2000 年 8 月 4 日“人民日报”）其中，有关工资改革的提法，总的提法是：“建立形成多样、自主灵活的分配激励机制”。具体提法有四条：

第九条　贯彻按劳分配与按生产要素分配，效率优先、兼顾公平的分配原则，扩大事业单位内部分配自主权，逐步建立重实绩、重贡献，向优秀人才和关键岗位倾斜，形成多样、自主灵活的分配激励机制。

第十条　进一步扩大事业单位内部分配自主权。

1) 对转制为公司的，实行公司的分配制度。

2) 对经费主要靠财政拨款的，在国家政策指导下，搞活内部分配。

3) 对国家逐步减少经费拨款的，经批准，逐步加大内部分配自主权。

4) 对经费完全自理的，允许自主决定内部分配。

5) 对有条件的事业单位，要试行工资总额包干制度，搞活内部分配，同时，积极探索试行工资总额同经济效益挂钩的办法。

第十一条　积极探索按生产要素分配法改革。允许各地区、各部门选择有条件的事业单位探索生产要素参与分配的实现形式；允许事业单位在职务科技成果转化取得的收益中，提取一定比例，用于奖励项目完成人员和对产业化有贡献的人员；允许事业单位经批准高薪聘用个别拔尖人才，实行一流人才、一流业绩、一流报酬。对有重大科技发明、贡献突出人才，根据有关规定，实行重奖。

第十二条　发挥工资改革的导向作用。对到艰苦边远地区事业单位和在特殊岗位工作的人员，继续在工资待遇上给予优惠政策。事业单位在制定内部分配办法时，对在关键或特殊岗位工作的人员，应适当给予倾斜。

(2)《中组部人事部卫生部关于深化卫生事业单位人事制度改革的实施意见》。其中，有关工资改革的提法有三条：

第十七条　卫生事业单位工资分配制度的改革要按照按劳分配和生产要素参与分配的原则，结合卫生工作知识密集、脑力与体力结合、高风险等特点，在逐步推进管理体制改革的条件下，进一步搞活内部分配，扩大各事业单位的分配自主权，根据按岗定酬、按任务定酬的精神，建立起重实绩、重贡献、向优秀人才和关键岗位倾斜、自主灵活的分配激励机制。

第十八条　根据卫生事业单位的性质、特点及发展需要，结合经费自给率和财政支持强度，对不同类型的卫生事业单位实行不同的工资管理办法。

1) 对于主要依靠国家拨款的卫生事业单位，要实行有控制的单位工资总额包干形式，并在工资总额包干范围内，对活的工资部分进行重新分配。

2) 对于国家定额或定项补助的卫生事业单位，可在执行事业单位工资制度和工资政策的基础上，根据国家核定的工资总额，自主确定各类人员的内部分配办法。

3) 对于有条件的、经费完全自给的卫生事业单位，应在坚持工资总额增长幅度低于经济效益增长幅度，职工实际平均工资增长幅度低于本单位劳动生产率增长幅度原则的前提下，确定工资分配办法。

第十九条　探索新的分配机制。积极开展按生产要素参与分配改革试点，研究探索技术、管理等生产要素参与分配的方法和途径。根据不同岗位的责任、技术劳动的复杂和承担风险的程度、工作量的大小等不同情况，将管理要素、技术要素、责任要素一并纳入分配因素确定岗位工资，按岗定酬。拉开分配档次，向关键岗位和优秀人才倾斜，对于少数能力、水平、贡献均十分突出的技术和管理骨干，可以通过一定形式的评议，确定较高的内部分配标准。

第二节　公司薪酬诊断

一、薪酬诊断的意义

诊断其实是医学用语，是医生根据医学知识和经验对病人病因、病情进行的判断，有了诊断后才能根据诊断的结果开方用药。诊断是治病的第一步，诊断正确与否直接决定了治病有否有效。目前，国内许多公司纷纷对自己的人力资源制度进行了改革或改进，有成有败，诊断的正误是一个重要影响因素。薪酬体系作为人力资源最敏感的部分，对它的诊断是整个人力资源管理诊断中的重要一环，其意义有以下几点：

（1）把握员工士气。通过公司薪酬诊断掌握公司员工对现有薪酬的总体看法、及时识别公司薪酬的不合理因素和存在的问题。

（2）劳动力市场工资率的变化情况。通过比较分析公司员工薪酬水平与劳动力市场工资率的相互关系，结合公司战略发展，及时调整薪酬策略与薪酬水平。

（3）为公司薪酬改革提供参考依据。如选择推倒重建或局部修改的薪酬解决方案。

二、薪酬诊断的内容和角度

（一）薪酬诊断的内容

1. 公司薪酬战略和理念

（1）薪酬战略。薪酬战略明确了薪酬管理的目标，明确了薪酬管理的内外部制约因素，是公司薪酬体系设计与运行的基本原则与纲要。

公司薪酬战略模糊主要表现为：管理人员仅仅知道应该向员工支付薪酬，但不知道为什么要支付、根据什么支付、以什么方式支付、究竟支付多少等等。薪酬战略模糊在薪酬体系设计阶段，会造成诸如不同职位序列之间的薪酬水平失衡、不同人员的薪酬组合错位、静态薪酬与动态薪酬的比例失调等一系列内在矛盾。

（2）薪酬理念。薪酬理念就是公司的薪酬观，反映了公司的分配哲学，即依据什么原则确定员工的薪酬。不同的公司有不同的报酬观，如新兴公司的薪酬理念往往强调效率优先，强调薪酬的激励作用。

薪酬理念缺失主要表现为：管理人员不知道是应该按照员工所承担的责任和风险为基础来支付和调整工资，还是应该按照员工的行政级别、服务年限、技能水平、工作业绩等其他因素为基础来支付和调整工资。薪酬理念缺失在薪酬体系设计过程中会使设计人员在选择付酬因素的时候非常困惑，往往产生抓不住薪酬体系应该倾斜的重点对象、付酬因素选择不当、付酬因素权重设置不合理等问题。这种在内部一致性方面严重先天不足的薪酬体系在运行后，会造成一系列的薪酬沟通障碍，向员工解释的时候常常自相矛盾，而且导致公司运行过程中的无效人工成本逐渐升高，人员结构失衡等现象。

影响薪酬理念和战略的因素有公司战略、组织机构、发展阶段、公司文化等。所以薪酬诊断前应做好公司的战略分析、组织机构分析、发展阶段诊断、公司文化提炼并对以下问题进行思考：

公司薪酬理念和战略是否符合公司战略并有助于其实现？

公司薪酬理念和战略是否符合公司组织机构？

公司薪酬理念和战略是否符合公司发展阶段？

公司薪酬理念和战略是否符合公司文化并有助于其健康发展？

2. 公司薪酬制度

(1) 薪酬水平。薪酬水平明确了公司的薪酬水平在市场上的相对位置，决定了公司在劳动力市场上的竞争地位，是公司薪酬外部竞争性的直接体现，是衡量公司薪酬体系有效性的重要特征之一。影响公司薪酬水平的因素有多种：从公司外部看，国家的宏观经济、通货膨胀、行业特点和行业竞争、人才供应状况甚至外币汇率的变化，对薪酬定位和工资增长水平有不同程度的影响；在公司内部，公司发展阶段、人才稀缺度、招聘难度、公司的市场品牌和综合实力、盈利能力和支付能力、人员的素质要求等都是决定薪酬水平的关键因素。

在薪酬水平定位上，公司可以选择领先策略或跟随策略。品牌最响的公司未必要做薪酬上的领头羊，因为品牌响的公司可以依靠其综合优势，不必花费最高的工资也可能找到最好的人才。往往是后起之秀需要采用高薪策略。这些公司多处在创业初期或快速上升期，投资者愿意用金钱买时间，希望通过挖到一流人才来快速拉近与巨头公司的差距。

因此，薪酬诊断时要考虑薪酬水平有没有外部竞争力、是否符合公司战略？是否在公司许可成本范围内？在薪酬水平定位时如果选择了错误的劳动力市场、选择了错误的参照对象，导致错误的薪酬水平定位，薪酬水平过高、或者过低对公司都是不利的。

(2) 薪酬模式。薪酬模式一般有基于岗位的薪酬模式、基于绩效的薪酬模式、基于技能的薪酬模式、基于市场的薪酬模式、基于年功的薪酬模式以及上述要素混合的薪酬模式几种。

薪酬模式的另一种分类方法是：按照公司总体薪酬所包含的固定部分薪酬（主要指基本工资）和浮动部分薪酬（主要指奖金和绩效薪酬）所占的比例，分成高弹性型薪酬模式、高稳定型薪酬模式和调和型薪酬模式。

薪酬模式本身并没有什么高低优劣之分，只是看薪酬模式的选择是否符合公司所在行业特点，对于不同人员采取的是多元模式还是一元薪酬模式，比如能力导向薪酬体系最近提的比较多，但是很多公司却无法采用，尤其是大型国企，组织体系严密，层级分明，能力导向在短期内不可能大范围应用，然而，高校却是典型的可以应用能力导向薪酬体系的场所。

(3) 薪酬组成。薪酬结构是由各种薪酬单元组成，这些薪酬单元一般可分为静态薪酬（基本工资等）、动态薪酬（绩效工资、奖金等）和其他工资（福利、津贴等）三类。公司必须思考自己的薪酬由哪些组成？是否简单易懂？各部分比例是否符合公司所在阶段和战略？包括：①固定工资由什么决定？与公司性质是否相符合？②晋升、提薪的基准是否明确？是否合理？③奖金与公司经营方针、人力资源管理方针的关系如何？发放奖金的目的和发放奖金的方法与公司性质和特点是否相符？奖金总额的决定方法和奖金的分配是否适当？④不同人员的工资形式是否合理？高管的薪酬组成是什么？中层的薪酬组成是什么？一般员工是什么？销售人员、生产人员、技术人员所用薪酬形式是否符合各自的特点？

如果薪酬结构失衡，则会表现为：薪酬结构残缺或是各类人员的薪酬单元组合比例失调。薪酬结构残缺会致使公司的薪酬体系在运行过程中缺乏足够的灵活性，无法满足多数员工在薪酬方面的不同需求。而薪酬单元的组合比例失调，如固定工资比例过高，绩效工资比例过低则容易导致薪酬的激励作用无法有效发挥。

(4) 薪酬等级。薪酬等级包括薪酬等级范围、等级重叠度两部分。

等级范围是指薪酬标准中同一薪酬等级上下限（最高薪酬与最低薪酬）之间的跨度，是衡量薪酬体系是否具有足够弹性和延展性的重要标志之一。

薪酬等级范围过窄导致员工薪酬的提升空间过小。在以职位为基础的薪酬体系中，容易导致员工之间因为职位晋升而进行排挤等恶性竞争行为的发生。同时，过窄的等级范围大大削弱了薪酬体系对组织内部结构调整的适应性（随着外部环境当中不确定性因素日益增多，公司对组织结构进行调整的频率已经变得越来越快）。

等级重叠度是指相邻等级范围的重叠程度，是衡量薪酬体系是否具有足够弹性和延展性的另一个重要标志。等级重叠度过小所导致的后果与等级范围过窄的后果相类似。

(5) 薪酬支付。薪酬支付时间、地点、形式是微妙的，好的支付方式会收到意想不到的激励效果，要根据员工的年龄差异，员工不同的知识水平，员工不同的心理反应，结合公司的需要，公司不同任务的性质选择不同的支付时机，支付频率过高或者过低，都会削弱激励的效果。还要注意薪酬奖励必须是及时的，薪酬支付前要注意支付环境的设计。

(6) 薪酬调整。薪酬不可能是一成不变的，需要根据情况变化而发生调整。薪酬调整主要有两种方式：一是总体薪酬水平的调整，即根据市场薪酬水平的变化趋势、组织的发展状况、经营管理模式的调整以及战略重心的转移对现行薪酬体系进行调整；二是个人薪酬水平的调整，即根据职位变动、个人业绩、个人能力等对员工个人的薪酬水平进行调整。

许多公司的薪酬体系在实施后的几年里一直都没有根据内外部环境的变化及时进行调整，这是导致公司薪酬水平与市场水平严重背离的一个根本原因。对于采取以职位为基础的薪酬体系的公司，常常由于职位管理制度不完善，在职位的职能范围发生变化和调整后没有及时对该职位的相对价值及时进行评估，重新确定薪酬等级和薪酬标准，容易导致薪酬调整失灵。而采取以技能或者能力为基础的薪酬体系的公司，缺乏与之相配套的技能或能力认证机制，或者认证机制不完善，也会导致薪酬调整失灵。

还有种情况则是动态薪酬的固化，最常见的一种形式是绩效工资和奖金的发放没有和绩效考核结果挂钩，导致“干多干少一个样”、“出工不出力”现象的发生，严重影响了员工的工作积极性。另外一种常见的现象是动态薪酬的发放虽然与绩效考核结果挂钩，但是绩效考核结果不是实际绩效的真实反映，使得动态薪酬的发放流于形式，无法有效地发挥激励作用。

3. 公司薪酬执行反馈

实施过程对公司薪酬制度的效果发挥着重要的影响作用，实施过程中具有影响的因素为：薪酬操作流程，薪酬调查、沟通反馈机制和薪酬操作人员。作为一个好的薪酬实施过程，应该有清楚明确的操作流程，阐述了薪酬与考核、晋升、职位轮换的关系，定期或不定期地对内对外薪酬调查，员工能清楚知道自己的薪酬是如何计算得出的，并且可以对此进行沟通反馈，薪酬制度的操作人员应当精通业务，认真负责。

而沟通反馈机制是薪酬公平性的重要体现，没有有效的沟通，即使设计得最好的薪酬体系也不会很好地发挥其功能。好的制度必定是基于沟通的。任何制度只有进行充分的沟通才能使制度中所蕴含的理性和思想得到理解，才可能使制度执行者真正地、从内心里去遵从制度（史慧，2004）。

所以诊断应该重点在薪酬执行问题上，不仅考察执行人员的认真负责程度，如发放薪水的及时性，薪水计算的准确性，还要考察是否建立了良好的沟通反馈渠道，反馈渠道是否顺畅，合理反馈意见采纳的程度，每一信息需求的反馈时间是否迅速及时等。

（二）薪酬诊断的角度

薪酬诊断可以从心理学、管理学、法学、经济学等多个角度进行。心理学主要是从公平和激励的角度，管理学是指要体现战略、有前瞻性和明确性，而经济学要求薪酬支付考虑成本和产出的关系，法学则约束了薪酬制度必须符合国家的法规政策。具体可以细分如下：

1. 心理学

从心理学角度研究薪酬是薪酬诊断的一个重要视角：人的内心感觉与无限的统计数据一样有效，如果感觉它不好，它可能就是不好。薪酬制度的优劣往往没有硬性的指标，更多的是员工对它的一种心理感受（James，1992）。

(1) 公平性。公平就是人们对一个人的所做（投入）和所得（产出）关系的合理性的感受。“从本质意义上讲，劳动报酬是对人力资源成本与员工需求之间进行权衡的结果。世界上不存在绝对公平的薪酬方式，只存在员工是否满意的薪酬制度（北京新华信管理顾问有限公司胡少敏）。”当公司的员工认为公司给予他们的报酬是公平、合理的时候，他们比较容易倾向于努力投入到工作中，反之则否。“公平”性几乎是薪酬制度必须具有的最重要的特性，一般“公平”包括两层含义，一种是表面上的，即看起来是公平的；另一种是实质上的公平。即“程序公平”与“内容公平”。“程序公平”是指在薪酬制度标准的制定、具体实施过程中有章可循，具有规范、公正的评价程序和对于薪酬制度的制定、执行和付酬结果具有顺畅的沟通渠道；“内容公平”则是实质公平，是内部公平、外部公平和个体公平。

无论“程序公平”还是“内容公平”，都是要解决人们的心理公平问题。衡量公司薪酬公平性可以通过问卷调查、访谈等方法，收集员工对待这些问题的态度。

但在现实中，公司有时候并不能同时兼顾三者，或者有许多时候干脆就是相互冲突。这时候就需要公司依据公司战略、付酬能力等在三者之间进行选择与平衡。

(2) 激励性。激励，就是管理者遵循人的行为规律，运用多种有效的方法和手段，最大限度地激发下属的积极性、主动性和创造性，以保证组织目标的实现。薪酬是组织激励的主要方式。良好的薪酬制度必须充分考虑薪酬的激励作用，即薪酬的激励效果。同样的薪酬总额、模式选用不同、各部分组成比例不同、管理制度不同、支付方式不同都会有不同的激励效果，需要根据公司特点、人员特点进行设计才能有最好的效果。

衡量薪酬激励性的一个表现是薪酬组成中保健因素和激励因素的比重。比如目前的薪酬组成中基础工资、固定津贴、固定福利都属于保健性因素；绩效工资、奖金、股份、期权等属于激励性因素，一些公司薪酬水平高而员工热情不高、积极性差、责任性差，这就需要考虑增大激励性因素的比重。

此外，衡量薪酬激励性的另一个表现是绩效评估系统的科学性，即员工是否相信他们的努力可以反映到绩效评估中去。如果绩效评估系统的标准是非绩效因素，如忠诚度等，那么努力多不一定能得到更高的评价。还有一种可能是绩效评估没有明确标准而主要取决于评估者主观看法，那么与主管关系一般或不良的员工觉得不管自己的努力程度如何，在绩效评价上都不会得到高分。

2. 管理学

(1) 科学性。健康有效的薪酬制度首先必须是配合组织战略和目标的。一个设计良好的薪酬体系直接与组织的战略规划相联系，从而使员工能够把他们的努力和行为集中到帮助组织在市场中竞争和生存的方向上去。薪酬体系还应该适应公司发展的阶段、公司文化等。薪酬设计过程中应综合内部员工、外部专家的意见，采用科学的设计方法。

(2) 前瞻性。是指薪酬一方面要反映当前的市场水平、当前的公司内外环境；一方面对未来有一定的预期，能更好地吸引和保持人才。

好的薪酬制度必须基于一个变化的环境基础，精心设计能够容许不断地管理调整、工资定价调整和员工沟通所带来的变化。公司薪酬制度不应是一成不变的，没有可以通用于任何情形的雇员薪酬方案。不论采用哪种方案，它都需要适应公司在急速发展着的商业环境中不断改变着的商业地位。公司薪酬制度应该能够随着公司内外部环境的变化进行灵活的调整与变革。

（3）明确性。薪酬建立为制度后，就意味着通过明确清晰的表达形成具有实际效力的规范化文本，成为公司整体薪酬体系进行具体实施参照的规则。管理制度的清晰明了，有助于执行人员和员工的理解。基本上一个明确的薪酬体系要做到以下几点：①具备明确的薪酬制度、表格。②大部分员工能理解薪酬制度并知道如何计算自己的薪酬。③加薪、调薪、奖金有可遵循的规章；晋升、加薪的基准明确。④对兼职者、临时工薪酬规则也有规定。⑤为防范薪资计算错误，有事先规定提出文件的期限。

3．经济学

经济学对公司薪酬设计的要求，其中重要一点是要薪酬制度设计符合成本收益最大化原则。现代公司在走出“重物质要素，轻人力要素”传统观念的同时，却极易走上另一个极端——人力资源高消费。因此，在保证公司效益的基础上，如何控制公司的薪酬成本就成为薪酬建设的一个重要方面。一套好的薪酬制度应该支持公司的成本节省。在这里成本节省有两种含义，第一种就是直接人工成本的节省，第二种就是因为薪酬制度的激励功能而引发的其他运营成本的节省（文跃然，2004）。健康有效的公司薪酬制度必须是考虑了公司成本支付能力的。

衡量公司薪酬制度的经济性并不是成本越低越好，而是投入产出比最高。具体表现为：①公司员工整体薪酬水平略高于（或不低于）外部市场及同类公司的薪酬水平，保持相对于外部人力资源市场的薪酬比较优势，形成外部竞争力。因此，在薪酬政策设计时，公司各类成员的整体薪酬水平应略高于外部人力资源市场的水平。②公司急需的各类紧缺人才和高级人才的薪酬政策应与国内乃至国际人才市场定价接轨。③低层次员工的薪酬水平应低于（或不高于）外部市场及同类公司的薪酬水平。④做好薪酬的动态设计，与公司经济利润挂钩，避免因薪酬刚性带来的薪酬成本只升不降。⑤引入竞争机制，合理拉开薪酬差距，可以促进公司人力资源合理流动，淘汰不适用员工，保持人力资源的动态平衡，实现人力资源的优化配置。⑥做好薪酬的规划预算，公司薪酬年度做好预算，年末做好结算，分析薪酬变动原因，及时调整，将薪酬总额控制在公司承受的范围内。

4．法学

在公司所涉及的所有领域，薪酬制度必须服从所有有关的法律的约束和规定。如我国的劳动法对加班费的规定，对最低工资的规定等，国家、地区相关的政策条例等。对为避免无意义的劳动纠纷或损害组织形象，公司薪酬制度制定时必须考虑法律法规的影响。以下法律政策都对薪酬制度有约束，公司薪酬必须符合其规定：

（1）宪法。薪酬管理的最高立法是《中华人民共和国宪法》。《宪法》是国家的根本大法，同时也是劳动法的首要渊源，是劳动立法的最高法律依据，《宪法》中对于劳动问题的规定达26条之多，规定了公民的基本劳动权利，在劳动报酬方面，包括关于公民进行劳动并获取相应劳动报酬的权利；关于实行按劳分配原则的规定等等。

（2）劳动法。除宪法外，《劳动法》在劳动领域内具有最广泛的实用性和最高的法律效力，是全面、综合、整体调整劳动关系及与劳动关系密切联系的其他社会关系的劳动法典。

（3）劳动行政法规。劳动行政法规是由国务院制定、修改、批准发布的调整劳动关系及其他有关社会关系的规范性文件，名称一般为条例、规定、办法。它是我国现行劳动法律规范的主要形式之一。

（4）劳动行政规章。是指由国务院各部委，根据劳动行政法规制定的实施细则、实行办法等。

（5）地方性劳动法规、规章各省市的工资管理立法。地方性劳动法规是由省、自治区、直辖市的人民代表大会和它们的常务委员会，在不同宪法、劳动法律和劳动行政法规相抵触的前提下，结合本地区的实际情况制定的规范性的地方劳动法律文件。

（6）自治劳动条例和单行劳动条例。自治劳动条例和单行劳动条例与地方性劳动法规的立法机关不同。它是由自治区、自治州、自治县的人民代表大会，依照当地民族的实际情况制定的，在本自治地方有效的规范性劳动法律文件，是我国劳动法律规则的形式之一。

（三）薪酬诊断的矩阵

由于薪酬诊断的内容和角度是从不同的侧面对薪酬进行观察，在公司实际诊断中，对于这些不同的侧面，可以建立一个多维矩阵进行诊断。

1. 二维矩阵（见表3-2）

表3-2 二维矩阵

内容 / 角度		薪酬理念和战略		薪酬制度						薪酬实施反馈	
		薪酬理念	薪酬战略	薪酬水平	薪酬模式	薪酬差距	薪酬组成	薪酬支付	薪酬调整	沟通反馈机制	操作人员
管理学	前瞻性										
	明确性										

（续）

角度 \ 内容		薪酬理念和战略		薪酬制度						薪酬实施反馈	
		薪酬理念	薪酬战略	薪酬水平	薪酬模式	薪酬差距	薪酬组成	薪酬支付	薪酬调整	沟通反馈机制	操作人员
经济学	经济性										
法学	合法性										

2. 三维矩阵

也可以按公司的组织机构、不同人员的分类进行三维诊断，如图 3-2 所示。

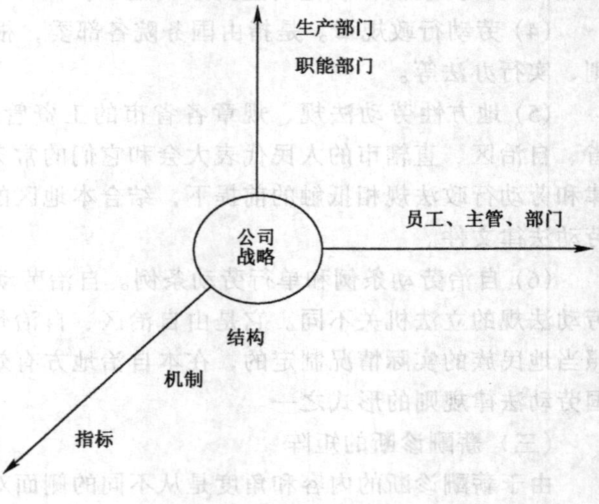

图 3-2 三维矩阵

三、薪酬诊断的工具

（一）问卷调查

问卷调查是最常用的薪酬诊断工具，它是以书面提出问题的方式搜集资料的一种研究方法。研究者将所要研究的问题编制成问题表格，以邮寄、当面作答或者追踪访问方式填答，从而了解被试者对某一现象或问题的看法和意见，所以又称问题表格法。问卷法的运用，关键在于编制问卷，选择被试和结果分析。

1. 问卷调查的步骤

问卷调查的步骤包括：①问卷设计；②问卷发放、培训、试填；③问卷回收；④问卷统计分析；⑤诊断总结。

2. 问卷调查法之优缺点

优点：比较经济，能用于大样本的调查，标准化问卷有助于测量，若是调查采匿名的方式进行，则可以适用于一些特别敏感的议题。

缺点：因使用样本之故，易有样本误差；仅及表面而不能深入；在处理较复杂的问题时，易显露出肤浅的一面（硬将受访者的一些答案归入标准化的问卷中)；填写问卷者的态度、认知情况一定程度会影响答卷效果。

3. 指标库

指标库见附录。

4. 问卷调查的结果

问卷调查的结果包括：①样本规模；②抽样方法与过程；③问题安排程序；④样本与母体之同构型；⑤误差；⑥结果分析。

(二) 访谈法

访谈法是通过与被调查者面对面地进行交流、讨论而搜集资料的一种方法。

1. 访谈的类型

根据访谈涉及的人数多少，可分为个别访谈和集体访谈。根据访谈的内容是否是由标准化的问题组成，可分为结构式访谈或非结构式访谈。根据访谈的次数，可分为一次性访谈与重复性访谈。根据访谈者与访谈对象接触方式的不同，可分为面谈和电话访谈、互联网访谈。

2. 访谈的优缺点

(1) 优点：灵活性大、适用范围广、控制性强、回收率高。

(2) 缺点：访谈费时、费力、费用开支大。访谈是面对面接触，匿名性低，访谈对象因有顾虑不作真实回答。访谈者的态度、表情、语调，甚至性别、服装、外貌都可能使访谈对象产生知觉偏差，而影响材料的真实性。访谈者也可能由于注意力不集中而产生漏记和错记，甚至由于措词不当，出现倾向性的提问等等使访谈调查出现偏差。

3. 访谈的基本程序

访谈的基本程序为：①确定研究的目的（访谈的主题）；②对访谈题目进行界定；③确定访谈的对象和人数；④选择访谈方式；⑤确定访谈时间和地点；⑥开始访谈并记录访谈内容；⑦整理并分析访谈材料；⑧撰写访谈报告。

4. 实地访问的技巧

包括问与听的技巧、理解与记录的技巧。

(三) 指标计算方法

1. 评价外部竞争性的指标

(1) Compa 指标。Compa 表示薪酬数值与工资范围中点值的关系程度。

Compa = 实际支付的平均工资/范围的中点值

当 Compa 指标等于 1.0，说明是公司薪酬与市场的竞争性要求是匹配型；当 Compa 指标超过 1.0，说明是公司薪酬是领先于市场的；当 Compa 指标小于 1.0，则说明公司薪酬水平落后于市场。

(2) 与竞争对手比较工资的上涨幅度。用竞争对手平均上涨幅度除组织的上涨幅度可以获得组织薪酬运作的外部竞争性的有效指标，等于 1.0 表示匹配型，大于1.0表示领先型，小于1.0是落后型。

(3) 检查组织吸引和保有员工的能力与薪酬之间的关系。

2. 评估内部一致性的指标

(1) 中点值递进系数。中点值递进系数是指相连薪酬等级的中点值的递进上升幅度（Wallace和Fay，1988）。

中点值递进系数 = ｛中点值（高的等级）－中点值（低的等级）｝/中点值（低的等级）

(2) 重叠系数。重叠系数主要用来评判工资结构中相邻等级的重叠程度（Wallace和Fay，1988）。

重叠系数 =（等级的工资率最大值－高等级的工资率最小值值）/（高等级工资率的最大值－高等级的工资率最小值）

(3) 范围指数：

范围指数 =（实际支付工资率－工资率最小值）/（工资率最大值－工资率最小值）

(4) 工资集中系数：工资集中系数表示不同职位之间的差别正在减少的趋势（Hills. Bergmann和Scarpello，1993）。

工资集中系数的计算方法是将一个等级的员工分为两组：一组高资历、高绩效的员工，一组低资历、低绩效的员工，并计算每组的平均工资，高资历、高绩效的员工的平均工资除低资历、低绩效员工的平均工资，这种百分比会反映组织的某种关于工资集中的价值观。

3. 评估个体的公平性

个体公平可以用以下几种方法计算（Wallace和Fay，1988）。

(1) 等级宽度。等级宽度（等级范围）被界定为等级最大值与最小值的差距与最小值的百分比，其计算公式是：

等级宽度 =（最大值－最小值）/最小值。

(2) 平均工资。其基本公式为：

平均工资 = 同一等级中所有员工的工资总额/同一等级中的员工人数

(3) 个体公平率。其基本计算公式为：

个体公平率 = 工资等级的实际平均工资率/工资等级的中点值

四、公司薪酬管理中常见问题

(1) 薪酬界定缺乏理性的战略思考。在讨论薪酬设计的问题时，公司较多考虑的是公平原则、补偿性或利害相等原则、透明原则等，而对整个薪酬的界定缺乏理性的战略思考。薪酬设计上的战略导向原则，是将公司薪酬体系构建与公司发展战略有机结合起来，使公司薪酬体系或薪酬计划成为实现公司发展战略的重要杠杆。该原则具有“天然”的动态性，这主要是由于公司的战略管理本质上就是一种动态管理。许多公司对自己的发展战略思考不多，更谈不上思考以人力资源发展战略去支撑公司发展战略。职位的工资与职位价值不相符。在公司中，行政职务的大小、学历职称高低的工龄等对工资具有决定性的影响，而对不同职位的价值重要性不足。员工因为级别不同而获取不同的年底奖金，由于级别评定只与学历、职称有关，所以能力强而学历低的核心骨干会感到极度不公平，导致人才的严重流失。

(2) 缺乏规范化、定量化的员工绩效考核体系，使分配的激励功能不足。公司在绩效考核中仍沿用传统的、以经验判断为主体的绩效考核手段，职工个人的收入与贡献大小结合不紧密，不同程度地存在平均主义，从而使公司的激励体系缺乏针对性、公平性、导向性，不能有效地促动员工围绕公司的战略与目标开展工作。奖金应当奖励超额劳动，但在相当程度上失去了激励作用，已变成固定的附加工资。一些公司在界定公司一般薪酬水平以及每个员工的具体薪酬时，基本上是跟着感觉走。一些老总对其他公司尤其是竞争性公司的薪酬水平往往知之不确；对市场一般薪酬水平的把握常常若明若暗；对各员工在公司相对价值的“座次”及其相应的薪酬“座次”关联度认定忽高忽低；对各等级员工中点薪酬多少、终点薪酬几何考虑甚少。

(3) 薪酬计量的具体方法陈旧。用一句话来概括，公司对员工薪酬计量方法陈旧，就是大多数公司使用的是与绩效考核无接口的薪等制方法。所谓薪等，就是指薪酬的等级。公司在其薪酬管理上，一般也根据员工所处的工作岗位、教育背景、工作经验、工作年限等因素，把所有员工划分为不同的等级，薪酬的计量就以此等级作为主要依据。但是相比之下，目前公司普遍缺乏与员工薪酬计量直接相关的绩效考核办法，即使某些公司已经开始了这项工作，也往往成为“走过场”。

(4) 为规避攀比，沿用模糊薪酬。为激励员工倾力奉献智慧与心力，公司老总一般希望能及时地给那些为公司做出超乎寻常贡献的员工以激励，但又担心这会引致其他员工心理失衡，从而使自己部分薪酬支出得不偿失。因此，有时不仅奖酬在一定程度上是模糊的，基本薪酬亦有部分在一定程度上是模糊的。

此种模糊机制的弊端是：在公司规模较小时尚可操作，当公司规模增大、管理层次增多时，薪酬管理的无序几乎是必然结果。毕竟，老总能有把握做出模糊判断的，也就是其直接下属的工作表现。薪酬，尤其是奖酬，不仅对当事人是一种激励，对其他员工亦是一种激励。当薪酬模糊时，其本应具有的对其他员工的激励作用被忽略了。它侵蚀了薪酬管理的公平原则，从而弱化其激励功能。因其模糊，甚至在薪酬管理符合公平原则时，人们心理上的感受亦是非公平的。不能说模糊薪酬毫无可取之处。对一个有一定规模的公司来说，必须以透明性为薪酬管理的主旋律。但有时薪酬具有一定的模糊性亦是必要的。

(5) 薪酬制度的柔性不够。例如，有些公司将员工最高薪酬规定得过于呆板。与之形成鲜明对照的是，有些公司最高薪酬规定得相当灵活，它们为战略性人力资源设置了薪酬特区。在此特区，各种“天价”式的薪酬均可能是合情合理的。

(6) 对薪酬界定的程序公平关注不够。一般地说，公司老总们会注意到薪酬管理中公平的诸层次——各生产要素所有者所得的公平、同等级员工薪酬的横向公平、不同等级员工的纵向公平等，但他们往往只注重了薪酬设计结果的公平，而忽视了对薪酬界定程序公平的关注。在一些公司老总们看来，只要使员工得到的薪酬与他们的相对工作价值相当，或与他们对公司的贡献相当，薪酬框架的设计与操作是黑箱操作还是白箱操作并不重要。因此，在成长初始阶段，相当一部分公司选择了黑箱操作的薪酬框架。

(7) 骨干员工长期激励不足。对员工尤其是经营者和公司的核心骨干的长期激励不足，没有建立利益共享的机制，很难使员工为公司长远利益着想。

公司经营者收入分配中一方面经营者工资收入与公司规模和经营难度脱节、水平偏低；另一方面，经营者工资外收入很多，在职消费过多过滥，不仅起不到激励作用，还造成了负面影响。

案例：

A公司原有的薪酬制度是将员工的月工资分为固定工资和浮动工资两部分。其中固定工资包括技能工资、基础津贴（野外津贴、艰苦岗贴、工龄补贴、生活补贴）、特殊津贴（技师津贴、回民津贴、特驾津贴、优秀人才津贴、高技能工人补贴）以及岗位工资。技能工资是员工在公司的累计工作年限、贡献的体现，基础津贴是员工的工作环境好坏、工龄长短等因素的综合反映，特殊津贴是对公司特殊人群的一种补贴，岗位工资是岗位差别和岗位工作年限的体现。浮动工资包括奖金和加班补贴，奖金与单位的经营考核情况挂钩，加班根据职工的考勤情况发放。员工月度工资分配主要与出勤挂钩，根据员工本人的出勤率考核发放。

从以上的分析中我们可以看出A公司原有的薪酬体制度中存在以下问题：

(1) 工资虽然有固定、浮动之分，但由于没有引入劳动力市场价位机制，明显存在两方面的弊病一是对外没有竞争性，重要的管理主体、专业技术岗位的收入水平低于劳动力市场价位，人才队伍不稳定，部分简单易替代岗位的收入水平却接近和高于市场价位，居高不下；二是对内没有激励性，公司内部岗位只有单位间因效益不同引起的收入差别，单位内部差别非常小，缺乏明确的价值导向。

(2) 重复考虑积累贡献（工作年限等）的因素，技能工资、工龄工资、岗位工资等都与工作年限有关。“基础津贴”更多反映的是员工的静态的历史因素，这些因素并不能反映员工实际的工作能力和劳动价值，使得薪酬分配出现错误导向。奖金主要是单位的经营情况考核结果（组织对组织），分配时主要依据的是员工工作态度（出勤率），缺少对工作能力的量化考核指标，使得薪酬分配没有有效的考核支撑，薪酬分配失去了应有的激励效应。

五、薪酬诊断操作流程

公司薪酬诊断的一般流程是：

第一步：预备诊断阶段。这一阶段的主要工作是对公司的组织机构、制度管理、近期的经营情况作全面了解，搜集有关资料，进行预备性调查研究。

第二步：正式诊断阶段，这时要分部门地对公司的运营情况进行深入调查，通过大量资料的分析，找出公司运营中存在的问题。根据已找出的问题，管理专家们要提出和编制改进方案，经过反复与客户公司交流意见，最终提出科学的、可操作的管理改善建议。包括：问卷调查、访谈等方法。

第三步：总结报告阶段，这时的主要工作是编写和提交“诊断报告及管理改善建议书”。报告中将对本次工作进行全面的总结，其中包括对改进方案的全面汇总和说明。“诊断报告及管理改善建议书”是公司诊断工作最重要和最有价值的成果。

第四步：公司诊断工作还有一个“跟踪”和“反馈”的过程。诊断工作结束后，公司要分阶段地到客户公司回访，查询诊断改善方案的执行情况，并提出修改建议。跟踪反馈的过程一般为一年左右。

某公司薪酬诊断案例

一、某公司薪酬体系“健康”状况的评估分析

(1) 薪酬结构。主要由三个部分组成：基本工资（即岗位工资）、绩效工资（浮动部分）及奖金，其他还包括一些额外的补助与福利，此处不作专门讨论。

基本工资：按岗位、职务、职称等确定的等级工资。

绩效工资：根据经营绩效考核指标或关键绩效指标（KPI）完成情况及个人努力程度而支付的工资。

奖金：包括优秀员工/经理奖、补充薪资（年终奖）、专项奖励。其中专项奖励包括攻关奖、专项奖、合理化建议奖、技术革新奖等。

(2) 具体实施办法。在具体实施过程中，针对员工工作性质、职位的不同，又主要分为两种不同的办法（此处不包括少量的研发人员，后有说明）。

部门主管职位以下（含部门主管）的所有员工

实行月薪制。根据职务、岗位等特点，分成8个大的工资等级（含基本工资与绩效工资），每个等级又分A、B、C三个层级。共有24个薪等/薪级。

其中，基本工资每月固定发放（与考勤挂钩），而绩效工资发放的比例与员

工该月的绩效考评分数（百分制）挂钩：

每月实得薪资=基本工资+绩效工资标准×绩效考评分数/100

部门主管以上的中、高层管理者管理人员

实行年薪制。根据职位、工作性质等分为五个等级，每个等级有相应的最低年薪标准；每位个体实行谈判工资制，确定其年薪标准。年薪的一定比例（50%~60%，根据不同等级比例有所不同，年薪高于十万元为50%，其余为60%）作为月发薪酬的基数；余下的比例（50%~40%）作为年度绩效工资（年度浮动部分），发放的数额与年度经营考核指标或KPI指标考评成绩挂钩。月发薪酬中，又分为基本工资（40%，属于基本部分，仅与考勤挂钩）和月度绩效工资（60%，属于月度浮动部分，与当月绩效考评结果挂钩），具体为：

月度实得薪资=月发基本工资+月度绩效工资×绩效考评分数/100

年度实得薪资=年度绩效工资×绩效考评分数×系数（0~1.0，分ABCDE五级）

另外，极少量研发人员亦采用年薪制，形式与中、高层管理者类似，此处暂不讨论。

奖金的发放主要有先进奖（年终评优）、年终奖、专项奖励、合理化建议奖等几种类别，奖励方式有现金、期权股份、旅游、实物等。

二、“薪酬满意度”调查评估总体设计

1. 薪酬体系评估设计思路概述

本次调查研究希望通过对薪酬设计思路、设计标准、操作手段、实施反馈等4个方面的评估，从而对薪酬体系的健康状况、不足之处等进行分析，进一步提出改进建议。

尽管基于统计学变量解释能力较低，近期的研究亦开始愈来愈多地聚焦于一些人们主观的态度，但本次研究仍然是通过较为广泛深入的员工问卷与访谈，来了解公司薪酬体系及实施各方面的情况、了解不同职位员工的意见与看法，从中发现的问题作为整个评估与研究中最重要的依据。

2. 问卷设计/访谈实施

问卷法是通过书面形式，以严格设计的心理测量项目或问题，向研究对象收集研究资料和数据的一种方法。本研究采用了一个比较简单的薪酬满意度问卷来搜集员工的意见。问卷分两部分：第一部分是填写者的背景材料，包括性别、年龄、文化程度、工作性质、职务等；第二部分是19个5点计分（-2、-1、0、1、2，分别对应于完全不同意、有点不同意、一般、有点同意，完全同意）的选择题，涉及薪酬体系在薪酬设计思路、设计标准、操作手段、实施反馈等4个方面的一些重要环节。

此次研究进行了较为深入广泛的访谈，访谈对象包括副总裁兼财务总监、人

力 & 文化中心总监、总裁办公室主任、子公司（主要从事营销）总经理、医药科技公司（主要从事药品研发）总经理、质管部经理、储运部经理、子公司部门经理等公司中、高层管理者主管，以及许多基层员工，获得了第一手较为丰富的资料。

此外，研究中搜集了比较全面的、各个不同职位等级员工的薪酬数据，并将其作为评估薪酬体系一致性、公平性及外部竞争力（包括薪酬战略）的重要指标。由于具体的薪资数据涉及公司机密，故不在文中列出，仅在分析过程中使用对薪资数据进行统计分析后的两个统计学指标：Compa 和中点值递进系数来辅助评估薪酬实际分配中的个体公平性与内部一致性问题。

Compa = 工资等级的实际平均工资率/工资等级的中点值

中点值递进系数 = ［中点值（高的等级）－中点值（低的等级）］/中点值（低的等级）

3. 薪酬体系“健康”状况的讨论

通过访谈所获资料，结合问卷、薪资数据的指标，以下就公司薪酬战略、薪酬体系的结构及其建立标准、薪酬制度的操作过程、实际薪酬分配的公平性与一致性等四个方面进行分析与讨论。

(1) 薪酬战略。公司当前的整体薪酬战略特点可以归纳为以下三点：

1) 由于公司的性质（民营股份制）、薪酬成本方面的原因，整体薪酬水平大致保持在行业平均水平略为偏高的位置。

2) 对于公司核心、骨干员工（主要是中/高管理层）和关键岗位员工（主要是主管及研发人员），公司将尽可能为之提供行业内具有相当竞争力的薪酬水平。

3) 随着公司的发展壮大，公司承诺为那些忠诚的、绩效佳的员工在不久的将来（1～3 年）提供职业发展机会和富有竞争力的薪酬上升空间，激励其建立与公司同步发展的长远薪酬提升目标。

通过对公司薪酬战略的分析，我们可以发现，作为一家新兴的大中型民营股份制医药公司，公司目前正处于一个快速的成长期，但同时亦面临同行业异常激烈的竞争和营销模式转型、外部环境变化的现实，正处于“二次”创业阶段。基于公司的特点和面临的内外环境，公司提供的整体薪酬水平位于行业平均略上的水平，还是比较合适的。

从问卷中相关项目的一般员工反应来看（详见表 3-3），虽然大多数员工承认与同行业中相比，公司的薪酬没有体现出明显优势，薪酬竞争力、一般员工对薪酬的总体满意感也很一般，但对于自身因薪酬而离职的倾向方面，几乎所有的员工的态度都是中性的（平均值 －0.06）。这种结论与公司薪酬战略的构想是基本一致的，虽在外部竞争力方面稍有欠缺，但也还比较符合公司当前的状况。

表 3-3 整体薪酬满意感调查结果

相关项目的考察内容	平均分值	标准差	中高层管理者人员平均分值
公司薪酬是否明显高于行业平均	-0.56	0.67	0
公司薪酬的竞争力	-0.38	0.60	-0.16
对薪酬总体满意感	-0.20	0.79	0.67
因为薪酬原因的可能离职倾向	-0.06	0.56	0.83

另一方面，公司的中高层管理者对相关项目的反应中，虽然对于公司整体薪酬在行业的优势以及竞争力方面的看法基本呈中性（平均值为 0，-0.16），但在对个人薪酬的满意程度上，却体现出一定的正向态度（平均值为 0.67，0.83），说明公司当前的薪酬制度在吸引和保留核心员工方面有着一定竞争的优势，比较好地实现了薪酬战略的构想。

从长远来看，公司当前为大多员工提供的起薪虽然不算太高（行业中等），但公司目前发展势头良好，结合公司给予那些忠诚度高、绩效良好员工的发展机会，对于此类员工仍然存在比较明显的吸引力。

(2) 薪酬体系结构及其建立标准。此部分主要讨论薪酬体系中薪酬的组成与结构、依据、薪酬变动标准等问题。

在访谈的过程中，大部分员工对“基本工资+绩效工资”的付酬方式还是基本满意的（因绩效工资在很大程度上与绩效考评挂钩，从而这种工资结构的实际激励效果究竟如何将在后文作详细讨论），少数部门由于工作性质的原因，对基本工资与绩效工资的比例方面觉得尚可改进，比如销售部门。根据其工作特点，他们认为可以适当地增加绩效工资的比例。

公司设定不同工资等级标准的根本原因在于员工工作性质的不同及其职位层次的不同。被访谈的大部分员工对这些标准认为基本合理，从问卷上员工对制定工资等级所依据标准的合理性方面比较正向的反应也验证了这种情况（详见表 3-4）。但也认为，对于某些工作性质特殊的部门（比如工作风险性、对组织的重要性，像财务部），应该有额外的考虑。公司副总裁兼财务总监这样形容财务工作的特点：“工作完全不出错，别人也不容易看出你干得有多出色；你一旦犯错，谁都看得见，很容易在绩效考评中扣分。而且，财务工作一旦出错，对公司的损害将是直接并且非常严重的”。故对于存在较高风险的岗位，适当地提升其等级工资，或者专门为之设立一定的岗位津贴，还是有必要的。

在薪酬变动的标准方面，在访谈中出现了比较奇特的现象，尽管大部分员工对薪酬变动标准的合理性表示“还可以”、“比较合理”，从问卷相关项目看（见表 3-4），员工对薪资变动标准的合理性也基本持中性态度，但在谈到具体自己的表现是否达到这一标准时，部分员工则表示“大体上了解”、“与绩效考评挂钩”，而对具体情况则表示“细节不清楚”。这一情况将在下一部分关于绩效考评的环节再详细讨论。

表 3-4 薪酬结构及变动标准调查结果

相关项目考察内容	平均分值	标准差
工资等级制定有否考虑个人能力因素	-0.15	0.71
公司制定不同部门、职位的报酬标准的合理性	0.56	0.65
薪资变动标准的合理性	-0.12	0.78

(3) 薪酬制度的操作过程。这里我们主要讨论两方面内容：一是薪酬体系在制定过程中的合理性；二是薪酬体系在实施过程中的公平性。

1) 薪酬体系在制定过程中的合理性。主要着眼于薪酬体系（制度）制定过程中的员工参与程度、薪酬制度的透明程度。通过访谈，了解到大部分员工对薪酬制度是比较了解的，至少对本部门的薪酬制度比较了解；而在薪酬制度制定过程的参与程度方面，大部分基层员工、管理人员，包括一些主管级员工表示“基本没有参与”。从问卷的相关项目上（见表 3-5）来看，员工在对薪酬制度了解方面的态度基本是中性的；而对于薪酬制度的制定过程，尤其是制定过程中自身的参与度，明显是比较低的。公司管理层表示，主要基于公司管理成本方面因素（同时也考虑到预计的员工参与积极性）考虑，公司的薪酬体系主要是由管理层根据员工能力、职务、工作性质等因素后，采取比较专业的方法制定的（制度初拟后也会发给各有关领导/部门征求意见），并且少数中、高级人才在加入公司伊始也会参与自身薪酬的设定，而一般的员工基本不参与到薪酬制定中去。公司的薪酬制度是公开的，人力资源及各部门也设法让每位员工了解公司大致的薪酬体系、薪酬等级标准。应该说，对于一个成立不足 5 年、正处于成长期的公司，采取这样的做法，还是比较符合实际的。

表 3-5 薪酬制度制定的合理性调查结果

相关项目考察内容	平均分值	标准差
对薪酬制度的了解	-0.26	0.72
对薪酬制度制定过程的了解	-0.50	0.82
薪酬制度制定过程中的参与度	-0.74	0.69

2) 薪酬体系实施过程中的公平性。这里主要讨论绩效考评的公平性、透明度、员工参与度等问题。前文中已经介绍，在员工总体薪酬中占相当比重的绩效工资的发放额度与绩效考评分数直接相关，而员工每年年初薪酬变动的标准也与前一年的绩效考评直接相关，这使得绩效考评在公司整个薪酬体系的建立、实施、效果等方面都扮演着举足轻重的作用。

在与公司人力和文化中心总监的访谈中了解到，公司对绩效考评是非常重视的，也在这方面花了很大的力气。从绩效工资直接与绩效分数挂钩就可以看出这一点。公司制定了一整套考评方案，专门还成立了由几个老总以及几个重要部门主管组成的考评小组负责总体考评事宜。本公司考评采用“逐级考评”的办法，即员工的考评成绩由其所在部门负责人按一定标准评定，而各部门负责人则由其直接上级评定，最后报考评小组核定确认。考评的标准、政策、结果都会每月发到各部门。而无论月考还是特别重要的年终考评，都会让所有员工参与自评。

然而，公司花了这么大的力气在绩效考评上，但是从问卷的相关项目的反应来看，员工态度比较中性，大多员工既不表示满意，也没有什么不满（见表3-6）。此外，在绩效考评透明度这一问题上，员工的反映差异度不小（标准差1.04）。这些现象令人有些疑惑。在员工访谈中，我们也发现：大多数员工对绩效考评的政策、标准都表示“基本上了解”，但对考评过程、参与情况、公平性等反应却比较模糊，大多表示“大致过程清楚、细节不太清楚”，或是“自己嘛，有时也自评一下，主要是上面评的”，“感觉基本上公平吧”，……至于考评结果的透明度问题，则出现明显的差异，有些员工很清楚，有些则表示“其实也不是太清楚，不过自己绩效工资基本没少拿”之类。

表3-6 薪酬体系实施过程的公平性调查结果

相关项目考察内容	平均分值	标准差
绩效考评方案是否完善	-0.17	0.69
绩效考评实际操作过程与公司制定规范的一致性	-0.03	0.67
绩效考评结果的公平性	-0.18	0.57
绩效考评过程中的参与度	-0.12	0.61
绩效考评结果的透明度	-0.06	1.04

为什么会出现这样的情况？中消研研究员为此特地访谈了许多部门的主管，办公室以及一些负责考评事务的人员，了解了多方面的情况之后，总结出这样一些问题：

首先，在月薪制员工考评方面，除了年终考评之外，考虑到管理成本问题，加之员工本身参与的积极性就不高（原因后详述），员工的绩效成绩除了一些可定量的指标之外（如销售绩效等），其他方面主要是由部门主管评定的。由于对普通员工绩效考评本身的量化指标尚不完善，标准比较模糊、粗放，故其主管的意见就占据了主要作用。通常情况下，员工若无重大失误，主管在评定绩效成绩的时候就不会过于严厉地扣分（人力资源部门出于员工薪酬水平本身不高事实的考虑，对员工月度考评未作较高的要求），这样的结果就是大多数员工都能基本拿到自己的绩效工资（或是其中的绝大部分）。这种做法虽有利于队伍的稳定性，但绩效考评的区分度太小，从而使激励效果大打折扣，进而导致员工对绩效考评的关注度也自然下降，出现前文中的现象也就不足为奇。正如公司某位高层管理者主管所说："公司在这方面（指绩效考评）的确花了力气，对于我们这样一个新兴的公司其实的确很难得，但是目前考评指标（特别对于一般员工）还不够细化、比较粗放，导致实施过程似乎有点流于形式……"这一方面的确还有许多值得改进之处。

至此，员工在绩效考评透明度问题上的反应差异也就很容易解释了。由于员工对考评的关注度有所欠缺，再加之考评结果的区分度不够大，自然造成了有些员工对自己的绩效成绩不甚了解或者不太关注的情形。据一位部门主管介绍，绩效成绩虽会被按时送到部门，但因大多数员工正常情况下能拿到绝大多数的绩效工资，于是有些员工对其关注程度自然就不会太强。当然，许多关心自己表现、绩效、发展的员工可以很清楚地了解自己的所有绩效成绩、表现等相关情况。

其次，主管级人员的绩效考评主要是由其直接上级评定，且主管绩效与整个部门的员工表现、部门绩效直接挂钩，所以在参与度、透明度、标准量化方面还是相对较好。尚存在问题中较为突出的一点是：其他部门对被考评者部门及其个人的工作情况、绩效目标等不一定了解，导致所制定的工作计划（绩效标准及额度等）存在一定的不合理性，其完成绩效的难度、绩效的含金量等也存在不可比性，考评起来就存在某种误区，使考评成绩与其真实表现存在微妙的差距。

当然，公司绩效考评的实施有着不少闪光之处：比如由于年终考评以及以考评成绩为基础的年终评优与次年的薪酬变动（工资等级变动、数额调整）直接挂钩，使得其激励效果非常大，许多员工对年终考评明显比较重视，对年终评优也有很高的积极性。总体而言，虽然公司的绩效考评体系还存在不少有待改进之处；但公司在绩效考评方面的重视与投入以及努力建立其与薪酬体系的紧密联系，对公司薪酬体系的完善及其作用的充分发挥还是有着重要的意义，也取得了非常积极的效果。

(4) 实际薪酬分配的公平性、一致性。主要讨论实际薪酬分配的个体公平性与公司内部的一致性问题。即相对于组织内从事相同工作的人而言，以及相对于组织内从事不同工作、不同职位的员工而言，薪酬分配是否公平合理。

在访谈中，大部分员工感觉自己的薪酬虽然不太高，但与同事相比，基本上还是公平的；与部门中更高职位的员工，尤其是经理级员工相比，差距的确有些大，不过基本上还是可以接受的。从问卷的相关项目来看（见表 3-7），虽然员工反应的取向性不如访谈中明显，但基本上还是呈中性态度。在对员工薪酬数据的统计学分析中（见表 3-8、表 3-9），描述个体公平性指标 Compa 在三个等级中都接近于 1.0（1.0 是理论平衡点，大于 1 表示等级中高薪者偏多，小于 1 则反之）。而描述内部一致性的指标中点递进值系数则偏高，说明员工与主管之间的薪酬差距是比较明显的。

表 3-7 薪酬的个体公平性与内部一致性调查结果

相关项目考察内容	平均分值	标准差
报酬的个体公平性问题	0.09	0.71
报酬的内部一致性问题	-0.18	0.69

表 3-8 报酬的个体公平性指标 Compa 分析

等 级	Compa 值	备 注
一般员工	0.96	小于 1 表示等级中高薪者偏少
基层管理者	1.04	大于 1 表示等级中高薪者偏多
中高层管理者	1.14	理论平衡点为 1.0

注：为便于研究，将所有员工分成一般员工、基层管理者、中高层管理者 3 个等级。

表 3-9 报酬的内部一致性指标分析

对比等级	中点递进值系数	备 注
员工与基层管理者	1.40	数值大表示两者差距偏大
基层管理者与中高层管理者	1.61	说明员工与主管之间薪酬差距比较明显

在中、高层管理者主管的访谈中，他们大多承认主管与员工的薪酬之间的差距比较大，但是这种差距是合理的，甚至可以适当地再拉大一些。因为在公司内部，尤其是作为一个成长中民营医药公司，有着其独特之处：主管级员工需要远比普通员工高的知识、经验与能力，在工作中也会付出更多的心血、承担更大的责任与风险，高薪完全是合理的。一些中高层管理者主管亦认为，现有主管级员工的薪酬标准也需要作适当的调整，在设定其薪酬等级时应更多地考虑其工作能力而不仅是其所处的职位。

总的来说，公司的实际薪酬分配的个体公平性还是不错的。在内部一致性方面，员工因职位造成的薪酬差距虽然较大，但还是比较符合公司特点，与公司薪酬战略中相关主旨也相吻合，并且大部分员工也能接受，应该说比较合理。当然，针对具体的实际情况，个别处可作微调。

三、研究的总体评估结论与若干建议

首先，从薪酬战略来看，虽然整体薪酬水平与竞争力一般，但在核心员工薪酬竞争力以及长远薪酬体系改进战略上做得还是极其不错的。总体上比较符合公司当前的整体战略与公司特点。但建议公司能够加快提高整体薪酬水平的进程（前提是适时与适度），以提高公司薪酬的竞争力，适应公司长远发展所需的人力资源战略。

其次，在公司薪酬体系结构及其建立的标准方面，公司“基本工资+绩效工资”薪酬模式是比较合适和有激励性的，但在薪酬比例、等级设置方面，可以针对不同部门的实际情况（如工作难度、风险程度等）做出适当的小幅度调整。

第三，在薪酬制度的实际操作过程中，薪酬体系的制定、制度透明度等方面比较合理，也符合公司管理成本、员工实际素质方面的特点。绩效考评作为公司薪酬体系中的重要环节，公司内部建立一整套考评体系，并使之与薪酬分配直接、紧密挂钩，努力维持其正常运转，这是难能可贵的，并且在客观上也取得了一定的效果。但是对于一般员工的考评体系还比较粗放，标准仍显模糊粗略、量化指标不够；考评过程的合理性尚有欠缺；主管与员工沟通不够通畅，员工关注度不高等。这就需要公司在绩效考评的实施过程中不断调整，寻找到比较适合公司特点的考评方法以及符合不同部门特点的考评标准，努力加强与员工的沟通，使员工感到绩效考评真正与自身利益和发展密切相关，避免考评流于形式。

特别是在一般员工薪酬水平设定及其考评方面，建议根据不同岗位、不同能力/绩效的员工，不同幅度地提高其薪酬标准，同时更加明确工作标准、细化考核指标，从而在提升薪酬竞争力的同时，加大考核力度（提高考评区分度和员工关注程度），更有效地激励员工的积极性，保证员工队伍的稳定性。

此外，公司实际薪酬分配的个体公平性还是不错的；在内部一致性方面，员工因职位造成的薪酬差距虽然较大，但还是比较符合公司特点，也与公司薪酬战略中相关主旨相吻合，并且大部分员工也能接受，应该说比较合理；个别需要微调之处，可以在薪酬谈判中得以实现。

附录：问卷调查的指标库

1. 个体公平的指标

(1) 以自己的资历，你对自己的工资收入（　　）。

A. 非常满意　　B. 较满意　　C. 不确定

D. 不满意　　E. 非常不满意

如果选择D或E，请写明简要理由或感受

(2) 领到工资时，你的感受是（　　）。

A. 非常愉快　　B. 比较开心　　C. 不确定

D. 有些失落　　E. 心情非常糟糕

如果选择D或E，请写明简要理由或感受

(3) 你觉得目前的工资就是你个人价值的体现吗？（　　）

A. 肯定是　　B. 应该是　　C. 不确定

D. 不是　　E. 绝对不是

如果选择D或E，请写明简要理由或感受

(4) 你的努力工作在工资中有无明显的回报？（　　）

A. 一定有　　B. 可能有　　C. 不确定

D. 没有　　E. 完全没有

如果选择D或E，请写明简要理由或感受

(5) 你认为你的薪酬与你的职位（ ）。

A. 非常相称　　B. 基本相称　　C. 不确定

D. 不相称　　E. 非常不相称

如果选择 D 或 E，请写明简要理由或感受

(6) 过去的一年你获得的涨幅工资（ ）。

A. 非常合理且令人满意　B. 较合理比较令人满意　C. 不确定

D. 不合理也不令人满意　E. 非常不合理令人很不满

如果选择 D 或 E，请写明简要理由或感受

(7) 在过去的一年中，绩效工资的发放（ ）。

A. 有科学合理的正式考核制度和考核表格作为依据

B. 有些简单的考核制度和表格

C. 不确定　D. 没有什么制度和依据，凭感觉考核　E. 完全失控

如果选择 D 或 E，请写明简要理由或感受

2. 内部公平的指标

(1) 和其他同职位的人相比，自己的工资（ ）。

A. 非常高　　B. 较高　　C. 不确定

D. 较低　　E. 非常低

如果选择 D 或 E，请写明简要理由或感受

(2) 你认为目前公司管理层和员工的薪酬差异合理吗（ ）？

A. 非常合理　　B. 基本合理　　C. 不确定

D. 不太合理　　E. 极不合理

(3) 你觉得公司一线生产员工对他们的薪酬（ ）。

A. 感到很满意　　B. 基本满意　　C. 不确定

D. 不太满意　　E. 非常不满意

如果选择 D 或 E，请写明简要理由或感受

(4) 你觉得公司一般管理人员对他们的薪酬（ ）。

A. 感到很满意　　B. 基本满意　　C. 不确定

D. 不太满意　　E. 非常不满意

如果选择 D 或 E，请写明简要理由或感受

(5) 你觉得公司技术人员对他们的薪酬（ ）。

A. 感到很满意　　B. 基本满意　　C. 不确定

D. 不太满意　　E. 非常不满意

如果选择 D 或 E，请写明简要理由或感受

(6) 你觉得公司高级管理人员对他们的薪酬（ ）。

A. 感到很满意　　B. 基本满意　　C. 不确定

D. 不太满意　　　　E. 非常不满意

如果选择D或E，请写明简要理由或感受

(7) 你认为公司员工的工资层级差别（　　）。

A. 有一定的层级差别，但非常合理

B. 有一定的层级差别，比较合理

C. 不确定　　D. 层级差别过大（小），不太合理

E. 层级差别非常大（小），非常不合理

如果选择D或E，请写明简要理由或感受

(8) 你对目前公司薪酬制度对员工激励性的评价是（　　）。

A. 非常强的激励　　　B. 较强的激励　　　C. 不确定

D. 激励性不够　　　　E. 非常差

如果选择D或E，请写明简要理由或感受

(9) 你觉得目前公司的发展与员工工资增长的关系是（　　）。

A. 利润增长时员工一定会得到工资增长

B. 利润增长时员工可能会得到工资增长

C. 不确定　D. 利润增长时员工不会得到工资增长

E. 利润增长时绝对得不到工资增长

如果选择D或E，请写明简要理由或感受

(10) 你认为公司薪酬制度所倡导的分配机制是（　　）。

A. 向绝对勤奋及优秀的员工倾斜　　B. 按劳分配

C. 不确定　　D. 吃大锅饭搞平均主义

E. 多"劳"多得，少"劳"少得

如果选择D或E，请写明简要理由或感受

(11) 你觉得目前公司薪酬的保密性（　　）。

A. 有非常强的保密性　B. 比较强的保密性　C. 不确定

D. 不够保密　　　　　E. 非常公开

如果选择D或E，请写明简要理由或感受

3. 外部公平的指标

(1) 你对目前公司薪酬制度对人才吸引性的评价是（　　）。

A. 非常吸引　　　　　B. 较吸引　　　　　C. 不确定

D. 不够吸引　　　　　E. 几乎没有吸引力

如果选择D或E，请写明简要理由或感受

(2) 与当地的一般消费水平相比，员工的基本工资（　　）。

A. 设置得非常合理　　B. 设置基本合理　　C. 不确定

D. 较低，不太合理　　E. 太低，非常不合理

如果选择D或E，请写明简要理由或感受

(3) 以下关于薪酬与生活的关系，哪一个最接近你的实际情况（ ）。

A. 因为薪酬很高，自己的生活过得非常富裕

B. 目前的薪酬除维持基本生活外，有一定的节余

C. 我不太确定二者之间的关系

D. 目前的薪酬只能维持最基本的生活开支

E. 因为目前的薪酬太低，自己过得非常之贫苦

如果选择D或E，请写明简要理由或感受

(4) 你觉得公司员工的辞职（ ）。

A. 因为薪酬的不合理而直接导致

B. 和薪酬有一定关系

C. 不确定　　D. 和薪酬没有什么关系

E. 绝对与薪酬问题无关

如果选择D或E，请写明简要理由或感受

4. 管理科学性指标

(1) 你对目前公司薪酬制度科学性的评价是（ ）。

A. 非常科学合理　　B. 较科学合理　　C. 不确定

D. 不够科学合理　　E. 非常不科学不合理

(2) 你对目前公司薪酬制度先进性的评价是（ ）。

A. 非常先进和有远见性　B. 有一定的先进性和远见性

C. 不确定　　D. 有些落后于现实

E. 非常过时

如果选择D或E，请写明简要理由或感受

(3) 你对目前公司薪酬支付方式的评价是（ ）。

A. 非常先进　　B. 比较先进　　C. 不确定

D. 落后　　E. 非常落后

如果选择D或E，请写明简要理由或感受

(4) 目前公司全部岗位的岗位工资（ ）。

A. 是通过科学合理的工作分析后制定的

B. 通过粗略的调查分析后制定的

C. 不确定　　D. 管理者凭经验制定的

E. 完全没有任何依据

如果选择D或E，请写明简要理由或感受

(5) 目前公司的绩效工资（ ）。

A. 有完善合理的绩效考核制度相配套

B. 有考核制度、但制度不完善

C. 不确定　　　　D. 绩效考核流于形式

E. 没有绩效考核

如果选择D或E，请写明简要理由或感受

(6) 有一定的理由向公司申请加薪，公司的态度是（　　）。

A. 肯定是核实情况后决定是否加薪

B. 以各种理由敷衍　　C. 不确定

D. 看自己反反复复努力申请的程度

E. 绝对不会加薪

如果选择D或E，请写明简要理由或感受

5. 管理明确性指标

(1) 公司薪酬方面的管理制度（　　）。

A. 非常完善　　　　　　B. 大多数需要的制度都有

C. 不确定　　　　　　　D. 规章制度较少

E. 没有建立任何薪酬方面的管理制度

如果选择D或E，请写明简要理由或感受

(2) 你觉得目前公司薪酬的计算方式（　　）。

A. 非常简洁且易于明白　B. 比较简洁

C. 不确定　　　　　　　D. 有些繁杂

E. 非常晦涩难懂

如果选择D或E，请写明简要理由或感受

(3) 按规定时间，公司薪酬支付的准确性和及时性（　　）。

A. 非常准确和及时　　　B. 基本准确和及时

C. 不确定　　　　　　　D. 不够准确和及时

E. 经常拖欠

如果选择D或E，请写明简要理由或感受

(4) 员工基本工资津贴福利的确定过程（　　）。

A. 绝对遵照明确的规章制度执行

B. 基本遵照规章制度执行

C. 不确定　　D. 基本上没有规矩

E. 非常混乱

如果选择D或E，请写明简要理由或感受

(5) 公司薪酬政策的执行（　　）。

A. 非常严格　B. 比较严格　C. 不确定　D. 执行得比较差

E. 管理制度形同虚设，完全没有人去遵守

如果选择 D 或 E，请写明简要理由或感受

6. 薪酬合法性指标

(1) 你对目前公司薪酬制度合法性的评价是（ ）。

A. 绝对符合法律法规　　B. 基本符合法律法规

C. 不确定　　D. 有些地方不符合法律法规

E. 完全不符合法律法规

如果选择 D 或 E，请写明简要理由或感受

(2) 加班工资的计算方法和法律法规相比（ ）。

A. 绝对符合法律法规　　B. 基本符合法律法规

C. 不确定　　D. 有些地方不符合法律法规

E. 完全不符合法律法规

如果选择 D 或 E，请写明简要理由或感受

(3) 公司在国家强制性保险福利最低工资方面的做法（ ）。

A. 高于国家法律法规的要求执行，并向员工增加了其他福利

B. 按照国家法律法规要求的最低限度执行

C. 不确定

D. 部分按照国家法律法规的要求执行，部分则没有

E. 完全没有按照国家法律法规要求执行

如果选择 D 或 E，请写明简要理由或感受

7. 薪酬成本控制指标

(1) 上一年度，公司对薪酬总额的预算（ ）。

A. 非常精准　　B. 比较准确　　C. 不确定

D. 不太准确　　E. 完全不准确

如果选择 D 或 E，请写明简要理由或感受

(2) 上一年度公司对薪酬总额的控制（ ）。

A. 控制得非常好　　B. 比较好　　C. 不确定

D. 不太好　　E. 非常糟糕

如果选择 D 或 E，请写明简要理由或感受

(3) 在过去半年中，你觉得公司在薪酬付出与利润积累方面（ ）。

A. 控制得非常好，找到二者的平衡点

B. 控制得较好　　C. 不确定

D. 较差，二者有些失衡　　E. 明显失衡

如果选择 D 或 E，请写明简要理由或感受

8. 薪酬灵活性指标

(1) 上一年度公司对薪酬制度方面的意见征询工作（ ）。

A. 开展得非常好　　B. 比较好　　C. 不确定

D. 不太好　　E. 非常差

如果选择D或E，请写明简要理由或感受

(2) 有员工对薪酬方面的事情提出不同意见和建议时，公司态度是（　　）。

A. 非常欢迎，积极采纳和接受意见

B. 基本上会有一些正面的改善，但比较被动

C. 不确定

D. 听听而已，没有什么改变

E. 非常敏感，尽量压制

如果选择D或E，请写明简要理由或感受

(3) 薪酬计划是否考虑了现实可行性与未来的调整空间（　　）。

A. 留有很好的弹性和空间　　B. 有一些弹性和空间

C. 不确定　　D. 比较僵化，难以适应新情况

E. 非常僵化

如果选择D或E，请写明简要理由或感受

上述指标从各个角度为公司薪酬诊断提供了思路，但是公司在开展诊断时，是否需要面面俱到呢？未必。过多的指标可能分散了管理者的注意力。事实上，公司只需根据自己的需要，选取对自己而言最重要的指标即可，同时还要考虑指标结构、指标权重。

复习思考题

1. 薪酬设计前期准备工作都包括哪些？
2. 什么是薪酬诊断？有什么意义？
3. 薪酬诊断的内部公平性和外部公平性分别代表了哪些方面？
4. 薪酬诊断的流程是什么？
5. 薪酬诊断的常用方法是什么？
6. 薪酬诊断的常见指标有什么？

第四章　工作分析与岗位评价

本章概要： 工作分析是人力资源管理的基础工作，也是公司薪酬设计与管理的重要基础，本章第一节概述了工作分析的概念、方法、流程，并大量列举了公司工作分析研究的实际操作案例。岗位评价主要解决公司企业薪酬分配中的内部公平性问题，本章第二节就岗位评价的概念、作用、原则、常用方法及其岗位评价的工作程序做出了全面阐述。

第一节　工 作 分 析

一、什么是工作分析

工作分析是人力资源管理的第一个主要环节。工作分析是对工作一个全面的评价过程。它是指对企业工作中已经存在的或是将要存在的各个构成因素进行系统的研究，并作出书面记录，然后判明已经存在的或是将要存在的各项工作的性质、内容、任务、环境条件，以及对承担该项工作人员的各方面素质要求的过程。工作分析是一个从其所获得的资料的基础上得出判断的过程，工作分析的工作结果是通过编写职位说明书来说明工作的目的、内容、方法和技能要求等。

在人力资源管理中，工作分析的作用主要表现在以下几个方面：人力资源规划、人员选聘、人员培训与开发、职业生涯规划、工作设计、绩效考评、薪酬管理等方面。具体如图 4-1 所示。

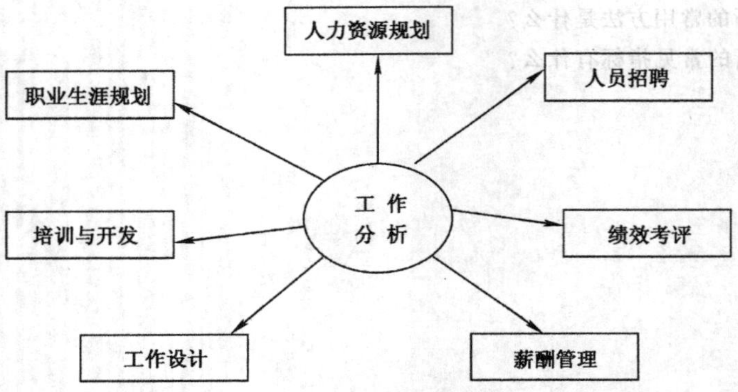

图 4-1　工作分析在人力资源管理中的作用

二、常用的工作分析方法

一般工作分析可供采用的信息采集方法有观察法、工作实践法、访谈法、关键事件法、工作日记法、问卷法等。

1. 观察法

观察法是指职位分析人员通过对员工正常工作的状态进行观察，在不影响员工正常工作的条件下，通过对被调查员工的观察，将有关工作的全部信息真实地记录下来，并通过对所收信息进行比较、分析、归纳等方式，得出职位分析成果的方法。根据不同的观察对象的工作性质和特点的不同可以将观察法分为直接观察法、阶段观察法和工作表演法三种方式。

2. 访谈法

访谈法是指通过职位分析人员与担任有关工作职务的人员进行面对面的谈话，一起讨论工作的特点和要求，从而来收集职位信息资料的方法。很多工作分析人员是不可能实际体会的到的，如飞行员的工作。还有一些工作是不可能用观察法来了解的，如医院的外科手术，此时就需要通过与工作者面谈来了解工作的内容、原因和做法。

访谈法可以使用三种方法：①个别员工面谈法；②集体面谈法；③主管面谈法。

3. 工作实践法

工作实践法是指工作分析人员亲自从事所研究的工作、体验工作的整个过程，从中获得工作分析所需要的第一手资料的方法。通过亲自参加工作实践，可以深刻了解工作的实际任务以及在体力、环境、社会等方面的要求，可以较高质量地获得有关资料。

4. 关键事件法

关键事件法是指请管理人员和工作人员回忆、描述他们在该职务半年到一年内能观察到并能够反映其工作绩效好坏的关键工作事件，并将这些描述分成两类分别记录：一类代表特别好的绩效，另一类代表特别差的绩效，然后对这些事件进行分析总结，得出职务的关键特征和行为要求的方法。

5. 工作日记法

工作日记法是指由各岗位员工填写工作日记表，记录每天的工作活动，要求对工作的各种细节进行详细记录。然后对工作日记进行工作内容分类、整理、抽象，并确定工作性质的方法。

工作记录应该一个时间段一个时间段地来记录。比如：按 15 分钟或 30 分钟为一个时间段，在每一个时间段结束后就填写，而不要在下一个时间段开始才填写。此外，还要保证工作日记内容真实有效。

6. 问卷法

问卷法是指职位分析人员首先设计一套切实可行、内容丰富的问卷，然后分发给职工，由职工进行填写的一种分析方法。问卷中的问题涉及实际的行为和心理素质方面内容，要求被调查者按给定的方法在一定的期间内填写这些问题，以获取有关的信息。

三、工作分析的流程

（一）工作分析的准备阶段

1. 确定工作分析的目的

进行工作分析要投入大量的人力、物力，需要花费大量的时间，所以在实施方案之前，首先要明确工作目的，做到有的放矢。工作分析的目的决定了工作分析的重点，从而决定了进行工作分析时所要收集的具体的信息内容及其组合方式的不同，以及进行工作分析时所采用的工作方法。比如，以招聘与甄选为目的的与以薪酬管理为目的的工作分析所要收集的信息就有不同的侧重点。以招聘与甄选为目的的工作分析主要用来提供招聘要求和甄选标准的，它主要是要侧重于收集以下一些信息：任职资格、工作目的和工作职责、职责的重要程度等。而以薪酬管理为目的的工作分析主要用来提供与职位评价要素相关信息的，它则注重于：工作目的和工作职责、工作范围、职责的复杂程度与执行难度、职位在组织中的位置、工作联系的对象、内容与频率、任职资格等。

2. 成立工作分析项目实施小组

工作分析的完成需要多方人员的配合，在成立工作分析小组时，从人员搭配方面，应考虑到各类人员的优点和缺点后再进行有效的组合。项目小组成立后，就要给小组成员分配进行工作分析的责任和权限，以保证分析工作的协调进行，并根据需要对调查人员进行培训。表 4-1 是 LX 公司项目实施小组中的人员的职责与分工表。

表 4-1 LX 公司项目实施小组中的人员的职责与分工表

项目组		责任与分工
成员	人员构成	
咨询副组长	专家及人力资源经理	提供工作分析实施方案 岗位说明书的撰写与修改 提供必要的培训 为应用和结果评估提供指导意见，并进行阶段性评价 研究工具（调查表、面谈提纲）的设计 其中人力资源经理对结果的应用全过程提供指导并直接负责部分应用的实施

（续）

项目组		责任与分工
成员	人员构成	
组长	董事长	为工作分析提供政策支持
		审批工作分析的实施计划
		控制工作分析实施的方向
		验收最终成果
		听取阶段性的汇报
业务副组长	总经理	负责工作分析方案的有效落实
		对人力资源专家提供的实施计划提出改进意见，以便符合企业的实际
		协调专家和小组其他成员的工作
		对部门员工进行动员，积极配合、安排面谈人员并接受面谈调查
		解决实施过程中出现的问题
		控制活动的实施过程
		保证工作分析结果的达成
小组成员	技术部部长；设备科长；营销部经理；商务部部长；综合部部长；生产部部长；人力资源部招聘及薪酬专员各一名；员工代表三名	完成工作分析活动的各项具体工作
		注意收集不能在问卷或访谈中放映出来的各种意见
		为工作分析的进行在各自熟悉的领域里提出建议
		和工作分析对象的联络及确认工作
		配合职位说明书的编写工作

注：整个工作分析过程由董事长负责，总经理负责日常工作。工作分析小组各成员向总经理汇报工作，专家和人力资源经理行使建议权。

3．了解工作分析工作实施的条件

在以后的工作分析中应充分利用有利情况，并清醒地认识到不利因素对分析工作的影响，尽可能避免或克服这些不利的因素，以进行一次高质量的工作分析。表 4-2 是 LX 公司工作分析实施条件表。

4．获得认同和合作

工作分析往往涉及范围广，需要大量人员的参与，并占用大量的时间和费用，没有各方面的支持和合作是难以完成任务的。因此，不论是任何公司，在进行工作分析之前，都要设法取得与工作分析有关人员的广泛认同和合作。表 4-3 是 LX 公司工作分析和岗位研究计划中关于具体实施办法的案例。

表 4-2 LX 公司工作分析实施条件表

条件	具体方面
有利	公司高层领导下大决心要进行工作分析
	公司高层领导具备人力资源和其他管理方面的知识
	公司有相对完整的关于岗位职责和人员任职资格条件的基础性文件
	有好的咨询企业作后盾
	有较强的管理队伍
	公司有较强的经济实力去支持此次工作分析
不利	一线工人文化水平低，会影响工作分析的质量
	员工可能会不认真对待这次分析工作
	工作分析效果不会很快显现，会导致对其结果应用的不信任
	此次工作分析后会对现有的一些工作进行较大的变动，职工可能会有抵触情绪
	此次分析工作会经历较长的时间

表 4-3 LX 公司工作分析和岗位研究的具体实施办法案例

1）培训

利用两天的时间，由外部专家对工作分析小组成员进行工作分析技巧和方法的培训，并用座谈会的形式，结合实际情况，拟定工作分析实施方案，对分析小组成员进行职责分工等

2）动员大会

由公司总经理主持，向员工介绍工作分析的目的、过程、员工在实施工作分析中的职责以及工作分析实施的计划安排等。回答员工提出的问题，消除员工的顾虑

3）访谈：

对于个别没有理解或存在顾虑的重要员工，采取个别访谈的方式进行解释、沟通

4）例会

每周五下午四时，工作分析小组成员互相汇报本周的工作情况，分析收集到的资料，商议解决所遇到的特殊情况

5）汇报工作

每阶段的初期，向总经理递交一份简要总结，并汇报该阶段的工作的执行情况，费用的开支情况，需要高层领导解决的困难

6）现场辅导

在发放工作问卷时，就有关填写问题进行现场的辅导

7）接受咨询

填写人员在问卷的填写的过程中，可以针对不清楚的地方，随时与项目组办公室联系，获得帮助和指导

5. 收集、分析已有相关资料

公司现有的资料具有很高的借鉴价值，比如：组织结构图可以表明组织中共设立了哪些部门，指明各个部门的负责人，指明每个经理人的工作职责，指明组织内上下级的隶属关系，使每一个员工明白自己的工作职责及其在组织中的地

位。将来，这些资料可以减少工作分析的工作量，它们一般包括企业的组织结构图、工作流程图、部门职能书、公司岗位设计、组织机构图、过去的或者其他企业相关的职位说明书等。表 4-4 是 LX 公司生产部门职能说明表。

表 4-4 LX公司生产部门职能说明表

部门名称：生产部
直接上级：分管副总经理
下属部门：生产和设备动力科、开料车间、木工车间、油漆车间
管理职能：合理地组织公司产品生产过程、综合平衡生产能力、科学地制定和执行生产作业计划、加强安全生产教育，以实现用最小合理的投入达到最大产出之管理目的，对所承担的工作负责
主要职责：
1. 负责制定本部门质量目标及相应的实施措施，编制生产工艺流程，审核新产品开发方案并组织实施
2. 负责基础实施和工作环境的管理与维护
3. 负责生产和服务，提供控制，并做到安全文明生产
4. 负责产品搬运、防护的实施
5. 负责不合格产品的搬运、防护的实施
6. 密切配合营销部门，确保产品合同的履行
7. 及时编制上报年、季、月度生产统计报表
8. 负责设计工厂的改造计划、设计工厂的产品布局和工序间的协调
9. 按时完成公司领导交办的其他工作任务

（二）实施工作分析的设计阶段

1. 制定工作分析的实施计划

为了使工作分析能够按计划地完成，就需要制定一份详细的工作实施计划。这个计划应该包括整个工作的各个进程以及各个进程的人员安排、时间进度、将要发生的费用。一个详细的工作分析计划还包括组织内应进行分析的各项工作的名称、任职者、任职人数；各项工作的任务和职责的划分；工作的实施者、参与者；工作分析所应提供的结果以及对该结果的审核与评价。表 4-5 是 LX 公司工作分析和岗位研究计划表，表 4-6 是 LX 公司工作分析的实施程序。

2. 选择信息的来源

工作分析所需的信息可以来自很多方面：下属、任职者、直接管理者、消费者、顾客、工作分析专业人员。其他对所要分析的工作比较了解的人都可以作为分析信息的来源。

出于效益考虑，分析工作所需要选择的人员应该尽可能地精简。

为保证分析结果的准确，应选择具有代表性、典型性岗位及其从业人员。

在选择分析对象时要注意信息和信息的提供者之间的利害关系。如：任职者常常出于利益的原因而夸大自己工作的重要性。

表 4-5 LX 公司工作分析和岗位研究计划表

研究目标	工作设计、薪酬管理、绩效考评、人员招聘
负责部门	人力资源部
研究前估测现有资料、经验	组织结构图、工作流程图、部门职能书、公司岗位设计、组织机构图、过去以及其他企业相关的职位说明书
研究步骤	工作分析的准备阶段： ①确定工作分析的目的；②了解工作分析工作实施的条件；③成立工作分析项目实施小组；④获得认同和合作；⑤收集、分析已有相关资料
	实施工作分析的设计阶段： ①制定工作分析的实施计划；②选择信息的来源；③确定收集信息的方法；④设计调研工具
	工作分析的实施阶段： ①按选定的方法收集信息；②工作信息的分析
	工作分析结果形成阶段： ①同被分析岗位的任职者一起核实初步分析结果；②工作说明书的制作；③会审通过工作说明书
拟采用的研究手段	①观察法；②访谈法；③工作实践法；④关键事件法；⑤工作日记法；⑥问卷法
工作进度安排：见表 4-6（工作分析的实施程序）	
备注：	

表 4-6 LX 公司工作分析的实施程序

时间	工　作
10.1 ~ 10.7	查看、分析现有的相关资料
10.8 ~ 10.9	选择信息的来源、确定收集资料的方法
10.10 ~ 10.13	拟定实施计划
10.14 ~ 10.20	设计调研工具
10.21	召开动员会议、公布计划日程
10.22 ~ 10.25	公司中层经理访谈、填写问卷、部门基层主管访谈、填写问卷
10.26 ~ 10.31	观察公司员工的工作、对员工进行访谈、员工填写工作日记和问卷
11.2 ~ 11.3	公司高层经理访谈、填写问卷
11.4 ~ 11.14	整理、分析收集到的各种工作信息
11.15 ~ 11.20	初步形成了工作描述和工作规范的大纲
11.21 ~ 11.23	同被分析岗位的任职者一起核实初步分析结果

（续）

时间	工　作
11.24～11.30	制作工作说明书
12.1～12.3	会审通过工作说明书

3. 确定收集信息的方法

收集信息的方法有很多，如前面所介绍的观察法、访谈法、问卷法等。在确定工作分析信息收集的方法时要需要考虑每一种方法各自的优点和缺点及其适用范围。在实际工作中，分析方法的选取还受到其他因素的影响，如：将要分析的工作性质、所要收集信息的数量、采用该工作方法的成本、参与者的数量及素质、分析方法的接受度、分析结果的质量要求等。工作分析的资料收集时往往是多种办法相结合使用，以达到更好的效果。如：对行政部行政文员进行职务分析时，就往往采用问卷调查法、观察法、参与法相结合的办法。表 4-7 是各种信息收集方法优缺点的比较。

表 4-7　各种信息收集方法优缺点的比较

方法	优点	缺点
问卷分析法	1. 可以在短时间内收集到所需的信息资料，省时省力 2. 调查范围广，可用于多种目的、多种用途的职务分析 3. 可以面面俱到，收集尽可能多的工作信息 4. 可以收集到准确、规范和含义清晰的工作信息 5. 比较数量化，适合于用计算机对结果进行统计分析 6. 员工有参与感，有助于加深其对工作分析的了解	1. 很难设计出一个能够收集完整资料的问卷 2. 一般员工不愿意花时间正确地填写问卷 3. 不太适合于文化水平不高的员工 4. 问题事先已经设定，调查难以深入 5. 信息的采集受问卷设计水平的影响较大 6. 不容易了解被调查对象的态度和动机等较深层次的信息
访谈法	1. 可以见到并迅速地收集工作分析资料，适用面广 2. 可以获得标准和非标准的资料，也可获得体力和脑力劳动的资料 3. 不拘形式，问句内容较有弹性，又可随时补充和反问 4. 因为是双向交流，可以获取谅解和信任 5. 可以发现新的、未预料到的重要工作信息	1. 容易引起工作分析资料信息的失真和扭曲 2. 工作分析人员素质的高低将对访谈结果产生重大影响 3. 分析项目繁杂时，费时且成本高 4. 占用员工工作时间，妨碍生产

（续）

方法	优点	缺点
关键事件法	1. 因是针对员工工作上的行为、故能深入了解工作的动态性 2. 行为是可观查、可衡量的，故记录的信息容易应用	1. 不能对工作提供一种完整的描述 2. 可能会遗漏一些不显著的工作行为
工作日记法	1. 对任职者工作可进行充份地了解 2. 可以收集到最详尽的资料 3. 在工作活动后及时记录，可以避免遗漏 4. 信息的可靠性很高	1. 将注意力集中于工作活动过程，而不是结果 2. 员工可能会夸张或隐藏某些活动，同时掩饰其他行为 3. 费时、成本高且干扰员工工作 4. 整理信息的工作量大，归纳工作繁琐
工作实践法	可以准确地了解工作的实际任务以及在体力、环境、社会方面的要求	不适用于需要进行大量训练和危险的工作
资料分析法	1. 分析成本低，工作效率较高 2. 能够为进一步工作分析提供基础资料和信息	一般收集到的信息不够全面，尤其是小型企业或管理落后的企业往往无法收集到有效、及时的信息
观察分析法	工作分析人员能够比较全面和深入地了解工作的要求	1. 干扰正常工作行为或给工作者带来心理压力 2. 无法感受或观察到特殊事件 3. 如果工作本质上偏重心理活动，则成效有限 4. 无法全面搜集任职资格方面的信息

4. 设计调研工具

结构化的访谈提纲、观察提纲、工作日记不仅有利于控制分析内容，而且能够对不同被调查人员所提供的信息进行比较，挖掘更深层的信息。

编制工作分析调查问卷时，为使工作分析得以顺利实施，除了设计工作分析调查问卷，还要考虑到以下几个方面：

(1) 考虑撰写工作分析说明书，说明此次问卷调查活动的目的、须配合的事项及进行流程等，说明调查问卷填写方法以帮助员工进行问卷填写。

(2) 考虑到生产工人与管理技术人员在文化程度、工作性质等方面的差异，设计出不同的问卷。

(3) 考虑问卷发放和回收的管理办法。表 4-8 是 LX 公司工作分析问卷回收管理表、表 4-9 是 LX 公司工作分析调查问卷、表 4-10 是 LX 公司访谈提纲、表 4-11 是 LX 公司观察提纲、表 4-12 是 LX 公司宣传办主任的工作日记表。

表 4-8 LX 公司工作分析问卷回收管理表

序号	部门名称	培训时间	应发放问卷数/份	实际发放问卷数/份	回收问卷时间	回收问卷数目/份	负责人签字	备注
1								
2								
3								
4								
5								

案例：

此次问卷调查是为了搜集您目前所在岗位的有关信息，进行信息分析、处理后编制岗位说明书，以规范公司岗位管理。

问卷调查只针对岗位客观情况，不涉及任何具体个人。请不必顾虑，如实填写。

您是最了解您的岗位的人，因此您的认真填写对我们的工作非常重要，也是对公司的重要贡献。

谢谢您的支持！

LX 公司人力资源项目组

部门____________________ 岗位____________________

表 4-9 LX 公司工作分析调查问卷

<table>
<tr><td>岗位职责概述</td><td colspan="2">用一句话描述本岗位的核心业务：</td></tr>
<tr><td rowspan="9">岗位职责</td><td rowspan="3">核心职责</td><td>1.</td></tr>
<tr><td>2.</td></tr>
<tr><td>3.</td></tr>
<tr><td rowspan="6">常规职责</td><td>1.</td></tr>
<tr><td>2.</td></tr>
<tr><td>3.</td></tr>
<tr><td>4.</td></tr>
<tr><td>5.</td></tr>
<tr><td>6.</td></tr>
</table>

（续）

<table>
<tr><td>岗位核心贡献</td><td colspan="6"></td></tr>
<tr><td>内部接触部门</td><td colspan="6"></td></tr>
<tr><td>外部接触机构</td><td colspan="6"></td></tr>
<tr><td>监督</td><td colspan="6">1. 直接的下属岗位数量________，其中，管理岗位的数量________
2. 直接监督人员的层次：________。在以下几项中选一：一般职工、基层管理人员、中层管理人员</td></tr>
<tr><td rowspan="15">任职要求（任职要求是指完成岗位职责必须具备的基本资格要求，它体现的是岗位的客观要求）</td><td colspan="6">1. 完成该岗位职责，所要求的专业与最低学历：
学历：初中及以下、高中、中专或职高、大专、本科　　（　　）（选一项）
专业：____________________</td></tr>
<tr><td colspan="6">2. 您认为要完成该岗位职责，应该具备哪些专业知识？</td></tr>
<tr><td colspan="6">3. 为了顺利履行您所从事的工作，必需具备哪些方面的工作经验？</td></tr>
<tr><td colspan="3">具体工作经验</td><td colspan="3">最低时间要求</td></tr>
<tr><td colspan="3"></td><td colspan="3"></td></tr>
<tr><td colspan="6">4. 您所从事的工作对于一个没有此方面工作经验的人员来说，您认为需要多长时间才能基本胜任？</td></tr>
<tr><td colspan="6">5. 请详细填写您从事的工作所必备的各种技能（完成岗位必须的专业资质认证）：</td></tr>
<tr><td>6. 必须具备的能力</td><td>低</td><td>较低</td><td>一般</td><td>较高</td><td>高</td></tr>
<tr><td>（1）理解判断能力</td><td></td><td></td><td></td><td></td><td></td></tr>
<tr><td>（2）组织协调能力</td><td></td><td></td><td></td><td></td><td></td></tr>
<tr><td>（3）决策能力</td><td></td><td></td><td></td><td></td><td></td></tr>
<tr><td>（4）开拓能力</td><td></td><td></td><td></td><td></td><td></td></tr>
<tr><td>（5）社会活动能力</td><td></td><td></td><td></td><td></td><td></td></tr>
<tr><td>（6）语言文字能力</td><td></td><td></td><td></td><td></td><td></td></tr>
<tr><td>（7）业务实施能力</td><td></td><td></td><td></td><td></td><td></td></tr>
<tr><td></td><td colspan="6">（8）如有必要，请列举其他能力</td></tr>
<tr><td></td><td colspan="6">8. 你所从事的工作，对体力方面的要求如何？
轻　　较轻　　较重　　重</td></tr>
</table>

（续）

<table>
<tr><td rowspan="4">工作环境</td><td colspan="6">1. 列举您工作中使用的设备与工具（仅列出最主要的四种）：</td></tr>
<tr><td colspan="6">2. 危害程度：
<table><tr><th>危害源</th><th>极少</th><th>轻微</th><th>中度</th><th>较重</th><th>严重</th></tr><tr><td></td><td></td><td></td><td></td><td></td><td></td></tr><tr><td></td><td></td><td></td><td></td><td></td><td></td></tr><tr><td></td><td></td><td></td><td></td><td></td><td></td></tr><tr><td></td><td></td><td></td><td></td><td></td><td></td></tr></table></td></tr>
<tr><td colspan="6">注：危害源包括高压、高空、深水、噪声、震动、污垢、尘埃、油腻、烟灰等。</td></tr>
<tr><td colspan="6">3. 您所从事的工作流动性如何：（流动 不流动）
如果要求流动，请选择：
是否需要在较大范围的工作场所内走动？（是　否）
是否工作要求经常出差？（是　否）</td></tr>
<tr><td>工作时间要求</td><td colspan="6">1. 每天正常的工作时间（　　）小时。
2. 是否经常加班（　　）。
如是，每周平均加班时间为（　　）小时。
3. 实际上下班时间是否随业务情况经常变化？（是，否）（选一项）。
4. 采用何种工作班制？（　　）</td></tr>
<tr><td colspan="7">其他需要说明的问题：</td></tr>
<tr><td rowspan="2">工作的基本特征</td><td colspan="6">1. 仅对自己的工作结果负责。（　　）
2. 对整个部门负责。（　　）
3. 对自己的部门和相关部门负责。（　　）
4. 对整个公司负责。（　　）</td></tr>
<tr><td colspan="6">1. 在工作中偶尔做一些决定，对有关人员有些影响。（　　）
2. 在工作中时常做一些决定，对自己部门有影响，但一般不影响其他部门。（　　）
3. 在工作中时常做一些大的决定，对自己部门和相关部门有影响。（　　）
4. 在工作中要做重大决定，对整个公司有重大影响。（　　）</td></tr>
</table>

（续）

	1. 有关工作的程序和方法均由上级详细规定，遇到问题时可随时请示上级解决，工作结果须报上级审核。（　） 2. 分配工作时上级仅指示要点，工作中上级并不时常指导，但遇困难时仍可接或间接请示上级，工作结果仅受上级对要点的审核。（　） 3. 分配任务时上级只说明要达成的任务或目标，工作的方法和程序均由自己定，工作结果仅受上级对原则的审核。（　）
工作的基本特征	1. 完成本职工作的方法和步骤大部分相同。（　） 2. 完成本职工作的方法和步骤有一半相同。（　） 3. 完成本职工作的方法和步骤大部分不同。（　） 4. 完成本职工作的方法和步骤完全不同。（　）
	在工作中，您需要做计划的程度： 1. 在工作中无需做计划。（　） 2. 在工作中需要做一些小的计划。（　） 3. 在工作中需要做部门计划。（　） 4. 在工作中需要做公司整体计划。（　）
	在您的工作中接触资料的公开性程度： 1. 在工作中所接触的资料均属公开性资料。（　） 2. 在工作中所接触的资料属于不可向外公开的资料。（　） 3. 在工作中所接触的资料属于机密资料，仅对中层以上领导公开。（　） 4. 在工作中所接触的资料属于公司高度机密，仅对少数高层领导公开。（　）
工作压力	1. 在每天工作中是否经常要迅速做出决定？ 没有　很少　有一些　许多　非常频繁 2. 您是否要经常处理一些应急性事宜？ 没有　很少　有一些　许多　非常频繁 3. 工作中是否要求高度的精力集中，如果是，约占工作总时间的比重是多少？ 60%以下　60%~70%　71%~80%　81%~90%　91%以上 4. 您是否面临一些期限紧的工作？ 没有　很少　有一些　许多　非常频繁

表 4-10 LX 公司访谈提纲

访谈对象：	访谈人：
记录人：	访谈时间：

(1) 你的岗位名称是什么？

(2) 请问你向谁报告？他的岗位名称是什么？

(3) 谁向你报告？他的岗位名称是什么？

(4) 请你谈谈你的工作职责，是否存在职责不清的问题？你是否从事着不属于你自己工作范围的事情？如果有，应该怎样调整？

(5) 你同公司内或外的哪些人经常接触？

(6) 你认为我们的工作流程方面是否存在不科学的地方？如果存在，应该怎样改进？

(7) 在知识和经验上必须具备哪些资格才能完全地完成你现有的工作？

(8) 请问完成你所从事的工作，需要使用哪些工具、设备？

(9) 你工作场所是否有较大的噪声？是否有较多的粉尘、铁屑？通风条件如何？照明条件如何？

(10) 你认为现有考核体系如何？效果如何？有哪些缺点？

(11) 现行各部门及其组织结构的设置是否有利于充分发挥员工的价值和作用？

(12) 请问你认为担任你现在的本职工作需要接受哪些岗前培训、在职培训？

(13) 你指导或培训过你的下级人员吗？如果是，怎样指导或培训他们？

(14) 你曾经同你的上司发生过争吵吗？

(15) 你的工作需要达到什么样的目标或要遵守什么样的标准？

(16) 你认为的工作范围会扩大吗？或者你的工作会变得更加复杂吗？

(17) 工作中，在你的权限下，你可以自行解决的问题都有哪些？

(18) 你认为你现在的工作有什么变化吗？如果有，变化最大的是什么？

(19) 工作中，出现什么样的问题你需要向你的上级请示，或去咨询其他人员？

(20) 请你描述你在工作中主要都承担些什么角色？

(21) 请你描述你在工作中主要都承担些什么任务？

表 4-11 LX 公司观察提纲

岗位名称	被观察者姓名
岗位编号	所属部门
观察者姓名	直接上级
观察时间	直接下级
观察内容	
什么时间开始工作？	
上午工作多少小时？	
上午休息几次？	
第一次休息的起止时间？	
第二次休息的起止时间？	
上午完成装配多少件？	

（续）

平均多长时间完成一件产品的装配？
与同事交谈几次？
每次交谈大约多长时间？
室内温度？
上午喝了几次水？
什么时间开始午休？
出了多少次品？
领了几次料？
工作车间噪声是多少分贝？

表 4-12　LX 公司宣传办主任的工作日记表

部门：宣传办　　　　　　职位名称：宣传办主任

编制：3 人，主任 1 人、打字员 1 人、办事员 1 人

日期：2005-10-11　　　　星期：二

序号	工作活动内容	工作开始时间	持续时间/分钟	任务量	是否完成		备注
					是	否	
1	打电话到一车间落实小王的事迹资料	8:00	5	1 次	是		承办
2	接市委宣传部电话	8:07	2	1 次	是		
3	指导办事员登记材料	8:12	4	2 份	是		
4	请示购买办公用品	8:15	9	1 次	是		报批
5	准备公司宣传广告材料	8:30	4	12 页		否	
6	接张副经理电话，要一资料	8:40	1	1 次	是		承办
7	找张副经理要的资料	8:45	3	1 次	是		承办
8	把胡经理的材料归档	8:57	5	1 次	是		
9	安排明天的会议资料	9:08	5	5 份	是		承办
10	打电话与外单位联系	9:17	3	1 次	是		
11	迎接参观者	9:25	5	2 人	是		
12	将参观者送到胡经理处	9:30	5	2 人	是	否	
13	撰写一车间小王的事迹报告	9:40	30	1 万字		否	承办
	略	略	略	略	略	略	略

（三）工作分析的实施阶段

1. 按选定的方法收集信息

(1) 问卷的发放和回收。在回答问卷的过程中，回答者可能会对问卷中的某些问题产生歧义或误差，为了将这些歧义和误差减至最小。在被调查人员填写问卷前，一般需要对被调查人员进行必要的辅导，使被调查人员对问卷的内容和填写要求完全明白后才进行单独填写。

(2) 现场观察。分析者应事先熟悉工作现场的工作环境、条件，了解工作人员使用的工具、设备、机器、一般的工作条件、工作内容、工作环境特点及工作岗位对工作人员的要求和工作职责，以便观察分析工作的顺利进行。在观察的过程当中，最好由熟悉相关工作岗位的人员或由任职人员的上级陪同，可随时就不清楚的问题进行质询。

(3) 现场访谈。为了高效可靠，面谈时也应遵循一定的规则，麦考米克于1979年提出了面谈法的一些标准，它们是：所提问题要和职位分析的目的有关；职位分析人员语言表达要清楚、含义准确；所提问题必须清晰、明确，不能太含蓄；所提问题和谈话内容不能超出被谈话人的知识和信息范围；所提问题和谈话内容不能引起被谈话人的不满或涉及被谈话人的隐私。

项目组对收集来的资料和信息进行检查，然后再归纳和整理。并参考公司现有的资料进行分析研究。

2. 工作信息的分析

(1) 工作标示项目分析。主要包括工作名称、工作代码、等级、工资类别、地位和汇报关系等项目的分析。分析中应该注意工作岗位的名称是否清楚准确，工作代码是否简洁易懂。

(2) 工作职责分析。主要是对工作任务范围、责任大小和重要程度的分析。包括：为实现工作目的，该工作的任职者需要在哪些领域获得怎样的成绩；检查各工作的职责是否全面、是否有遗漏的职责、工作职责间是否有重复；确定该工作都有哪些任务，明确它们之间的关系，并按重要性排序；完成每项任务需要的时间、技术要求；如果任务没有达到预期的结果或没有按照正确的方法来完成会产生怎样的结果。

(3) 工作关系分析。主要包括：工作的指导与被指导关系；客户提出的工作上的需求；外部会影响到该工作的信息来源；该工作产出的结果；该工作的产出将会影响到的各种对象；在工作过程中需要一起协同工作的岗位或部门。

(4) 工作权限分析。主要分析工作岗位在人事和经济方面有多大的权限。

(5) 工作环境与工作时间分析。主要分析工作环境的性质以及工作环境对任职者的影响。工作环境分析包括工作的地点、有无噪声和有害气体、室内温度；工作时间分析主要分析是否需要长时间工作，工作时间的分配是否均衡，是否会扰乱人体的生理规律等。

(6) 工作所用工具或设备分析。

(7) 任职资格分析。主要分析为了完成工作的基本职责，员工所必须具备的学历、能力、技能、工作经验、人格、体格等方面的最低条件。

(8) 其他相关信息的分析。相关信息分析包括：工作分析概况，如工作分析主体、实施日期和名称等，以及一些非工作行为条件，如相关证书、婚姻状况等。

(四) 工作分析结果形成阶段

此阶段主要是将工作分析的结果用职务说明书的形式表达出来。职务说明书是一种陈述工作任务、职责的文件。它简要地描述企业期望员工做些什么，员工应做什么，应怎么做和在什么样的情况下履行职责。职务说明书由两个部分组成：职务描述和工作规范。职务描述是对工作内容本身进行书面说明，包括工作名称、工作任务和工作职责等；工作规范是对从事工作人员要求的书面说明，包括完成工作所需要的知识、技能、经验、个人特质等等。

工作说明书的形成过程一般有以下几个步骤：

(1) 同被分析岗位的任职者一起核实初步分析结果。在对所获得的调查资料、原有文件进行分析后，初步形成了工作描述和工作规范的大纲，并需要通过访谈来核实、丰富所获得的信息。

(2) 工作说明书的制作。在统一编写前，就工作说明书的格式、相关动词的使用、职责范围的界定等方面进行规范。

表 4-13 是 LX 公司岗位说明书撰写要点注释表。

表 4-13 LX 公司岗位说明书撰写要点注释表

部门：XXX 部	处（中心）：XXX 处	执行人：XXX
直接上级岗位：XXX 岗位	管理范围：XXX 部/XXX 处（XXX 岗位）	制定时间：X 年 X 月 X 日
1. 部门、处、岗位的名称应与最近一次定编时的名称保持一致；新增岗位的名称应事先得到人力资源部的确认。 2. 几个人的岗位名称、岗位职责完全相同时，只需撰写一份岗位说明书。 3. 管理范围的填写，对处级经理以上（含处级经理）的干部，只需列出下属部门或处的名称即可；对处级副经理，需列出下属岗位的名称。		
1. 岗位目的（存在价值） 1）用一句话，简要概述该岗位的存在价值。 2）标准格式为：为了……在……下，做……。 例：咨询业务处经理岗位的岗位目的是：为使 LX 公司各用户得到亲和、规范的咨询服务，在部门职责的要求下，规划并不断完善咨询业务。		

（续）

部门：XXX 部	处（中心）：XXX 处	执行人：XXX
直接上级岗位：XXX 岗位	管理范围：XXX 部/XXX 处（XXX 岗位）	制定时间：X 年 X 月 X 日

2. 岗位 职责（按职责的重要性排序）

1）岗位职责的定义：岗位职责是指为实现公司及部门宗旨，该岗位应承担的工作责任和应承担的工作项目。

2）岗位职责描述：

2.1 每一句话只完整表达一项基本职责（语言要求规范、准确，不可模棱两可）。

2.2 岗位职责要按照本岗位的要求来制定，不能按照现在本岗位工作人员的工作内容、或该人员能不能完成来制定。

2.3 各岗位职责的汇总构成所在处的职责，各处职责的汇总构成所在部门的职责（检查各岗位的职责是否全面、岗位间职责是否有重复或整个处的职责是否有遗漏）。

2.4 列出的岗位职责最好不超过 6 项。

2.5 岗位职责中不应包含模糊、不确定的内容（如临时分派工作等）。

---

3. 工作关系图

1）工作关系图旨在描绘影响一个岗位的上下左右的各种工作关系和工作对象。

2）输入。包括：

——指导：对该岗位进行工作上的指导的岗位，一般包括直线上级和虚线上级，以及上级指定的指导人。对于没有虚线上级的岗位，可以空缺虚线上级一项。

——客户需求：是指相对于该岗位而言，客户对其提出的工作上的需求，这种需求一般会与岗位职责相对应。

——外部信息：是指公司外部会影响到该岗位工作的信息来源有哪些。如客户、供应商、竞争对手、政府机关等。

3）输出。包括：

——工作产出：是指该岗位工作产出的结果。一般与客户需求相对应。

——影响对象：是指该岗位的工作产出将影响到的各种对象。一般包括公司内部客户和公司外部的包括客户在内的各种对象。

4）协同：是指该岗位在履行本岗位职责的过程中，需要一起协同工作的岗位或部门。本项一般采用列举法。

5）描述简洁。不要求对描述的对象进行细化。

---

4. 任职要求

1）基本条件

1.1 完成岗位基本职责所必须具备的年龄、性别、学历、专业、工作经验等方面的要求；如某项无特定要求，可空缺该项（如性别）。

1.2 对每一项描述要求明确，不能要求过高或过低，也不是条件越多越好。

2）知识技能

2.1 知识技能是指为正确完成本岗位职责所应必须具备的专业知识或技能（如 LINUX 研发工程师岗位的 LINUX 相关知识、人力资源岗位的人力资源理论基础知识、财务人员的财会知识等）。

（续）

部门：XXX部	处（中心）：XXX处	执行人：XXX
直接上级岗位：XXX岗位	管理范围：XXX部/XXX处（XXX岗位）	制定时间：X年X月X日

2.2　知识技能要从两个方面来描述：

知识技能的范围，即要求列出需要什么样的知识和技能。

知识技能要有等级或水平的描述（如研发人员要求具备英语四级以上的英文能力；打字员要求每分钟打字150个等）。

3）所需能力

3.1　描述或列举出为了正确履行岗位职责，该岗位所必须具备的能力。

3.2　能力要求一般是指对该岗位而言最重要的能力。如对于研发类人员而言，分析问题的能力和解决问题的能力非常重要，应是其必备的能力。但对于客服类人员讲，沟通与协调的能力又成了最为重要的能力之一。

3.3　对该岗位而言只具有普遍意义的一般能力则不作要求。

3.4　能力描述一般不超过三项

4）注意

技能与能力的区别：

4.1　技能：具有习得的、熟练掌握的、可重复的等特点，如打字。

4.2　能力：是指可预期的潜质，能在不同环境下综合运用的。其心智过程不可完全重复，如创新能力。

5. 岗位权限

1）权限是为保证岗位职责的完成，所必须具备的权力，是其他岗位所不具备的，至少不是必备的。

2）岗位的权力是有一定范围的，即在什么范围内享有此项权力（要描述准确）——权限。

3）要注意岗位行政职责与权限的区别，行政职责不是此处规定的权限（如对下属进行岗位定级，是干部负有的管理职责）。

4）建议用下列三种权限来描述：

4.1　建议权：不是泛指的建议，而是指为保证本岗位工作的完成必须提出的（别的岗位可以不提的），有关方面为使本岗位工作完成必须研究或考虑的一种建议。

4.2　调查权：为保证本岗位工作完成必须具备的，了解一定范围、一定业务内容的权利，是其他岗位不具备的。

4.3　决策权：为保证本岗位工作完成必须具备的，对岗位职责范围工作最终的审批、裁决的权力。

(3) 会审通过。由小组全体成员对工作说明书进行会审，会审应邀请更多的相关主管人员参加。通过后由领导签字生效。

虽然工作说明书没有固定的格式，只要适合企业具体情况就可以，但还是可以将职务说明书主要表现形式分为两种：表格式、叙述式。表4-14和表4-15是LX公司两种职务说明书的范例。

表 4-14　LX 公司人力资源培训助理职务说明书

部门：人力资源部	岗位：培训助理	任职者姓名：魏某某
直接上级岗位：人力资源部经理		制定时间：2002/8/20

1. 岗位目的（存在价值）：

为提高公司员工的素质以适应工作岗位的要求，在部门职责的要求下，规划并不断完善培训工作。

2. 岗位职责，按照职责的重要性排序	1. 制定并实施公司年度培训计划。 2. 对新员工进行岗位培训。 3. 负责转岗员工的培训、在岗员工的培训、特殊工种员工的培训、工程技术员工的培训。 4. 组织管理业务短训班、研讨班、讲座等培训工作。 5. 组织编写、翻译、审校培训教材及资料。 6. 负责培训仪器设备的保养、维修及采购。 7. 外单位代培学员的培训。

3. 工作关系图

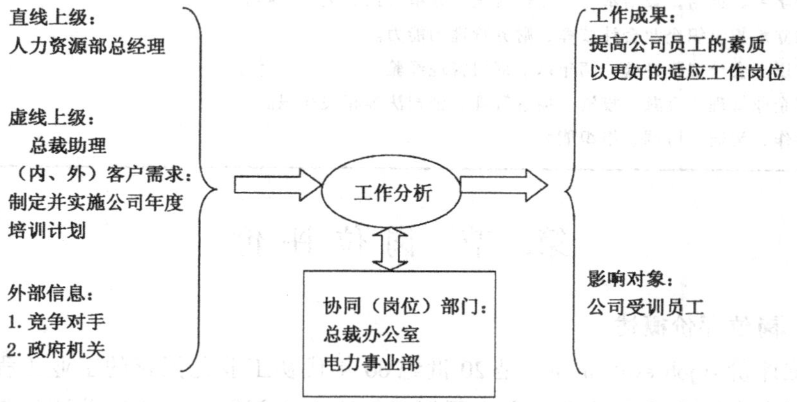

4. 任职要求

4.1　基本条件：本科学历，人力资源及相关专业，两年以上工作经验。

4.2　知识技能：人力资源理论基础知识，培训知识，英语四级。

4.3　所需能力：演讲能力，沟通能力，写作能力。

5. 岗位权限

5.1　建议权：对制定公司年度培训计划的建议权。

5.2　调查权：对员工培训需求以及培训反馈的调查权。

5.3　决策权：对开展公司培训的决策权。

6. 该岗位人员还可以从事的岗位（针对岗位）

招聘助理

表 4-15 LX 公司财务经理职务说明书

岗位名称：财务经理
直接上级：总经理
直接下级：财务科科长
岗位职责： 1. 组织理财活动，筹资：以满足企业经营活动所需资金，合理安排资金使用。参加投资决策，进行经营过程控制，及时规避风险，确保投资效益，提高资金使用效率。 2. 组织会计核算，准确、及时、真实地反映企业经营成果。 3. 加强财务管理，降低成本费用，增加企业赢利。协助供应、生产、销售、技术等部门搞好市场调研和预测，提高产、质量，发展新产品，扩大市场占有率。 4. 并通过计划、分析、分解、考核及管理手段，控制增收节支的潜力，提高经济效益。
岗位要求： 1. 具有财务本科以上学历，会计师以上专业资格。 2. 善于学习、创新，廉洁奉公、品行端正、办事公正、坚持原则。 3. 有独立承担组织企业会计核算、财务管理的能力。 4. 五年以上会计工作经验，两年以上部门管理经验。 5. 具有企业管理、金融、投资、信息管理、公司法等相关知识。 6. 有合作、沟通、协调、组织能力。

第二节 岗 位 评 价

一、岗位评价概述

岗位评价（job evaluation）是20世纪60年代初工业化国家的工业工程专家提出的一项人力资源管理技术，它主要用于解决工资问题，是制定薪酬的基础。在任何形式的组织中，薪酬的主要构成部分都是岗位工资，而不同岗位对应的岗位工资不一样。例如，一个企业中，财务经理和销售经理两个岗位的岗位工资就不一样，尽管这两个岗位对企业而言都不可缺少，具有重要作用，但是由于这两个岗位对企业创造的价值不一样，在企业整个岗位等级结构中，按对企业的相对价值进行排列，这两个岗位所在的位置不一样，因此两者的岗位工资会不一样。

通过岗位评价把提供不同使用价值的产品或服务的具体劳动，还原为抽象劳动，使各种具体劳动之间可以相互比较，从而确定各个岗位在组织中的相对价值。

（一）岗位评价的概念

评价就是根据一定的目的，采用适宜的方法，客观地确定被评价标的在评价基准时的价值。岗位由工作、岗位任职者、职责和职权、环境、激励与约束机制五大要素组成。

岗位评价是指在工作分析的基础上，以岗位为对象，通过一定的方法，对影响岗位的各个要素进行测定或评定，并根据各要素的作用和重要程度进行综合，以得出岗位价值的过程。按科学的岗位评价方法形成工资等级结构，能够客观地反映各岗位的相对价值，起到内部公平性的平衡作用。

（二）岗位评价的作用

岗位评价是一项重要的人力资源技术，是人力资源管理工作的基础。它不但对于企业的人力资源管理具有重要的意义，而且对于整个组织也具有十分重要的作用。

(1) 对岗位工作的复杂程度、责任大小、所需要的资格和条件等因素，在定性分析的基础上进行定量测评，从而以量值表现出岗位的特征。

(2) 使性质相同、相近的岗位有统一的评价标准，岗位与岗位之间在客观衡量的基础上，能够比较出其价值的高低。

(3) 为企业各岗位的归级、分类等奠定了基础。

岗位评价上述作用的发挥，可以使公司将岗位量值转换为货币值，为建立公平合理的薪酬和奖励制度提供科学的依据。

（三）岗位评价原则

岗位评价是一项技术性强、涉及面广、工作量大的工作，为了保证各项实施工作的顺利开展，提高岗位评价的科学性、合理性、可靠性，在实施中应遵守以下原则：

(1) 系统原则：将有相互作用和相互依赖的各要素，以及有区别又相互依存的各要素，根据公司岗位评价的目的，形成具有特定功能的有机整体。

(2) 实用性原则：评价因素的选择应能促进公司的生产和管理工作的推进与发展，尤其注意对公司现阶段的管理革新与改进具有巨大影响的因素，使测评的结果直接运用于公司管理实践之中，以提高岗位评估的应用价值。

(3) 标准化原则：为了保证评价工作的规范化和评价结果的可比性，提高评价的科学性与工作效率；因此衡量岗位价值的标准、评价技术方法、程序等应形成统一的规定；评价成员在规定范围内，依据共同的准则与方法进行，确保评价质量。

二、岗位评价常用方法及其比较

岗位评估的方法有很多种，有些岗位评估方法概念简明，方便易行；有些则要运用相当复杂的技术，包括用计算机编制的程序等。选择何种岗位评价方法事关重大，其选择取决于待评估的工种数量和种类、工资成本、可用的资源和所要达到的准确程度。

实际的岗位评估过程基本上是通过检测岗位的内容来直接或间接地比较各个

工作岗位的。做这一工作有两种方式：一种是拿整个岗位的内容和其他岗位相比较并以比较的结果来确定该岗位在岗位序列中的位置，这种方法称为“非分析法”；另一种称为“分析法”，即把一个工作岗位的内容抽象为一些基本要素，然后进行要素之间的相互比较，再把各个部分比较的结果汇总起来排列该岗位在岗位序列中的名次。分析法的优点是评估人员能够通过要素间的权衡比较容易地确定相互之间差别很大的岗位排序问题。

(一) 非分析法

岗位评估的非分析法不分析岗位的构成因素，而直接将全部岗位进行比较。非分析法主要包括分类法和排列法。分类法通过将每个岗位与等级说明进行比较，并将它们纳入先前制定好的等级结构中去；排列法则刚好相反，即将所有岗位按重要性排列出来，然后将它们分出等级。

1. 排列法

排列法是较早使用的非分析法之一，并且最易操作。它的主要优点是可以很快建立起一个新的岗位等级序列。排列法既是非分析的，也是非定量的。在排列过程中，岗位不必分成若干组成要素，不必描述两种岗位之间的差异程度。而且，这种方法是从整体上来指明一种岗位是否比另一岗位更重要和必要。

排列法通常包括以下四个步骤：①岗位分析；②选择并确定标杆岗位；③围绕标杆岗位将所有岗位按重要性排列起来；④给排列起来的岗位确定等级。

应用排列法的一个重要前提条件是能够挑选并获得训练有素的评估人员。这些人要十分熟悉要考察的岗位，知道每个岗位所要求的技术和体耗，并能作出公正的判断。

排列法的最大优点是简单。一旦大家都同意选定标杆岗位之后，排列其他岗位就相对简单了，并且一般不用多长时间。这种方法能很快地为建立合理的工资结构提供一个都能接受的基础。排列法的另一个优点是每一个岗位是作为一个整体来进行比较的，因而不需要那些将岗位分成组成要素的繁琐工作，而这项工作往往容易造成错误和引起争论。

一般来讲，如果专家们通过日常的接触熟悉了他们要考察岗位的工作内容，那么这种方法就能提供一个可靠的岗位等级。

正是由于这个缘故，这种方法不宜在大企业中应用。在大企业中要分等的岗位太多并且不相近，找不到对所有要分等的岗位的工作内容都相当熟悉的评估专家。这种方法最终要依据专家们的知识和判断。并且，通过这种方法建立起来的岗位等级，不能清楚地显示岗位之间的差别；难以回答诸如“更重要和更必需的岗位到底意味着什么？”以及“为什么在多大程度上A岗位应排在B岗位之前？”等问题。这种含糊性能成为争论和协商相似岗位等级的一个明显缺点。另一个缺点是，在没有准确的因素的情况下，评估可能会受如下考虑的影响，如现行的工资标准和操作者的个人品质。

2. 分类法

分类法或称等级描述法，类似于排列法，分类法的主要特点为：各种级别及其结构是在岗位被排列之前就建立起来。对所有岗位的评估只需参照级别的定义套进合适的级别里面。

分类法开始有几个步骤，这些步骤，针对不同的情况在不同的评价方案之间会有所变化。然而这些不同的方案中总要包括下面两个基本步骤：①建立等级给出定义；②根据等级对岗位进行分类。

分类法相当简单，因此，它的费用也相对减少。在岗位内容变化不大的地方，这种方法能在较短的时间内产生令人满意的效果。

使用分类法的岗位评估方案比使用排列法要更准确、客观，因为等级定义都参考了指定的要素。新出现或重组的岗位能根据等级定义划等，它也变得较稳定，适应性强。另外一个优点是，等级结构能真实地反映有关组织的结构，因为等级的数量及其相互间的关系能在单个岗位划等之前就确定下来。因此，介绍一个分类规划的费用趋向于原来估计的水平。

分类法的缺点是不能清楚定义等级。在大企业中，要完成等级描述极其困难，而必须要通过等级描述才能精确地给大量的、内容变化多端的岗位划定等级。

由于定义等级的困难，分类法经常给主观地判断岗位的等级留下相当大的余地，这将导致许多争论。但从另一方面来讲，这种方法一般给管理者和工会谈判留下了余地。因此，由于它的灵活性，人们对它有所偏爱。

（二）分析法

非分析法简单、快速、成本低，易于理解。但它们过于简单，也会导致一些误解，如当问及管理者为什么一个岗位比另一个岗位更重要时，他就难以解释。同时，非分析法的运用，有时寄希望于专家们对每个岗位的透彻了解，因此，在要对大量岗位进行评估时，这些方法就不适用了。

分析法则用不同的方法：即每个岗位的内容都分为若干共同的因素或要素，然后对每个要素记点或判分，总的点数或分数反映出每个岗位在岗位等级结构中的重要程度。分析法的提倡者认为这种方法更严格、更精确，比非分析法能制定出一个更好的岗位等级结构和工资结构。

分析法主要分为评分法及要素比较法两种。

1. 评分法

评分法运用的是明确定义的要素，如技术水平、能耗、责任和工作条件。要素数量可能从几个到十几个不等，这主要看方案的需要。每一个要素被分为几种等级层次，并赋予一定分数值（这个分数值就表明了每个要素的权数），然后对岗位的要素逐个进行分析和确定分数。把各个要素的分数进行加总就得到了一个岗位的总分数值。这个总分将决定它在岗位序列中的位置。

一旦要素的相对重要性得到初步确定，并且能分置到各等级中去，就要给各个等级打分。这些分数值将决定岗位的总分数。必须确定所选择的每个要素的相对重要性，换言之，要权衡要素。

初步权衡的一种方法是将要素按重要性来排列，并且给每个要素分配一个百分率或分值。这个百分率或分值是通过岗位评估委员会讨论或通过分析员与有关人员的讨论而得到的。另外，可以通过对标杆岗位的初步测试来考虑一些不同的权衡办法。这样，所选择要素的相对重要性就可以逐步得到确定。

给所有要素打分后产生出要素方案，要素方案在所有评分法方案中起着决定性的作用。作为一般规则，它一旦开始正式使用，就不要对其作重要修改。因此，有必要用一些岗位写实对提出的方案进行验证。

在这个阶段，要素和次要素都要有清楚的定义，并且所有词句的意义都要澄清，然后将要素方案经过验证呈交给评价委员会或企业领导班子实行。

当所有的岗位都已评估完毕，并且判分以后，就按分数的多少排列出来，得出一个岗位等级结构。

2. 要素比较法

要素比较法起初只是评分法的一个分支。当 E.J. 本基（Benge）和他的助手们在 1926 年发明要素比较法的早期形式时，他们只是试图对评分法加以改进。因此要素比较法采纳了评分法的一些原则，但是在使用标杆岗位、岗位比较和确定工资率等方面都与评分法有重大区别。在某种意义上可以说，它是综合排列法和评分法的一种混合方法。然而，它的实际运用会碰到相当大的困难，这无疑也是它为什么没有被广泛采用的一个原因。然而，它严格分析的方法对后人仍有很多助益。

要素比较法包含如下步骤：①选择标杆岗位；②通过要素来排列标杆岗位；③给每个要素分配货币值；④排列其余岗位，并确定工资。

要素比较法的主要优点是它运用更系统的岗位比较，这种比较是非分析的排列法和分类法中所没有的。这种评价比评分法要容易些，因为一些相似的岗位都是相互对照着进行比较和排列的。这种排列法得出的结果可能具有较高的可靠性。标杆岗位的分析相当彻底，要素比较方法可以说是结合了几种鉴定程序，并且后面的程序可以校正前面的程序。在一个包含了货币值的方案中，工资标准的确定是自动形成的，这可能减少所需要的工作量。这种方法注重对标杆岗位的分析，保证了这个方案符合要求，而且岗位的排列充分地反映了等级结构的实际，同时排除了异常级差。

另一方面，这种方法应用起来比较复杂，而且很难对工人们做出解释，尤其在给要素注上货币值的时候很难解释。工人们会抗议他们的一些任务没得到应有的价值或者他们工作的某些方面被忽视了。他们也许会发现不同要素间的工资分配有些武断。在一定程度上，分析的方法确实存在这种问题，而在要素比较法中更为明显，因为这种方法选用的要素有限。要素比较法的一个基本特征是，标杆岗位工资标准是合适的，不能进行更改，并且所有其他岗位的工资标准都要参照它来确定。在一种多变的工作条件下，这种可参照性可能很脆弱。另外，许多人认为，岗位评估程序应和工资决定程序完全分开。最后，要素比较法的评估进度从根本上说是建立在专家们对所有岗位的了解之上，当然，不可否认，在其他方法的不同阶段中也一样。

举例：

已知职位 A、职位 B、职位 C，是基准职位，其中职位 A 的市场工资水平为 2000 元、职位 B 的市场工资水平为 2400 元、职位 C 的市场工资水平为 3400 元，职位 D 是待评估职位。

职位 D 的工资水平确定：

(1) 进行职位分析建立职位说明书，成立职位评价小组。

(2) 选择一些在组织中普遍存在的、工作内容相对稳定、具有得到公认的市场工资水平的职位作为基准职位，这些基准职位的薪酬水平是固定的，其它职位的薪酬水平将据此来确定和调整。

(3) 分析这些基准职位，找出一系列共同的报酬因，这些因素应该是一些能够体现出职位之间本质区别的因素。

(4) 将每个基准职位的工资或所赋予的分值分配到相应的报酬因素上。

(5) 将待评估的职位在每个报酬因素上分别与基准职位相比较，确定待评估职位在各个因素上的分值或者工资率。

(6) 将待评估职位在各个报酬因素上的工资率或者分数相加汇总，得到待评估职位的工资水平。

将职位 A、职位 B、职位 C，按照责任大小、所需求技能、任务难度、工作环境、财务影响等 5 个薪酬因素对职位进行排序，再将职位 D 与这个基准职位进行比较，得出表 4-16 的结果：

表 4-16 不同职位薪酬因素比较结果

因素 工资率	责任大小	所需技能	任务难度	工作环境	财务影响
100 元/月					
200 元/月				职位 A	

（续）

因素 / 工资率	责任大小	所需技能	任务难度	工作环境	财务影响
300元/月				职位B	
400元/月	职位A	职位B	职位B	职位D	职位A
500元/月	职位B	职位A	职位A	职位C	职位D
600元/月	职位D	职位C			职位B
700元/月	职位C	职位D	职位D		职位C
800元/月					
900元/月			职位C		

因此，职位D的月工资水平为：

职位D =（600 + 700 + 700 + 400 + 500）元 = 2900元

（三）各种岗位评价方法的比较

以上各种岗位评价方法比较分析如表4-17所示。

表4-17　各种岗位评价方法

性质和特点	非分析法		分析法	
	排列法	分类法	评分法	要素比较法
性质和特点	非分析法		分析法	
迅速实施	好	好	耗费时间	耗费时间
对广大职工的适用性	困难的	相当容易	相当容易	相当容易
需要的技术知识	少	比较少	专家	专家
得出一致和正确的结果	仅仅是近似的	仅仅是近似的	正确的	正确的
花费	相当低	相当低	相当高	相当高
方案管理	困难	相当难	比较容易	比较容易

三、岗位评价的工作程序

（一）岗位分析

岗位分析是岗位评价的基础工作。只有以扎实的岗位分析作为基础，才可能有客观、合理的岗位评价。首先应进行岗位梳理、岗位调查，在核实企业现有岗位基本信息的基础上，形成岗位说明书，明确岗位的基本工作内容和基本职责，为做好岗位评价提供科学的数据支持。

（二）成立岗位评估小组

成立岗位评估小组的意义：一方面可以避免因为个体对岗位价值认识的片面性和局限性所带来的评价偏差；另一方面，可以避免个体评价过程中的差异性和不确定性，从而确保评价数据的客观、公正和准备；同时它还有一个重要意义在于，能够确保评价数据和结果在员工心目中具有足够的公信力。

1. 岗位评估小组的组织形式

通常情况下，企业在进行岗位价值评估时采用两级评价组织形式，即分设评价专家组与评价委员会。

(1) 评价专家组。评价专家组负责整个岗位评价体系的建立，根据企业的实际状况、工作种类、员工发展等因素划分岗位系列，岗位等级；确定各岗位系列的评价标准体系与权重、制定评价量表、评价方法等；设定评价的标杆职位；并对评价委员会的评价结果进行审查与调整、归级列等。

(2) 评价委员会。主要依据评价专家组制定的规范与程序，对各部门岗位相对价值进行评估，计算出各岗位之间的相对价值，使岗位之间的价值在岗位系列、职组内具有可比性，为各岗位归级做准备。

岗位评估小组成员选定后，一定要交由公司高层讨论通过，经高层批准后，最好以公司文件的形式公布于众，使得在评估过程中，随时接受员工的监督。

2. 岗位评估小组成立的原则

为了保证岗位价值评价结果的公正性，通常在成立岗位评估小组的过程中，需要遵循以下几个原则：

(1) 熟悉待评估岗位。岗位评估小组成员应该非常了解所有被评估岗位知识，这是客观公正地进行岗位价值评估的前提，所以说在选择评估小组成员的时候，一定要考虑到他们对公司各岗位的熟悉程度。

(2) 多人参与。为了避免岗位价值评估过程中出现的人为因素，降低评估偏差，我们建议公司在成立岗位评估小组的时候采用多人参与，一般来说，以5~8人为宜，小组应包含公司高层、中层、工会部门和员工代表。

(3) 外部专家参与。专家参与也是非常有必要的，由于评估小组成员理解上的差异，有时候会导致评估进度缓慢，评估过程不公，评估结果差异比较大的现象，这时候就需要外部专家帮助解决问题。

3. 岗位评估小组的职责

由于岗位价值评估工作对企业来说是非常重要的，而评估小组在岗位价值评估过程中又起了非常重要的作用，所以企业在成立了岗位评估小组之后，非常有必要明确评估小组的具体职责，一般来讲，职责有：

熟悉岗位价值评估模型内容及操作原理；进行岗位价值评估，并对自己的评估结果负责；评估过程异常情况处理；负责为其他员工解释评估结果和评估过程，使员工充分理解岗位价值评估工作。

4. 培训岗位评估小组

对评估小组成员的集中培训是保证评估结果公正性的重要环节之一，只有评估小组成员完全掌握评估细节和被评估岗位的全部知识，才能保证评估结果的客观性。

培训主要包括理论知识方面的培训和评价原则方面的培训，作为评价者最主要的是要熟悉和掌握评价的流程和基本方法，以及岗位价值评估模型的内容，每一个岗位的工作职责和能力素质所要求等内容，同时还要把握评估的两个基本原则，即公平公正原则和以事实为依据为原则。评估者也只有在熟悉和掌握了上述各项内容的基础上，才能进行有效和正确的评价，任何环节的不理解和误解，都有可能导致评估数据的不准确或评估工作的失败。

（三）岗位价值评估模型的确定

1. 岗位评价方法选择

岗位评价的方法如上介绍有非分析法与分析法，在衡量企业岗位评价究竟应该采用哪种方法时，可从企业的规模和特点、岗位类型和数量、时间及货币成本等多方面考虑，选择一种适合企业的方法，也可两种结合使用。例如：评分法是一种定量化的研究方法，目前得到了普遍使用，其准确性和有效性都很高，而排序法是定性的研究方法，具有方法简单、切合实际、评价结果直观，但由于缺乏系统的数据支持，难以满足建立岗位等级体系的要求，因此不失为一种良好的辅助研究方法。二者结合使用，更有利于岗位价值评估准确、可信。

2. 建立岗位价值评估模型

本书以评分法为例，说明岗位价值评估模型的确定过程。

（1）确定岗位价值评估模型的要素和子要素。为有效地进行岗位价值评估，所选取的要素应具有以下特征：它们必须存在于所评价的所有岗位劳动中；各要素的程度在不同岗位劳动中应有所不同，即要素在不同工作中的表现应具有一定的等级性，能区分不同的工作；同一评估模型所选取的要素不能有重叠，否则，对重叠部分的要素将会重复计分，加重其比例；选择要素应充分反映企业领导、中层干部、员工代表的意见，使评估模型易于接受。

用于衡量岗位劳动价值的这些要素通常属于技能、责任、努力和工作条件四大范畴。根据这四大类再细分为几个子要素。

案例：

xxxx 公司的几乎所有的岗位均是行政或管理类型，专业技术性岗位较少。结合 xxxx 公司管理系列岗位类型的实际情况和一般性岗位说明书内容，根据各种调查、分析，确定 xxxx 公司岗位评价指标体系的 5 个要素 10 个子要素：

1）知识技能：①岗位所需知识和学历；②岗位所需能力。

2）工作难度：①岗位工作复杂性；②岗位所需创造性。

3）工作强度：①岗位工作负荷强度；②岗位精神疲惫。

4）工作责任：①岗位的职权与影响；②岗位给予指导；③岗位的信息责任。

5）工作环境：①岗位的工作环境。

（2）确定各要素权重。在岗位评价的过程中，企业的岗位价值评估要素确定后，各要素在总体计分中的权重比例是影响岗位相对价值的一个重要因素。因此，如何确定各指标的权重，采用何种方法来确定将影响到最后的评价结果，也是岗位评价需要解决的一个重要问题。为了避免主观臆断评价指标的权重，岗位管理中岗位评价的各级评价指标的确定应借助于数学模型来确定。

岗位评价要素权重系统：

设 A_i（$i=1, 2, \cdots, n$）代表 n 个彼此独立的岗位评价基本要素；对应的权重为 ω_i（$i=1, 2, \cdots, n$），则有：

$$\begin{cases}(1)\ 0 < \omega_i \leqslant 1 \quad i = 1,2,\cdots,n \\ (2)\ \sum_{i=1}^{n} \omega_i = 1\end{cases}$$

设基本要素下又分为 m 各子要素，每个子要素记为 B_i（$i=1, 2, \cdots, m$）；对应的子要素权重为 ω_{ij}（$i=1, 2, \cdots, n$；$j=1, 2, \cdots, m$），则有：

$$\begin{cases}(1)\ 0 < \omega_{ij} \leqslant 1 \quad i = 1,2,\cdots,m \\ (2)\ \sum_{j=1}^{m} \omega_{ij} = 1 \\ (3)\ \sum_{i=1}^{n}\sum_{j=1}^{m} \omega_i\omega_{ij} = 1\end{cases}$$

设第 X 个岗位的每个要素的评价得分为 V_{ij}（$i=1, 2, \cdots, n$；$j=1, 2, \cdots, m$），则第 X 个岗位的评价分数为：

$$f_x = \omega_1(\omega_{11}V_{11} + \omega_{12}V_{12} + \cdots + \omega_{1m}V_{1m}) + \omega_2(\omega_{21}V_{21} + \omega_{22}V_{22} + \cdots + \omega_{2m}V_{2m}) + \cdots + \omega_n(\omega_{n1}V_{n1} + \omega_{n2}V_{n2} + \cdots + \omega_{nm}V_{nm})$$

确定权重的方法有多种，本文采用特征根法。

这种方法是由评价者将各岗位评价要素作成对的比较，比较出每对岗位评价要素之间的相对重要性，然后再确定权值的大小。

将岗位评价要素两两成对比较，设第 i 个、第 j 个岗位评价要素的相对重要性的估计值记为 a_{ij}，a_{ij} 的取值方式按下表规定进行，且认为 a_{ij} 近似地就是第 i 个岗位评价要素的权重 ω_i 与第 j 个岗位评价要素的权 ω_j 的比，即 $a_{ij}=\omega_i/\omega_j$，如表 4-18 所示。

表 4-18 元素 a_{ij} 的取值方式

相对重要程度（a_{ij} 的取值）	含义
1	两个岗位评价要素相比，具有同样的重要性
3	两个岗位评价要素相比，前者比后者稍重要
5	两个岗位评价要素相比，前者比后者明显重要
7	两个岗位评价要素相比，前者比后者强烈重要
9	两个岗位评价要素相比，前者比后者极端重要
2，4，6，8	上述相邻判断的中间值
倒数	若元素 i 与元素 j 的重要性之比为 a_{ij}，则元素 j 与元素 i 重要性之比为 $a_{ji}=1/a_{ij}$

n 个岗位评价要素成对比较结果用矩阵 A 表示，即为：

$$A=\begin{pmatrix} a_{11} & a_{12} & \cdots & a_{1n} \\ a_{21} & a_{22} & \cdots & a_{2n} \\ \vdots & \vdots & & \vdots \\ a_{n1} & a_{n2} & \cdots & a_{nn} \end{pmatrix}=\begin{pmatrix} \omega_1/\omega_1 & \omega_1/\omega_2 & \cdots & \omega_1/\omega_n \\ \omega_2/\omega_1 & \omega_2/\omega_2 & \cdots & \omega_2/\omega_n \\ \vdots & \vdots & & \vdots \\ \omega_n/\omega_1 & \omega_n/\omega_2 & \cdots & \omega_n/\omega_n \end{pmatrix} \tag{1}$$

在矩阵中，当 $i=j$ 时，显然应有：

$$a_{ij}=1,(i=1,2,\cdots,n;j=1,2,\cdots,n) \tag{2}$$

当评价者对 a_{ij}（$i=1，2，\cdots，n；j=1，2，\cdots，n$）的估计一致时，还应有：

$$a_{ij}=1/a_{ji},a_{ij}>0,\ i=1,2,\cdots,n;j=1,2,\cdots,n \tag{3}$$

$$a_{ij}=a_{ik}a_{kj} \tag{4}$$

利用式（2）、（3）、（4），对于 n 个岗位评价要素确定权重，只需比较 $n(n-1)/2$ 次就可以得出矩阵 A。

运用特征根法，由式（1）可得

$$A\omega=\begin{pmatrix} \omega_1/\omega_1 & \omega_1/\omega_2 & \cdots & \omega_1/\omega_n \\ \omega_2/\omega_1 & \omega_2/\omega_2 & \cdots & \omega_2/\omega_n \\ \vdots & \vdots & & \vdots \\ \omega_n/\omega_1 & \omega_n/\omega_2 & \cdots & \omega_n/\omega_n \end{pmatrix}\begin{pmatrix} \omega_1 \\ \omega_2 \\ \vdots \\ \omega_n \end{pmatrix}=n\begin{pmatrix} \omega_1 \\ \omega_2 \\ \vdots \\ \omega_n \end{pmatrix}$$

则有

$$(A-nI)\omega=0 \tag{5}$$

式（5）中，I 是单位矩阵。如果矩阵 A 的一致性成立，上式严格等于零，则奇次线性方程组对于未知数 ω 只有平凡解。如果 A 的一致性不成立，使公式（5）等于零，则矩阵 A 有以下性质：其元素的微小摄动意味着特征根的小的摄动，从而有：

$$A\omega = \lambda_{\max}\omega \tag{6}$$

式（6）中，$\lambda_{\max}$是 A 的最大特征根，ω 是相应的特征向量。

计算出结果后，还必须进行一致性检验①，判断所得的解是否一致。一致性检验分为以下三步：

1）计算一致性指标 $C.I.$。

$$C.I. = \frac{\lambda_{\max} - n}{n - 1} \tag{7}$$

2）查找相应的平均随机一致性指标 $R.I.$。

表4-19为1-15阶正反矩阵计算1000次得到的平均随机一致性指标。

表4-19 平均随机一致性指标 R.I.

矩阵阶数	1	2	3	4	5	6	7	8	9	10	11	12	13	14	15
$R.I.$	0	0	0.52	0.89	1.12	1.26	1.36	1.41	1.46	1.49	1.52	1.54	1.56	1.58	1.59

3）计算一致性比例 $C.R.$。

$$C.R. = \frac{C.I.}{R.I.} \tag{8}$$

根据式（8）计算结果，进行矩阵的一致性判断：

当 $C.R. < 0.1$ 时，认为判断矩阵的一致性可以接受。

当 $C.R. \geqslant 0.1$ 时，应该对判断矩阵作适当修正。

至此，岗位价值评估模型初步确定对于一阶、二阶矩阵总是一致的。

经一致性检验，如果认为判断矩阵的一致性可以接受，则方程组（6）所得的解 ω 经归一化就可以作为相应岗位评估指标的权重，如表4-20所示。

表4-20 企业管理岗位评估模型实例

要素	子要素	水平层次	权重
知识技能 300	1. 岗位所需知识和学历 指从事本岗位工作必须具备的专业知识和相关知识，包括接受学校教育、进修以及在专业工作实践中积累上升所获得的知识。 学历应是国家承认的高中、中技、中专、大专、本科、研究生等学历	（1）要求具有高中、中技毕业经过岗位培训或中专毕业，了解基本的专业理论知识和操作知识	40
		（2）要求具有大学专科毕业或相当程度（指中专毕业有6年以上专业工作经历，并获得相应的知识，有同级专业任职资格），掌握专业基本理论知识和必要的操作知识	60
		（3）要求具有大学本科毕业或相当程度（指大专毕业有5年以上专业工作经历，并获得相应的知识或有助理级专业任职资格），掌握专业理论知识和全面的操作知识	80
		（4）要求具有大学本科毕业并有8年以上专业工作经历，获得相应知识（或大专毕业10年以上专业工作经历并进修获得相应的知识或有中级专业任职资格）较系统地掌握专业理论和全面的操作知识	100

（续）

要素	子要素	水平层次	权重
知识技能 300	1. 岗位所需知识和学历 指从事本岗位工作必须具备的专业知识和相关知识，包括接受学校教育、进修以及在专业工作实践中积累上升所获得的知识。 学历应是国家承认的高中、中技、中专、大专、本科、研究生等学历	（5）要求具有研究生毕业或相当程度（指具有相当高级专业任职资格），系统了解掌握专业理论知识和全面的操作知识，了解国内外同专业管理理论和实践的现状及发展方向	120
		（6）要求精通本岗位专业知识，在专业理论和实践操作知识方面有深厚的造诣，并具有创新和开拓精神，掌握国内外同专业的现状和发展方向	150
	2. 岗位所需能力 指从事本岗位工作必须具备的操作能力、智力能力和程度。例如，运算、撰写、分析、判断决策、协调、谈判、公关、设计、组织、指挥等能力	（1）要求具有简单操作和按企业规章制度从事辅助性业务工作能力	25
		（2）要求具有常规操作和按法规、制度、标准、程序从事辅助性工作能力，一般需要从事同级专业职务工作一年以上	40
		（3）要求进行比较复杂的操作和按照大批的法规制度、标准，从事具体业务工作。有一般的分析、判断和撰写业务报告的能力，一般需从事相当同级专业职务工作四年以上	60
		（4）要求进行复杂的操作，能够运用基本概念、原理、理论、原则等知识解决实际问题，独立完成专业业务工作，有在各类专业人员之间协调和对外进行业务交涉，撰写业务报告的能力。一般需从事相当助理级专业职务工作二年以上	80
		（5）要求独立从事专业业务工作，谋求技巧上的完善，能够运用系统的专业知识解决比较复杂的实际问题，制订和实施工作程序、工作方案、工作计划，有较强的协调应变能力，对外有交涉、谈判及撰写工作报告总结能力	100
		（6）要求具有审核工作方案、工作计划、设计并组织实施管理系统或重大业务项目的能力。能够运用扎实的知识体系和现代管理方法解决企业重大的实际问题（对企业经营活动提出重大建议）以及撰写同行业中有推广价值的专业论文	120
		（7）要求具有能组织制订、审核企业全局性的体制改进、发展规则、管理方针、做出重大的经营决策的能力，能够凭借深厚的造诣推进现代管理方法的运用，解决企业或同行业中重大的实际问题，指挥若干个部门共同完成重大的工作任务，撰写有创见、有重要意义的专业论著	150

（续）

要素	子要素	水平层次	权重
工作难度 250	3. 岗位工作复杂性 指本岗位所要解决的专业业务问题本身的性质、管理幅度和难度而决定的工作内容、工作过程和方法的复杂程度	（1）工作内容确定（很少有其他选择），基本属于个别，具体环节的操作，工作步骤和过程是例行的	20
		（2）工作内容比较确定，但涉及若干方面的操作可以有对工作步骤、过程、方法的选择，基本上相对独立地工作	40
		（3）工作内容有一定的不确定性，涉及较复杂的专业业务问题，通常要从与其他问题的相关性中加以解决。拟定工作步骤和方法及实施过程可在他人指导下或参考有关资料和借鉴他人经验，独立地完成	60
		（4）工作内容有不确定性，较多涉及复杂的专业业务问题，需要将多个相互独立的问题联系起来或与若干个部门协调加以解决。拟定工作步骤、方案和实施过程中要独立地参考多种资料和掌握有关因素的动态，并吸收运用国内外新管理技术和方法	90
		（5）工作内容和目标有较大的不确定性，工作任务包括承担企业重要业务项目，管理课题，拟定工作计划，工作标准，需解决企业、行业专业系统的疑难业务问题，要跨越部门之间，专业之间和统筹考虑相关的管理目标从整体性上解决。掌握企业经营管理的现状。系统地吸收、运用国内外先进的管理技术和方法	120
		（6）工作内容和目标有很大的不确定性，工作任务包括承担企业规划性的重大课题，需跨越多个部门、专业领域并统筹考虑诸多中、长期管理目标，从全局考虑解决。要解决企业、行业、国家重大专业难题，拟定工作规划要把握企业经营管理行业的现状发展趋势，以及创造性地借鉴国内外先进技术和方法	150
	4. 岗位所需创造性 指本岗位完成工作任务必须融合各种信息而做出的有关判断和创新程度	（1）无需或较少需要判断，发生意外务必请示	10
		（2）要根据有关环境条件的要求和限制进行简单的判断，确定工作步骤和过程	20
		（3）要通过深入调研和思考，在涉及复杂概念工作分析中，做出有效的判断和必要的创新	40
		（4）要通过全盘分析和思考，在涉及大量复杂概念和相关因素的重新组合与协调工作中，做出正确的判断和较大的创新	70
		（5）需要通过艰巨研究和探索，在解决重大实际问题中，做出有价值的判断和重大的创新	100

（续）

要素	子要素	水平层次	权重
工作强度 150	5. 岗位工作负荷强度 指本岗位在高效率前提下日常确定性工作和非确定性工作时间与制度工作时间的比率	（1）工作负荷率 50% ~60%	20
		（2）工作负荷率 61% ~70%	30
		（3）工作负荷率 71% ~80%	50
		（4）工作负荷率 81% ~90%	70
		（5）工作负荷率 >90%	100
	6. 岗位精神疲劳 指工作人员完成本岗位工作心理压力所产生的精神疲劳程度	（1）日常工作无严格的时间制约，很少有心理压力	5
		（2）根据原始记录和凭证进行简单信息处理，间断性工作，但有时间要求，有较小心理压力	10
		（3）信息处理，进行一些思维性劳动，间断性工作，有周期性要求和一定的心理负担	20
		（4）要承担一定的风险，需综合分析提出对策的脑力劳动，有周期性，有时间限制，听力或视力紧张、频率高，易产生较大心理压力	35
		（5）要求承担较大风险，开拓创造性劳动，工作频率高，有周期性的突击性工作，精神要求高度集中，易产生很大的心理压力	50
工作责任 250	7. 岗位的职权与影响 指赋予本岗位履行职权的大小及其工作结果的影响程度	（1）承担一项简单的专业辅助工作，对完成具体任务起到推动作用	20
		（2）承担一项或几项专业工作，对完成具体任务起到基础作用	40
		（3）分管一项或几项专业工作，对完成整体任务有较大影响	60
		（4）主管一二项研究课题或工程项目，或负责一二个方面业务工作，对完成任务起到关键作用，同时对本专业业务领域的发展具有较大影响	90
		（5）负责国家重大研究项目或业务项目，领导某专业管理的前沿工作，对完成整体任务起到关键作用，同时对某些专业管理领域的发展做出贡献	120
	8. 岗位给予指导 指本岗位所必须指导培养并考核人员从事专业工作与学习的责任	（1）没有指导、培养下级人员进行工作与学习的责任	10
		（2）需要协助指导初级专业人员进行工作与学习	20
		（3）需要指导初级专业人员进行工作与学习或培养在职职工进修生等，对一般职能人员进行考核	30
		（4）需要指导中、初级专业人员进行工作与学习或培养高等院校实习生等，对科级职能人员进行考核	40

（续）

要素	子要素	水平层次	权重
	8. 岗位给予指导 指本岗位所必须指导培养并考核人员从事专业工作与学习的责任	(5) 需要指导高、中、初级专业人员进行工作和学习或培养研究生等，对处级职能人员进行考核	50
工作责任 250	9. 岗位的信息责任 指本岗位履行职责进行信息沟通和工作联系的范围和目的以及收集、处理和反馈信息的质量程度和责任	(1) 与本部门的专业人员进行必要的工作联系，从正常传递的原始凭证、基础台账上收集常规的数据，经简单运算进行记录、登记待查或制作简单报表	10
		(2) 与本单位的专业人员进行工作联系和调查，除正确传递外，需督促其他专业人员及时上报记录、报表，经一般处理多次运算，进行分类登记，制作较复杂的台账，并定时编报有分析的报表	20
		(3) 与外单位的专业人员、骨干或管理人员，对复杂专业业务问题进行调查，相互交流、磋商，需主动地从各种途径搜集大量信息，利用各种报表和历史记录进行比较、分析，定时或即时制作高水平的报告，信息共享程度较高	40
		(4) 与外单位的专业业务负责人或管理部门负责人，对重要专业业务及管理问题进行交流、磋商和开拓信息渠道，大部份信息是变动，对大量信息进行综合分析、选择、判断和处理，发布的信息在企业内部共享程度很高，有很大的指导作用	60
		(5) 与国内外学者、专家或国家机关高级管理部门负责人，对国家重大专业技术管理问题进行交流、磋商，通过复杂的途径从国内外获取高质量的信息设计、复杂的管理信息系统，发布的信息在行业范围内共享并有重大指导意义	80
工作环境 50	10. 岗位工作环境 指本岗位工作所处环境对人员的有害影响和潜在危险的程度以及工作地接触有害环境的机率	(1) 工作环境只要求一般的安全措施，不需要特别的健康安全预防措施，例如，办公室、会议室、图书室和教室等	10
		(2) 工作环境潜在着一定程度的危险性，只要求一般的安全预防措施，例如，围绕移动部件、车辆或机器工作等（指在此类环境中工作时间超过总工作时间的一半以上者）	20
		(3) 工作环境存在着一定危险性和不舒适，需要特别的安全措施，例如，接触有害有毒的气体、高温、尘土油垢、噪声、振动或传染病菌及刺激性化学物品和放射性物质等（指在此类环境工作时间超过总工作时间的一半以上者）	35
		(4) 工作环境有着较大危险性，必须采取严格安全保护措施，例如，从事高空作业等（指在此类环境中工作时间超过总工作时间的一半以上者）	50

（四）岗位试评价

为了确保岗位价值评估模型的有效性，应根据岗位层次和岗位类别的不同选取几个典型岗位，组织评价委员对这些岗位进行试评价工作。通过对评价结果的数据分析，并征询评价委员的意见，进一步修正岗位价值评估模型各要素的分级及定义。至此，最终建立起适合企业经营管理特点的岗位价值评估模型。

通过岗位试评价还能够使岗位评价委员更加深刻的理解岗位价值评估模型各要素的含义，进一步熟悉打分流程，明确正式评估中的注意事项，有利于保证评估结果的客观公正，提高评估的效度和信度。

（五）岗位正式评价

为确保岗位评估数据的准确和有效，建议采用“封闭式”方法，即组织所有评价委员集中时间、集中地点一次完成打点工作。在打点过程中，每个评价委员，根据岗位说明书及其对岗位的了解和认识，对照岗位评价要素配点表，逐一对各岗位进行各要素的评分。

（六）数据统计分析

将所有评价委员的打分进行汇总统计，即可得出各岗位的最终评价分数。数据汇总统计不是简单的数据加减乘除，为避免某些主观因素对岗位评估的影响，在数据录入、统计、分析过程中，应首先对无效数据进行筛选；其次为防止人为因素的影响，可剔除各岗位的几个最低分和几个最高分；最后运用统计学原理，通过计算各岗位所有得分的标准差及均衡率并对其进行一致性分析，以保证岗位最终分值的有效性与可信性。

（七）岗位归级

岗位评价的结果得出了各个岗位相对价值的分值，这是一个数量化的结果。将这一结果按从小到大的排列，就可以得出一个岗位的排列序列。根据企业的规模、结构、人力资源政策设定一个数量范围，将整个排列序列从小到大划归为几个等级，各岗位按其评价所得分值分布到相应的分数区间内，不同的分数区间对应着不同的等级，这样就形成了整个企业的岗位等级结构。在这个等级结构中，不同的岗位根据其相对价值大小在整个结构中占据不同的地位，体现着不同的价值大小。

员工参与了整个岗位价值评估过程，并对结果认可，各岗位任职者明确了解整个企业的岗位等级数及其岗位所处的档次，这便于岗位任职者根据其岗位的所处等级和相应的档次，进行岗位自我管理，自觉进行自我职业生涯规划、能力素质提升等等。

案例：

某企业岗位等级序列表，如表4-21所示。

表 4-21　某企业岗位等级序列表

分值范围		管理	技术	财会	行政事务	销售/营销
960	1000	总经理				
920	960					
880	920					
840	880					
800	840	常务副总				
760	800					
720	760	销售副总				
680	720	总经/总会/总建/总工				
640	680	行政副总/分公司经理				
610	640	规划/市场/财务部门经理				
580	610	人力资源部门经理				
550	580	分公司生产/战略副总				
520	550	总工办/销售副主任/审计				分公司销售主管
490	520					
460	490					
430	460		项目规划管理			销售策划
400	430		预结算/技术管理/技术审核			
370	400		项目工程管理/材料设备		法律事务/资产管理	
340	370		分公司市政管理/工程技术专责		人事管理/销售管理	
310	340		计划统计/分公司预算/计算机	融资管理/成本	薪酬管理/分公司前期	
280	310			资金/税务/审计		
250	280		分公司计划统计		库房管理	
220	250			分公司/销售中心会计	公共关系管理/文秘	
190	220			银行出纳/现金出纳	行政事务/后勤/保卫	
160	190			分公司出纳		
130	160					
100	130					

（八）建立岗位工资结构

薪酬包括以现金形式支付的工资、通过福利和服务形式支付的薪酬。以福利和服务形式支付的薪酬主要指一些基本保险、带薪休假、劳动保护等等。以现金支付的工资包括了几大部分：基本工资、绩效工资、短期和长期的激励工资。

在岗位管理中，基本工资主要指岗位工资，即以岗定薪。而基本工资的结构主要由三方面因素决定：岗位等级数量、不同等级之间的工资差别、等级交叉程度。

岗位评价建立起岗位等级结构，这为建立新的工资结构提供了基础。岗位等级结构的确定首先明确了新的工资结构中的岗位等级数量，这是建立新的工资结构的第一步。不同的等级，对应的工资级别不一样。等级的数量通常根据企业的规模、结构、人力资源政策和管理技术决定。小的企业可以有 4，5 个级别，大企业要有 13 级或更多的级别。但是，不管级别有多少，重要的是不同的级别要体现岗位价值的差异性。不同等级之间的工资差别主要根据不同等级区间的工作职能、责任等岗位评价要素进行不同的规定。一般来说，级别越低的区间，同一等级之间最高工资与最低工资的差别越少；级别越高的区间，同一等级之间的最高工资与最低工资的差别越多。因此，不同等级的工资差别标准跨度会在低等级的 10% 至高等级的 40% 之间。

最后一个方面就是等级交叉程度。等级交叉与岗位评价的“异岗位衔接”指导思想相一致。交叉程度是两个相邻的等级之间的重合度。

设 A、B 是两个相邻的等级，其中 A 的级别高于 B，则交叉程度 =（A 所在等级的上限—A 所在等级的下限）/（B 所在等级的上限—B 所在等级的下限）

另外，要注意交叉程度适度问题。交叉过大，会导致不同等级的岗位工资相近，这与岗位评价的目的背道而驰。交叉过小，会导致不同等级的岗位工资相差太大，员工将难通过努力实现岗位工资的提高，对员工产生激励作用较小。

这三个方面的问题确定后，企业即可以按照外部薪酬调查报告、薪酬总额来设计具体的基本工资。

通过这种方式确定的基本工资是岗位的标准工资，即标准岗位的工资。在得出每一个具体岗位的标准岗位工资后，还需要按照岗位评价的指导原则“同岗分档”对每一个岗位进行级别划分，确定同一岗位不同级别岗位的工资。由此形成的基本工资体系才是一个完整的岗位管理中的岗位工资体系。

四、岗位评价的几点注意事项

1. 岗位评价的假设前提

岗位评价的假设前提是每个人都能在正常情况下完成岗位所要求的工作任务或目标，不考虑人的能力等因素差别。

2. 岗位评价的对象是“岗位”，而非岗位上的“人”

只有在明确岗位评价对象的基础上，才能真正确保评价结果的公正性。岗位评价的对象是“岗位”，这就要求评价委员必须根据对该岗位的充分了解，结合岗位说明书所要求的详细信息，分析该岗位在企业价值创造过程中的贡献或地位，从而对该岗位价值作出客观公正的评判。而不是考虑该岗位上的人员素质、能力等情况来评价岗位的价值，即由于该岗位上的员工工作能力强，因此该岗位的价值就高，评价分数也就高，这是对岗位的错误评价。

3. 员工申诉

在建立新的岗位结构后，员工的岗位结构会发生变化，由此员工可能产生疑义，特别是一些岗位被排到比他们认为低的岗位前的岗位任职者，这部分人员会对岗位评价委员会的评价结果提出疑义。因此，还要有一个结果申诉的受理程序。由员工依据自己的评价结果，向岗位评价委员会提出自己的意见。岗位评价委员会对员工的申诉进行结果处理，做出解释。如果员工申诉意见正确而又合理，还需要对岗位评价结果进行调整，重新制定岗位评价文件。

4. 岗位评价动态管理

在实行以岗位工资为主的工资制度体系下，岗位评价是确定岗位工资关系的依据。因此，岗位必须根据企业实际情况实行动态管理。

企业在发生以下几种情况时，需要开展岗位评价工作：

(1) 企业由于机构新设、部门重组、业务拓展等原因出现新岗位时。

(2) 由于机构调整、工作流程改变、重大设备技术进步、员工知识与技能水平提高等原因，使已有岗位的主要职责、任职资格等要素发生较大变化时。

(3) 由于体制或上级政策等因素影响而引起的岗位变化。

总之，岗位评价工作是一项系统性、技术性很强的工作，岗位评价工作需要根据岗位的变动情况随之开展，才能确保企业工资内部分配得以公平。

复习思考题

1. 工作分析的作用有哪些？
2. 常用的工作分析方法是什么？
3. 简述工作分析的流程。
4. 岗位评价常用方法及其比较。
5. 简述岗位评价的工作程序。
6. 岗位评价有哪些注意事项？

第五章　公司薪酬调查

本章概要：本章首先指出薪酬调查的重要性及其作用，全面介绍公司薪酬调查的工作要素，包括薪酬调查的目的、主题、对象、职位范围，要获取哪些数据及其获取的方法。讲述了薪酬调查实施的具体步骤，最后分析了我国薪酬调查的现状并提出一些建议。

公司薪酬调查是通过专业方法采集、整理、统计、分析竞争对手所支付薪酬水平状况的系统过程，目的是了解市场薪酬水平的客观状况，为公司管理者提供决策的参考和依据。企业要吸引和留住员工，不仅要保证薪酬制度的内部公平性，而且要确保薪酬制度的外部公平性，而薪酬调查是确保薪酬外部公平性实现的重要手段，因此组织力量开展薪酬调查是非常必要的。要通过调查，了解本地区、本行业的薪酬水平状况，尤其是竞争对手的薪酬情况。同时要参照同行业同地区其他企业的薪酬水平，及时制定、调整本企业对应工作的薪酬水平以及企业的薪酬结构，确保企业薪酬制度外部公平性的实现。

薪酬调查能够提供设计薪酬策略所需要的数据，薪酬不要太高，否则会加大公司成本，薪酬意味着劳动成本，是产品成本的重要组成部分，特别是当产品销售对价格较敏感（富有价格弹性）时，企业总有降低自身薪酬水平的主观愿望。同时，如果薪酬太低，争夺人才方面会缺乏竞争力，争夺人才的压力不仅来自生产同类型产品的竞争对手，而且来自雇佣相似类型员工的公司，所以，许多公司确定薪酬水平决策时，有增加薪酬水平的倾向以增加竞争力，吸引优秀员工。因此，产品市场的竞争和劳动力市场的竞争是影响公司薪酬水平的两大约束条件。鉴于此，为获取市场薪酬水平而进行的市场薪酬调查就很重要。

确定适当的薪酬水平标准，大多数公司会对员工的薪酬水平进行定期调整，掌握竞争对手薪酬率的变化，以帮助企业对维系还是调整薪酬水平做出决策。制定合理的薪酬结构，公司运用市场薪酬调查来检验本企业职位评价结果及岗位薪酬等级的合理性。

通过调查，了解劳动力市场的需求状况，掌握各种类型人才的价格行情，制定正确的薪酬策略，有效控制企业的人力成本，是薪酬管理的重要部分。薪酬调查结果是进行薪酬决策的主要依据，最终会通过薪酬体系的实施影响企业的薪酬目标：效率、公平、合法。公司要精心设计和组织市场薪酬水平调查工作，其结果会影响组织的劳动成本和产品的竞争力。

第一节　公司薪酬调查的工作要素

劳动力市场上的信息不完善导致组织单位要花费时间并承担一定的成本情况下，才能够掌握市场上现行的薪酬水平状况。包括企业、员工在内，一般大家都认为按市场水平支付个人薪酬是较为公平的做法，所以，即使付出代价，企业组织也愿意自己或付费进行薪酬调查。薪酬调查的工作要素一般包括如下内容。

一、公司薪酬调查的目的

公司薪酬调查的目的一般为：制定薪酬标准、调整薪酬水平、制定薪酬预算、控制人工成本。虽然各个目的侧重点不同，都需要通过了解市场上某些特定职位的薪酬水平来实现，目的不同，相对应需要了解的职位数量也不一样。薪酬调查的实质便是针对职位薪酬状况进行的调查。

二、公司薪酬调查的主体

调查主体的确定要根据公司的实际情况确定，有以下三种情况：

(1) 条件成熟的组织自己可以进行薪酬调查，自身做调查可以控制调查分析的过程，还可以得到更贴近自身需要的调查结果，同时，如果控制得当，能够节约薪酬调查成本。但这要求公司拥有自己的薪酬调查专家，而且要保证负责调查的员工有充裕的时间。

(2) 也可以聘请外部的专家或委托社会专业的咨询调查机构，这样可以得到完整的调查报告和详尽的数据，降低公司人力资源部门的工作负担，但调查的结果和需要公司人力资源部的验证，同时，需要花费高额费用。

(3) 购买现成的数据资料，要求辨别出是否为自身需要、具有参考价值的资料。

企业自身进行调查较易引起竞争对手的警觉和不合作，且薪酬调查费时费力，企业需要有足够的人手和时间，还要求企业相关人员有能力和时间并会应用计算机或统计知识分析调查结果，难度较大。在中国现实状况下，缺乏行业协会的支持，企业之间缺乏心理契约，企业难以自己展开薪酬调查，所以企业一般自身不进行薪酬调查，聘请立场相对中立的专家或专业咨询机构进行此项工作。

根据调查主体可将薪酬调查分为商业性薪酬调查、专业性薪酬调查和政府薪酬调查三种。商业性薪酬调查一般是由咨询公司完成的，有的是应客户需求要对某一行业进行调查，咨询公司也会为了获利而主动进行薪酬调查。专业性薪酬调查是由专业协会进行的薪酬调查。政府组织的薪酬调查可分为地区性的或全国范围内的，一般针对特定行业进行，范围一般较广，目的是为社会提供薪酬成本指数和薪酬相关的其他数据。

三、公司薪酬调查的对象

薪酬调查的对象一般包括部分代表性企业，涉及到相关劳动力市场的界定，主要包括以下几类企业：

(1) 与本企业竞争从事相同职业或具有同样技术员工的企业。

(2) 与本企业在同一区域范围内竞争员工的企业。

(3) 与本企业竞争同样产品或服务的企业。

同时，也应留心与本企业薪酬结构相同的企业。

四、公司薪酬调查的职位

公司薪酬调查，应选择能达到调查目的所必需的尽可能少的单位和职位。薪酬调查不可能包括所有职位，通常是针对一组被抽样出来的职位而进行的薪酬调查，这些职位一定要在层次、职能领域以及所处的产品市场上都具有一定的代表性，称这样的职位为基准职位。

基准职位具有四方面的特征：一是职位内容众所周知、相对稳定，且得到从事该职位员工的广泛认可，被调查者和调查信息的使用者能准确获得这些职位的具体信息，而不会出现理解的偏差；二是基准职位的劳动力供求相对稳定，而且不会受到最近变化的影响，如会计、工程师等；三是这些职位可以代表当前所研究的完整的职位结构，包括职位结构中的最高、中等和最低等级的职位；四是在这些职位上有相当多的劳动力被雇佣。通常，基准职位应该为薪酬结构设计提供良好的关于职位价值各方面因素的参考点数，组织中有问题的职位一般不作为基准职位。

之所以选择基准职位进行调查，是因为一些职位是某些企业特有的，不可能得到市场工资调查数据，同时，即使可以得到组织中所有职位的市场薪酬数据，但往往成本太高且必要性不大，一般很多在本组织中工作内容类似的职位其外部市场价值也很相似，只需要选取一些代表职位进行调查，其他职位根据其相似匹配情况，参照基准职位便可做出薪酬决策。

调查中包括对基准职位的描述，以方便使用调查结果的单位能够将本组织职位与调查职位相比较。薪酬调查所选择的基准职位应该确保一定的覆盖面。把相关的目标市场经营目标相似、人才需求结构也相似，与本组织目标市场相关的单位称为竞争对手，其人才流动的针对性强，要了解相关目标市场上竞争对手的薪酬信息可以帮助决定公司内部关键人才的薪酬水平。竞争主要在同行业间展开，要了解同行业相关职位的薪酬状况，通用岗位可在同一地区开展调查，如文秘、会计、出纳、行政等，以管理模式、规模具有可比性的企业里的职位为选择对象。高级职位或者是关键性职位人才的竞争可能在全国或国际环境展开调查，所以，根据调查的目的选择合适的职位进行调查。

五、公司薪酬调查应获取的数据

薪酬调查需要获得企业总的薪酬体系的信息和在职者的实际薪酬，也包括被调查企业的基本信息，如表 5-1 所示。

表 5-1 薪酬调查要获取的数据及理由

数据名称	举例	理由
	企业信息：	
公司基本情况	公司名称、地址、联系人	进一步取得联系
财务状况	净资产、营业额、税后利润额	表明产品或服务市场的属性、支持能力、规模以及财务信度
结构	组织结构图	便于了解商业的组织形式和管理职位的重要程度
规模	利润、生产线、员工总人数	特殊工作群体对商业成功的重要性对劳动力市场的影响
	总薪酬体系特征：	
现金薪酬形式	基本工资、工资增加表、红利、激励工资；生活费用的调整	为了了解薪酬总体的各种组成以便进行比较
非现金薪酬形式	福利和劳务，特别是医疗、健康保险和养老金的覆盖程度	便于分析总体薪酬状况
	关键职位信息：	
日期	有效日期	了解最近的有效薪酬信息
职位	对应的职位描述 下属人数及其上级	了解与调查基准职位的相似程度 了解该职位的责任大小
个人信息	受教育情况、单位部门、受雇日期	了解被调查人员的任职资格、培训状况、基准职位的薪酬状况
个人薪酬	支付给员工的实际薪酬；工资报酬、最后增资、红利和激励工资	

调查不是要包括表中列举的所有要素，资料的采集取决于调查的目的和调查中所包括的职位或者技术。调查时应包括薪酬的所有基本形式，以便比较总薪酬的异同，而且这样可以较为准确地评估竞争对手的薪酬情况。

六、公司薪酬调查数据的收集

获取数据常用的方法为访谈法、问卷调查法以及网络调查。访谈法可运用面谈或电话调查方式，问卷调查法包括实地问卷调查和邮寄问卷调查，在互联网便利的今天，可以很方便地进行网络调查，这样可以省时省力，且保密性较强，但要辨清所得数据的准确可靠性。另外，政府部门和许多专业协会业提供大量的数据，用起来既廉价又准确。

不同的调查方式对所得数据的准确性是有影响的。

七、公司薪酬调查数据的准确性

数据的采集、分析和解释要细致，数据要做到反映事实本身。调查进行的过程中，每一步都要完整谨慎，要尽可能少的使用粗略数据作细致的区分。要依据调查的目的，辨别数据的精确度。有些数据是为评价整个薪酬结构的，但不足以判断某一特定职位，可能有些数据是用来确定某一特殊职位的，也有些是用来判断薪酬变化率的。

第二节　公司薪酬调查的实施步骤

一、明确需要调查的目的和职位情况

公司要合理利用已经存在的和自身掌握的相关数据，这样可以节省公司的时间和精力，降低调查成本。同时并非所有的理想调查对象都对进行的薪酬调查感兴趣，由于设计到公司的机密，可能不会配合调查工作。

如果企业确实需要通过薪酬调查才能达到自己目的，下面就要确定调查哪些职位。由上节内容可以知道 薪酬调查的目的一般包括制定薪酬标准、调整薪酬水平、制定薪酬预算和控制人工成本。目的不同，需要了解的职位多少也不一样。如调查目的确定为制定某一职位薪酬标准和调整某一职位的薪酬水平，那么我们就只需要对这一职位的市场薪酬进行调查就可以了。如果企业的兴趣在于确定管理人员的薪酬，只要将公司高层和部门经理一级的职位包括进来就可以了。如果目的是想知道专业或技术类职位的薪酬，相关职能领域中的整个职位族都应包含在调查范围中，这类职位之间的薪酬差异一般不在工作本身，而更多地体现在它们所要求具备的专业或技能层次的差异。如果我们将薪酬调查的目的定为制定薪酬预算或控制人工成本，那么我们可能就要对某些职位或企业中所有职位进行薪酬调查 。

在被选择调查的职位中选取基准职位，这是因为考虑到调查的成本，是不可能对所有的职位都展开调查的。

明确所要调查的职位以后，还需要对职位进行功能和层次的划分，并由此确定调查对象。职位按其功能可分为职能职位和业务职能，职能职位一般为通用职位，薪酬调查一般来讲在本地区内各企业之间进行就可以了。业务职位一般为专项职位，业务性强，可能就要在本地区同行业内企业之间展开调查。另外我们还需要对职位进行层次划分。对于低层级的职位来说，比如文员、一般技术人员和半技术人员，所调查的区域应该是和公司在地理性置上比较接近的地方；相反，对于中高级职位，比如部门、人力资源副总等，所调查区域应该更大。

对于低层级的职位，行业之间的差别并不大，调查时不用限定行业，而中高级管理人员和技术人员最好是选择可能与公司竞争人才的行业。

二、明确所调查职位的内涵

在选定被调查职位后，调查者必须提供最新的总体职位描述，这样能确保被调查企业将本企业的职位与调查者所提供的职位匹配起来，因为不同的企业即使是采用同一种职位名称，它们的组织结构和工作安排也是会有差异的。名称相同的职位在不同的企业中可能从事内容不同的工作，有时候甚至截然不同，这种差异在大企业和中小企业之间存在的可能性最大。

职位描述的内容包括每一职位的名称；职位目的，也就是职位对公司的主要价值和贡献；职位职责，即该职位所从事的主要活动；任职基本素质要求，即该职位对任职者的知识、学历、经验、能力等方面的要求。国内的职位体系比较混乱，职位描述显得更为重要。

在职位调查中所使用的职位说明书必须采用较常见的或者是被普遍使用的职位名称，首先用一两句话描述某一职位的主要职责和目标，然后再以简明扼要、通俗易懂的语句列举该职位最重要的一些职能。对职位的描述应注意不要太紧扣发起调查企业自身职位的特殊情况，应当具有普遍适用性。在理想情况下，这种职位描述不要超过一页半纸，文字太多的话不容易集中被调查企业的注意力。描述的篇幅太少也不好，如果提供的信息不充分不准确，会影响被调查企业人员的判断，从而影响最终调查数据的质量。但有两种情况属于例外，即被调查的职位属于企业的最高经营层职位时或被调查职位属于行业内已经几乎标准化的职位时，例如房地产管理员或者是超级市场收银员等等，因为这样的职位在不同的组织中职责几乎是相同的。

在购买和使用薪酬调查结果时，一定要注意该调查是否包括所调查职位的职位描述，有职位描述的薪酬调查所获得的结果会比没有职位描述的薪酬调查结果更为准确可靠。并且，应将调查所提供的职位描述与公司相应的职位进行比较，只有当两者的重叠度较大时才能根据所调查职位的结果来确定公司相对应职位的薪酬水平。

进行职位描述时还要进行清晰的职位层级划分，一些职位族可能会包括不同层级的职位。比如人力资源职位族就可能包括人力资源总监、人力资源经理、人力资源专员、人力资源助理等职位。薪酬调查所包括职位的层级数很可能与被调查对象企业的职位层级数不同，因为每个公司可能会有不同的职位族，即使是同样名称的职位族，其内部所包括的职位层级可能仍不一样，当职位层级数相同时，每一层级职位的职位描述有可能不一致。划分好职位层级，以确保开展调查的公司职位与调查对象的职位层级一致是准确做好薪酬调查工作的前提所在。

有准确的职位描述作为基础，就有利于填写问卷和接受调查的人员对照本企业相关职位正确地填写有关内容。如果被调查企业没有调查职位中的某一职位，但另一名称的职位职责与该职位的职位描述里的职责一致，就可将其薪酬信息填写到该职位上，填写问卷时不能简单地依据职位名称填写。

三、设计访谈内容或薪酬调查问卷

根据所要调查的内容，设计访谈内容或问卷，收集并记录要获得的信息。为有效获取竞争对手的薪酬信息，并做到将竞争对手的薪酬信息与本企业的相关职位进行准确的匹配，依据薪酬包括的几部分：基本工资、奖金津贴、福利以及股票期权计划等长期激励计划，访谈内容或调查问卷不仅要涵盖薪酬结构的所有部分，还要做更细的划分。

为了解基本工资，可以询问被调查职位在某段具体时期内的基本工资水平，为减少数据处理的负担，应指明要求被调查者填写的基本工资水平到底是年薪、月薪还是小时工资，通常情况下，企业对同一职位上的员工根据其绩效情况支付不同的工资率，不同的在职人员获得的基本工资是有差异的。所以对基本工资单纯获得平均的基本工资数据是不够的，还可以考虑被调查者填写其基本工资的浮动状况，包括薪酬跨度的最大值和中间值。理论上讲，基本工资不会超出薪酬变动范围的上下限，这样有助于发现被调查企业提供的基本工资数据是否准确。获得了平均的基本工资数据和薪酬跨度的上下限和中间值就可以全面了解目标企业的基本工资支付状况。

了解奖金状况，调查者要询问过去特定时间内向某一被调查职位提供的实际奖金数量，强调年度平均值，防止不足一年的奖金额作为年度奖金数据。再询问被调查组织对该职位支付的奖金占该职位基本工资的比例。对实行利润分享、一次性加薪等各种现金奖励的企业，要确保这些奖金形式都要包含在调查问卷中。

福利可以包括养老金、医疗、住房、带薪休假、交通补贴等，一般不以现金形式发放，员工很难答出福利情况的问题，且各个单位福利的种类名称不一致，所以，调查福利时一般以单项福利标准作为调查的内容，可对福利形式作简单的描述，仅包括最昂贵的或最有价值的福利形式，或者询问福利的总费用占组织劳动成本的百分比数。

股票期权在企业的高级管理人员和高级技术人员中，已经成为一种重要的长期报酬激励形式，股票期权已经取得了与基本工资及短期绩效奖励相同的重要地位，所以薪酬调查要包括这类薪酬形式的调查。同时，不少企业实行了员工持股计划，即使普通的职位也应该询问是否实行了股票所有权计划。

除此之外，还要设计到企业基本情况的调查，如员工数量、产值利润情况、行业状况、薪酬增长率、员工流失情况等，从而判断调查对象和本企业之间的匹配程度以及调查结果的有用性。还要包括各种薪酬方面的信息、职位范围方面的信息、任职者的一些信息以及一些国际性的信息等等，这些都是与薪酬水平相关的内容。

设计调查问卷要注意确保问卷易读易懂，给被调查者提供足够空间，还要设计一些可以主观发挥的开放式问题，对问题的关键字眼可以加粗加黑，引起填写问卷人员的注意，比如，标上一些时间标注让被调查者清楚并提醒调查的截止日期。一般来说，多项选择对获取信息较为有用。对设计好的调查问卷可以先进行内部测试，以发现问卷的不足之处，特别是要注意修改语句意思含糊不清、有歧义的地方，并听取被调查者的意见，对问卷进行修改和完善。

作为数据收集的载体，调查问卷的设计应尽量考虑被调查者的使用方便。最终形式不论是书面问卷形式或以电子文件形式，为确保所有参与调查者统一口径，以相同的方式回答问题，要附有一份详细明了的问卷填写说明。尤其是调查者采用邮寄调查问卷的方式进行调查时，标准化的填写问卷说明尤其重要。另外，还要注意调查问卷的格式设计，以方便回收数据后的数据录入工作的准确性。具体如表 5-2 所示。

表 5-2 薪酬调查问卷举例示

一 般 信 息

1. 公司名称： 所在城市：

2. 联系人联系方式：

姓名：

职位：

电话：

通讯地址：

电子邮箱地址：

3. 行业类型： 公司性质：

A：国有企业 B：合资企业 C：外商独资企业 D：国有民营企业 E：民营企业

总资产规模：

A：1 亿元及以上 B：1000 万到 1 亿元 C：100 万元到 1000 万元 D：100 万元以下

公司年度销售额：________________________

公司年度税后净利润：

A：1 亿元以上 B：5000 万元到 1 亿元 C：1000 万元到 5000 万元 D：500 万元到 1000 万元

E：100 万元到 500 万元 F：100 万元以下

4. 公司主要股东及其所占份额：________________________

5. 员工总数量：

中国本土员工数量：

其他员工类型及其数量：

6. 是否有工会： A：有 B：没有

该职位基本信息

（续）

1. 职位名称：　　　　　　　　　　　　现有员工数量：
2. 该职位直接上级职位名称：　　　　　现有员工数量：
与该职位同一直接上级的其他职位名称及对应员工数量：
该职位直接下级名称：　　　　　　　　现有员工数量：

任职者的个人信息

1. 性别：　　　　　　　　　　　学历：
2. 在本公司任职年限：
从事本职位工作或工作内容相似的工作年限：
3. 会何种外语：　　　　　　　　外语水平：
4. 有无专业资格证书：　　　　　证书名称：

职位描述

该职位的主要工作目标及主要工作内容概括为：

对以下列举的工作职责（在调查前根据要调查职位的职位说明书列举该职位的主要工作职责）是否与贵公司中该职位的实际工作职责相符合，在符合的项目括号内打上“√”，不符合的打上“×”，如果贵公司该职位还包括其他的职责，请您补充说明。

（　）1.
（　）2.
（　）3.
（　）4.
（　）5.
（　）6.

职责补充说明：

该职位的薪酬概况：

薪酬构成要素	金额/（元/年）	金额比例	公司上年度水平	增幅率（%）	备注
基本工资					
奖金					
津贴					
股票期权计划					
其他收入					

福利项目：在该职位任职人员能够获得的福利项目前打上“√”，并填写其额度。

（　）1. 交通补贴：（　　　）元/月
（　）2. 话费补贴：（　　　）元/月
（　）3. 住房补贴：（　　　）元/月
（　）4. 一次性房补：（　　　）元
（　）5. 免费餐饮或餐补：（　　　）元/月
（　）6. 过节补贴：（　　　）元/年
（　）7. 其他福利：（　　　）元/年

福利总额：（　　　）元/年

年度该职位薪酬总额：（　　　）元/年

四、发放并收集调查问卷

薪酬会涉及到企业机密，很多企业都实行保密工资制，员工即使知道也不允许向外泄露企业的薪酬机密，因此寄发问卷前首先要做好与企业总经理的沟通工作。调查时可以将被调查者作为成员之一纳入到合作队伍中，被调查者分摊一定的调查费用，调查结束，被调变者可获得专项调查报告；也可以向被调查者提供优惠的综合性调查报告。但前提都需要与企业签订合作协议，并约定保密条款，为企业提供的薪酬资料严格保密。

向企业寄发问卷也要讲究方式，一是直接向总经理寄发，规模较大的企业可向人力资源部经理寄发，这样可保证回收率；二是能够上门发送问卷的最好直接上门发送，不便直接上门发放的要采取特快专递、传真、电子邮件的方式邮寄、传送和收集问卷，保证问卷回收的及时性；三是问卷收集回来后要及时核对，以便及时与被调查者进行沟通和修改。调查者要留下联系方式，方便调查者与填写问卷者之间的沟通交流，利于问卷的回收。

为了更准确地了解被调查企业某一职位的薪酬水平，对于涉及员工人数较多而薪酬水平存在较大差异的职位，我们在开展薪酬调查时需要了解不同薪酬水平员工的薪酬资料。对这样的职位，调查对象要选择这些职位上不同层次的在职人员，避免收集资料的不全面。

五、整理调查问卷，辨别数据的准确性，并统计结果

薪酬调查要确保时效性，因此问卷收上来后就要立即进行整理。贝尔彻(Belcher)在15年前访问了34个专业的薪酬管理者，他在报告中指出了调查数据实际上是如何被分析的：每个组织使用自己的方法从调查中提炼信息；根据不同目的进行不同的调查；在调查中运用不同的方法。从行业、企业规模和工会参与程度方面，我没有发现那些分析方法中有什么共性。例如，有些企业除了阅读完整的调查外并没有其他举动，有些企业强调行业资料，有些企业强调地区内竞争对手的资料（通勤距离），有些企业选择不到5个竞争对手作比较，有些企业仅强调大型企业，有些企业却剔除大型企业的资料。

贝尔彻的这种论述至今流行，分析调查数据时，差异总是占主导地位，反映了经营者的灵活，善于根据环境的变化调整分析薪酬策略，同时，也反映了经营者利己且缺乏商业和工作的逻辑。

在整理问卷过程中，即使是标准格式的调查问卷，被调查者对问卷上问题的回答仍然会存在各种各样的问题。要注意几个原则：

(1) 辨别数据资料的准确性，统计要真实。数据的采集分析不易做到像招聘和测试那么细致，同时，问卷填答者对问卷上的问题有时把握不准，填写的数据可能是无效的，统计时不仅要注意填答的数字，也要注意填写问卷人员对问题的理解是否准确，要留心他们用一些文字来加以注释的情况，这些都涉及到收集到

数据的准确性。不同的调查方式对数据精确性都是有影响的，调查者要对被调查人员做好沟通指导工作，只有被调查者对问卷问题理解正确了才能够准确地回答问题。统计时还要注意数字之间的逻辑联系，两个数字联系起来分析时，有时会产生矛盾，对于这种情况要及时加以纠正。

检验数据时通常要核对职位匹配的程度，这就用到了职位描述，职位描述相匹配时，各公司对同一职位的价值认可可能不同，它们薪酬决策所参考的职位也有可能不一样。所以，调查时对被调查组织具体情况要具体分析。

对不精确的数据要进行数据的修正。对职位描述相似但不相同的企业，调查收集的数据与职位描述相似的程度匹配的话，可以根据匹配程度重新衡量。如果所调查的职位所承担的责任比调查者描述的职位更大时，分析人员可以调整数据（如乘以 0.9）使被调查的职位具有可比性。反之，加大数据（如乘以 1.1）。数据修正要求分析人员主观判断能力较强。

统计结果要进行双向统计，既要统计填答的情况，也要统计漏答的情况，两者之和要与总数相符。统计最好分两组同时进行，两组统计结果互相核对，以确保统计结果的准确无误。

（2）统计标准要一致。企业间“工资”概念十分模糊，有些企业出于“规避”税收的需要，将实际收入分成若干单元，一部分以现金形式发放，一部分以实物等隐性收入体现，这种做法，在薪酬调查时即便提供的是真实的数据，也会导致数据的误差。不少企业目前尚处于“模糊工资”阶段，职工收入尚有许多不公平之处，再加上市场经济多元结构的影响，薪酬不可能完全归入一个模式之下，而且在无法了解具体职位职责的情况下，职位匹配只能跟着感觉走，这样也会造成数据误差。

不同薪酬形式划分的标准不太一致，统计时要注意统一。例如，两个企业同时实行年薪制，按月分解后的月薪发放方式不同：一个是一次性发放，一个是将月薪分为基本工资和效益工资两部分发放，基本工资占 60%，当月发放；效益工资占 40%，次月考核后发放。因此这两个企业在填答基本工资和奖金一栏时就出现了不一致的情况。一次性发放的企业将所有月薪都视为基本工资，分两次发放的企业将当月发放的 60% 作为基本工资，将次月发放的 40%（可能浮动）作为奖金。那么我们在统计的时候就要针对这钟情况进行一些分析，并询问被调查者对此做出解释，然后严格按照工资、奖金的定义进行区分，以确保统计标准的一致。

（3）采用计算机技术，利用专门的数据库软件进行统计，可以减少误差，还便于进行数据处理和分析，特别是在后期撰写报告的过程中，这种统计方法提供了很大的方便。

六、分析调查结果

整理问卷，得出来了统计结果以后，要用各种统计量对行业薪酬状况进行描述，同时要用到回归分析、频度分析、趋中趋势分析、离散分析等统计分析方法。可以通过分析调查结果知道公司现行的薪酬体系在同行业劳动力市场上所处的位置，也就是绘制反映市场薪酬水平的职位图，还可以预测未来一年的薪酬变化情况。

进行薪酬调查结果分析还包括薪酬结构和工资增长率的分析。通过薪酬结构分析我们可以得到薪酬结构表，是公司进行工资结构调整的重要依据；通过工资增长率的分析可得出社会工资增长幅度和企业工资增长幅度的对比关系，从而做出工资调整的决策。

反映市场薪酬水平的职位总图（见图 5-1）的绘制方法是在以职位等级为横坐标，以薪酬等级为纵坐标的直角坐标中，画出 25P、50P、75P 三条线，假如有 100 家公司（或职位）参与薪酬调查的话，薪酬水平按照由低到高排名，它们分别代表着第 25 位排名（低位值）、第 50 位排名（中位值）、第 75 位排名（高位值），这三条线就是反映目前市场薪酬水平的职位总图。在职位总图上绘制企业自身的工资曲线（以各职位工资中值为坐标点绘制），这样就可以从图中一目了然地反映出企业薪酬的市场水平。

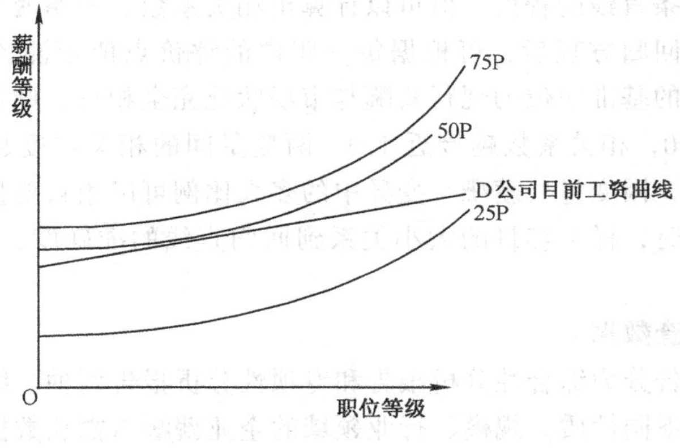

图 5-1 反应市场薪酬水平的职位总图

图中所显示的“D 公司目前工资曲线”，从其走势我们可以看出，它基本上沿着市场的中值往下走，说明其薪酬在市场的 25% ~ 50% 之间，职位较低和职位较高员工的工资水平都在市场中值以下，这可能会导致一部分高层员工和一部分基层员工积极性不高，需要做出相应调整。

通常情况下，薪酬的平均数和 50P 应该很接近，25P 和 50P 的差别应该与 50P 和 75P 的差别比较接近，如果其差距大于 5% 时，就要认真检查相关的统计数据，确保这种误差不是因数据收集和统计处理等人为因素引起的。

企业的薪酬水平在相关劳动力市场上的定位即企业的薪酬政策，一般分为以下三种：

(1) 领先型薪酬政策：企业薪酬水平高于相关劳动力市场的平均薪酬水平，通常用处于劳动力市场薪酬水平的前25个百分位进行界定。

(2) 匹配性薪酬政策：企业的薪酬水平与相关劳动力市场的平均水平大致相当，通常用于劳动力市场薪酬水平的第25～75个百分位进行界定。

(3) 拖后型薪酬政策：企业的薪酬水平落后于相关劳动力市场的薪酬水平，通常用处于劳动力市场薪酬水平的后25个百分位进行界定。

在薪酬定位上，企业可以选择不同的薪酬策略。品牌响的公司可以依靠其综合优势，不必花费最高的工资也可能找到最好的人才，所以薪酬领先的未必是牌子较响的公司。处于创业初期或快速上升时期的公司易采取高薪策略以挖到优秀人才。

运用薪酬调查结果进行数据统计分析可以得到市场薪酬线，并结合企业的薪酬战略能够设计出企业的薪酬政策线。薪酬政策线的制定，是运用统计学的技术，把组织中每项职位评价得分与劳动力市场每个职位的工资率之间的关系归纳为线性的关系。回归直线可以用等式 $Y=a+bX$ 表示。a 为直线在 Y 轴上的截距，b 表明 X 每变化一个单位，Y 所产生的变化。虽然回归直线显示不出坐标系里的点聚集到这条直线的程度，但可以计算出相关系数，表明两个变量之间的关联程度。计算出回归方程后，可根据每一职位的评价点值预测该职位的市场工资。如果组织中的基准职位的现行薪酬与市场状况完全相符，则这条回归直线的相关系数就为1.0，相关系数越接近1.0，两变量间的相关程度越高。相关系数的平方可以说明，因变量（薪酬）变异中的多大比例可以用自变量（职位评价得分）来解释。同时，样本容量的大小关系到回归直线的准确度，一般要在10个数据点以上。

七、运用调查数据

薪酬调查报告分为综合性分析报告和专项性分析报告两种。综合性报告对薪酬调查涵盖地区不同性质、规模、行业领域的企业薪酬与福利数据进行综合分析与统计处理，全面反映被调查地区企业薪酬与福利现状的全貌；专项性报告是根据企业需要从参加薪酬调查的公司中选择一定数量具有可比性的公司，经过数据分析处理，获得针对件、指导性更强的专项薪酬报告。这两种报告对企业制定薪酬策略都具有重要的参考价值。

评判一份薪酬调查报告的优劣主要有七项标准。具体为：对职位的描述是否清楚；职位层次是否清晰；调查数据是否最新；劳动力市场是否合适；参与调查公司的代表性；是否报告了数据处理方法；是否报告了数据采集方法等。可以把这七项作为撰写薪酬调查报告的具体操作指南。

值得一提的是，竞争对手的薪酬状况是经常调整的，如大学常以学年为单位进行调整，尽管各组织的薪酬变化调整是没规律的，但薪酬调查实践起来常假设它们是有规律的，所以，当一项调查历时很久超过半年时间时，其收集的资料有可能是过时的，根据这样的调查报告进行薪酬决策时，要根据未来的一定时间预测具有竞争力的薪酬率。

案例 1：福特公司

福特公司的薪酬委员会希望福特公司管理层的薪资水平在全球汽车行业以及与其他几大美国汽车公司相比都具有一定的竞争力。该委员会每年都要审查一份由外部咨询公司提交的关于福特公司管理层的薪酬计划的报告。这份报告讨论与福特公司薪资问题有关的方方面面的内容，同时，还要把福特公司的薪资报酬与其他大公司进行对比之后的结果公布出来。该薪酬委员会在这份报告的基础上，还亲自对公司薪资计划的各个方面进行审查，然后再根据它自己对每一位高层管理人员的技能、经验、个人业绩等所做出的评价来确定每一位公司高层管理人员的个人薪酬水平。

受福特公司委托的咨询公司所使用的工资数据是通过薪酬调查得来的，被调查的企业则是由咨询公司和福特公司共同选取出来的处于领导地位的大公司。通用汽车公司和克莱斯勒汽车公司都在被调查之列。在其他行业中处于领先地位的18 家大公司也成为被调查的对象，这是因为高层管理人员的工作市场并不仅仅限于汽车行业。在挑选作为被调查对象的公司时，所依据的主要是企业的规模大小、声望以及业务的复杂性。

该委员会在决定高层管理人员的工资时，会看公司的规模和经营的成功程度以及调查中所包括的那些工作的类型。福特公司薪资报酬计划的目标之一是在被调查公司的规模和业绩进行调整之后，近似地得出被调查企业群体的平均工资水平。

案例 2：宝洁公司

当宝洁公司实现收入的稳步增长和股票价格增值的时候，它的高层管理人员的薪资水平就有望达到甚至超过被作为调查对象的那些公司群体的中间水平。这些公司群体中既包括处于领导地位的那些日用消费品公司，也包括那些在规模和声望都同宝洁相当的企业，因为宝洁公司必须与这些公司在雇佣和留住自己所需要的雇员方面展开竞争。为了保证薪资调查的持续有效性，作为对比目标的这些公司的名单是会被定期更新的。

该公司的薪资委员会认为，本公司高层管理人员的薪资水平是富有竞争力的，并且与其他同自己旗鼓相当的大公司基本上是一致的。宝洁公司之所以能够得出这些结论，部分原因在于它向公司外部相对独立的薪资咨询顾问进行了咨询。

资料来源：摘自1998年福特公司以及宝洁公司发言人的有关评论。

第三节　公司薪酬调查应用中的常见问题及解决对策

一、对目前市场中几类常见薪酬调查的分析

（一）国家劳保部门进行工资调查，并形成工资指导手册

这一类调查往往是由国家有关部委会同各级地方劳动保障部门和统计部门抽调专门人员从事的对全国或本地区各行业各企业的职位薪酬水平情况进行调查。政府将依据调查结果制定工资宏观调控政策和工资指导线、城镇居民最低生活保障线等。这类薪酬调查的最有代表性的例子是1997年劳动与社会保障部在全国各省、自治区、直辖市开展的"企业人工成本抽样调查"和1998年劳动与社会保障部在全国14个大中城市开展的"劳动力市场工资价位抽样调查"。人事部也不定期公布有关行业和职位的薪酬数据。

政府进行调查的优点是涵盖的范围广，内容分类细致，各部分可比性强。由于各地劳动与社会保障部门和企业的劳资部门执行相对统一的指标体系，且各个分类标准的定义清晰，被调查者对于调查内容的认识分歧很小，所提供的数据有很强的可比性。调查由各地的劳动与社会保障部门执行，被调查的企事业单位的劳资部门配合填写，数据来源比较规范可靠。全部调查方案由国家统计局批准，数据的整理有专门的统计人员进行，误差的可能性小。

其不足之处在于这类调查的主要目的是为政府决策服务，调查结构和执行过程均体现了较强的行政计划体制的色彩。公布的结果只是一小部分，大部分的结果没有公布，而且对调查的设计、执行、及统计结果的意义缺乏说明。调查只是集中在工资上面，对于其他形式的薪酬没有涉及，因此很难描述各行业各地区职工的实际收入水平。数据的处理方法简单，没有作进一步的统计分析。

（二）专业门户网站发起的薪酬调研

通过网上数据收集，在未经职位匹配与评估过程便开始分析整合，形成结果报告。该方式操作明显专业，但是很有可能造成信息的偏差，其原因是：

(1) 由于收集到的信息多为个人填写或从应聘者角度收集，与企业实际发放的薪酬水平有一定出入。

(2) 在收集数据过程中很难保证职位匹配与评估工作通过专业人员完成，所以造成数据的可比较性较差。

（三）管理咨询机构的薪酬调查

在调查的形式和规模上，他们一般都采用国际通行的会员制，即会员单位有义务按照咨询机构拟定的调查表提供本企业翔实的数据，同时有权利无偿享用最终的全部或大部分汇总、统计和分析结果。相对于政府机构的职位薪酬调查而

言，商业运作的咨询机构都集中于对三资、外资、私营企业或驻华代表处进行薪酬调查。这些机构进行的薪酬调查及其最终分析结果的一般特点为：

(1) 调查范围比较集中，区域性较强。

(2) 调查职位主要集中在一些非生产性的通用职位，如市场营销、人事管理、秘书等。还有一些职位名称是从外资企业或代表处的习惯而来，如首席执行官。

(3) 不仅关注工资水平，还调查其他薪酬形式。调查内容除了工资之外，还包括股票期权、培训计划、退休及医疗待遇、住房方案、出差津贴等。

(4) 既注重薪酬水平，又注重趋势分析。多数调查报告都强调分析近期加薪的频度、幅度差异及其前景预测。

(5) 调查的主要服务对象是企业的人力资源管理部门。调查除了报告各地区各行业的薪酬状况外，还探寻人力资源管理面临的共性问题，对人力资源管理者提供一般性建议。

这些调查也存在不足之处：

(1) 调查的透明度低。对公众公开的内容只是调查结果的一小部分，而且调查涉及过程、样本信息、调查问卷、调查技术等涉及调查信度和效度的部分一般均不公布，人们无法了解这些调查的可信程度。

(2) 统计方法仍然比较简单。除了平均数和比例之外，一般没有别的统计指标来支持调查结论。

(3) 调查指标定义不统一，调查结果的可比性不高。

(四) 协会、杂志等媒体发起的薪酬调查

他们往往是通过与第三方咨询公司合作，来达到烘托的效果。而且出于媒体发布信息的新闻性考虑，更多的信息是为了能够吸引大众眼球组合而成，缺乏专业公司对数据分析的工作。

还包括一些非专业网站进行的网上调查，其特点是：

(1) 调查方式大多采用在线调查方式。参与调查者以不记名的方式提交自身薪资情况，同时分享其他参与调查者提供的信息的处理结果。

(2) 调查的内容比较全面，个人需提交的资料包括：年龄、学历、工作经验、目前任职行业、在该行业总共任职时间、目前的税后年薪、外语水平、职业资格证书等详细内容。

(3) 调查的主要服务对象是求职者。

这类调查的主要缺陷是：

(1) 可靠程度低。不记名的调查方式使得参与调查者不必提供个人薪酬的真实情况，而且由于缺乏直接指导，参与者对于各个指标的理解不一致，容易导致报告的数据失真。

(2) 样本没有代表性。调查的主持者无法决定样本来源，使得随即参与调查的少数人员无法代表所在群体的平均状况。最典型的例子就是在中华英才网的调查参与者中，计算机从业人员的比例大大高于其他行业人员，男性参与者的比例是女性的2.5倍。

(3) 调查的商业信息仍然较重。大多有价值的结果都不对公众公开，需要购买。

(4) 统计方法简单。

(五) 其他机构组织的薪酬调查

如学术研究机构组织的薪酬调查，这一类调查不多，调查的范围也不大，一般与有官方背景的机构联合进行。比较典型的是广州劳动管理协会和中山大学社会发展研究所联合进行的广州市国有（集体）企业职工薪酬调查分析调查报告，调查涉及200多家各种类型的企业，1000多个工种。

再比如猎头公司、某些企业的人力资源部门也进行薪酬调查，服务于特定的客户群体。这种调查的范围一般比较小，而且公众不易得到调查结果。

二、分析咨询公司薪酬调查所获得数据的可靠性和含金量

较为成熟的市场调查有一个共同的特性，那就是对调查公司的资质背景审核非常严格，调查的准入门槛非常高。因为薪酬福利数据是每个企业的重要机密，也是核心竞争力的一部分，有时抑或是企业管理者的营运法宝。因此调查公司必须具备业内的认知度、品牌的优势、丰富的成功案例以及在此领域的口碑和人脉。

薪酬调查的成果是建立在庞大真实的数据库基础上，辅以科学有效的调查方法，专业严谨的数据处理机构方可出炉。目前许多公司发布的市场薪酬数据多是根据劳保部门的发文、招聘信息、应聘者简历或是企业员工访谈等渠道采集编制的。

众所周知，求职者通常会在接受类似访谈的时候抬高对某岗位的期望薪资水平，企业提供给招聘网站的薪资水平也是泛泛而论的，而政府公布的薪资信息只是用于比如指导社会保险三险一金的计算……，而上述途径有一个共同的弊端，即没有岗位评价，薪资无法与岗位的工作内容和价值挂钩。打个极端的比方说：微软的比尔·盖茨同国内某行业民营企业总经理同样是CEO，但是由于公司背景不同岗位价值不同，二者的薪资则绝不可同日而语。不言而喻，没有岗位等级作为基础来设计或调整薪酬体系无疑是“巧妇难为无米之炊”。

除了前面提到的岗位评价工具之外，还要针对每一个细分领域或行业分别定制标准岗位列表，薪酬调查的含金量亦在此体现。参与调查的企业除了可以全面系统地了解最新市场薪酬信息外，还可以获得针对公司所作的定制分析，这部分内容可以使企业一目了然地看到公司现在的薪酬水平在市场中的比较定位，细致

到每个岗位都有与市场水平的偏离度分析，这种服务也称之为薪酬福利审计服务。这些信息对任何一个公司人力资源管理的薪酬福利设计、调整优化都是有非常大的参考价值的。

薪酬福利作为人力资源管理至关重要的一部分已成为人力资源管理部门需要研究和发展的课题，相应的行业、公司的薪酬信息已经成为大学生择业时的有力参考。咨询公司的真实性和权威性是保证薪酬调查含金量的首要条件，面对形形色色的薪酬调查，要取其精华，去其糟粕。

三、正确看待薪酬调查数据结果

由于种种原因，调查数据不一定能反映实际的“竞争态势”。一些没有看到薪酬调查结果的公司管理人员过高估计薪酬调查数据的作用，期望买到相关的调查结果资料，但市场上的调查报告良莠不齐，再加上不会判断究竟哪种报告是适合自己公司的，往往会出现不适应公司自身甚至对公司决策起负面作用的情况。

武汉某公司花钱买了两家公司的薪酬数据，一家是以关键职位为基础的薪酬数据，另一份是以职级为基础的薪酬数据。但发现薪酬报告在公司内的实用性大打折扣。根据薪酬报告，自身企业的薪酬水平在全国市场平均水平之上，在武汉更是属于高收入者。但是后来，同行两家对手，以高于其员工工资近一半的待遇挖走了自己公司内的不少员工。

这种现象并不少见，购买并看到薪酬调查结果报告的企业会发现数据和现实的差异，薪酬数据有时候解释不了市场上的薪酬现象。

四、对改进我国公司薪酬调查现状的建议

我国薪酬调查的具体情况是，从事薪酬调查的机构虽然很多，搞过薪酬调查的机构包括政府部门、管理咨询机构、媒体、学术研究机构组织、猎头公司、某些公司的人力资源部等，调查的特点也各不相同。

其共同的不足是统计方法的单一和调查的透明度太低，我国薪酬调查领域缺少涵盖面广、可信程度高、透明公开、统计方法多样化的学术性调查。要求调查组织者学术实力强，有较充足的社会影响力，调查设计要经过科学论证，调查过程严格规范，数学统计处理更加科学并对统计结果给予解释探讨，调查手段要更科学，使调查能够与国外的相应调查接轨，这样的调查结果才有更大的参考价值，也是我国公司薪酬调查需要努力的方向。

案例：

《薪酬与福利周刊》在1994年某月份刊登了一篇文章，咨询专家弗雷德里克.W. 库克对当前的薪酬调查持有异议。他认为薪酬调查采用的方法是结构性的、解释性的，使用的是经过加工的、膨胀后的、高于市场真实薪酬水平的薪酬数据，下面列举一些他指出的某些原因：

(1) 使用者的偏见。倡导薪酬调查的公司在进行薪酬调查时经常带有这样一个暗含的目标，即用来表明组织是有竞争力的，或在某种程度上低于市场薪酬率，目的是证明其措施是积极正确的。

(2) 样本的偏见。公司总是乐于把自己与那些引人注目的、支付高薪的、绩效出色的公司相比。参与调查的那些企业从大量的其他企业获取数据资料，且有能力（使用计算机模型）构建一个它们希望与之比较的企业集合。这种特殊的结果导致了比一般薪酬调查更高的具有竞争力的薪酬线，因此，使用者感到自己的薪酬率总是不太具有竞争力。

(3) 调查的选择性。许多企业都参加包括同样人数的多种调查渠道，薪酬经理不愿意考虑那些没有显示其公司在所期望竞争位置的调查。

(4) 规模偏见。组织的相对规模可以有多种划分标准：收入、资产、净收入等。参与调查的组织总是选择与被调查企业相比自己感觉良好的企业作为规模变量。这对所有的企业而言，自己的薪酬低于市场薪酬率在技术上讲是有可能的。

(5) 薪酬形式的选择。薪酬方案总是包括多种薪酬形式，但是，薪酬调查总是强调其中几个。如果组织仅仅调查这几种显而易见的形式（如现金薪酬），这些结果不应该单独的解释或使用。

(6) 基准职位的偏见。与所调查的职位相比，企业总倾向于选择那些职位重、薪酬高的职位。

(7) 统计偏见。通过有利于企业的方式调整变量的假设，解释者可能采取高于市场的实践，以显示自己有些慷慨。

案例：北京某企业管理顾问公司的薪酬调查报告范例

全国时尚类平面媒体薪酬调查分析

平面媒体历来是一个竞争异常激烈的行业，从业人员也是“人才济济”。其薪酬福利自然被各家媒体视为争夺人才的法宝之一，不少媒体人才流动的原因也多多少少跟薪资待遇有必然联系。有关媒体人收入的“黑”“白”“灰”的说法也不少。正因为此，媒体人的收入在普通人眼中平添了一抹神秘的色彩。那么，这些媒体从业人员尤其是普通从业人员的收入状况究竟是怎样的呢？最近，太和顾问在全国时尚类平面媒体行业进行了一次薪酬福利调查，并就此发现了一些影响媒体人才流动的原因。

一般来说，编辑记者们的主要收入是底薪加稿费。底薪通常是不变的，但也是较低的；而可变的、占其收入大部分的则是稿费。目前业内计算稿费的方法有如下几种：给定一个任务量，完成任务的部分和超额完成的部分一并计算稿费；或者给定一个任务量，完成任务部分的不算稿费，超额完成的算在稿费之内；但是如果是采编分离的，那编辑就没有稿费，只有底薪加版面费，记者则是底薪加稿费，有的是根据完成的新闻条数算任务，有的是根据字数核算工作量等等不一而论。通常，按字计算的稿费在60~300元/千字不等，当然也有按等级来算稿费的。

在平面媒体中，杂志和报纸的薪酬状况略有不同。根据太和顾问此次对国内较有知名度和影响力的时尚类平面媒体的薪酬福利调查，可以得到如图5-2所示的数据。

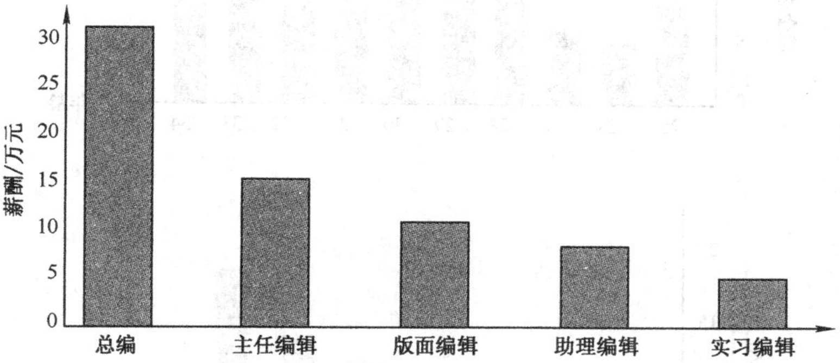

图5-2 编辑部薪酬阶梯

基本上，主编年薪最高可以达到30万元，至少在普通编辑的薪酬基础上翻五番。从事这个行业的人群中，大专以上学历的占员工总数的95%以上，从整体来看，人员结构比较年轻，平均年龄不到30岁，整个行业是年轻人的天下，这一点与同是年轻人主宰的高科技行业十分类似。

目前在媒体圈中收入较高的是跑IT、房产、汽车这些“口”的记者，在媒体圈里似乎有一个不是秘密的秘密——但凡发布会、厂商说明会等等大小会议，给跑会记者们少则200元多则500元的“车马费”。不少记者每个月跑会的收入就能跟底薪收入持平。在北京的主流媒体中，大多数记者、编辑的底薪收入在每月3000~5000元。有少部分较低的是2000元/月，而高的，例如副总编一级的则在10000元/月左右。通常的收入也跟职位的高低有着显著的联系。而普通的媒体，记者、编辑的收入通常在每月2000~4000元左右，相应的被厂家邀请的一些发布会也少一些。所谓的“灰色收入”也自然比主流媒体的记者、编辑要少得多。当然，更有一些不入流的行业媒体，记者、编辑收入比较低，底薪也就1000多元，所以，这类媒体有的记者会“要红包”或者想一些办法多挣一点钱，以弥补工资的低收入。

在平面媒体拥有经理或总监头衔的人当中，年龄似乎与其收入有非常密切的关系，从26岁到29岁，年平均现金总收入由7万元左右迅速上升到17万元左右，从29岁到34岁，收入处于高原区，主要分布在15万元到20万元之间，最高可超过30万元。而从35岁开始，这个上升趋势被打断了，收入和年龄的关系是另一个规律：从35岁到50岁，收入是随着年龄而逐步上升，从8万元左右稳步上升到20万元左右，具体如图5-3所示。

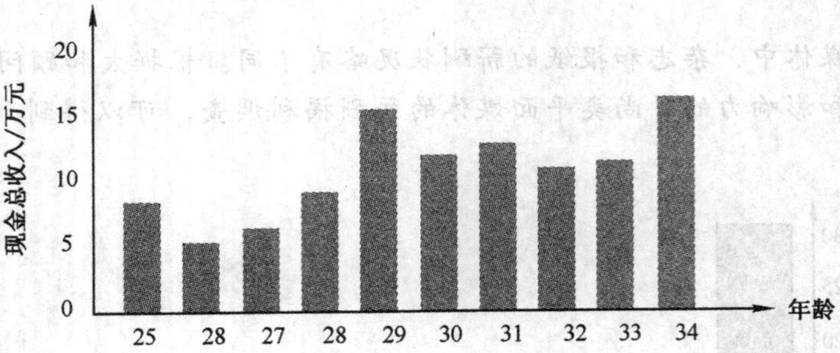

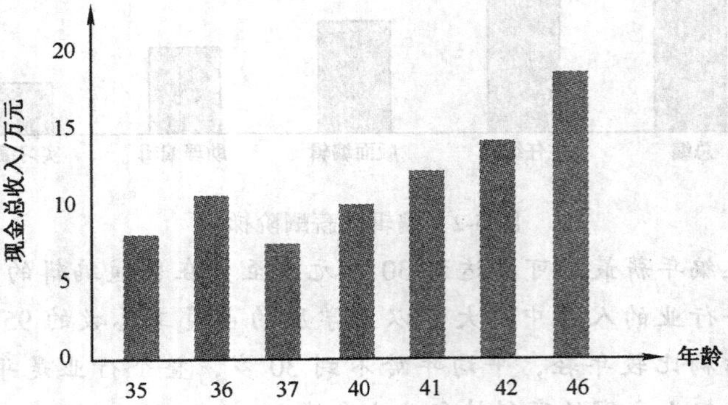

图5-3 年龄与薪酬水平的变化

这样的薪资分布实际上显示了平面媒体的行业特征：新人与老人同在，旧的管理模式与新的管理模式并存。在新兴的时尚媒体行业，新锐的年轻人已经在挑大梁，并且随着其经验的增加，收入也在迅速增加，而拥有资历的老前辈（35岁以上）则是虽然仍处于管理地位，但收入却因其知识结构的老化，应变能力的减退而无法很快上升，只有常年在该行业摸爬滚打，经验丰富的“老法师”才能在这个瞬息万变的行业中立于不败之地，获得不菲的收益。

而在主流的大众媒体中，新人和老人的薪资差异很大。特别是一些主流的老牌日报性质媒体，这一点更为突出。通常，这样的媒体在当地都有读者基础，有很久的历史渊源和政府支持，广告价位也居高不下。根据知情人透露，在这种媒体做了四五年的人，单位就可以给他配车，而且车的油钱、保养等费用全部由单位出。每个月各种收入能达到七八千元。

另外，平面媒体行业中，广告部门的总薪酬（总薪酬指员工从组织获得的所有收入，其中包括现金收入和福利收入）相对较高。编辑部门、广告部门和市场部门员工的总薪酬均高于市场平均水平，其比例分别为1.6%、55.4%和7.5%，如图 5-4 所示。总编、广告总监和市场总监作为这三个部门的领导，其薪酬水平之间也存在着一定的差异，他们的年度总薪酬分别为 16.1 万元、19.1 万元和 15.8 万元。

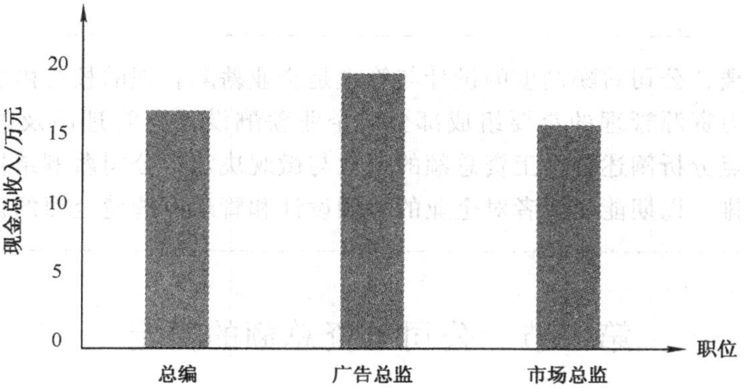

图 5-4 “三大巨头”的收入差别

日趋激烈的竞争必然会导致平面媒体业人才的不断流动，优胜劣汰在所难免。另外，国内外资本的不断进出，也使得传媒这个行业瞬息万变、神妙莫测。各媒体如何能在激烈的竞争中生存和发展下去，将成为管理者们必须面对的课题。了解核心人才在业内的薪酬福利水平，并将其作为制定合理的薪酬福利体系的客观依据，可起到吸引、保留和激励优秀人才的作用。

复习思考题

1. 薪酬调查的概念及其意义是什么？
2. 薪酬调查问卷设计应注意的事项包括哪些？怎样较好地发放、回收调查问卷？
3. 如何有效实施薪酬调查？薪酬调查的主要步骤是什么？

第六章　公司薪酬制度设计及管理（上）

本章概要：公司薪酬制度的设计与管理是企业薪酬管理的核心内容，同时它又是企业人力资源管理的重要组成部分。企业薪酬设计与管理涉及的方面比较多，本章重点分析阐述公司工资总额的宏观与微观决定，公司薪酬结构的理论分析与制度安排，以期能使读者对企业的薪酬设计和管理有清楚全面的认识。

第一节　公司工资总额的决定

公司工资总额的问题涉及宏观与微观两个不同的层面：从宏观层面看，企业的工资总额属于国民收入初次分配的范畴，关系到国民经济的持续健康发展；从微观层面看，企业的工资总额是企业管理者在薪酬管理过程中进行的一系列的成本方面的权衡和取舍，它是企业人力资源管理的重要工具。公司工资总额涉及到不同的两个层面、两个视角，在这两个层面中所要解决的问题和关注的对象是有差异的。所以，要比较清晰、全面地认识公司的工资总额问题就必须对这两个层面分别进行分析。

一、宏观层面的公司工资总额的决定

企业工资总额的宏观管理是指国家从国民经济发展的宏观角度对全国企业工资总额的形成、分配、调节和控制所实施的总体管理，包括确定全国企业工资总额增长的总体水平；对地区、产业、企业之间的工资关系，对工资与其他经济活动之间的数量关系进行合理配置和调整，以达到保证国民经济协调平稳发展的目的。

（一）宏观层面上工资总额管理的现实意义

首先，从数量关系上看，有调查表明：目前企业工资总额已占我国全部职工人工成本总额的70%左右。企业工资总额与成本、价格、利润、财政收入、企业发展后劲等多方面的经济因素有着直接、密切的联系。这就要求依据国民经济各个发展时期的实际情况，从宏观上确定和把握工资与其他重要经济因素之间的恰当比例关系。如果这些宏观比例不恰当、不协调，那么，一种可能是，企业工资增长过快，从而推动产品成本上升，利润下降，国家财政收入减少，企业发展缺乏后劲，进而这种比例失调将会带来通货膨胀、物价上涨，给国民经济造成严重的干扰，给人民的切身利益带来极大的损害。在西方经济学对通货膨胀的分析

中，专门提到了成本推动的通货膨胀，而成本推动的通过膨胀主要又是由工资的过分提高所造成的：由于工资的增长率超过了生产率的增长率，进而工资的提高导致成本的提高，从而导致一般价格水平的上涨。由此，工资总额的过快增长对国民经济的影响可窥见一斑。另一种可能是，工资增长过慢，人民生活水平得不到逐步提高，从而影响了职工的劳动积极性，经济发展也受到阻碍。在这方面，我国在计划经济体制下的收入分配机制的弊端表现得较为明显，人民生活质量徘徊在较低的水平，职工的工作积极性得不到发挥。因此，在宏观上需要对企业工资总额进行恰当的安排和对比例关系进行调整，使工资作为一种“投入”，取得尽可能大的经济效果的产出。这样，国家才能逐步增加积累，用于建设公共事业，企业也才能逐步扩大再生产，而这些都是包括企业职工在内的全体人民的长远利益所在。

其次，企业工资总额的宏观管理又是国家合理调整地区、产业间工资关系所必需的。由于我国尚处于社会主义初级阶段，社会主义初级阶段的一个突出特点就是社会经济发展的不平衡性。在社会经济发展的不同阶段上，各个地区、各类产业在国民经济中的地位不断地发生变化，为适应这些变化，国家利用工资总额这一杠杆促进全社会范围内劳动力资源的最佳配置。这就需要从宏观上对地区之间、产业之间的工资关系进行调节。如果没有适时的宏观调节或者调节得不合理，致使一部分地区或产业由于各种原因工资水平持续偏低或偏离，那就会造成一部分地区或产业劳动力严重不足，经济发展陷入萎缩状态；而另一部分地区或产业则劳动力盲目增长，经济畸型发展，从而使整个国民经济处于结构混乱、比例失调的状态。因此，对地区、产业工资关系的宏观调节，必须与国家整个经济发展战略和不同时期的产业政策相一致。

另外，从劳动力产品自身的特点看，如果国家不对存在的产业间、地域间的工资总额水平进行必要的调解，那么现阶段发展快、效益好的产业或区域将出现盲目性的扩张，这些领域的工资总额水平将处于全社会领先的水平。作为劳动力供求关系中最为敏感的价格信号——工资水平的改变，将使更多的劳动者投身于这些领域的工作。而在国家的宏观调控和区域、产业间协调发展的政策效应影响下，这些当初效益好、发展快的区域或产业内部将出现较为明显的结构性过剩问题，进而导致其内部的优胜劣汰的竞争格局。劳动力商品的特殊性决定了其不像资本等其他要素一样，在进出一个行业、一个地区的过程中，劳动力的流动始终伴随着一些社会问题。诸如，劳动力尤其是具备专业技能的劳动力在不同产业间进出所面临的二次进入障碍、再学习能力等种种因素所导致当前我国出现的结构性失业现象；又如，劳动力受工资水平等因素影响在区域间大规模流动，从而改变了局部区域内的劳动力供给关系，影响局部区域的经济发展。前段时间国内的民工流从珠江三角洲大规模向长江三角洲转移曾一度引发珠三角地区的劳动力奇缺，影响当地经济的发展。

再者，企业工资总额的宏观管理还是妥善处理国家、企业和职工三者利益关系的客观需要。在经济建设、社会发展的过程中，不仅职工个人有其各自的物质利益，而且企业作为相对独立的商品生产者和经营者，也有自己特殊的利益，国家则是全体人民共同利益和长远利益的代表者。企业工资总额宏观管理的重要任务之一，就是使这三者利益相互协调，共同增进。改革开放二十多年来，我国在企业工资宏观管理以及有关的方面进行了一系列重大的改革。随着利改税的实行，特别是承包经营责任制的推行，企业与国家之间的利益分配关系已基本明确；随着企业工资总额同经济效益挂钩办法的实行，越来越多的企业走上了靠自己挣钱来增加职工工资的路子，企业工资的形成和增长已越来越紧密地同本企业生产经营成果联系起来，企业创造的社会财富越多，在保证国家收入的前提下，企业所得也越多。在这个基础上，企业就可以对职工更好地贯彻按劳分配原则，把职工个人收入与其劳动贡献大小紧密联系起来。这样，就促使企业从自身发展的角度更加关心国民经济发展的状况，促使职工个人从自身物质利益的角度更加关心企业的生产经营状况，从而把三者利益联系在一起；同时也使得职工将实现自身的小康生活与企业的持续发展联系起来，将企业的兴衰成败与员工切身的生活质量联系起来，从而增强员工的主人翁意识和市场意识。

（二）国家对公司工资总额决定的管理

自2000年起，国家对企业的工资总额决定的管理主要有三种方式：计税工资；工效挂钩；在“两低于”原则下自定工资总额。从现实的情况看：在这三种方式中，实行工效挂钩决定工资总额的企业在减少，一般只限于垄断性企业、国家政策性补贴企业、具备一定规模、效益较好、工资水平较高的企业；实行计税工资决定工资总额的企业的是不能继续实行工效挂钩的企业、改制或新建企业；按照“两低于”原则制定工资总额的企业，主要是已完成公司制改造、股权多元化、法人治理完善的企业和外商投资企业。

1. 计税工资总额决定办法

计税工资办法，就是以企业当年实际平均人数为准，规定一个人均成本列支的工资，即计税工资。企业年度允许列支成本的工资总额为：计税成本工资总额 = 年度每人计税工资 × 企业年度平均人数。当实际支付的工资低于计税工资时，按实际支付的工资列支成本；当实际支付的工资高于计税工资时，则高出计税工资的部分，视同从利润中支付工资，并对高出的部分按照适用所得税率征收所得税。

从宏观上看，计税工资决定办法在国内大致经历了几个阶段。1987年，国家在第二步利改税决定工资办法的基础上，对未实行工效挂钩的国有企业开始试行成本列支的工资总额包干办法。进入20世纪90年代，一些地区又试行了成本列支平均工资核定办法、成本列支的增加值工资含量包干办法。但从2000年开始，多数地区取消了这些办法，进而实行统一的计税工资办法。当然，也有一些地区早在20世纪80年代初期就对城镇集体企业实行了与国有企业不同的人均成本计税工资包干办法。只不过是到了2000年，又将这种办法扩展到了不能实行工效挂钩的国有企业及各类改制和新建企业。

从国家对计税工资总额有关的税法条文和实际操作看：工资、薪金支出实行计税工资扣除办法的企业，按计税工资、薪金规定扣除。所谓计税工资、薪金，是指在计算应纳税所得额时允许扣除的工资、薪金费用。计税工资、薪金扣除标准按财政部、国家税务总局的规定执行，从2000年度起，财政部规定计税工资的人均月扣除最高限额为800元。计税工资的具体标准，由各省、自治区、直辖市人民政府在财政部规定的范围内确定，并报财政部备案。个别经济发达地区确需提高限额标准的，应在不高于20%的幅度内报财政部审定。财政部将根据国家统计局公布的物价指数，对计税工资、酬金限额作适当调整，各地可据此相应调整计税工资、薪金标准。

实行计税工资扣除办法的企业，其实际发放的工资、薪金在计税工资、薪金扣除标准以内的，可据实扣除；超过标准的部分，在计算应纳税所得额时不得扣除。

例如：某公司2002年企业平均人数600人，支付工资总额900万元，平均工资15000元，每人每年计税工资12000元。其中计税工资总额600×1.2万元＝720万元，支付工资总额高出计税工资总额（900－720）万元＝180万元，对超出计税工资的工资征收所得税为：180万元×33%＝59.4万元。

2. 工效挂钩工资总额决定办法

工效挂钩指企业工资与经济效益挂钩，这是国有企业工资分配的一项重大改革。它改变了国有企业的工资决定机制，克服了在计划经济体制下企业吃国家“大锅饭”、职工吃企业“大锅饭”的弊端，使企业职工的工资收入取决于企业的市场经济效益。实施工效挂钩，大大激发了企业职工的积极性，促进了企业经济效益的提高。

企业工资总额同经济效益挂钩是我国从计划经济向市场经济过渡转型过程中，在改革开放和扩大企业经营自主权的背景下自然产生的，是对传统分配体制的重大突破，它又是企业工资制度进入新轨道的开端，是自1985年以来处理国家与企业工资分配方面关系的较好形式。我国工资改革的实践表明，目前我国实行的工效挂钩在很大程度上提高了企业和职工的积极性，从宏观上分析，国有企业活力的增强，效率和效益的提高，同工效挂钩的作用、劳动者追求工资收入最大化的动力是分不开的。

（1）工效挂钩决定工资总额的必要性

1）我国原有的经济调节机制，是以指令性的计划调节为其特征的。在这个基础上，多年来实行了由国家直接对职工个人进行分配的“一竿子插到底”的分配办法。每年由国家核定企业的劳动工资计划，企业的工资总额由国家的指令性计划控制；无论企业的经济效益如何，一律不得突破核定的工资总额计划，也不允许留有结余、以丰补歉；企业执行国家统一制定的工资政策和工资津贴标准，企业无权自行调整工资，没有工资分配的自主权。实践证明，此种工资分配模式和管理体制，不适应社会经济发展的客观要求，同企业生产经营状况脱节；在企业中，职工的劳动成果与劳动报酬相脱节，形成了干多干少一个样、干好干坏一个样的“大锅饭”局面。其结果是，压抑了企业和职工发展生产、改善经营、提高经济效益的积极性，从而不利于社会经济的发展。

2）实行工效挂钩符合“按劳分配、效率优先、兼顾公平”的原则。在社会主义初级阶段，生产力发展很不平衡，还存在着以公有制为主的多种所有制经济，生产还没有高度社会化，个人劳动不是直接的社会劳动，而必须通过市场交换，通过价值规律的作用才能转化为社会劳动。个人劳动只有转化为社会劳动，成为实现的劳动，才能取得相应的劳动报酬，无效劳动不能领取报酬。因此，按劳分配是以劳动者实现了的社会劳动作为标准或依据的。同时，社会不可能直接对每一个劳动者分配个人消费品，企业是按劳分配的基本单位。作为分配尺度的劳动，再也不是职工的个别劳动，而是通过价值规律“过滤”过的为社会所承认的社会劳动。因此，必须把企业作为按劳分配的基本单位，并通过它再对职工个人进行按劳分配。作为商品生产者的企业，既是社会的基本生产单位，也是基本的分配单位。劳动者的报酬不仅取决于劳动者本人的劳动贡献，还取决于企业通过市场交换后实现的经济效益。因此，企业工资分配模式的核心内容，是职工工资必须同企业的经济效益紧密挂钩。

3）实行工资收入同企业经济效益挂钩是现阶段经济体制特点决定的。现阶段我国还缺乏决定和调节工资收入分配的市场基础，工资收入分配、经济利益的调整不能没有控制地在不成熟的市场中实现，以经济效益为原则决定并调节工资分配，是计划体制向市场经济转轨的过渡形式，可以起承前启后作用。首先，它有利于把政府的宏观调控意图同市场调节相结合，既可以让价值规律对工资分配发挥调节作用，政府又可以通过间接或直接的管理政策，从宏观经济发展大局出发，对工资收入分配做到有准则的控制。这样，既避免了在条件不具备情况下让市场自发调节国有企业工资分配，又不至于退回到计划体制的平均主义工资分配老路上去。其次，它还可以给国有企业注入动力和活力。在国有企业经营机制改革还不到位，企业尚无追求利润最大化动力的条件下，由企业经济效益好差决定职工工资收入，给企业职工注入追求工资收入最大化的动力，增强企业经营的活力。

(2) 工效挂钩决定企业工资总额的基本模式及类型。工效挂钩的基本模式是：①确定工资总额基数和经济效益基数。②确定工资总额随经济效益挂钩浮动的比例。③根据报告期经济效益指标的完成情况，按确定的比例增加或减少工资总额。

其公式是：

当年工资总额 = 当年挂钩的工资基数 + 当年的工资增长基金

式中，当年工资增长基金 = 工资基数 × ［(当年效益数 − 效益基数) /效益基数］ × 挂钩浮动比例

从挂钩的经济效益指标来划分，工效挂钩有三种类型：①工资总额同价值量指标挂钩。例如，与上缴税利、实现税利、销售收入、销售产值、外贸收汇额、创汇额、净产值、劳动生产率等挂钩。②工资总额同实物量、工作量指标挂钩。例如，与煤炭、水泥、矿石、黄金等实物产量或销售量挂钩，与周转量、吞吐量(搬运)、吨公里（交通运输）等挂钩。③工资总额与复合指标挂钩。例如，与劳动生产率、工资利税率、资本金利润率等指标挂钩。

从挂钩浮动比例采用的方式来划分，也有三种类型：①含量法：例如，百元产值工资含量、百元销售收入工资含量等。②单价法：例如，吨煤工资单价包干、每两黄金工资单价。③系数比例法：即按经济效益指标的增长幅度来决定工资总额应增加的比例，我国现行办法规定为 1:0.3 至 1:0.7。

(3) 工资总额基数与经济效益指标基数的确定

1) 工资总额基数的确定。工资总额基数是指经劳动部门、财政部门共同审核确定的工效挂钩企业用以计算年度工资总额提取量的基额。凡是属于工资性收入的项目，均列入工资总额基数。

工资总额基数原则上以上年企业劳动工资统计年报中的工资总额为基础，核减一次性补发上年工资、成建制划出员工的掉尾工资以及各种不合理的工资性支出；核增上年增人、成建制划入员工的翘尾工资及国家规定的增资因素后确定。实行增人不增工资总额，减人不减工资总额的办法。

2) 经济效益指标基数的确定。经济效益指标是由企业选择并经财经、劳动行政部门审核确定的企业工效挂钩的经济指标。经济效益指标基数是指用以计算上述指标增长幅度的基额。

实行工效挂钩，应以能够综合反映企业经济效益和社会效益的指标作为挂钩指标，一般以实现利税、实现利润、上缴税利为主要挂钩指标，也可将实物（工作）量、业务量、销售收入、创汇额、收汇额以及劳动生产率、工资利税率、资本金利税等综合经济效益指标作为复合挂钩指标。经财政部门认定的亏损企业可实行工资总额与减亏额指标挂钩，或采用新增工资按减亏的一定比例提取的办法。工资总额与税利总额严重倒挂的企业，可采用税利新增长部分按核定定额提取效益工资的办法。

以上经济效益指标主要是用来在“工效挂钩”时计算工资增长幅度的。此外，还应建立能够全面反映企业综合经济效益和社会效益的考核指标体系，用来作为“否定”指标或“扣减”指标。考核指标一般包括企业承包合同完成情况、国有资产保值增值状况以及质量、消耗、安全等。国有资产保值增值等指标，达不到考核要求的不能提取新增效益工资。其他考核指标达不到要求的，要扣减一定比例的新增效益工资。

国有资产保值增值率作为考核指标的公式是：

国有资产保值增值率 =（期末所有者权益/期初所有者权益）×100%

国有资产保值增值率大于100%的为增值，等于100%的为保值，小于100%的为未保值。未达到国有资产保值增值的企业，不能提取新增效益工资。

经济效益指标基数，一般以企业上年实际完成数为基础，剔除不可比因素或不合理成份，并参照本地区同行业平均水平进行核定。企业之间成建制划入划出员工，按上年决策数调整经济效益指标基数；国家实施的重大经济政策改革对企业经济效益影响较大时，由财政、劳动部门批准，可适当调整企业经济效益指标基数。

(4) 工效挂钩的主要形式。鉴于工效挂钩在实际工作中具有很强的操作性，在这部分内容中，我们将通过具体事例的分析来介绍工效挂钩的几种形式。

1) 企业工资总额同上缴税利挂钩。这一办法简单地说，就是在核定企业挂钩工资总额和上缴税利总额的基础上，上缴税利每增长1%，工资总额可增长0.3%至0.7%。采用这种形式能有效地保证国家财政收入的稳定增长，并使企业工资总额的增长速度低于上缴税利的增长速度。

例如，某企业经核定1995年上缴利税基数为100万元，企业工资基数为20万元，工资浮动比例为1:0.7。1996年该企业上缴利税150万元，较上一年度增加50万元，则：

当年上缴税利净增额 = 100×［50/（100 + 20×0.7×0.33）］万元 = 47.8万元

(式中“0.33”为企业所得税率)

当年上缴税利净增长率 = 47.8/100×100% = 47.8%

当年新增工资总额 = 20万元×0.7×47.8% = 6.69万元

当年工资增长率 = 6.69/20×100% = 33.5%

2) 工资总额与实现税利挂钩。这种办法在核定实现税利基数时，与核定上缴税利基数有两点区别：①实现税利是把全部实现的利润与税金之和作为挂钩基数，与上缴税利相比，基数中多了企业留利和专项还贷部分。②实行总挂总提办法，奖励基金全部进入成本，应相应地调整实现税利基数。

例如：某制造企业从1995年开始实行工资总额与实现税利挂钩。其1994年各种销售税金实际完成60万元，实现利润180万元（包括上缴国家的所得税和

企业留利),其中应从利润中提取奖励基金 30 万元,全部进入成本。则:

该企业 1995 年实现税利基数 = (60 + 180 − 30) 万元 = 210 万元。

假如,这个制造企业在 1995 年实现当年税利净增额为 36 万元,则调整后

该企业 1995 年实现税利基数 = (210 + 36) 万元 = 246 万元

又如,某企业从 1996 年开始实行工资总额同实现税利挂钩。经核定该企业当年的实现税利基数为 360 万元,企业工资基数为 100 万元,挂钩浮动比例为 1:0.7。该企业在 1996 年实现毛税利 400 万元,税利毛增加额为 40 万元(400 − 360)。则:

该企业当年实现税利净增加额 = 360 万元 × [40/(360 + 100 × 0.7)] ≈ 33.49 万元

该企业当年实现税利净增长率 = 33.49/360 × 100% ≈ 9.30%

该企业当年新增工资额 = 40 万元 × 0.7 × 9.30% ≈ 2.60 万元

3) 工资总额同净产值挂钩。工资同净产值挂钩,就是把工业企业的工资总额同工业企业一定时期内实现的净产值挂起钩来。

工业企业净产值是一定时期内活劳动新创造的价值。它不仅可以反映工业企业新创造的价值量,还可以综合反映出企业增产节约的效果。由于净产值的多少同产量成正比,与物耗成反比,能够从投入和产出两方面反映企业的经济效益;也由于工业净产值就是国民经济中工业企业创造的国民收入,因而,工资同净产值挂钩,有利于促使企业工资增长同国民收入增长保持协调平衡,有利于处理好国家、企业和职工的三者利益关系。

净产值基数的核定原则是:以上年实际发生数为基础,合理调整。如果上年发生数低于前三年平均数,则应参照前三年平均数酌情核定。净产值一般按现行价格计算,挂钩浮动比例应控制在 1:0.7 以内。

例如:某企业从 1994 年起实行工资总额同净产值挂钩浮动办法,核定挂钩的净产值基数为 200 万元,企业工资总额基数为 80 万元,浮动比例为 1:0.7。若该企业当年净产值增加额为 50 万元,则当年计提新增工资 = 50 × (80/200) × 0.7 = 14 万元

4) 百元产值工资含量包干。百元产值工资含量包干是对建筑施工企业确定工资总额的办法。所谓百元产值工资含量包干,就是以预算定额为依据,按照预算收入的工资总额占建筑安装产值的百分比实行包干,并与工程质量、竣工面积、实现利润等主要经济技术指标挂钩,实行工资总额浮动。

实行这一办法,关键是正确确定工资含量的范围、计提工资含量的产值、工资含量包干系数和考核指标。

第一,工资含量的范围。按国家统计局关于工资总额的规定执行,即包括标准工资、附加工资、保留工资、计件超额工资、生产性奖金和工资性津贴等。但

不包括提前竣工奖，以及不列入工资总额范围的发明创造奖、合理化建议和技术改进奖、交通补贴、计划生育补贴等项。

第二，计提工资含量的产值。应当以工程的预算定额作为主要依据。当年计提工资含量的产值以当年实际完成的产值为依据，但计提含量工资的产值原则上按不变价格计算。建筑施工企业采购的建筑材料实际价格高于预算价格的价差部分在计提含量工资时，要从产值中剔除。

第三，工资含量包干系数的核定。要以预算定额和取费标准中的工资含量作为主要依据，制定不同类型的建筑安装工程（单位工程或单项工程）的产值工资含量定额，以此为基础核定企业工资含量包干系数。但在未制定好定额之前，在确定工资含量的综合包干系数时，以当年实际产值工资含量为基础，适当考虑三年以来调整工资、增加施工津贴和生活费价格补贴等增减因素，合理核定。可列如下公式：

综合包干系数（%）=（当年实际工资总额 + 应增加数 - 应减少数）/当年实际产值 × 100%

第四，当年计提工资总额的计算。对于建筑企业百元产值工资含量法来讲，有一个渐变直观的计算公式：

当年应提工资总额 = 核定的工资含量系数 × 当年实现的总产值

(5) 工效挂钩办法在实践中的探索。企业工资总额同经济效益挂钩的办法在实践中已经走过了十几年的历程，实践证明工效挂钩办法对于企业经营机制的转换，调动经营者和全体员工的积极性，落实企业内部分配自主权等问题的解决发挥了积极的作用，但也暴露出一些问题。针对这些存在的问题，理论界和实践部门进行了广泛的研讨和尝试。

1) 工资总额与企业利润和新增资产折旧挂钩的方法。在我国目前产权制度下，企业以贷款所形成的资产也是国有资产，以企业利润偿还贷款等于为国家购置资产，并非企业所得。所以，国家得到了企业利润的大部分。以企业利润作为企业经济效益的考核指标，能够体现代表全民的国家利益。

折旧是对企业资产耗损的补偿，是投资转入产品的价值，又是体现企业经济寿命的指标。提取折旧是为了补偿投资，理所当然应成为偿还贷款的资金来源之一，也是企业的经济效益指标。工资总额与企业利润挂钩，把员工切身利益与企业生产经营成果联结在一起，使每个员工都关心社会劳动的节约和资源的有效利用。工资总额与折旧挂钩，将极大调动企业的投资积极性，关心国有资产的增值。下面是某个企业的“工资总额与企业利润和新增资产折旧挂钩”的情况。

例如：1997 年，某企业实现利润 3000 万元，工资总额为 600 万元，则该企业今后一段时间工资与企业利润挂钩的“利润工资系数”为：企业利润工资系数 = 600/3000 × 100% = 20%，则企业按实现的企业利润的 20% 提取利润工资。

同时规定，企业利用贷款和企业利润形成的企业资产增量，以10%折旧率计算折旧额，企业可提取资产增量折旧额的50%作为折旧工资。

这样，1998年该企业实现利润2500万元，新增固定资产2000万元，则：

该企业的利润总额 = 2500万元 × 20% = 500万元

该企业折旧工资 = 2000万元 × 10% × 50% = 100万元

该企业的工资总额 = （500 + 100）万元 = 600万元

2）工资总额与“差率”复合指标挂钩的方法。所谓“差率”就是根据同行业平均固定资金利润率和企业实际水平确定企业的固定资金利润率的超差率。这种以工资总额同固定资金利润率差额挂钩为主，辅之以考核固定资产增值、劳动生产率和设备完好率的办法，简称为工资总额同“差率”复合指标挂钩。

这种操作方法首先需要核定两个基数和一个浮动比例。

①　工资总额基数的确定。工资总额基数按上年统计年报实发数核减不合理部分，核增合理部分进行确定。例如：某企业1998年工资总额基数核定为160万元，1999年核定为180万元；1997年效益基数是根据1996年当地数省十户同行业企业的平均固定资金利润率，并结合近几年每年增长的比率来确定“差率”，每年的行业水平加上“差率”就是效益的活基数。

②　效益基数的确定。比如：某地区1996年固定资金利润率为4.5%，近几年来经测算行业平均固定资金利润率每年增长幅度在1%左右，确定该企业的增长幅度为1.5%，即每年高于行业平均固定资金利润率半个百分点。1997年当地行业固定资金利润率为5.5%，加上0.5%得到的6.0%就是该企业效益基数。

③　浮动比例的确定。浮动比例就是挂钩的固定资金利润率的基数每增减1%工资总额相应增减的比例系数，如：该企业1997年浮动比例确定为1:0.15。其次是确定复合指标考核标准，1997年固定资产增值不低于100万元，每少1%扣罚工资总额0.03%；全员劳动生产率10000元/人，每下降1%扣罚工资总额0.04%；设备完好率为85%，每下降1%扣罚工资总额0.05%。

以上述该企业为例，1999年该企业完成固定资金利润率15%，同行业的平均固定资金利润率为5.5%，“差率”为0.5%，则：

该企业当年固定资金利润率超差率 = 15% −（5.5% + 0.5%）= 9%

该企业当年固定资金利润率增长率 = 9%/（5.5% + 0.5%）× 100% = 150%

该企业当年新增效益工资总额 = 180万元 × 0.15 × 150% = 40.5万元。

3）用复合指标体系与工资总额挂钩的尝试。用复合指标体系与工资总额挂钩是根据多目标规划的原理，对每一项考核指标确定一个满意值和不允许值，也就是同行业的最高水平和最低水平。然后以满意值为上限，以不允许值为下限，计算各指标实现满意值的程度，并转化为相应的评价分数，再对各指标的单项评价分数进行加权几何平均得出综合评价分数，以评定工效挂钩企业的综合经济效益状况。

下面有一个例子，某行业甲、乙、丙三个企业将自身的复合数据指标与行业最高、最低水平的对照情况，如表 6-1 所示。

表 6-1 指标对照情况表

指标	计量单位	甲企业	乙企业	丙企业	最高水平	最低水平
资金利润率	%	15.16	19.24	11.17	20.96	10.72
工资利润率	%	360	450	400	500	310
人均实现利润	元/人	32500	42000	54000	70000	30000
劳动生产率	元/人	16600	18000	15800	18500	15500

如果，当企业某项指标的实际值等于行业的最高值时，则该项评价分数为 100 分；当实际值等于行业的最低值时，则该项评价分数为 60 分。通过一系列加权平均计算后，得到甲、乙、丙三个企业的各项功效系数，再通过不同的权重比例加总，最后得到它们的总工效系数，如表 6-2 所示。

表 6-2 总工效系数表

指标	功效系数			权重	总工效系数		
	甲企业	乙企业	丙企业		甲企业	乙企业	丙企业
资金利润率（%）	73	93	66	0.3	22	28	20
工资利润率（%）	68	87	82	0.3	21	26	25
劳动生产率（%）	67	81	65	0.2	13	16	13
人均实现利润/（元/人）	62	70	80	0.2	12	14	16
合 计				1	68	84	74

由于取同行业最低水平为及格线即 60 分，所以表中总功效系数表明：乙企业经济效益状况较好为 84 分，居地区同行业的中上游水平，在三个企业中居第一；丙企业次之 74 分，略低于地区同行业平均水平；甲企业最差 68 分，已接近于同行业最低水平。

有关部门可以根据总功效系数来确定企业的工资总额基数的提取和新增效益工资。如：功效系数在 90 分以上的，人均工资额 12000 元；功效系数 80 ~ 90 分之间的，人均工资额 9000 元等。以人均工资乘以挂钩人数来确定企业的工资总额基数。也可根据功效系数变动的百分比，核定企业的工效挂钩浮动系数。

3. 按照“两低于”原则决定工资总额的办法

“两低于”或称“两个不超过”原则，是指企业的工资总额增长幅度低于（不超过）本企业经济效益（依据实现利润或税利计算）增长幅度，员工实际平均工资增长幅度低于（不超过）本企业劳动生产率（以净产值计算）增长幅度。

"两个低于"自定工资总额的办法，就是指企业在必须坚持"两个低于"的前提下自主确定工资总额，员工全部工资性收入进入成本，并对符合条件的员工依法征收个人所得税。

"两低于"原则应以哪个为准？这应以工资总额的增长能够控制在比较真实的经济效益的基础上为出发点和落脚点，因此应按两个效益指标中增长较低的一个确定工资总额。这样就可能有两种情况：其一，如果实现税利增长超过劳动生产率增长，这说明企业的销售产值增长主要是产品价格上涨带来的，工资总额的增长应按低于劳动生产率增长的原则确定；其二，如果劳动生产率增长超过实现税利的增长，这说明有可能是产品销售情况不佳，也可能是减人但生产规模未有扩大，这时，工资总额增长按低于实现税利增长的原则确定。

第一种情况：实现税利增长低于劳动生产率增长。比如：某企业经核定的1996年净产值基数为800万元，实现税利基数为400万元，工资总额基数为100万元，员工平均人数为500人，自定浮动比例为1:0.8。1997年该企业实现净产值为1000万元，实现税利500万元，员工人数480人。则：

该企业劳动生产率基数＝800万元/500人＝16000元/人

该企业平均货币工资基数＝100万元/500人＝2000元/人

该企业1997年税利净增加额＝400×［（500－400）/（400＋100×0.8）］＝83.33万元

该企业实现利税净增长率＝83.33/400×100%＝20.83%

该企业1997年劳动生产率＝1000万元/480人＝20833元/人

该企业1997年劳动生产率增长率＝（20833－16000）/16000×100%＝30.2%

此时，该企业实现利税净增长率为20.83%，劳动生产率增长率为30.2%，所以该企业工资总额应按低于实现利税增长的原则确定，具体计算公式是：

新增工资额＝100万元×0.8×20.83%＝16.664万元

当年工资总额＝（100＋16.664）万元＝116.664万元

当年工资总额增长率＝16.664/100×100%＝16.664%

第二种情况：劳动生产率增长低于实现税利增长。还是引用上述例子，该企业1996年的经济效益基数、工资总额和员工人数均同上例，自定浮动比例为1:0.8。1997年该企业是实现净产值1200万元，实现税利550万元，职工人数为600人。则：

该企业1997年实现税利净增加额＝400万元×［（550－400）/（400＋100×0.8）］＝125万元

该企业实现税利净增长率＝125/400×100%＝31.25%

该企业劳动生产率的增长率＝（1200万/600人）/16000－100%＝25%

此时，该企业实现利税净增长率为31.25%，劳动生产率增长率为25%，所以工资总额应按低于劳动生产率增长幅度的原则确定，其具体计算是：

该企业生产率增长率 = 125 万元/600 人 × 0.8 × 25% = 416.67 元

该企业当年平均工资 = 125 万元/600 人 + 416.67 元 = 2500 元

该企业 1997 年应提工资总额 = 2500 元 × 600 = 1500000 元

该企业当年工资总额增长率 = 416.67/2083.33 × 100% = 20%

二、微观层面的工资总额决定

微观层面的工资总额决定在企业中常以薪酬预算的形式出现，它是管理者对企业薪酬方面的成本开支所进行的权衡。在实际操作中，薪酬预算作为企业薪酬管理的组成部分，成为加强企业人力资源管理的手段。

（一）制定工资总额的目标

1. 降低人工成本

和所有的交换一样，发生在企业和员工之间就劳动力和薪酬所进行的交换同样遵循经济学中最基本的规律：双方都想在提供最小投入的情况下从对方处获得最大的产出。具体到企业方面，当它从员工方面得到的收益逐渐增多的时候，它在购买劳动力时需要支付的成本也在逐渐上升。因此，在企业劳动力成本的变动过程中，一定会出现这样一点，在该点处能够满足这样一个条件，即企业的边际劳动力成本等于它所获得的边际劳动力收益，即达到所谓的均衡状态。而薪酬预算最为重要的目标就在于找到这一均衡点，以实现劳动力成本和企业收益之间的平衡，保证企业所有者的收益最大化目标能够得以实现。

2. 影响员工行为

具体说来，薪酬预算能够对员工行为施加的影响主要包括两个方面，即员工的流动率和他们的绩效表现。首先，员工的流动率受到雇佣关系中诸多因素的影响，而薪酬水平是其中非常重要的影响因素。就企业来讲，期望与大多数员工建立起长期和稳定的雇佣关系，以充分利用组织的人力资源储备，并节约在招募、筛选、培训和解雇方面所支出的费用。而员工则通常会要求得到至少等于、最好超过其自身贡献的回报，否则就有可能终止其与企业的雇佣关系。有鉴于此，企业在进行薪酬预算的时候，必须考虑如何才能既有效地控制劳动力成本，同时还能保持一个较为合理的员工流动率。

3. 提高绩效水平

为了促使员工表现出优良的绩效，一种简单的方法就是把绩效要求直接与特定职位结合在一起，员工在与企业建立起雇佣关系的同时就已经明确了其需要达到的绩效标准。从工资总额的角度来说，如果企业在绩效薪酬或者浮动薪酬方面增加预算，而在基本薪酬的增长方面则注意控制预算的增长幅度，然后再根据员工的绩效表现提供奖励，那么，员工们必将会重视自身职责的履行以及有效业绩的达成，而不是追求职位的晋升或者是加薪方面的盲目攀比。

（二）工资总额的决策

企业中的薪酬预算可以很清晰地反映出组织的人力资源战略，同时也是整个人力资源方案的重要组成部分，直接关系到企业的经营状况和员工的心理感受。从这个意义上说，企业管理者必须对企业工资总额的问题加以重视。

1. 调薪时间的选择

什么时候对薪酬水平进行调整？即企业在一年中的什么时候为员工调薪的问题。调薪的时间不一样，同样的加薪方案给企业带来的经济压力也是不同的。

2. 调薪范围的把握

对谁的薪酬水平进行调整？此处涉及到的是薪酬方案的参与率问题。在企业加薪总额一定的情况下，员工的参与比例越高，那么每个人可以得到的加薪额度便越小。

3. 对员工变动情况的掌握

企业的员工人数是增加还是减少？这种变动是在什么时候出现的？企业员工人数的多少对组织的整体薪酬支出水平影响极大，当员工人数增加或是流动比较频繁时，企业的平均薪酬水平可能会随之降低。但是，和加薪的时间问题一样，在不同的时候对员工人数进行调整，对组织所产生的影响也是不同的。

另外，员工的流动状况也值得关注。对各个部门的预期流动率进行估计往往是很困难的，但根据市场情况和历年经验对企业整体的流动情况进行评估则多半会简单一些。按照估计出来的流动水平，结合流动效应进行考虑，可以在很大程度上增加企业薪酬预算的准确性和时效性。

4. 对企业内部职位变化的摸底

能够对企业里的工作职位的状况产生影响的因素有很多。以技术水平为例，对于特定职位而言，当它的技术含量提高时，员工们所得的薪酬应该也会相应提高。因此，在制定薪酬预算的时候，综合考虑企业内部职位发生的整体变化以及各种职位上的人的增减状况是十分必要的。

（三）工资总额决定的方法

企业在工资总额决定方面采用的方法众多，但常规的预算方法无外乎即宏观接近法和微观接近法两种。

1. 宏观接近法

所谓宏现接近法是指首先对公司的总体业绩指标做出预测，然后确定企业所能接受的新的薪酬总额，最后再按照一定的比例把它分配给各个部门的管理者，由管理者负责进一步分配给每个员工。

企业经营过程中采用宏观接近法进行预算控制，一般有以下三种基本操作方法：

(1) 根据劳动分配率推算合适的工资费用比率。这里所说的劳动分配率，是指在企业所获得的附加价值中，有多少被作为薪酬开支的费用。其计算公式是：

劳动分配率 = 工资费用总额/附加价值

在这里，附加价值是指企业本身创造的价值，在性质上犹如家庭的可支配收入。它是生产价值中扣除从外面购买材料或动力的费用之后，附加在企业上的价值，它是企业进行劳动力和资本分配的基础。

在通常情况下，在企业附加价值中，大企业的劳动分配部分约占40%左右，而小企业则为55%左右。

举例来说，某公司目标销售额为6000万元，其附加价值比率（附加价值/销售额）为40%，目标劳动分配率为50%，则：

企业可用的薪酬费用总额 = 6000万元 × 40% × 50% = 1200万元

若企业使薪酬费用总额上涨到1500万元，则

其必须实现的销售额 = 1500万元/40%/50% = 7500万元

(2) 根据盈亏平衡点推断出适当的工资费用比率。所谓盈亏平衡点，是指在该点处企业销售产品和服务所获得的收益恰好能够弥补其总成本（含固定成本和可变成本）而没有额外的盈利（这里所说的没有盈利，是指没有经济利润，并不是指没有会计利润，它已经包含了机会成本的概念在里面）。也就是说，企业处于不盈不亏但尚可维持的状态。

举例而言，某公司的固定成本为3000万元（含薪酬成本1000万元），变动成本比率为70%，则在实现盈亏平衡经营时：

盈亏平衡点 = 3000万元/（1 − 70%） = 10000万元

最高的薪酬成本比率 = 1000/10000 × 100% = 10%

(3) 根据工资费用比率推算合理的工资薪酬总额。在企业采取的各种薪酬预算方法中，这是最简单、最基本的分析方法之一。在企业的经营业绩稳定且适度的情况下，管理者可根据本企业过去的经营业绩推导出适合本企业的安全的薪酬费用比率，并以此为依据对未来的薪酬费用总额进行预算。

薪酬费用比率的计算公式可以表示如下：

薪酬费用比率 = 薪酬费用总额/销售额 = （薪酬费用总额/员工人数）/（销售总额/员工人数）

举例而言，假设某企业根据过去数年的经营业绩，得出本企业的合理薪酬费用比率为15%；公司现有员工200人，每人平均月薪5000元，则：

年薪酬费用总额 = 5000元/人·月 × 12月 × 200人 = 1200万元

年销售额 = 1200万元/15% = 8000万元

2. 微观接近法

在企业的经营过程中，这一做法比宏观接近法更为常见。整个过程大致包括以下这些步骤：

（1）对管理者进行培训。各级管理者是决定企业的工资薪酬预算能否顺利进行的最重要的力量。因此，在实施具体的预算之前，有必要首先对他们进行培训。通过培训，应该使他们具备根据绩效表现向员工支付薪酬的意识，并掌握加薪和预算等方面的常规性薪酬技术。

（2）为管理者提供服务。在实际的薪酬管理工作中，向管理者提供一定的工具是十分必要的，这些工具应该包括预算说明书和工作表格。前者是对薪酬预算需要应用到的技术以及这些技术的具体使用方法做出的简要说明；而工作表格则主要是提供特定员工在薪酬方面的一般性信息。另外，为了促进企业内部薪酬预算的顺利进行，持续性地向管理者提供咨询建议和薪酬信息，对他们进行技术和政策上的支持也是非常重要的。

（3）审核预算并批准执行。在管理者就各个部门里的薪酬预算形成初步意见之后，就需要对这些意见进行进一步的审核和批准。首先，要对这些预算意见进行初步的审核，使它们与组织已经制定出来的薪酬政策和薪酬等级相符合；其次，把组织内部各个部门的薪酬预算意见汇总在一起，进行总体上的调节和控制，确保内部公平性和外部一致性的实现，保证各个部门之间的平衡；最后，管理层进行集体决议，确定出最终的预算意见，并确保得到决策层的批准。

（4）监督运行并进行反馈。制定出预算方案以及得到决策层的认可并不意味着工资薪酬预算控制的完结，在预算方案下达至各个具体部门并加以执行的整个过程中，管理者必须对该方案的执行状况进行监控。一方面要保持与员工的畅通交流，了解他们的看法和态度，并对他们的反应做出积极、快速的反馈；另一方面也要从企业全局的角度出发，做好根据实际情况对方案进行调整的准备。

第二节　公司薪资比例的决定

公司薪资比例的决定是涉及微观范畴的企业薪酬管理中的问题，公司薪资比例是指在薪酬总额既定的条件下，企业中各种形式的薪酬和福利性支出在货币数量上的比例关系。公司薪酬比例的决定是解决在企业薪酬预算范围内，如何确定用于工资、奖金、福利和股票方面的支出金额，通俗地说就是“面对薪酬预算这个蛋糕，如何切分工资、奖金、福利和股金的大小”。

在现实生活中，我们经常能见到一些企业采用“高工资、低奖金”的薪酬模式、而另一些企业实行“低工资、高奖金”的分配制度；某些企业的福利水平比较高，有些企业还将股票作为一种分配形式……为什么企业间的薪资比例会有这样的差异？为什么员工间的薪资构成会有那样的不同？笔者结合自身多年来的薪酬教研经验，对这一问题从以下几个角度进行分析，以期能使读者对于企业薪资比例决定的问题能有较为清晰地认识和全面地了解。

一、公司薪资构成的基本情况

一般来讲，公司薪资的构成包括工资、奖金、福利和股金四种形式，这四种薪资形式进行分配的依据和其实现的管理目的各不相同。概括而言：工资是基于企业内部的职位价值和任职资格，关注于组织成长的分配方式；奖金是立足于员工在当前职位上的直接成就，依据公司当前效益的状况而采用的分配方式；福利则是企业根据国家政策及社会生活水平情况，着眼于留住员工、吸引员工，而对员工工作、生活方面的补贴性开支；股金是按照员工对公司可持续发展的贡献大小持有公司股票，通过领取股金的形式获得收益，它使得股票持有者愈发关心公司的绩效与持续发展。

工资、奖金、福利和股金这四种基本的薪资形式，各自都有着其独特的出发点和归宿点。从员工获得当期收入与远期收益的角度看，工资和奖金应属于当期收入范畴，而福利和股金当属于长期收益的范畴。从获得收入的时效性上看，工资和奖金的时效性最强，是员工看得见、摸得着的“现金流”；而福利和股金的收益则更多地表现在远期的范畴，他们所带来的收益需要员工在企业中长时间工作或企业持久地发展才能表现出来。从员工获得稳定收入与波动收入的角度看，工资和福利应属于稳定收入范畴，而奖金和股金则属于波动收入的范畴。工资和福利的稳定性好，但一般来讲“能上不易下”，这种稳定的收入预期构筑起员工的安全感；而奖金和股金则是随企业绩效和个人绩效波动的收入，从员工的角度看，这种收入是“员工本人很难控制和把握的收入”。

从获得收入的时间和收入预期的稳定性两个维度，我们可将这四种薪资形式放入表 6-3 之中。

表 6-3 四种薪资形式

收入预期 \ 收入获得时间	近期	远期
稳定	工资	福利
波动	奖金	股金

从表 6-3 中我们看到：工资的时效性强，稳定性好；奖金的时效性强，波动性大；福利的时效性不强，稳定性好；股金的波动性大而且时效性不强。

二、公司薪资比例的决定

前面介绍了薪资构成的四种基本形式，并从员工心理的角度分析了这四种薪资形式在时效性和稳定性方面的特点，使我们对这些薪资形式有了进一步的理解。接下来，我们将对企业薪资比例决定的问题展开分析，对“切分薪酬蛋糕”的实质和原则进行探析。

（一）公司薪资比例决定的实质

公司薪资比例的决定涉及到一些隐含问题，即：企业为什么要进行薪资比例的分配？或者说企业为什么要“切薪酬蛋糕”？在国家政策和薪酬预算的前提下，企业将可支配性薪酬分别置于多种薪资形式之中的用意何在？企业这样做的目的又是什么？

众所周知，薪酬管理是企业内部价值分配体系的核心，企业通过薪酬管理直接调控员工的心理感受和行为方式，进而得到企业所需要的行动和结果。薪资比例的决定作为薪酬管理的重要内容，事实上也是按照企业管理的需求，通过不同薪资比例结构的形式，进而调节着员工的心理和行为。

由于工资、奖金、福利和股金这四种薪资模式在时效性和稳定性方面的差异，企业可通过调节四种薪资的构成比例，进而调控员工收入构成的特点，从而引导员工的心理和行为。如企业可调高工资和福利这类稳定性收入的比例，进而增强员工的安全感和归属感；也可调高工资和奖金这类当期收入的比例，刺激员工在短期内挖掘潜力、增加绩效；还可调高福利和股金这类远期收入的比例，促使员工与企业一同成长，增加员工与企业的依存度等等。

事实上，企业薪资比例的决定就是通过对收入获得的时效性和稳定性两个方面的调节，从而改变员工的收入结构，进而影响员工的安全感、积极性、流动性等心理和行为因素，最终满足企业战略和管理的要求。调节收入的时效性和稳定性是决定薪资比例的基本点，无论企业间的薪资比例如何千差万别，无论企业内部的薪资比例如何变换，薪资比例的决定始终围绕着收入的时效性和稳定性展开。

（二）公司薪资比例决定应该考虑的因素

我们已经从总体上把握了薪资比例的决定是调节员工收入时效性和稳定性的决策，进而，具体到不同的行业、不同的岗位、不同的个体应该采用什么样的薪资比例，就成为一个非常现实的问题。为了使读者能够较为清晰地把握公司薪资比例的决定，接下来，我们将从以下四个角度探究公司薪资比例决定的因素。

1. 企业所处行业的市场竞争程度

一般来讲，如果企业所处的行业为充分竞争行业，则企业总体上的薪资比例应倾向于高弹性的薪酬模式，即波动性收入的比例较大（奖金和股金占总收入的比重较大）。这是因为在充分竞争的市场条件下，企业很难从市场中获取超额利润，而且企业绩效和发展受市场因素的影响很大。在这种情况下，增大员工收入的波动比例，使之与企业和个人绩效挂钩，既是企业薪酬成本的要求，也是客观的外部环境对企业和个人追求利润、强调竞争的反应；同时，高弹性的薪酬模式一定程度上也促使着人力资源在这个行业内的快速流动。从现实的情况看，诸如家电行业、纺织行业等这样一些市场竞争程度非常充分的行业，虽然这些行业中的总体薪酬水平不一定低，但从这些行业薪资比例的构成上看，其波动性收入比例（如奖金和股金）是比较高的。在这种薪资模式下，一方面，企业需要支出的固定薪资部分相对较少，有利于企业降低人工成本，提升企业的竞争力；从现实的角度看，当前我国的家电和纺织品正是得益于中国的人工成本的优势而大规模走向国际市场。另一方面，员工薪资中的较大部分以波动薪资的形式与企业和个人绩效挂钩，促使员工关心企业的发展，为争取更好的绩效而努力工作，员工只有在企业取得盈利并持续发展中才能实现自己的利益。另外，诸如家电、纺织行业的人才流动是相当频繁的，高流动率的背后一方面是企业间的优胜劣汰，另一方面也与这种高弹性、低稳定的薪资结构有一定的关系。

相反，如果企业所处的行业为垄断性行业，则企业总体上的薪资比例应倾向于低弹性的薪酬模式，即稳定性收入的比例较大（工资和福利占总收入的比重较大）。因为在垄断性的市场中，企业能较为轻松地从市场中获取超额利润，而且企业利润的获取与市场因素的关联度不高，所以，加大稳定性薪资的支出不会对企业的成本构成太大的压力；从另一个角度讲，所谓垄断性的行业一般来讲都是涉及到公共物品供给的行业（如国防安全等），由于这类行业的特殊性，客观上也要求维护这些从业人员的稳定性，工资和福利性支出的比例在一定程度上的增大也是必然的。当然，这类行业的平均薪酬水平并不一定非常高，只是在这些行业的薪资构成中用于工资和福利性支出的比例较大而已。现实生活中，这类行业最典型的代表就是国防工业，这个行业的总体薪酬水平未必很高，但其薪资构成的保障性成分却较高。这是因为国防工业的特殊性，它需要维持这个行业内管理技术人员和操作工人的稳定，这一方面缘于企业担负着提供公共物品的社会责任，另一方面由于这个行业的劳动力流动受到诸多的刚性约束（如地理位置、专业技能、政治品行等）。所以，这类企业倾向于高稳定性的薪资比例，通常强调干部职工的稳定和工作生活的兼顾。在现实生活中，这类企业的工资性支出一般较大，同时企业的职工福利和社区福利水平较高，这类企业的人员流动率水平较低。

介于完全竞争与垄断之间的行业，是我们在现实生活中见得最多的行业，这类行业的薪资比例一般介于高弹性薪酬和高稳定薪酬之间，属于调和性薪酬。表6－4是这三中薪酬模式特点的比较：

表 6-4 薪酬模式特点比较

	高弹性薪酬模式	调和性薪酬模式	高稳定薪酬模式
特点	波动性薪酬所占比例很高，稳定性薪酬所占比例很低	波动性薪酬与稳定性薪酬各占一定的合理比例	稳定性薪酬所占比例很高，波动性薪酬所占比例很低

（续）

	高弹性薪酬模式	调和性薪酬模式	高稳定薪酬模式
优点	激励性很强，与员工业绩密切联系	对员工有激励性，员工也有安全感	员工收入波动很小，员工安全感很强
缺点	员工收入波动很大，缺乏安全保障感	需设计科学合理的薪酬系统	缺乏激励功能，容易导致员工懒惰

2. 企业所处生命周期的阶段

任何一个企业都会经历不同的发展阶段，在企业发展的不同时期，根据企业战略的需要制定不同的薪资比例结构也是非常必要的。表 6-5 是企业在其发展的不同阶段薪资比例构成的情况。

表 6-5　企业在其发展的不同阶段薪资比例构成

薪资形式＼发展阶段	创立	高增长	成熟	平稳	衰退	再造
工资	低	较高	高	较高	较高	较低
奖金	较高	高	较高	较低	低	较高
股金	高	较高	较高	较高	低	高
福利	低	较高	高	高	高	较低

在表 6-5 中，我们看到企业在处于创立和再造这两个阶段的薪资比例比较相似，基本上属于以波动性为主的薪资比例（即奖金和股金所占比例较高）。因为企业在创立和再造阶段，企业没有任何的积累，一方面要压缩人工成本增大竞争优势，另一方面企业的生存和发展与市场绩效高度关联，人员流动比较频繁。所以在这两个阶段采用高弹性的薪酬模式适应企业在此阶段的发展需要。

在处于平稳和衰退这两个阶段的企业基本上是采用了低弹性的薪资比例（即工资和福利所占比例较高）。因为在这两个阶段，企业经过了相当程度的发展，企业已经积累了实力，市场竞争的方式已从过去的成本竞争逐渐转向技术和规模的竞争，在这种情况下维持员工队伍的稳定，对保持企业的核心竞争力（无论是技术优势还是经验优势）是至关重要的，维持人才队伍的稳定为企业再次创业做准备成为企业关注的重点。

企业在高增长和成熟阶段的薪资比例可称为“双高”，即高保障性和高激励性。这取决于企业在这两个阶段的快速增长，事业加速发展、利润的不断累积能够承担高保障、高激励所带来的成本压力；另一个方面，高保障、高激励的薪资政策能有效地激励员工工作，同时这样的薪酬政策更能吸引优秀的人力资源加入企业发展的事业当中。

3. 胜任该岗位人力资源的丰饶程度

前面我们从企业所处行业的竞争状况、企业所处的生命周期的角度分析了企业总体上薪资比例决定的原则，接下来我们将着重分析企业内部具体岗位薪资比例决定的原则。

在企业中，我们很容易发现并不是所有部门、岗位的薪资比例结构是相同的，部门之间、不同的岗位之间薪资比例的结构情况可能差异很大。一般来讲，企业某些岗位对从业人员的专业技术能力要求不高、工作经验的积累和企业文化的了解不会对其胜任该岗位构成实质性的影响，所需要的人力资源从外部劳动力市场上容易得到满足，这一类的岗位一般采用波动性的薪资结构，即工资所占成分较低、奖金所占的成分较高。现实生活中，这类岗位比较普遍，诸如制造业的操作车间的员工、服务业中餐厅的服务员等等。这类岗位可替代性强的特点决定了其高激励、低保障的薪资比例结构，通过这样的薪资比例设置，企业可以有效地降低人工成本，借助外部劳动力市场的竞争压力促进内部员工的工作绩效。从实际情况看也是这样，农民工进城工作的岗位多半属于这一类型，由于外部劳动力供给充足，他们所面对的薪资结构几乎都属于这一类型；另一方面，一些处在竞争不太充分的行业，诸如公务员、电力等行业也通过“主辅分离”或“编制内与编制外”等方式将一些替代性强、外部劳动力供给充足的岗位剥离出去，从而实行与原单位不同的薪酬政策，这一类岗位大多也实行波动性的薪资比例结构。

与上述情况相对应，一些对专业技术能力要求很高、对从业经验要求很强、外部劳动力市场供给稀缺，往往关系到企业的核心竞争力的岗位，企业往往制定高保障的薪资比例，即工资和福利所占的比例较高。现实生活中，这一类岗位上的人才是企业要极力留住的人才或是正在寻觅的人才，这类人才的特点就是可替代性很弱，通俗地讲就是：换个人干不了这活儿。这类人在工作中的不可替代性造就了这些人在行业内很强的流动性，表现在劳动力市场上就是这些人的薪酬水平更多地取决于需求方。现实生活中，一些涉及到企业核心竞争力的岗位往往采用高保障的薪资比例，诸如服装企业的设计部门、高科技企业的研发部门、学校中的核心师资队伍等等。通过高保障的薪资比例让这些关键人才的收入尽量少地受到眼前竞争形势和经济形势的影响，使他们能够安心地为企业工作。现实中有些发展势头较好的企业对这些人甚至采用高保障与高激励并行的薪资比例，即相对于同类企业而言，采取更高水平的激励和更高层次的保障，旨在加强对现有核心人员的激励和对外部人才的吸引。

4. 员工真实的工作绩效评定的难易

在日常生活中，我们还能发现在企业中一般来讲越是基层的操作岗位，薪资比例中当期收入的比重越大；越是高层的管理岗位其薪资比例中远期收入的比例越大。表 6-6 是一家企业中不同层级员工的薪资比例情况。

表 6-6 某企业不同层级员工的薪资比例

员工类型 薪资类别	操作人员	专业人员	中层管理者	高层领导
工资	90%	70%	50%	30%
奖金	10%	15%	20%	10%
股金与福利	0%	15%	30%	60%

从表 6-6 中，我们有了一个比较清晰的认识：员工收入的时间性与员工工作的性质和内容密切相关，基层操作性的岗位其薪资比例侧重当期收入，高层管理类岗位其薪资比例侧重远期收入。

企业制定这样的薪资政策并不是像前面所讲的那样，受到劳动力市场的影响，而是与这些岗位的特点有关。众所周知，薪酬的发放与绩效考核联系非常紧密，企业通过绩效考核手段，测评出员工实际的工作业绩和对企业的贡献，从而在企业的价值分配（即薪酬体系）中进行体现。

而在企业的实际情况中，有些岗位真实的绩效情况是比较容易测评出来的，这类岗位一般具有操作性强、工作成果容易量化、工作业绩显现的周期比较短等特点，比如工时、产量、质量、销售额、利润额等等。企业通过绩效考核手段比较容易测评出这些岗位的真实绩效水平，从而对其工作成果进行肯定与回报，这样对这些岗位的薪资比例大多选择当期收入的比例较大，这一方面与这些操作层员工的总体收入水平有关（用当期收入应对现实生活）；另一方面也与奖惩的及时性有关，可通过定期评定工作业绩，促进其不断努力，提高绩效。

然而，有一些工作岗位真实的绩效评定就不那么简单。现实中，越是高层的岗位其真实的绩效水平是很难测评的，有些岗位的工作业绩显现出来需要较长的周期和时间，诸如企业高层的重大决策、研发部门的成果。对待这样一些岗位，要定期评定他们真实的工作业绩是很困难的，有时候是做不到的。由于这些高层次的技术、管理岗位与企业的发展息息相关，他们的工作业绩更多地体现在企业未来的发展上，为了避免巨大的管理成本（即量化当期的工作绩效），企业对这类岗位大多采用侧重远期收入的薪资比例，即股金和福利的比例较大。

对高层管理人员采用侧重远期收入的薪资比例事实上是产权理论在企业薪酬中应用。产权理论的一个重要观点就是：如果交易双方在产权上很难清晰界定，解决的办法之一就是使其内部化。由于企业高层管理人员对企业真实的贡献很难在当期进行精确量化，也就是说作为高层管理者与企业进行交换的载体一管理者当期的工作是很难进行准确评价的。在这种情况下，将企业高层管理、技术人员的薪资比例侧重于远期收入，可以使他们的大部分收入与企业未来的发展“捆绑”起来，使他们在企业的不断发展中实现自身的价值和财富。现实生活中，这类例子非常多，如今新成立的公司普遍要求公司高层入股，一些企业甚至要求公司中层员工也要持有部分公司的股份，其用意很明确：使公司的管理人员尽量规避工作中的短期行为，使这些员工的切身利益实现于企业的持续发展之中。

复习思考题

1. 为什么需要从宏观层面上进行工资总额的管理？
2. 工效挂钩决定企业工资总额的基本类型有哪些？
3. 如何从微观层面上决定工资总额？
4. 公司薪资比例决定的操作原则有哪些？

第七章 公司薪酬制度设计及管理（中）

本章概要： 上一章我们对公司薪酬制度设计中的几个基本问题和操作原则进行了介绍，本章将着重讨论公司基本工资制度设计及管理。通过对岗位工资、技能工资、绩效工资和薪点工资四种基本工资类别的分析，使读者对公司的基本工资制度有一个全面地把握。

第一节 几种基本工资制度间的逻辑联系

通常情况下，岗位工资、技能工资、绩效工资、薪点工资等基本工资制度及其这些基本工资类别组合构成了公司基本工资制度的内容。然而，仅对这几种工资类别具体内容的描述往往使人关注于这些基本工资类别具体的细节，而忽略了他们之间内在的逻辑联系。

从薪酬管理的角度看，所谓的基本工资制度实质上有着两层意义：其一，对于劳动者来说，在基本工资制度下的劳动者收入应能满足其基本生存所需的物质需要，即基本工资能够维持生活；其二，对于企业薪酬管理来讲，基本工资制度是企业薪酬管理的基本分配制度，基本工资制度对于企业其他的薪酬制度有着重要的影响作用。

从实际情况看，岗位工资、技能工资、绩效工资和薪点工资等基本工资类别及组合是随着我国改革开放进程和企业的发展依次出现的。这些基本工资类别间的内在联系及其特点，以及每种工资类别所要解决的问题、调和的矛盾是我们需要认真把握的。

首先看岗位工资，岗位工资的特点就是以岗定薪、岗变薪变。岗位工资在实际操作中有两个特点：其一，对于企业来说，通过设定岗位数量可以精确控制工资支出；其二，对于员工来说，要想提高工资收入惟一的途径就是获得提升，岗变薪变。岗位工资的上述特点使其在实际应用中一方面显示了企业组织人事部门对于机构设置和岗位评定的权威性；另一方面也使得员工在职业发展中的晋升通道狭窄，容易因此而导致人际摩擦较大等弊端。

如果说岗位工资的立足点在于企业中的岗位，那么技能工资则更多地关注于劳动者本身。虽然说，单纯一个人所具备的劳动技能和专业技术为基础的工资制度可能与劳动者在实际工作中的表现和贡献存在偏差，但事实上技能工资的出现调和了在此之前单纯依靠岗位变动增加收入的现象，在一定程度上缓解了员工职业发展与中高层岗位资源有限的矛盾；另一方面，由于技能工资关注于劳动者本身的素质和技能等显性特质，为企业培养人才梯队、选拔后继力量起到了重要的作用。

绩效工资的发展大致经历了计件、提成和承包三种形式。当然，这里的绩效工资有别于薪酬管理中的绩效奖励，即绩效工资所确定的绩效标准是一个平均的劳动水平而不是一个超额的劳动水平；这里的绩效主要是劳动者正常劳动付出的度量而非超额劳动的考核，绩效工资主要是劳动者"有劳而获"的分配形式而非劳动者超额多少的计量。从这点上看，绩效工资弥补了岗位工资与技能工资的不足，将基本工资的分配与实际工作结果挂钩，增强了企业员工的市场意识和结果意识。

薪点工资是较晚才出现的一种基本工资形式，它从某种程度上兼收了前三种工资形式的特点：

首先，薪点工资将企业经济效益的波动及时传导给每一位职工，职工收入与经济效益紧密挂钩。

第二，薪点工资将岗位、技能、绩效等要素都作为员工点数确定的因素，这样就扩大了基本工资确立的根基，能尽可能全面地兼顾到岗位、个体、绩效等各方面的因素。

第三，工资变动的方式更加灵活。一方面，如果是大面积的提薪或降薪可通过对每点的工资数额进行调整而实现；另一方面，如果是针对小范围或个体的提薪或降薪则可通过改变其工资点数的方法来完成，避开了过去调动基本工资所面临的诸多刚性制约。这种调薪即可针对岗位、也可针对技能，还可针对绩效，实际应用起来比较方便。

第四，薪点工资对于员工来说比较透明，根据薪点值和个人的点数即可算出自己的月工资；对企业来说也便于控制工资总额，同时调控个别员工的收入，使其不至于低于最低生活保障或者当期收入与前期收入之间的差距不至于过分悬殊。

此外，企业基本薪酬制度的选择还受到企业所处发展阶段的影响。在企业发展的不同阶段的基本薪酬制度存在着明显的差异，随着企业的发展，其薪酬政策也必须做出相应的调整。表 7-1 是美国企业不同阶段薪酬政策的发展过程，供读者参考。

表 7-1 美国企业不同阶段薪酬政策的发展过程

企业成长的不同阶段	薪酬管理的重点	薪酬模式	薪酬决策方式	以职位为标准的程度	以个人为标准的程度
起步阶段	易管理性	以个人为基础的随机薪酬	主观性	低	高

(续)

企业成长的不同阶段	薪酬管理的重点	薪酬模式	薪酬决策方式	以职位为标准的程度	以个人为标准的程度
早期成长阶段	内部公平性	以职位为基础的定性薪酬	级别评定	中	中
深入发展阶段	高度的总体管理	以职位为基础的定性薪酬	级别评定	高	低
成熟阶段	对员工的激励	职位定性薪酬 + 激励计划	比较决定型	高	中
高度成熟阶段	主体效率	以个人为主的综合薪酬体制	按市场定价 按能力定价	高	高

第二节 岗位工资设计及管理

所谓岗位工资，就是首先对职位本身的价值做出客观的评价，然后再根据这种评价的结果来赋予承担这一职位工作的人与该职位的价值相当的薪酬。岗位工资是一种传统的确定员工基本薪酬的制度，它最大的特点是员工担任什么样的职位就得到什么样的薪酬，与新兴的技能薪酬体系和能力薪酬体系相比，岗位工资在确定基本薪酬的时候基本上只考虑职位本身的因素，很少考虑人的因素。岗位工资的特点表现在以下几个方面：其一是突出岗位因素，以岗定薪，岗变薪变；其二是工资结构简化，利于操作；其三是员工必须符合岗位要求才能上岗，并通过岗位考核才能领薪；其四是岗位职责与劳动者报酬密切联系，保证员工在最佳年龄、劳动贡献最大时期获取最佳的劳动报酬。

(一) 岗位工资的优缺点及其适用性

1. 岗位工资的优点

(1) 实现了真正意义上的同工同酬，因此可以说是一种真正的按劳分配体制。

(2) 有利于按照职位系列进行薪酬管理，操作比较简单，管理成本较低。

(3) 晋升和基本薪酬增加之间的连带性加大了员工提高自身技能和能力的动力。

2. 岗位工资的重要缺陷

(1) 由于薪酬与职位直接挂钩，因此当员工晋升无望时，也就没有机会获得较大幅度的加薪，其工作积极性必然会受挫，甚至会出现消极怠工或者离职的现象。

(2) 由于职位相对稳定，同时与职位联系在一起的员工薪酬也就相对稳定，这显然不利于企业对于多变的外部经营环境做出迅速的反应，也不利于及时地激励员工。

从一定程度上来说，岗位工资在操作方面比技能薪酬体系和能力薪酬体系要更为容易和简单一些，而且适用的范围也比较广，因此对于我国的许多企业的大部分工作岗位来说还是比较实用的，岗位工资制度是适应市场经济和现代企业制度要求的工资制度。

(二) 实施岗位工资的操作流程

企业在实施岗位工资时，一般操作流程是：确定企业岗级、岗位归级、测算工资标准、确定工资标准、确定工资档次和岗位归档等六个主要的流程。

1. 确定企业岗级

(1) 根据计点法确定总体分布。其思路是：①首先把各种劳动分解为劳动的几个基本要素，再将这几个基本要素分解为若干个子要素。在子要素的设计过程中，应充分考虑本企业的生产经营特点，有针对性地设置评价要素；并通过调查分析确定基本要素和各子要素的权重。②然后，对各子要素进行定义、分级和配点。③组织评价委员会对岗位进行打点工作。④对评价结果进行分析，剔除无效数据，分类汇总，进行初步分级。

(2) 利用排序法进行适当调整。其思路是：一般来讲，从企业部门和岗位两个维度进行调查，即由企业领导对部门进行分类、由部门领导对部门内岗位进行排序；同时要求岗位在限定数量内不得并列、不得空缺。通过这种强制的排序方法能够较为真实地反映岗位之间的相对价值关系。

然后，将计点法和排序法的结果进行交叉分析，两者吻合度高的岗位随即确定；两者吻合度较低的岗位进行调整。

最后，根据对企业岗位种类、岗位数量和岗位之间差异的分析，确定全部岗位的级数。

2. 岗位归级

通过计点法进行的岗位评价，我们得到企业中岗位得分最高的岗位（如 920 分）和得分最低的岗位（如 218 分），按照前面得到的企业岗级，就能确定出每一级的分数。如企业共有 15 级，则以 45 分为一级，凡岗位评价分数在同一区间的岗位均归入同一岗级。表 7-2 是某家企业的岗位等级序列表。

表 7-2 某家企业岗位等级序列表

岗位等级	综合办	财务部	人劳部	安全部	加油站	餐厅	修理厂	工程部
一	保洁员							勤杂工
二	服务员					服务员		

(续)

岗位等级	综合办	财务部	人劳部	安全部	加油站	餐厅	修理厂	工程部
三					加油员		初级维修工	
四					收款员			
五					治安员	配菜师		安装工
六	保洁主管	库房管理员					中级维修工	安装班长
七							高级维修工	
八	司机					厨师		
九	办事员	收款员			治安班长	厨师长	采购检验员	
十	档案管理员	出纳员	计划统计员	安全员	班长	餐厅主管		
十一	政工干事	会计	劳资主管					
十二					副站长	副经理		副部长
十三	副主任	副部长	副部长	副部长	站长	经理	经理	部长
十四	主任/副经理	部长	部长	部长				经理
十五	经理兼书记							

3. 测算工资标准

(1) 确定最低岗级的工资标准。确定最低岗级的工资标准一般参照两个基本因素：一是当地政府规定的最低工资标准；另一个是归入第一岗级的各岗位的月平均工资。

(2) 确定岗位标准工资之间的关系（岗位系数的关系）

1) 在实践中，确定岗位工资标准之间关系应遵从以下几个原则：第一，岗位系数的变动反映在各岗级各岗位月平均工资的差异上；第二，适当拉开工资差距，满足企业对工资差距的要求；第三，能够将员工现有的工资按测算的工资标准套入新的工资标准，并且不会导致工资总额出现大幅度的变化。

2) 根据分布在各个岗级上的岗位月平均工资及其人数求得该岗级上所有岗位的工资总额，并进一步求得该岗级的月平均工资。如某岗级上有 A、B、C 三个岗位，其工资状况和在岗人数如表 7-3 所示。

表 7-3 某企业工资状况和在岗人数

岗位名称	工资/元	在岗人数/人	岗位工资总额/元
A	500	10	5000
B	520	4	2080
C	540	2	1080
总计		16	8160

则：该岗级的月平均工资 = 8160 元/16 = 510 元

3）岗位工资标准之间的关系的选择。岗级工资标准之间的关系通常存在三种选择。第一种是等差关系：上一岗级的工资标准减去下一岗级的工资标准之差为一常数；第二种是等比关系：上一岗级的工资标准与下一岗级的工资标准之比为一常数；第三是累进关系：上一岗级的工资标准与下一岗级的工资标准之比逐渐扩大。

根据企业的自身特点（如是劳动密集型还是知识密集型），结合企业多年来形成的岗位间相对价值的高低关系，进而选定岗位工资间的关系。

4. 确定工资标准

以最低岗级的工资标准和实际的工资差距（最低工资与最高工资）为依据，按照企业选定的岗位工资间的关系（等差、等比还是累进），确定出第二岗的系数；进而确定两个岗位的级差和第二岗级的工资标准，并依此类推地完成各个岗级工资标准和系数的确定工作。表 7-4 是某企业采用累进系数编制的各级岗位工资标准：

表 7-4　某企业采用累进系数编制的各级岗位工资标准　　单位：元

岗级	工资标准	级差	累进系数	累进差额
一	1200		1.00	
二	1286	86	1.07	0.07
三	1379	93	1.15	0.08
四	1428	103	1.24	0.09
五	1598	116	1.33	0.10
六	1772	174	1.48	0.15
七	1971	199	1.64	0.17
八	2199	228	1.83	0.19
九	2460	261	2.05	0.22
十	2830	370	2.36	0.31
十一	3251	421	2.71	0.35
十二	3728	477	3.11	0.40
十三	4266	538	3.56	0.45
十四	4988	722	4.16	0.60
十五	5795	807	4.83	0.67

5. 确定工资档次

这里的工资档次是指在某一个工资岗级中细分出来的工资档次，通常的做法是：根据企业的需要将岗级分为几个档次（如 5 个），并且上下两个岗级交叉几个档次（如2个）；然后用级差（如90元）除以未交叉的级数（如3个）得到档差的金额（如：90/3 = 30）。最后，以下一岗级中未交叉部分中的最高档次（如低岗级的第3档）工资为计算基数，与上一岗级交叉部分的档次高于这个基数几个档次，就在此基础上加上几倍的档差，如下一岗级的第5档，则在该岗级第3档工资的基础上加上两倍的档差（60元），即为第5档的工资。表7-5是某企业的岗位档差的设定：

表7-5 某企业的岗位档差

岗级＼档次	1	2	3	4	5
一	490	520	550	580	610
二	580	610	640	675	710
三	675	710	740	780	810
四	780	810	860	910	960
五	910	960	1010	1075	1140
六	1075	1140	1200	1280	1360
七	1280	1360	1440	1540	1640
八	1540	1640	1740	1865	1990
九	1865	1990	2110	2325	2530
十	2325	2530	2730	3005	3280

6. 岗位归档

在确定完企业各岗级、各档次工资标准，完成了对员工工资的归级工作后，最后需要完成的是员工在某一岗级中的归档问题。

通常情况下，员工工资的归档工作按照员工工作年限、学历、职称和任职年限分别套档，取其三次套入档次中最高的档次为其归档档次。对于无法套档的特殊员工，除实行协议工资制的岗位外，其他均按原工资标准执行。对于学历低于高中（或中专）或者未取得职称的员工，一般按照其工作年限套档。

表7-6、表7-7和表7-8是某企业岗位工资套档表。

表7-6 某企业岗位工资套档表（一）

任职年限	工作年限			
	10年以下	10至15年	15至20年	20年以上
5年以下	1	1	2	3
5至9年	2	2	3	4
9年以上		3	4	5

表 7-7 某企业岗位工资套档表（二）

任职年限	学历			
	高中、中专	大专、本科	硕士	博士
5年以下	1	1	2	3
5至9年	2	2	3	4
9年以上	3	3	4	5

表 7-8 某企业岗位工资套档表（三）

任职年限	职称			
	初级	中级	副高级	高级
5年以下	1	2	3	4
5至9年	2	3	4	5
9年以上	3	4	5	5

第三节 技能工资的设计及管理

一、技能工资体系的内涵及其特点

所谓技能工资体系或技能薪酬计划，是指组织根据一个人所掌握的与工作有关的技能、能力以及知识的深度和广度支付基本薪酬的一种报酬制度。这种薪酬制度通常适用于所从事的工作比较具体而且能够被界定出来的操作人员、技术人员以及办公室工作人员。技能薪酬计划通常可划分为深度技能薪酬计划和广度技能薪酬计划两种。

从国际上来看，关于技能工资或技能薪酬计划也没有一个统一的概念，既有技能薪酬计划（Pay for Skills，Skill-based Pay）的说法，也有知识薪酬（Pay for Knowledge，Knowledge-Basedpay），能力薪酬计划（Competency-based Pay），甚至学习薪酬计划（Pay for Learning）的说法。然而，无论如何，这种薪酬决定体系有一个共同的特征，这就是，员工所获得的薪酬是与知识、一种或多种技能以及能力而不是职位联系在一起的。换言之，组织更多的是依据员工所拥有的工作相关技能而不是其承担的具体工作或职位的价值来对他们支付薪酬，并且员工的薪酬上涨也取决于员工个人所掌握的技能水平的上升或者是已有技能的改善。

以技能为基础的工资制度为员工提供了更大的薪酬增长机会。因为职位的职能通常比较稳定，所以以其为基础的薪酬增长速度不会很快。而以技能为基础的薪酬随着员工技术的增长而增长，所以为员工薪酬提供了较大的增长空间。这使得员工更加重视自身的技能发展，对自己从事的工作更加用心，进而激发整个公司改进技术的潜能，提高经营效率。

技能工资不同于绩效工资和年功工资，技能工资着重于员工做出工作贡献的潜能、绩效工资则关注员工已经为企业做出的贡献、而年功工资是对员工留在企业工作的奖励。它们三者区别可由表 7-9 来表示。

表 7-9 知识工资、绩效工资和年功工资的区别

特征	知识工资	绩效工资	年功工资
工资水平的决定因素	考核技术的市场标准	考核绩效的市场标准	在企业工作时间长短
基本工资	根据员工知识和技能	根据报酬因素的价值	根据报酬因素价值
基本工资增加	获得的知识和技能	实现工作目标程度	工作时间的长短

二、技能工资体系的设计思路

在进行技能工资的设计时应注意横向和纵向两方面的问题：横向方面的问题就是有关知识广度的问题，既需要对员工获得的知识和技能与工作岗位需求的关联性进行评价；纵向方面的问题就是有关知识深度的问题，不同的知识或技能等级要对应不同的奖励等级，这就需要对员工获得的知识和技能与激励等级的对应关系进行确定。一般情况下，采用企业对员工完成的业务培训和员工自身取得与业务相关的资格证书为奖励对象，因为这两者具有较好的衡量尺度，而且在实践中也较为容易操作。

技能工资的设计大致可描述为这样一个公式：

$$W = B + r \times K_i$$

这其中，W 为技能工资总额；B 为基础工资，通常是基本生活费；$r \times K$ 的值为技能工资。这其中，r 表示员工所获得的知识技能与工作岗位的关联系数，它是衡量员工知识广度与岗位需求关联性的指标。当员工的知识和技能与所处工作岗位完全相关时，$r = 1$；当员工的知识和技能与所处岗位完全无关时，$r = 0$。企业可根据具体岗位对知识和能力的要求，确定其在岗员工的 r 值。这样设计的目的是鼓励员工通过自身的努力去学习和岗位有关联的知识和技能，而不是其他通用性的知识和技能，同时也可以避免员工过多学习不同种类的知识。

上面公式中，K 是用来表示技能工资等级的值，它是测度员工所获得的知识和技能深度的指标。由于知识深度的存在，需要将技能工资 K 划分为若干个等级，每一个等级对应于不同知识深度的工资等级，通常我们用 K_1、K_2、$\cdots K_i$ 来表示各个技能工资等级，不同的知识深度对应不同的工资等级。以员工完成企业培训为例，员工通过修完不同等级的培训课程，增加自身为企业创造价值的能力，就能获得相应的薪酬。具体如表 7-10 所示。

表 7-10 不同技能工资等级的培训课程

技能工资等级	完成培训课程			
K_1	核心必修课	核心必修课	核心必修课	核心必修课
K_2		核心选修课	核心选修课	核心选修课
K_3			专业必修课	专业必修课
K_4				专业选修课

三、技能工资的操作实施

由于技能工资的实践操作性很强，下面我们将通过一个案例的形式来介绍技能工资的具体操作。

某公司进行薪酬改革，建立技能工资体系，根据员工本身所具有的知识技能、经验以及工作环境和责任程度的不同建立技能工资体系。

（一）确定最低工资与最高工资

根据当地城镇居民的平均生活水平和社会最低生活保障确定企业最低工资为 450 元；通过对企业工资总额的匡算以及考虑有关企业经营者收入方面的规定、个人收入调节税等因素确定企业最高工资为 2480 元。按照企业的自身情况，将最高工资与最低工资差距控制在 5 倍左右。

（二）确定技能工资的岗级

确定技能工资的岗级一般按照现有职称纵向水平的类别（由高到低或由低到高），以及企业员工职称水平的分布结构进行设置。

针对该企业的实际情况，将全企业的技能工资划分为五个等级：即正高职称为第一岗级、副高职为第二岗级、中级职称为第三岗级、助理职称为第四岗级、员级职称及以下为第五岗级。

（三）确定岗级内部的档次及档差

确定岗级内部的档次数量一般应考虑岗级内部的职称、技能的差异，同时考虑上下岗级间的交叉重叠，以及原有工资体系向技能工资体系套档的情况。档差的设置应考虑同一职称背景下的技能差异、员工在职称晋级方面的时间、以及员工对企业实际贡献的差异；档差的设置可采用等差和累进的方式。

根据实际情况，该企业在第一岗级和第二岗级内均设置了 4 个档差、在第三岗级和第四岗级内均设置了 3 个档差、在第五岗级内设置了 5 个档差。全公司工资共 19 档。

（四）员工归岗

按照员工的职称、职务和技能水平对号入座，确定员工在技能工资体系下的工资。该企业的实施方案如下：

1. 各类人员的定位标准

凡属于行政管理人员，其行政职务以公司正式聘任决定为准；凡属于专业技术人员，则按国家的有关规定，实行评聘分开的原则，按其所在岗位，对口聘任，其聘用职称以公司正式聘书为准。各类人员的定岗定档，通过考核并上报公司后，方可确认。

2. 行政管理人员的套档标准

(1) 公司正职：试用期套档2，试用期满后套档1。

(2) 公司副职：试用期套档4，试用期满后套档3。

(3) 正科级：试用期套档7，试用期满套档6，正式聘用满1年以上套档5。

(4) 副科级：试用期套档9，试用期满套档8；各在岗工程及项目经理享受副科级待遇，试用期满后，可直接由档9套入档7。

(5) 员级：试用期套档12，期满正式聘用后套档11，正式聘用满1年以上套档10。

3. 科级员工的职称套档标准

在岗员工所取得的各种职称和学历，可作为聘任各级科员职务的重要参考标准。各级科员的聘任，将由各部门的负责人提名，经公司考核小组对该员工的思想素质、业务水平、实际工作能力、工作责任的大小、技能要求、工作繁简程度等方面进行综合考核后，以公司正式聘任决定为准，套入相应的档次。科级员工分4种：

(1) 高级科员：须具备高级技术职称。高级科员又分三级，一级套档3，二级套档4，三级套档5。

(2) 主任科员：须具备中级以上技术职称。主任科员分三级，一级套档6，二级套档7，三级套档8。

(3) 主办科员：须具备助理以上技术职称。主办科员分三级，一级套档9，二级套档10，三级套档11。

(4) 普通科员。普通科员分三级，一级套档12，二级套档13，三级套档14。

如对公司有突出贡献者，经公司研究批准后，在聘任各级科员时，可不受职称限制。

4. 普通员工的套档标准

(1) 技师：在岗技师1年内套档17，满1年但不满2年者套档16，满2年但不满3年者套档15，满3年但不满5年者套档14，满5年以上者套档13。

取得普通工种中级操作证书或特殊工种操作证书的员工，其薪酬标准可在原标准上上浮一档，该档浮动上限不超过档13。

(2) 一类工种：包括工程处的瓦工、抹灰工、木工、钢筋工、电焊工、塔吊司机、汽车驾驶员、推土机手、水电安装工。

一类工种的员工，试用期套档 17，满 1 年但不满 2 年套档 16，满 2 年但不满 4 年者套档 15，满四年以上者套档 14。取得普通工种中级操作证书或特殊工种操作证书的员工，其薪酬标准可在原标准上上浮一档，该档浮动上限不超过档 14。

(3) 二类工种：包括小型机械手、工地电梯工、水电维修工、组装工、油漆工、车工、钳工、玻璃工、锻工、镗工、有证的一、二级厨师、设备管理员、塔吊指挥。二类工种的员工，试用期套档 18，满 1 年但不满 2 年套档 16，满 2 年但不满 4 年者套档 15，满四年以上者套档 14。取得普通工种中级操作证书或特殊工种操作证书的员工，其薪酬标准可在原标准上上浮一档，该档浮动上限不超过档14。

(4) 三类工种：包括材料验收员、仓库保管员、无证主厨、打字员、水电抄表员三类工种的员工，试用期套档 18，满 1 年但不满 2 年套档 17，满 2 年但不满 4 年者套档 16，满四年以上者套档 15。取得普通工种中级操作证书或特殊工种操作证书的员工，其薪酬标准可在原标准上上浮一档，该档浮动上限不超过档 15。

(5) 四类工种：包括食堂采购员、电梯工、门诊收费员、机关收发员、电话总机员、车场门卫、公司保安队。

四类工种员工，参加工作不满 4 年套档 18，满 4 年者套档 17。

(6) 五类工种：包括清洁员、勤杂人员、复印员、收、取报刊员。

五类工种的员工，参加工作不满 4 年套档 19，满 4 年者套档 18。

通过上述几个步骤，得到该企业的技能薪酬结构表，如表 7-11 所示：

四、实施技能工资应注意的问题

在实行技能工资制度之前，企业管理者一定要考虑以下几个问题：一是企业生产或经营的产品是劳动密集型还是资本密集型，因为劳动密集型产品在技能工资制度下会给经营者带来较大的风险。二是企业的工作方式是以团队协作为主还是以个人为主？经验表明：以个人为主的工作方式较为适合技能工资。三是企业的工作通常是比较稳定，还是变动很多？如果企业的工作与技术发展关联很大，那么在科学技术飞速发展的背景下，企业员工采用的技术很快就会过时，这就要求企业不断改进技术评定的标准，使管理成本大幅上升。四是员工掌握多少技术为宜？很多专家认为对于个体员工来说，并不是掌握的技术越多，效用越高。员工应该有一个最佳的技术标准。在这一数量上，一定的知识深度和适当的多样性组合能够赢得最好的工作效果；而超过了这一数量，即使员工掌握了多种技术，得到的效用也不会大幅度提高，并且生产效率的增长率会低于薪酬水平的增长率。所以，决策者应该确定好员工的最佳技术水平。

表 7-11 某企业技能薪酬结构表

<table>
<tr><th colspan="5">职称</th><th>档次</th><th>薪酬</th><th colspan="6">职位</th></tr>
<tr><td colspan="4" rowspan="4">(档差 150 元)</td><td rowspan="4">正高职称</td><td>1</td><td>2480</td><td colspan="6" rowspan="2">公司董事长、总经理</td></tr>
<tr><td>2</td><td>2330</td></tr>
<tr><td>3</td><td>2180</td><td colspan="6" rowspan="2">副总经理、总经济师、总会计师、工程师</td></tr>
<tr><td>4</td><td>2030</td></tr>
<tr><td colspan="3" rowspan="4">(档差 120 元)</td><td rowspan="4">副高职称</td><td rowspan="4"></td><td>5</td><td>1880</td><td colspan="6" rowspan="2">一级公司经理、总公司部门经理、总经理助理、副总经济师、副总会计师、副总工程师</td></tr>
<tr><td>6</td><td>1760</td></tr>
<tr><td>7</td><td>1640</td><td colspan="6" rowspan="2">二级公司经理、一级公司副总经理、一级公司部长、总工程师、总会计师、总经济师</td></tr>
<tr><td>8</td><td>1520</td></tr>
<tr><td colspan="2" rowspan="3"></td><td rowspan="3">中级职称</td><td colspan="2" rowspan="3">(档差 110 元)</td><td>9</td><td>1400</td><td colspan="6"></td></tr>
<tr><td>10</td><td>1290</td><td colspan="6" rowspan="3">二级公司副经理、一级公司副部长、二级公司部长、三级公司经理</td></tr>
<tr><td>11</td><td>1180</td></tr>
<tr><td rowspan="3"></td><td rowspan="3">助理级职称</td><td colspan="3" rowspan="3">(档差 100 元)</td><td>12</td><td>1070</td></tr>
<tr><td>13</td><td>970</td><td rowspan="5">技师</td><td></td><td></td><td></td><td></td><td></td></tr>
<tr><td>14</td><td>870</td><td rowspan="4">一类员工</td><td rowspan="5">二类员工</td><td></td><td></td><td></td></tr>
<tr><td rowspan="5">员级职称</td><td colspan="4" rowspan="5">(档差 80 元)</td><td>15</td><td>770</td><td rowspan="4">三类员工</td><td></td><td></td></tr>
<tr><td>16</td><td>690</td><td rowspan="3">四类员工</td><td></td></tr>
<tr><td>17</td><td>610</td><td></td></tr>
<tr><td>18</td><td>530</td><td></td><td></td><td rowspan="2">五类员工</td></tr>
<tr><td>19</td><td>450</td><td></td><td></td><td></td><td></td><td></td></tr>
</table>

第四节 绩效工资的设计及管理

一、绩效工资制度的概念及其特点

绩效工资制度是一种将工资与特定绩效目标相联系的薪资模式，通常表现为计件工资制、提成工资制和承包工资制。它不是由任职资格所保证的，必须依靠努力去赚取，而且绩效工资额随着待定绩效目标的完成情况而浮动。绩效工资体系实质是缩小了薪酬结构中的固定成分，加大了可变的比例。员工的底薪减少了，但可以根据具体目标的实现成效获得更高的绩效奖励。由于绩效工资体系是建立在对员工行为及其达成组织目标的程度进行评价的基础之上的，所以，实行绩效工资制度有助于强化组织规范，激励员工调整自身行为，实现组织目标。在新经济时代，企业为建设并维持竞争力必须不断地强调绩效，这就使得薪酬管理更注重工资水平与员工创新价值的联系，从而引入并实施绩效工资制度。

绩效工资制度的优点主要表现在：其一，由于绩效奖励计划往往有明确的绩效目标，因此，它能够把员工的努力集中在组织认为重要的一些目标上，从而有利于组织通过灵活调整员工的工作行为来达成企业的重要目标，从而避免员工的行为脱离组织的战略主线而形成本位主义倾向。其二，由于绩效工资的报酬支付实际上变成了一种可变成本，因此，它的实施减轻了组织在固定成本开支方面的一些压力，有利于组织根据自身的经营状况，灵活调整自己的支付水平，而不至于因为成本的压力而陷入困境。其三，由于绩效工资往往是与直接的绩效改善联系在一起的，并且高工资的授予对象是那些为更高绩效的达成做出贡献的人，因此，绩效工资制度有利于组织总体绩效水平的改善。

不过，绩效工资制度也存在一些潜在的缺点。其一，在绩效工资制度中所使用的产出标准很可能无法保持足够的准确和公正，在产出标准不公正的情况下，绩效工资制度很可能会流于形式。其二，绩效工资制度有可能导致员工之间或者员工群体之间的竞争，而这种竞争可能不利于组织的总体利益。其三，在绩效工资制度的设计和执行过程中还有可能增加管理层和员工之间产生摩擦的机会。其四，绩效工资实际上是一种工作加速器，有时员工收入的增加会导致企业出台更为苛刻的产出标准，这样就会破坏企业和员工之间的心理契约。

二、计件工资制

（一）计件工资的概念及其形式

计件工资制是根据劳动者生产的合格产品的数量或完成的作业量，按预先规定的计件单价支付给劳动者劳动报酬的一种工资形式。它能够从成果上准确地反映劳动者实际付出的劳动量，同时，它不仅反映不同等级的工人之间的劳动差别，而且能够反映同等级工人之间的劳动差别。计件工资通常适用于基层生产作业单位的一线操作员工。

计件工资制主要包括以下几种计件方式：直接无限计件工资、直接有限计件工资、累进计件工资、间接计件工资、集体计件工资。

(1) 直接无限计件工资是按照员工单位时间内所生产的合格品的数量和统一的计件单价计算劳动报酬的计件工资形式。员工完成的合格产品，不论数量的多少，均用同一个计件单价计算。

(2) 直接有限计件工资是在劳动定额内按计件单价支付工资，对超额部分进行限制，采用“封顶”的计件工资。这种计件方式适合那些生产能力相对过剩的企业或工种。

(3) 累进计件工资是员工完成产量定额部分按一般的计件单价计算，超过定额部分按更高的、累计的计件单价计算的工资形式。这种工资形式与生产任务结合密切，对员工物质鼓励作用较大，适用于劳动强度大、劳动条件差、增产特别困难，但又迫切需要增产的企业或工种。

(4) 间接计件工资是依据员工所服务的主要生产工人的生产（工作）成果计算工资的工资形式，适用于某些辅助工种。条件是本工种的生产成果无法直接计量，而工作的好坏又与主要生产工人的产量、质量有直接的联系和影响。因此，可根据其所服务的生产工人的生产（工作）成果计算工资。

(5) 集体计件工资是按作业班组共同完成生产任务量的多少计算计件工资，然后在作业班组内将工资合理分配到个人的工资形式。它适用于机器设备和工艺过程要求员工集体完成某种产品或某项工程，而又不能直接计算个人的产品数量和质量，或者虽然可以统计计算个人的产品数量和质量，但生产过程要求在上下工序之间或班次之间密切协作，生产方能顺利进行的连续性生产岗位等情况。实行集体计件工资的范围需要根据企业的生产技术条件、生产组织和劳动组织、管理水平以及基础工作等情况来决定。

（二）计件工资的优缺点及实施条件

与计时工资制比较，计件工资制有许多优点，主要表现在：

(1) 能够从劳动成果上准确反映出劳动者实际付出的劳动量，使员工很容易感到公平。

(2) 由于产量与工资直接相连，所以能够促进工人改进工作方法，提高技术水平和劳动熟练程度，提高工时利用率，劳动激励性强。

(3) 易于计算单位产品的人工成本。

但是计件工资制也存在一些的缺陷。其中最重要的缺陷就是员工容易出现片面追求产品数量，忽视产品质量、安全、不注意爱护机器设备的倾向。另外当由于管理或技术水平提高、设备更新等因素使生产效率提高时，提高劳动定额可能会导致员工的不满。

因此，合理的计件工资制必须在具有一定管理水平基础的企业中实行。其主要条件是：

(1) 能够精确计算和考核员工劳动产品数量的工种，一般适合于产品品种、规格单一，便于直接计量的工种。

(2) 产品的数量和质量主要取决于员工个人主观努力的工种，包括机械化程度较低的笨重体力劳动和手工操作工种、机械化和手工并用的工种，以及虽然机械化程度较高，但技术工艺变化不大的工种。这些公众的劳动成果主要取决于员工个人的操作熟练程度和有效劳动时间。

(3) 有比较健全的质量标准、物耗标准和统计记录、检查验收等规章制度，能够及时做出各种检测的工种。

(4) 生产任务比较饱和、原材料动力供应有保证、有先进的劳动定额和合理计件单价的工种。

（三）计件工资的操作实施

计件工资的种类较多，在现实中最为常见的是直接计件和间接计件两种形式。

1. 直接计件工资

实行直接计件工资制，应按员工实际完成合格产品（或工程）数量的多少和规定的计件单价支付劳动报酬。直接计件工资的计算公式一般表示为：

工资数额 = 计件单价 × 合格产品数量

在现实中，直接计件又因行业和工种的不同有以下几种表现形式：

（1）易于量化个人劳动成果的工种，如手工业工种或流程易于分解和考核的工序。

这类工种由于个体的劳动成果容易以计件的形式量化考核，所以，对这些工种的直接计件工资一般为：

工资总额 = 计件单价 × 合格产品数量 ×（1 – 考核扣分比例）

这其中，计件单价是企业根据某项产品或某道工序所物化劳动力价值量来确定的，如手工刺绣和机器缝纫的计件单价一般是不同的；合格产品数量遵从企业质量检验的有关规定执行；考核扣分比例一般根据企业的需要进行设定，一般包括产品合格率、安全生产、节能降耗等方面，企业根据情况对每项指标设定权重，总的权重数等于 1。

（2）不易量化个人劳动成果的工种，如建筑施工企业的工种。

这类工种由于个体的劳动成果不易以计件的形式量化考核，个体劳动成果最终表现于总体劳动之中。所以，对这些工种的直接计件工资一般为：

工资总额 = 时间定额计件单价 × 完成的劳动定额工日 ×（1 – 考核扣分比例）

这里的完成劳动定额工日指员工实际任务内的出工天数，一般以劳动部门的出勤考核为准，考核扣分比例与前面的类似。这里的时间定额计件单价指某工种完成一定时间（一般为一天）标准劳动的价格，一般以工种工日的价格表现。表 7-12 是某建筑施工企业对其各工种每工日单价的指导价格：

表 7-12 某建筑施工企业各工种工日的指导价格

工　种	工日单价/元	工　种	工日单价/元
砖工、筑炉工、木工、抹灰工、钣金工、模板修理工	23	推土机、挖土机司机、泵车、罐车司机、起重工、工业管道制作安装工	28
钢筋工、焊工、油漆工	24		
修理电工、汽修工、机修钳工、测量工	25	安装钳工、自动化安装电工、仪表安装工、外线电工	30
架子工、管道工、风钻工、打桩工、石工	26	电器调试工、仪表调试工、调试钳工	35

2. 间接计件工资

在企业生产活动中，直接配合或服务于一线直接计件生产的生产工人（包括直接辅助工、间接辅助工和服务人员）原则上实行间接计件工资。这部分人员在合理的定员基础上，其工资水平按直接计件人员实际平均日工资的一定比例提取，作为间接计件人员的日工资。

三、提成工资制

（一）提成工资的概念及其特点

提成工资制是指员工的薪酬完全或大部分根据其个人完成的业绩按照一定的比例计提薪酬。它主要适用于从事业务或市场销售等可以直接量化考核工作绩效的员工。提成工资一般有两种形式：一种是佣金制，即员工的个人薪酬完全根据其业绩，通常是按销售额或业务利润的一定比例来提成；另一种是基薪加提成制，基本工资是维持员工基本生活的最低生活保障，业绩提成则是根据员工实际的工作完成情况来计提的奖励。

提成工资制有以下的优点：第一，提成工资制的分配对象非常明确，只有参与某项业务的员工才有资格获得提成，避免了过去“吃大锅饭”的现象。第二，提成工资制的目的导向非常明确，报酬的透明度高，能极大地刺激员工，调动员工的工作积极性。第三，提成工资制将企业目标与个人收入联系在一起，将员工的发展与公司的命运紧密地捆绑起来，实现企业与员工的共同成长。

当然，提成工资制也存在明显的不足：第一，由于员工的工作目标过于单一，使得员工可能热衷于有利可图的工作，而对其他不产生直接利益的工作漠不关心。第二，提成工资制这样的分配模式给员工带来了很大的风险和压力，减弱了员工队伍的稳定性和企业凝聚力。第三，提成工资制一般都要求对员工更大程度上的放权，这将增加企业的管理难度。

所以，在提成工资制中必须对员工进行职责考核，并将职责考核的结果与工资提成挂钩，从而有效地规避员工为追求提成而可能出现的短期行为。如企业实行销售收入与提成挂钩的提成工资制，则应将应收账款周转率、销售回款率、客户满意度等列入员工的职责考核指标。

（二）提成工资的实际应用

提成工资主要表现为佣金制和底薪加提成两种形式，在现实生活中，提成工资主要应用于销售人员和研发人员。下面我们将结合提成工资具体的应用领域，分别介绍销售人员的佣金制和研发人员的底薪加提成制的具体操作。

1. 销售人员的佣金制操作

（1）确定提成的基数和薪酬水平。企业根据其营销战略的要求和地区差异情况，确定某个区域的销售目标；同时，参考同类职务的薪资水平，确定员工在完成销售目标的情况下获得的工资收入。如，根据企业的情况确定某区域销售经理的基准年薪为 8 万元，完成销售收入 1020 万元。据此，即可得出按销售收入提成的比例（8/1020 = 0.78%）。

（2）确定职责考核指标及与提成的关联性。职责考核指标一般着眼于完善提成指标的导向性，客观全面地反映员工的工作绩效，克服员工的短期行为。如前面所讲到的，在按销售收入提成的制度中，职责考核指标一般应包括应收账款周转率、销售回款率、客户满意度等指标，并对这些指标委以一定的分值权重，如设定各项指标所占分值，总分为 100 分。

在确定了职责指标及其权重的基础上，将其与工资提成相挂钩，使员工在这些方面的考核结果与其收入真正联系起来。如表 7-13 所示。

表 7-13 职责考核结果与工资发放比例

职责考核结果	未达到要求	尚达到要求	基本达到要求	较好达到要求	完全达到要求
考核分值	60 分以下	60 ~ 70 分	70 ~ 80 分	80 ~ 90 分	90 分以上
工资发放比例	50%	70%	80%	90%	100%

这里的工资发放比例是针对员工一段时间（如一月、一季度或一年）的应提工资总额。

（3）确定员工收入的发放形式。员工收入的发放既要考虑到员工生活的实际情况，又要考虑计提工资周期和进行考核的周期。一般来讲，可将员工的基准年薪（即完成既定指标的可提成收入）分解到月度、季度和年度的薪金中进行发放。如，以基准年薪为 8 万元的区域销售经理为例，为了保证他的日常生活，每月发放月度薪金 1200 元，占基准年薪的 18%；剩余的 82% 平均分成两部分，分别作为通过季度考核和年度考核后兑现的薪金。

季度薪金 = ［（80000 − 12 × 1200）元/2］/4 = 8200 元

年度薪金 = （80000 − 12 × 1200）元/2 = 32800 元

则，该区域销售经理的薪资发放如表 7-14 所示。

表 7-14 某区域销售经理的薪资发放表

月份	1	2	3	4	5	6	7	8	9	10	11	12
销售收入/万元	85	85	85	90	80	85	80	90	80	80	95	85
月度薪金/元	1200	1200	1200	1200	1200	1200	1200	1200	1200	1200	1200	1200
季度薪金/元	8200			8200			8200			8200		
年度薪金/元	32800											

这其中，季度薪金的计提规则为：销售收入每少 10 万元，扣季度薪金 1000 元；季度实得薪金与季度职责考核结果挂钩；季度超额不计提超额薪金，年度总算，不重复计算。年度薪金的计提规则为：销售收入每少 10 万元，扣年度薪金

1000 元；年度实得薪金与年度职责考核结果挂钩，超额按超额部分的 1% 计提薪资。

2. 研发人员的底薪加提成制的操作

研发人员底薪加提成的工资模式重点在于提成的对象和提成的周期，不仅要反应与研发成果的关联性，而且要反应研发成果产业化（或商品化）的关联性；不仅要反应与研发人员个体努力的关联性，而且要反应研发人员在团队合作中的关联性。

在实际操作中，研发人员的底薪一般为其维持日常生活所需的水平，其提成工资的操作通常包括以下内容：

(1) 取消较大范围的一次性鼓励奖，将薪金的发放尽可能量化到个体的研发工作。从而使得只有参与项目研发的研发人员才有资格获得利润提成，与没参加项目研发的人员收入水平拉开差距。

(2) 按照项目组提成和组内人员分成的形式操作提成工资。以应用成果所销售的产品的净收入为基础，根据不同研发成果的基本类型，来确定分配期间和提成比例。表 7-15 就是某家科研机构研发成果的基本利益分配表。

表 7-15　某科研机构研发成果基本利益分配表

成果类型	分配年限	提成比例
新产品	2～3 年	第一年 2.5%，第二年 2%，第三年 1%
产品改良	1 年	1%
工艺合理化	1 年	1%
其他	当年	一般不超过当期成本节约额的 10%

接着，把成果提成收入在项目组内部按照工作量的多少和贡献的大小为基础进行分配。如：项目组内每人的工作量 × 贡献系数的综合 = M；某人的工作量 × 贡献系数 = N，则：

该员工的基本提成收入 = 成果提成比例 × 本期销售收入 × （N/M）

这样，只要参与项目开发的员工，就可能获得成果商品化的收入分成。一般高科技企业每年都会有新产品上市，这部分的收入就会成为其未来收入的主要来源，从而激发研发人员的积极性。

(3) 考核研发周期的相对系数，调整研发成果的提成比例。研发周期对于研究机构来讲是非常重要的，通过对研发周期相对系数的考核，为研发人员合理确定研发周期提供了方向，同时也以奖励和惩罚相结合的制度来加强对项目研发工作进度的管理。

四、承包工资制

(一) 承包工资制的概念及其特点

承包工资制，通俗地讲就是除去上交给公司的承包款后，余下的为个人（或部门）的工资制度。这其中，上缴给公司的承包款包含员工的各种社会保险基金及工商和税务部门的税费。

承包工资制最大的特点就是：工资收入上不封顶、下不保底。承包工资制一般适用于一些有条件经营部门，在技术和劳务领域也都有应用。

（二）承包工资的几种形式

1. 经营型承包工资

经营型承包工资主要是经营单位（或个人）与企业间的利润分配问题，一般来讲经营单位（或个人）承包一定工作量（包括工程量或订单额或利润额）的形式为企业创造一定量的利润；再将这一定量的利润去除企业提留的利润、员工的社保金、各项期间费用，剩余利润为经营单位或个人的所得。

如江苏一家贸易公司采用的经营型承包工资制度：

（1）承包单位为公司的各个经营部门。

（2）承包的指标是年度销售收入（如2亿元）。

（3）公司与部门的分成规则是：以部门经营业务的毛利作为分成对象，部门按毛利的28% 提取承包工资。这28%里包含部门员工的每月领取的工资、为员工缴纳的社保险金，以及部门在经营活动中的所发生的一切费用，如：电话费、差旅费、招待费、资金占用费、办公室租金、办公室水电费、办公用品费等等。一句话，凡是部门的一切开销都从毛利提成的“28%”中进行支付。

（4）考核：年度公司按部门年初承包的销售收入进行考核，考核不达标者，视情况 降低毛利提成比例；考核超标者，视情况提高毛利提成比例。

（5）兑现：公司每月按当地生活水平给部门员工发放工资，年底时结合该部门本年度的经营情况统一算账，部门从毛利中提取的承包工资扣减完其本年度的所有支出后，如果承包工资还有剩余，则作为奖金形式集中发放；如果承包工资出现透支，则部门员工应将已领取的工资部分退还公司，以弥补其透支缺口。

2. 技术型承包工资

技术型承包工资是中国企业改革处于特殊历史时期的产物。目前，在一些国有企业或国有控股企业采用技术合同来规范研发人员或研发小组与企业之间的承包行为是一种可行的办法。

通过企业公开招标的办法，确立研发小组与企业之间的内部交易行为。在技术合同中，企业通过明确任务、所承担的责任、所能获得的支持和奖励来规范研发管理，并通过向研发小组及其骨干人员转让部分剩余控制权来达到对研发人员的部分自我激励。这种方法在国有企业特定的内部制度和文化环境中，具有可操作性和较好的效果。

3. 劳务型承包工资

劳务型承包工资主要针对一些技术含量低的岗位，如：保安、保洁、绿化、装卸等岗位比较适合采用承包工资制。这种工资制度类似于外包的劳务代理制，即企业根据当地劳动力市场的价格确定这些工作的劳动报酬，员工工资与企业绩效没有太大关联性，其工资随外部劳动力市场价格的波动而调整。

第五节　薪点工资的设计及管理

薪点工资制是以劳动岗位为对象，在岗位劳动评价“四要素”（即劳动技能、劳动责任、劳动强度和劳动条件）的基础上，以点数为标准，以其单位的经济效益定点值，以职工个人贡献大小为依据，确定劳动报酬的一种弹性工资的薪酬制度。薪点工资制的主要特点是：工资标准不是以金额表示，而是用薪点表示，薪点值取决于企业的经济效益。

一、薪点工资制度的主要内容

所谓薪点工资制，就是在岗位劳动评价和个人技能素质评价的基础上用点数和点值来确定员工的劳动报酬的一种工资分配模式。其特点是：点因素测评劳动，按效益浮动点值，累计点数付给报酬。

薪点工资制采用分解法评价劳动。它把劳动的四大制约因素，分解为若干子因素，对员工受各自因素制约后提供的劳动，都用同一尺度“点”加以量化，并用“点”直接作为工资的基本核算单位。

劳动的点因素测评包括以下两方面的内容：

1. 岗位因素点

就是按不同岗位的特点，将劳动的四大制约要素细化分解为数目不等的子因素，按其对员工劳动提供量的不同制约程度测定不同的点数，各子因素所测点数之和就是岗位因素点。它既表示各岗位本身的劳动“含量”，又用以区分岗位与岗位之间的劳动差别。员工以岗定点、变岗变点。

2. 个人因素点

即对某些能够制约员工劳动提供量的人的因素如劳动技能、熟练程度和经验积累等计点参评，借以反映同一岗位上不同岗位人员之间的劳动差别。发挥工资激励员工提高劳动素质的导向功能，通常列入劳动点因素测评的个人素质因素包括以下几项：

(1) 技术或职称等级点：结合技术岗位或职称等级加点，并保持一定的等级差别，有利于鼓励职工不断提高自己的技术业务水平。

(2) 学历点：学历是员工基础素质高低的标志之一。在劳动测评中反映了员工的智能、智商和素质。同时，也区分了在同一岗位上具有不同学历的新进职工之间的报酬差别。

(3) 工龄点：工龄反映员工为社会提供的劳动贡献以及自身经验、资历的积累。

(4) 兼会工种点：能够从事兼会工种并获得兼会工种证书的员工另外加点，可以鼓励员工多学几门技术，实现一专多能，为适应产业结构调整而开发自己的劳动能力。就企业来说，也可为生产向深度和广度拓展储备人才。

(5) 点值的确定。员工每提供一个“点”的劳动所应得的单位报酬，就是薪点的点值。由于企业工资总额受企业效益制约，所以，薪点点值随企业经济效益的升降而上下浮动。

点值 = 企业工资总额/全体职工所提薪点总和

职工个人工资 = (所在岗位薪点 + 本人素质薪点) × 点值。

二、薪点工资制的优越性

(1) 使工资分配直接与企业效益和职工个人的劳动成果挂钩，体现了效率优先的原则，也符合市场取向的原则。

(2) 薪点工资制能客观地反映职工的劳动差别，以调解各类工资的分配关系并实行按劳分配。工资用薪点表示比技能工资更容易做到工资分配向一线关键岗位、向科技管理岗位、向技术岗位倾斜。

(3) 薪点工资通过不同薪点确定职工工资，可以促进职工学习技术、实现一专多能，为企业多做贡献。

(4) 实行薪点工资制，通过量化考核、工资全额浮动来拉开工资分配的差距，使考核分配更具有严肃性。同时，量化与劳动制度改革相配套，对职工既是动力，也是压力，发挥了工资的激励作用。

(5) 由于薪点工资制把各类津贴和奖金纳入职工的薪点数中，逐步做到了收入工资化，职工容易接受，管理部门操作简便化，便于管理。

三、岗效薪点工资的构成和岗点的确定方法

(一) 岗效薪点工资的构成

(1) 基础保障（或称基本工资）单元。保障职工的最低生活所需，体现工资的保障功能。原则上按当地政府规定的最低工资标准确定。

(2) 岗位技能工资单元。因为同一岗位的职工之间，在劳动技能、熟练程度和经验积累等方面存在差别，它们在某种程度上也会对劳动的投入和产出产生影响。因此，岗位薪点工资的构成，除了以岗位为主要对象外，对某些能够制约职工劳动提供量的人的因素，也应计点参评，借以反映同一岗位内部不同上岗人员之间的劳动差别，发挥工资激励职工提高劳动素质的导向功能。岗位技能工资单元一般包括：员工职称、学历、兼会工种等等。

(3) 岗点工资单元。它是岗效薪点工资制中体现按劳分配的主体单元，也是最能发挥激励作用的工资单元，其标准用点数表示。岗点工资由各岗的点数与点值的乘积决定，在一定时期内，各岗位的点数是固定不变的，其点值随着单位的

经济效益上下浮动。为了使同一岗位、同一技能而实际工作表现和贡献不同的劳动者各得其所，使岗点工资切实与职工个人贡献大小挂钩，可设置岗点系数。根据岗位职责和考核结果，确定每月对职工履行岗位职责情况和完成工作任务的数量、质量进行量化考核，根据考核结果，确定每个职工当月的岗点系数，用岗点系数乘以各岗位的岗点，即为职工个人当月实得岗点数。

(4) 效益工资单元。它是体现工资与单位经济效益和职工实际贡献挂钩的工资单元，是岗效薪点工资的重要组成部分。效益工资要纳入岗点工资进行分配，通过分配，将工资的激励和约束功能逐级传递到各基层和职工个人，从而有效地调动企业和职工的积极性。

(二) 岗点的确定方法

合理地制定各岗位的岗点，是实行岗效薪点工资的关键。岗点的制定一是岗位，二是个人技能。因为同样岗位，由于劳动者的素质和实践经验不同，从事同样工作的技能也有差异，劳动效率不同，其贡献大小也不一样。所以在定岗时也应有所差别。根据以上思路，岗点可分为岗位点、技能点和绩效点三部分。

1. 岗位点的测定

岗位点的测评一般包括三个步骤：一是要在全企业范围内进行岗位综合测评。组织各方面专业人员成立岗位测评委员会，根据劳动测评的四要素（劳动技能、劳动表现、劳动强度、劳动环境条件）对企业的所有岗位分别进行测评、打分。二是根据测评得分高低，将各类岗位分别排序，并将得分相近的岗位归为一级，从而划分出若干个级别，将各岗位归级。三是根据归级情况，确定最高一级与最低一级的基本点，然后按照等差或等比的计算办法，计算出中间各级的基本岗点。

表 7-16 是一家企业岗位点测评表。

表 7-16 其企业岗位点测评表

岗位基本要素测评			
劳动技能要素（40 分）	劳动责任要素（32 分）	劳动强度要素（16 分）	劳动条件要素（12 分）
1. 专业要求 2. 电脑水平 3. 理解力要求 4. 判断力要求 5. 表达交涉 6. 政策水平 7. 协调能力 8. 创新能力 9. 经验要求 10. 独立工作能力	1. 工作范围 2. 经济影响 3. 士气影响 4. 品牌影响 5. 出错概率 6. 出错影响 7. 生产责任 8. 对他人的责任	1. 工作数量 2. 工作难易 3. 繁琐程度 4. 持续紧张程度	1. 工作环境条件 2. 工作危险性 3. 连续用眼情况

备注：1. 以上要素可根据程度的不同，每一小项可划分为 5 个等级。
2. 以上测评的最终评分由各部门测评（40% 权重）和企业综合测评小组测评（60% 权重）加总而成。
3. 岗位综合测评对岗位不对人，一年测评一次。

2. 技能点的测定

技能薪点的测定一般包括：学历学位、职称以及兼职的薪点测定。

(1) 学历学位薪点的测定。对学历学位的测定应注意以下几点：第一，确定学历薪点的起始水平，如高中。第二，学历应以国家教育部正式承认的学历为准。第三，学历薪点的计算应从公司相关职能部门认定之日开始计算。

表 7-17 是一个关于学历薪点评定的例子。

表 7-17 学历薪点评定

序号	学历、学位	薪点	备注
1	博士及以上	5.0	设置学历、学位薪点的目的在于鼓励企业员工自觉提高自身文化素质，共创学习型企业。但又不惟学历论，仅起到荣誉激励作用，故薪点值较低
2	研究生学历并硕士学位、无学历双学士	4.5	
3	硕士无学历、研究生学历无学位、双学士	4.0	
4	本科并学士	3.5	
5	国家承认的本科证书	3.0	
6	大专学历、本科肄业	2.5	
7	国家承认的大专证书	2.0	
8	中专学历	1.5	
9	高中学历、职业高中、中专证书	1.0	
10	高中以下学历	0.5	

(2) 职称点的测定。为了鼓励员工积极钻研业务和提高专业技术水平，设立职称薪点。每位员工都可以根据本人的专业技术资格或技术等级取得相应的职称薪点。职称薪点的取得需要本人申请，以职能部门考核或审查认定结果为准。接下来，我们通过一个例子来加深对职称点的理解，如表 7-18 所示。

表 7-18 职称点

序号	职称资格	薪点	备注
1	高级职称	15	
2	中级职称	10	
3	助理级职称	5	
4	员级职称	3	
5	无职称	1	

(3) 兼职薪点的测定。兼职薪点的测定一般可参考以下原则结合企业实际进行操作：兼职薪点是对在工作量满岗岗位上工作的员工做兼职工作的报酬。其标准为：

1) 兼任一个满岗业务工作岗位，平均每天加班 4 个小时以上者，其兼职薪点为所兼岗位薪点标准的 100% 。

2) 兼任一个半岗业务工作岗位，平均需要每天加班 4 小时以下者，其兼职薪点为所兼岗位薪点标准的 50% 。

3) 兼任一个员工从事两个半岗业务工作或所兼工作不需要经常占用非工作时间者，不享受兼职薪点。

4) 兼任党政工作，需要占用非工作时间每周 3 小时以上者，兼职薪点为本岗位所属薪档中一个级差的薪点。

3. 绩效薪点的测评

岗位绩效薪点的测定以员工工作绩效评估，结合职级系数，确定员工个体的绩效薪点。从实际操作的情况看，确定绩效薪点的基础是企业原有的职务工资。表 7-19 是一个企业绩效薪点的确定。

表 7-19 某企业绩效薪点

薪点序号	职务	职级	起薪点
1	总裁	总裁级	1200
2	副总裁	副总裁级	960
3	经理	经理级	520
4	副经理	副经理级	420
5	高级主管	高级主管级	348
6	主管	主管级	304
7	主办	主办级	176
8	一般员工	员级	96

最后，我们得到了每个岗位的薪点数，各个岗位的薪点数随着员工每月的考核结果而变动。

四、点值的确定

(一) 企业总薪点数的确定

在完成了对企业各岗位的薪点评定后，结合企业每个岗位的在岗人数，我们就能得到企业薪点的总点数。如表 7-20 所示。

表 7-20 企业总薪点数的确定

序号	岗位级别	薪点工资构成				在岗人数	点数合计
		基本薪点	岗技薪点	绩效薪点	总点数		
1	总裁级	300	1500	1200	3000	1	3000
2	副总裁级	240	1200	960	2400	3	7200
3	经理级	130	650	520	1300	12	15600
4	副经理级	105	525	420	1050	30	31500

（续）

序号	岗位级别	薪点工资构成				在岗人数	点数合计
		基本薪点	岗技薪点	绩效薪点	总点数		
5	高级主管级	87	435	348	870	58	50460
6	主管级	76	380	304	760	109	82840
7	主办级	44	220	176	440	345	151800
8	员级	24	120	96	240	597	143280
总计						1155	485680

在这个例子中，企业总人数为1155人，其总的薪点数为485680点。

（二）企业薪点点值和员工收入的确定

1. 企业薪点点值的确定

薪点点值（月度）＝企业工资总额（月度）/企业全体员工的薪点总数

员工收入（月度）＝薪点点值（月度）×员工薪点（月度）

2. 评估与调整

用薪点制测算出各个员工的收入后，应对各个岗位员工的收入情况进行抽样调查，并与企业原先实行的工资情况进行对比，以检验薪点方案的信度和效度。

对实施薪点方案后收入差距特别大的岗位要重点分析原因，并对其薪点进行调整。如果企业还要将一些员工补贴性收入统一纳入薪点方案，则应将补贴金额换算成新点数，进而调整获得补贴性收入员工的薪点数。如表7-21是某企业将年功津贴纳入薪点的方案：

表7-21 某企业年功津贴薪点方案

序号	工作年限/年	金额/元	换算薪点数/点
1	0～5	2	0.4
2	6～10	3	0.6
3	11～20	4	0.8
4	21～30	5	1
5	31年以上	6	1.2

备注：当月企业的薪点点值＝5元

五、实施薪点工资应注意的问题

企业实施薪点工资制度过程中要注意以下问题：

(1) 严格进行岗位的分类。企业薪点工资制是以岗位要素为主体的工资分配模式，必须首先对企业岗位类别进行划分。根据企业取消行政级别的实际情况和企业具有的特性可以对企业现有的岗位进行调整，按照以岗位职务为主的类别排列。这种排列方法既能紧密结合企业自身的特点，又能充分满足业务开展的需要，因此也便于管理和操作。

(2) 确定岗位薪点标准。无论是正式职工还是外聘员工均统一执行薪点工资制，按所聘岗位类别和个人要素核定工资薪点。

(3) 建立严格的考核机制。岗位要素点按考核结果实行动态管理，以职工岗位技能、岗位责任、劳动强度、劳动条件评定工资档次。

(4) 薪点点值的确定与调整。薪点点值是以企业的经济效益为基础，依据当年工效挂钩结算的可使用数与企业的实际支付能力计算确定。由于企业工资总额受企业效益制约，所以薪点点值及职工收入，都将随着企业经济效益的升降而相应浮动。

(5) 薪点工资制实行动态管理。以岗定薪，易岗易薪，职工岗位晋升或调低，则按照新岗位最低档核定岗位要素点。

六、实行薪点工资应处理好的几个关系

(1) 处理好不同工种之间的工资分配关系。工资分配作为企业内部最有效的经济杠杆，对企业用工导向起着极为重要的作用，所以在制定各工种的平均岗点时，应根据职工人心所向，适当增大一线工种与后勤工种的岗点倍数，从而加大向苦、脏、累、险等一线艰苦岗位的倾斜力度，拉大生产一线与后勤服务人员的收入差距，发挥工资的激励作用，促进企业内部人员的合理流动，确保一线职工队伍的稳定。

(2) 处理好脑力劳动与体力劳动之间的关系。长期以来，在工资分配方面，脑体倒挂的问题一直存在，但随着市场经济和现代企业制度的建立，企业已成为自主经营、自负盈亏的经营主体。脑力劳动者尤其是企业的经营者和其他管理者，在企业生产经营管理工作中的地位作用和责任愈来愈显得重要，他们所承担的风险也愈来愈大。因此，应充分考虑脑力劳动者创造的价位，工资分配在向艰苦岗位倾斜的同时，应适当提高管理人员与服务人员之间的岗点倍数，提高管理人员的工资水平。但考虑到职工的心理承受能力，初定的倍数不宜拉得太大，应随着条件的成熟而逐步提高其岗点倍数。

(3) 处理好不同区域间的工资分配关系，应设置区域工资系数来调节不同区域的工资水平（即过去常讲的工资地区类别）。区域工资系数，应根据国家划分的地区类别确定分类区的工资系数，在同一类区内，可根据各工作所处环境以及距职工生活区的远近，来进一步确定同一类区域的工资系数。为保持职工队伍的稳定，区域系数可参照目前各区域职工的工资收入水平的比例，在适当调整的基础上确定。

复习思考题

1. 本章几种基本工资制度间有何异同？

2. 岗位工资制度有哪些设计流程？
3. 实施技能工资制度应注意哪些问题？
4. 绩效工资制度主要有哪几种类型？
5. 薪点工资制有何作用？
6. 薪点工资制的操作步骤有哪些？
7. 实施薪点工资制应注意协调哪些关系？

第八章　公司薪酬制度设计及管理（下）

本章概要：通过学习本章内容，可以掌握年薪制和结构工资制的设计原则、设计流程、薪酬管理以及要注意的问题，可以对年薪制和结构工资的设计有个宏观和微观的把握，从而设计出具有内部公平性和外部公平性的工资制度，以激励员工为企业的发展努力。

年薪制这种分配制度是市场经济条件下通行的办法，作为现代企业的有效激励方式，年薪制既具有激励作用，又具有约束作用，已经得到越来越多企业的认可。只有掌握好年薪制设计的关键和管理方法，才能使年薪制发挥应有的作用；结构工资制通过结构工资各个工资单元的合理组合，可以有效地发挥薪酬的激励和效率问题，企业可以根据自身需要设计结构工资，通过掌握结构工资制的设计和管理方法，从而达到薪酬设计的目的，以更好地为企业发展服务。

第一节　年薪制设计及管理

一、年薪制概述

企业形式的变化，分配形式也呈现出多样化，在公司制形式下，随着公司规模的不断扩大，所有权和经营权逐渐分离，企业高层决策权逐步集中到职业化的经营人员手中。为了调动经营者的工作积极性，使经营者的个人利益和公司利益结合起来，通过对经营者行为的考核，建立对经营者有效的激励与约束机制就很必要。年薪制就是在这种背景下逐渐出现的。

所谓年薪制，就是以年度为单位，根据经营者的生产经营成果和所承担的责任、风险等确定其工资收入的工资分配制度，即通过年薪制来激励和约束经营者。

薪酬的一个重要职能就是激励功能，也是目前企业普遍采用的一种有效的激励手段。由于高级经营者是公司战略的规划人员，而战略性规划一般是以5年或5年以上为时间段的，所以对经营者的考核可能需要一年或者多年才能得出结果。在这种情况下就形成了对经营者实行年薪制的薪酬支付形式。

从年薪制的定义可以看出，经营者的年薪和其承担的风险和责任紧密相连的。经营者只有实现资产所有者期待的利润和资产增值最大化目标，才能使个人利益最大化。由于企业业绩要受多种因素的影响，其中包括可控制和不可控制因素，特别是不可控制因素，因而增加了经营者收入的不确定性，所以年薪制体现了责任、利益和风险相一致的原则。

实行年薪制有如下优点：第一，能充分调动经营者的积极性。经营者如果能够提高企业的经营绩效，其收益也就会相应提高。在明确双方的利益关系后，经营者只有为企业利益努力，才能确保自身利益的实现，这种正向的激励机制能够有效地调动企业经营者的积极性，从而提高企业的经营效益。第二，能够在较长的周期考察员工的业绩。这对人力资源管理和薪酬管理都有利。第三，经营者的收入与职工分离，克服了经营者收入与本企业职工收入互相拉动的弊端。第四，责任得到明确和落实，实现了责、权、利的统一。第五，年薪制遵循了按劳分配、多劳多得的原则。

年薪制的缺点主要体现在：第一，一般年薪制只能解决当年的激励问题，没有解决长远激励问题。第二，年薪高低的标准不好确定。第三，需要具备一定的环境条件，如需要建立企业家职业市场等。

年薪制的实施最终能否有效发挥作用，取决于保障这种制度有效运转的环境条件，比如人才流通的市场化环境、规范成熟的绩效考核、充分必要的授权、合理有效的年薪额度浮动区间等。

二、年薪制设计要克服的障碍

年薪制的实行需要企业内部和外部条件相配合，其间要克服的障碍包括：

(1) 年薪数额的确定问题。年薪数额定得过高或者过低都有问题。过高了，经营者可能会减少劳动供给；过低了，则有可能会使经营者个人追求效用最大化而跳槽，转而寻找更高收入的工作。

(2) 体制障碍问题。企业经营者任用还没有实现公开化和市场化，有的企业还没有建立健全企业内部权力制衡的内部约束机制、法律制度等，这些都限制了年薪制的实行。

(3) 经营者与一般工人的收入差距问题。经营者高出职工收入的确切数额如何确定，经营者与职工水平差距多大为合适等这些问题，都是在实行年薪制时需要考虑的。

(4) 经营者的年薪由谁来定的问题。在市场经济条件下，如果产权很清晰，那么经营者的年薪是由所有者来定。如果产权不太明晰，那么由谁来定，就比较复杂。

(5) 如何确定企业资产的问题。如何科学地、实事求是地确定企业资产是实施年薪制的一个基本前提。但在实际经济生活中，这并不容易做到。由于年薪制的执行必须以资产增值为标准，而资产不容易确定，导致年薪制的执行也有相当难度。

三、年薪制设计流程

年薪制设计流程如图 8-1 所示。

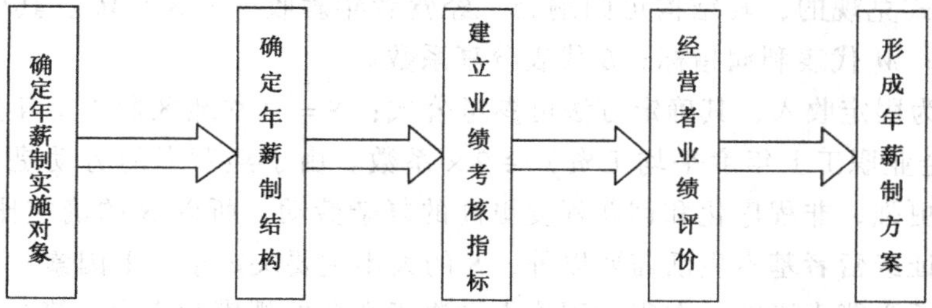

图 8-1　年薪制设计流程

1. 确定年薪制实施对象

年薪制实施的对象是企业的经营者，不同的企业对经营者的理解可能不同，董事长和总经理、企业法人代表、厂长等都可视为经营者，比如，浙江省把它定为”主要经营者及其经营班子”，有的企业对关键岗位和重要岗位的员工也实行年薪制。在确定年薪制的实施对象时，原则上应尽可能控制在主要经营者的范围，即使范围扩大，也至多扩大到经营副职的范围，但实施的范围不能过大，一般以 2～5 人为佳，最合适的对象是：董事长、副董事长、董事、总经理（总裁）、副总经理（副总裁）、总会计师等。具体的实施对象，企业可以根据自己的实际情况确定。

2. 确定年薪制结构

一般来说，年薪制中的年薪主要由基本年薪、奖金、股票、期权等组成。具体结构组合没有统一的规定，企业可根据自己的实际情况设计年薪制付酬单元。国内有学者根据我国的具体国情将其年薪制模式划分为五种，具体如表 8-1 所示。这五种模式的报酬数量决定因素、适用对象、适用企业、考核指标和激励作用各有特点。

表 8-1　年薪制模式和结构

模式	结　构
准公务员型	基薪 + 津贴 + 养老金计划
一揽子型	单一固定数量年薪
持股多元化型	基薪 + 津贴 + 含股权、股票期权等形式的风险收入 + 养老金计划
非持股多元化型	基薪 + 津贴 + 风险收入（效益收入和奖金） + 养老金计划
分配权型	基薪 + 津贴 + 以“分配权”、“分配权”期权形式体现的风险收入 + 养老金计划

总括这五种模式，年薪制结构大体上可分为风险收入全货币形式结构和风险收入有股票期权形式结构这两种。

(1) 风险收入全货币形式结构。许多企业采用的年薪制结构大都由固定收入和风险收入两部分组成，其中风险收入实质上是经营者带有风险的利润分享，多以货币形式兑现的，其结构可归纳为：经营者年薪收入 = $S + M\beta$。其中 S 代表固定收入；M 代表利润指标；β 代表分享系数。

S 作为固定收入，其确定方法可参考公式：S =（本地区职工上年度平均工资 + 本企业职工上年度平均工资）÷ 2 × 系数。由于经营者的劳动是一种需要概念技能更强，非程序化和创新程度更高的复杂劳动，所以 S 的确定比较复杂。除了要保证经营者基本生活需要以外，S 的大小主要决定于以下因素：第一，受企业薪酬承受能力影响，在很大程度上取决于企业的规模和实力。第二，受企业薪酬理念和薪酬政策导向性的影响。第三，受经营者本身岗位特点和性质的影响。第四，受外部薪酬市场的影响。

分享系数 β 是经营者对利润的边际贡献，也由企业根据具体情况确定。

利润指标 M 有三种情况，六种选择，如表 8-2 所示。企业可以根据具体情况从中进行选择。

表 8-2 利润指标情况分类

第一种情况		第二种情况		第三种情况	
当年实际利润	当年实际利润 - 计划利润	当年利润总额	当年利润总额 - 去年利润总额	资金利润率	销售收入利润率

案例：

云南省的经营者年薪制

云南省实行经营者年薪制的企业比较普遍，年薪制试点的地区多数取得了一定的效果。其对企业经营者年薪结构和收入的确定方法如表 8-3 所示。

表 8-3 经营者年薪结构和收入确定方法

年薪项目	年薪收入	基本年薪	效益年薪	改善效益年薪	当期绩效评价系数	效绩评价变动系数
计算公式	基本年薪 + 效益年薪	企业年薪基数 × 本企业资产规模系数	当期效益年薪 + 改善效益年薪	基本年薪 × 效绩评价变动系数 × 1.5	当年效绩评价分数 ÷ 60	（当年效绩评价分数 —上年效绩评价分数）÷ 10

备注：企业年薪基数规定为：大型企业 12 万元；中型企业 6 万元；小型企业根据所在地区的实际情况由各地自行确定。企业资产规模系数根据企业年度平均资产总额，按照政府规定的标准进行套算。

(2) 风险收入有股票期权形式的结构。前面讲过，以货币形式兑现的年薪制结构中风险收入实质上是经营者的利润分享，除此之外，这部分也可以用股票期权或者用货币形式和股票期权相结合替代，比如，风险收入的 30% 以现金兑现，其余 70% 转化为股票期权。

在货币形式和股票期权相结合的情况下，经营者年薪收入为：$[S+\beta I(M+£Z)]+[(1-I)\beta(M+£Z)]\div P$。其中 I 代表现金形式支付的比例；Z 代表相关企业利润指标；£ 代表经营者的收入与指标 Z 的关系系数；P 代表企业年报公布后一个月的股票平均价格；S、M 和 β 的含义同上。

3. 建立业绩考核指标

企业不同，年薪收入的确定方式可能是不同的。一般来说，主要有以下三种方式：第一，通过利润指标对经营者的业绩进行评估。第二，通过所有者对经营者的行为直接进行评估。第三，利用股票市场对经营者的业绩进行评估。

从年薪收入的确定方式可以看出，建立一套健全、科学的业绩评价体系对经营者的行为和业绩进行评估很关键，评价不但要求结果公平，更要求过程公平。评价体系一般应包括目标责任、监管审计、考核奖惩等方面，所以对应的年薪制的评价指标体系包括目标责任指标、监管审计指标、考核奖惩指标等。比如某企业的年薪制评价指标体系如表 8-4 所示。

表 8-4 年薪制评价指标体系

指标类型	包含项目
财务指标	主营业务收入、年度利润总额、资本报酬率、资产保值增长率等
定性指标	企业文化、技术创新、管理制度的完善程度等
奖罚指标	于质量、成本、安全等责任目标挂钩的奖罚指标等

要设立考核指标，考核指标的设计要讲究科学性和可操作性，采用能准确反映企业经营情况的指标，重视企业非财务指标的考核，以达到年薪制的目的。一般的考核指标有主营业务收入、年度利润总额、资本报酬率、资产保值增长率等这些财物指标，但仅财物指标还不行，因为这都属于年度考核，不利于抑制经营者为完成当年考核任务而忽视企业长远发展的短期行为，另外有的企业的财务制度还不完全规范，而且这些指标只看结果，不重过程，这和年薪制设计的初衷相违背。要解决好这些问题，建议采取关键绩效指标（KPI）法、综合平衡计分法或经济增加值（EVA）法制定评价指标体系。

一般设立考核指标体系要遵循与绩效挂钩、科学量化、重点突出、兼顾短期激励和长期激励的原则。对可量化的指标如资本报酬率等可根据历史数据计算确定其权数，对不可量化的指标，如计划能力指标等可以采用民主评议法或专家评定法进行确定，也可参考市场相关标准。

4. 业绩考评和年薪的确定

对量化的指标考评，可根据相关部门提供的统计数据，对定性的指标考评，可采用民主评议法或专家评定法。

经营者年薪的确定要受企业规模的影响，企业规模大小是决定其基本年薪的重要因素；还要看公司的经营业绩，比如，销售收入、销售增长率、资产保值增长率、资本报酬率、利润、股票价格等方面；另外，相似经营者的市场年薪水平也是影响因素。

案例：

决策树法绩效评价和绩效年薪的确定过程

(1) 确定绩效指标并画出绩效指标分解树状图。如图 8-2 所示。

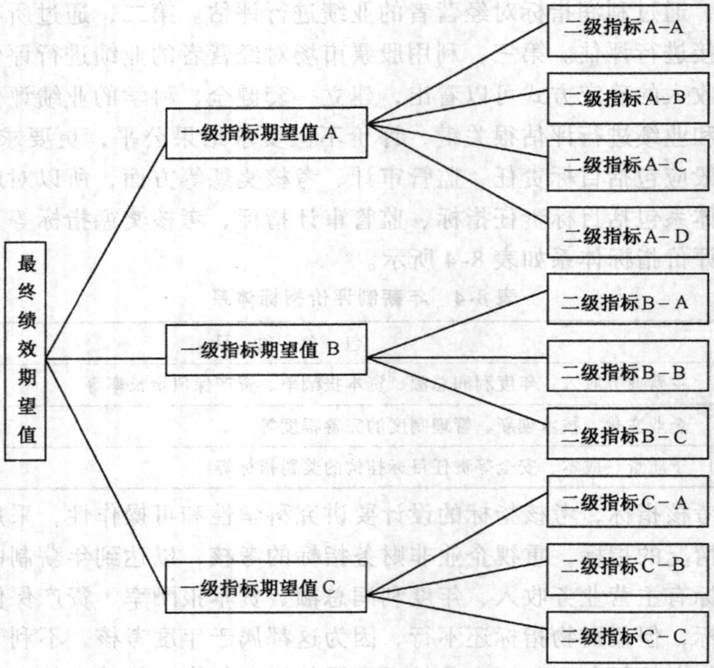

图 8-2 绩效指标分解树状图

(2) 确定指标权重。具体如表 8-5 所示。

表 8-5 指标权重

指标	一级指标A	一级指标B	一级指标C	二级指标A-A	二级指标A-B	二级指标A-C	二级指标A-D	二级指标B-A	二级指标B-B	二级指标B-C	二级指标C-A	二级指标C-B	二级指标C-C
权重	0.3	0.4	0.3	0.4	0.2	0.2	0.2	0.2	0.3	0.5	0.4	0.4	0.2

(3) 确定指标标准和评价标准。确定方法有：预测法，比如，资产保值增长率、资本报酬率等指标，可以根据历史数据进行预测确定计划指标。对照法，比

如，流动比率、资产负债率等，可以参照行业标准。专家法，对难以量化的指标可以用此法。

(4) 确定实际绩效结果。

(5) 实际绩效结果和指标标准进行比较。通过比较确定完成的程度，比如资本报酬率的指标标准为40%，而实际达到40%，则计划完成的程度为1。对不能通过数值比较的，可由专家来评估或者民主评议。假如完成率如表8-6所示。

表8-6 指标完成率

二级指标	二级指标A-A	二级指标A-B	二级指标A-C	二级指标A-D	二级指标B-A	二级指标B-B	二级指标B-C	二级指标C-A	二级指标C-B	二级指标C-C
完成率	0.8	1.0	0.7	0.9	1.0	0.9	0.8	0.7	1.0	1.0

(6) 计算一级指标期望值并确定单位绩效期望值的年薪。计算公式为某一级指标期望值 = ∑（完成率×二级指标权重），并设定单位绩效期望值的年薪为15万元，则绩效年薪的计算结果如表8-7所示。

表8-7 绩效年薪计算表

期望值和年薪	一级指标期望值A	一级指标期望值B	一级指标期望值C	经营者绩效评价期望值	绩效年薪/万元
计算结果	0.84	0.87	0.88	0.86	12.9

备注：一级指标期望值 A = 0.4×0.8 + 0.2×1.0 + 0.2×0.7 + 0.2×0.9；一级指标期望值 B = 0.2×1.0 + 0.3×0.9 + 0.5×0.8；一级指标期望值 C = 0.4×0.7 + 0.4×1.0 + 0.2×1.0；经营者绩效评价期望值 = 0.84×0.3 + 0.87×0.4 + 0.88×0.3；绩效年薪 = 15×0.86。

从上个例子可以看出，通过考核体系对经营者的行为和业绩进行评价后，使效益年薪与评价指标挂钩，才能确定经营者的年薪。比如某企业的效益年薪与评价指标挂钩方法，如表8-8所示。

表8-8 效益年薪与评价指标挂钩

指标名称	指标内容	挂钩年薪标准	挂钩比例	考核标准
利润计划	300万元	30000元	40%	完成计划指标，全额发放；否则按规定扣减
营业收入计划	12000万元	10000元	15%	完成计划指标，全额发放；否则全额扣减
安全生产指标	控制在行业规定的范围内	18000元	25%	达到考核要求的，全额发放；否则酌情扣减

（续）

指标名称	指标内容	挂钩年薪标准	挂钩比例	考核标准
员工工资收入比上年增长率	6%	7000元	10%	完成计划指标，全额发放；否则，每降低1%，扣除800元
综合治理指标	控制在行业规定的范围内	7000元	10%	达到考核要求的，全额发放；否则酌情扣减

年薪制设计要考虑怎么才能使年薪制达到应有的激励效果，通过年薪制来激励和约束经营者。通过下面的案例介绍一种基于经济增加值（EVA）的年薪制设计方法。

案例：

基于经济增加值（EVA）的年薪制设计

某公司是一家上市公司，去年对经营者实行年薪制，但效果不佳，公司高层分析后发现，公司的年薪制主要以利润为考核指标，经营者主要关注利润，对成本不太关注，为完成利润指标而低效率地大量消耗资源，造成了股东财富的下降；没有相应的奖罚约束机制，完不成最低计划目标的不受惩罚，对超额完成的也没有奖励；在和经营者讨论制定计划目标时，双方的利益很难平衡，经营者倾向于把目标定得很低，最后造成"任务轻，薪酬高"的现象。针对这些弊端，公司决定改革原来的年薪制方案，实行基于EVA的年薪制设计，奖金不封顶，以激励经营者不断地提高业绩，并设立奖金池备用，用来补亏。利用EVA作为度量的指标，实现经营者的利益和股东利益的统一。

公司对核心层实行EVA年薪制，先建立EVA奖励基金，相关计算公式如表8-9所示。

表8-9 EVA和奖金计算公式

计算项目	经济增加值（EVA）	奖金
计算公式	NOPAT - TC × C%	M1 × ［EVAt1 - EVAt2］ + M2 × EVAt1

备注：NOPAT代表税后利润；TC代表占用资本（股权资本、债务资本）；C%代表资本成本系数。M1、M2代表加权系数；EVAt1代表当年的EVA实际值；EVAt2代表前一年的EVA实际值。

其中，在确定经营者当年奖金时，M1反映了EVA的变化值所占的比重，且无论变化值大于零或者是小于零，M1都取正值，而M2则反映了当年EVA值所占的比重，如果当年EVA为负值，则M2自动变成零。

然后为经营者建立红利专门帐户，根据上面的计算方法确定奖金收入，如表8-10所示。

表 8-10　奖金计算

年份	EVA	EVAt1	EVAt1-EVAt2	奖金
2004 年	3600 万元	>0	≤0	0.12×EVAt1
			≥0	0.24×［EVAt1－EVAt2）＋0.15×EVAt1
		≤0		0

备注：当 EVAt1－EVAt2≤0 且 EVAt1>0 时，取 EVAt1－EVAt2=0；当 EVAt1≤0 时，取 EVAt1=0。

可见 EVA 越多，奖金就越多，并且奖金不封顶，这极大地激励了经营者提高业绩的积极性。

第二节　结构工资设计及管理

结构工资制又称组合工资制，是基于工资的不同功能划分的若干相对独立的付酬单元，每个付酬单元在功能和性质上是不同的，并且各单元所占的比重也有所不同的工资结构。结构工资制的付酬单元一般包括：基础工资、岗位工资、技能工资、绩效工资、年功工资、浮动工资等。结构工资制的形式有以岗位技能工资为主的结构工资制、以岗位绩效工资为主的结构工资制等。下面是一些结构工资制度的组合模板，具体如下：

一、以岗位技能工资为主的结构工资模板

岗位技能工资为主的结构工资模板如表 8-11 所示。

表 8-11　岗位技能工资为主的结构工资模板

岗位系列	薪　酬　组　合
管理类	基础工资＋岗位工资＋技能工资＋业绩工资＋各种津贴＋福利
技术类	基础工资＋岗位工资＋技能工资＋项目提成＋各种津贴＋福利
销售类	基础工资＋岗位工资＋技能工资＋销售佣金＋各种津贴＋福利

岗位绩效工资为主的结构工资模板

（1）模板一：如图 8-3 所示。

（2）模板二：

工资总额＝岗位工资（50%）＋绩效工资（50%）；适用于管理、技术等人员。

工资总额＝岗位工资（70%）＋绩效工资（30%）；适用于运行人员。

工资总额＝岗位工资（30%）＋绩效工资（70%）；适用于生产、服务等人员。

（3）模板三：

工资总额＝岗位工资（70%）＋绩效工资（30%）；进一步取消基础工资，

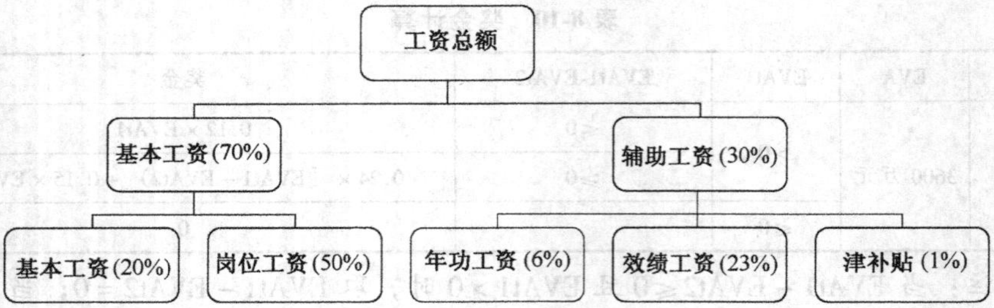

图 8-3 岗位绩效工资为主的结构工资模板——模板一

加大岗位工资的比重；适用于生产经营较稳定的企业或岗位。

工资总额 = 岗位工资（30%）+ 绩效工资（70%）；进一步取消基础工资，加大效绩工资的比重；适用于市场竞争激烈的企业或岗位。

结构工资制的优点是对工资的分级管理有利，各个付酬单元能有效反映劳动差别，但如何合理确定各单元的比例很难，由于各个单元独立运行，这也加大了工资预算和工资管理的难度。

下面分别介绍结构工资各个单元的设计方法，企业可以根据自身的实际情况进行结构单元的合理组合，设计出完善的结构工资来。

二、岗位工资设计

岗位工资是指根据员工所在岗位或所任职务、所在职位的劳动责任、劳动强度、劳动条件、劳动技能要求而确定的工资。它主要的特点是对岗不对人，这是结构工资中的主要部分；岗位工资的特点是按岗位、职务来确定工资，突出岗位因素，“在什么岗拿什么钱”，“易岗易薪”，“岗变薪变”，工资结构简化，利于操作，较好地体现了按劳分配原则。

在设计结构工资中的岗位工资过程中，除参照第七章：“公司工资制度设计及管理（中）”的有关内容外，下列主要技术环节要重点把握：

1. 岗位测评

岗位测评包括：建立岗位测评组织，设计岗位测评工作方案，岗位分析和划岗归类，确定测评要素，确定岗位测评项目，处理数据，汇总、修正评价结果等步骤。例如：

（1）按照岗位所需素质结构、岗位所担负的责任等标准对岗位进行分类后，确定测评要素。比如，岗位分为管理岗和技术岗，这两类岗位都用劳动四要素（工作责任、工作技能、工作强度、工作条件）测评，由于岗位特点不同，采用的岗位测评项目应有区别，如表 8-12 所示。

（2）对因素进行定义，赋予每个因素权重和分值，并分级。如表 8-13 所示。

（3）对岗位综合评价以后，根据得分情况进行岗位归级。如采取 15 分为一个分段，分为二十个分数段，分别对应二十级岗位。如表 8-14 所示。

表 8-12 岗位测评因素

主因素	子因素	
	管理岗位	技术岗位
工作技能	文化素质	专业技术知识
	专业技术	业务文化素质
	业务能力	工作任务技术难易程度
	组织管理能力	技术操作复杂程度
	⋮	⋮
工作强度	工作难易程度	脑力、体力劳动强度
	脑力劳动紧张程度	劳动紧张程度
	工作量负荷程度	工作班制
	⋮	⋮
⋮	⋮	⋮

表 8-13 岗位测评因素分配权重和分值

主因素	管理岗位		技术岗位	
	权重	分数	权重	分数
工作技能	30%	30	35%	35
工作强度	25%	25	20%	20
工作责任	40%	40	35%	35
工作条件	5%	5	10%	10
合计	100%	100	100%	100

表 8-14 岗位归级

岗位	评价分数	岗位	评价分数
一	135 分以下	十一	271 ~ 285
二	136 ~ 150	十二	286 ~ 300
三	151 ~ 165	十三	301 ~ 315
四	166 ~ 180	十四	316 ~ 330
五	181 ~ 195	十五	331 ~ 345
六	196 ~ 210	十六	346 ~ 360
七	211 ~ 225	十七	361 ~ 375
八	226 ~ 240	十八	376 ~ 390
九	241 ~ 255	十九	391 ~ 405
十	256 ~ 270	二十	406 分以上

2. 确定岗位工资标准

根据岗位评测的总分对岗位进行归类，并划分档次后，再用一定的方法确定岗位工资标准。

确定岗位工资标准的原则是：依据岗位测评结果、企业的薪酬理念、考虑企业的承受能力、参照劳动力市场工资水平等。

确定岗位工资标准的方法有：岗位系数法；参照劳动力市场工资指导价位；执行各地劳动部门制定的岗位工资参照标准；与岗位等级对应的货币工资额；以直接人工费用（产品市场价－目标毛利－直接材料－制度费用）为基础测算不同岗位的工资收入等方法。这些因素均是变化的，因此企业应定期调整岗位工资标准。

例如，用岗位系数法确定岗位工资标准。岗位系数主要根据上岗人员的岗位责任、上岗能力、参加工作时间三要素核定的分数，依据分数对应确定相应的系数。确定岗位系数的方法有定量、定性、定量和定性结合法。具体如下：

（1）定量法。先进行岗位价值评估，得出每个岗位的评分，比如，100～950分不等，然后将岗位评价得分按一定的方法转化为岗位系数，比如，岗位系数＝岗位评价得分/100。

（2）定性法。先确定企业最高价值和最低价值的岗位。然后企业综合考虑确定最高岗位和最低岗位价值的倍数，即最高岗位价值 = $N \times$ 最低岗位价值。为了操作方便，最低岗位的系数可以定为 0.1 或者 1，如果 $N = 10$，则最高岗位的系数就为 $10 \times 1 = 10$ 或者 $10 \times 0.1 = 1$。对最高价值和最低价值岗位之间的岗位，可以采取插值的方式确定岗位的系数。

用以上方法确定岗位系数后，用公式“岗位系数×工资基额”就可得到岗位工资标准，其中工资基额的确定方法各个企业也可能不同。比如有的企业方法为：工资基额＝当地最低工资标准×承受能力系数。其中，承受能力系数是根据企业的经济承受能力确定；而有的企业用恩格尔系数法确定。

案例：

某公司的岗位工资标准

（1）公司把岗位工资分管理岗位、专业技术岗位和工人岗位，每一类人员对应不同的岗位工资标准。

（2）根据劳动四要素对岗位进行测评并结合公司的实际情况，设计了十二个岗位工资标准，每个岗位工资标准设三至六个档次。如表 8-15 所示。

3. 建立配套制度

岗位工资制不能独立地实行，必须与企业人事、劳动制度的改革紧密结合起来，必须有配套制度的支持和配合。配套制度一般包括：竞争上岗制度、岗位绩效考核制度、岗位工资标准升降制度和其他基础管理制度。

表 8-15 岗位工资标准分挡

岗位＼档次	1	2	3	4	5	6	管理岗位	专业技术岗位	工人岗位
一	800	850	900				总经理		
二	730	780	830				副总经理		
三	700	740	780	820			总监		
四	670	710	750	790			部门经理		
五	610	650	690	730	770		部门副经理		
六	560	590	620	650	680	710	主管	高级技术人员	
七	500	530	560	590	620	650	主任		高级技师
八	440	470	500	530	560	590	班组长	中级技术人员	技师
九	380	410	440	470	500	530	管理员		高级技工
十	330	360	390	420	450	480	事务员	技术员助理	中级技工
十一	280	310	340	370	400	430	文员	初级技术人员	初级技工
十二	230	260	290	320	350	390			普通技工

案例：

某公司的岗位工资制配套制度

岗位工资标准确定后，根据公司经济效益、通货膨胀情况、生活消费指数的变化、国家和地区对最低工资的调整幅度等因素原则上每三年调整一次标准额。根据考核情况，原则上每两年对员工的岗位工资档次进行调整，对职工每年考核一次，经考核连续两年均胜任本职工作，完成任务较好的，可向上调整一个工资档次；经考核，群众意见较多，不完全胜任本职工作的，不调整工资档次；对少数表现不好或犯有错误的，可向下调整工资档次；对少数有突出贡献的职工，可当年进行岗位工资档次的调整；当员工晋升后，按其新职务确定其岗位工资……(略)。

三、技能工资设计

(一) 技能工资概述

技能工资是根据岗位、职务对劳动技能的要求和员工个人所具备的劳动技能水平确定的工资。依据是员工掌握技能的深度和广度来确定工资等级，而不是职位特征，所以在技能工资制中，员工职位改变但工资可能不变，另外在决定员工工资水平时很少考虑资历因素。

实行技能工资制有如下优点：第一，能够激励员工不断提高自己的技能。因为员工的薪酬增加是和个人技能的不断提高和进一步完善紧密相联的，技能提高了，薪酬才会增加相应的档次。第二，体现了按劳取酬的原则，使劳酬挂钩。第三，有利于提高团队和组织整体的合作能力。

但技能工资制也有如下缺点：第一，技能工资制要求企业为提高员工技能，必须付出更多的投入，这样会增加企业的培训成本。第二，技能工资制的设计和管理要比职位薪酬体系复杂得多，这会增加管理成本。

（二）技能工资设计实务

设计技能工资制要注意以下问题：第一，合理确定岗位工资和技能工资各占的比例。行业不同、员工类别不同比例就有区别，比如技术型企业，其技能工资的比重可以适当大一些；反之，劳动强度大、劳动条件差的行业、企业，其岗位工资的比重可以大一些。第二，企业是否具备实行技能工资制的条件。实行技能工资制的企业要求有一套健全的技能评价体系和技能培训体系，工作专业性较强，要求员工对所从事的工作具备深度和广度的技能，另外员工参与和管理层支持也很重要。第三，要解决好内部公平性和外部公平性的问题。协调好内部分配和市场工资的关系。

技能工资设计的一般流程如图 8-4 所示。

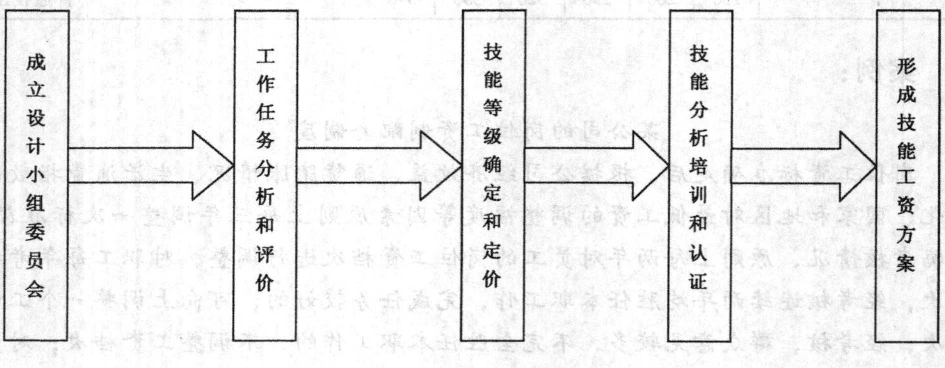

图 8-4 技能工资设计的一般流程

从这个流程可以看出，技能工资的设计要分析所要完成的工作任务，然后确定完成该项任务需要的技能类型和数量，再通过考试或考核去确定某员工是否已掌握这些技能，然后根据每项技能对公司贡献的价值为其定价，再向员工宣传他们能学会的技能，让他们知道学会后和获得报酬的关系。这些工作做好后就可以进行设计并形成技能工资方案了。

1. 成立设计小组委员会

设计小组委员会应当由以后执行技能工资制的部门人员组成，应当让技能工资制涉及到的员工代表参与进来。

2. 工作任务分析与评价

工作任务的分析与评价方法可参照前面第四章介绍的有关内容。

3. 员工技能和实绩评价

通过任职资格、技能水平考试和劳动实绩考核，对员工的技能水平和实际付出的劳动量进行评价。任职资格考试是判断员工是否有上岗资格，技能水平考试是考察员工实际达到的水平，劳动实绩考核是评价员工实际付出劳动量的大小。

4. 确定技能等级和定价

确定技能等级是按照岗位对劳动技能的要求和员工具备的技能水平划分，一般是先对岗位分类，然后划分技能工资档次，每档之间的工资差距可用分阶段累退系数的办法来合理安排各档次之间的比例关系。

技能等级入等入级的原则是：根据岗位评价入等，根据能力评价入级。

案例 1：

某公司的岗位技能工资分档分级方法

某公司是一家大型电力企业，实行岗位技能工资制，根据员工所在岗位的劳动责任、劳动技能、劳动强度、劳动环境这四要素确定岗位工资。根据公司的性质，把公司所有岗位进行归类，划分成生产岗位和管理（专业技术）岗位两大类，生产岗位包括工人岗位、班组技术岗位和生产运行岗位，其岗位工资是根据劳动四要素综合评价总分划分成 15 个等级。

技术工人的技能工资标准按照初级技工、中级技工、高级技工、技师和高级技师设置为二十五级。初级技工为一至五级，中级技工为六至十四级，高级技工为十五至二十一级，工人技师为十五至二十二级，高级技师为十五至二十五级。技术工人各岗位（工种）的技能工资等级线按其技术等级标准相应确定。

这两类岗位的技能工资标准规定如下：根据知识、经验和技术能力等因素评价，划分为初级管理（专业技术）职务、中级管理（专业技术）职务、高级（专业技术）管理职务。其技能工资标准设置三十级，一级到三十级递高，如表 8-16 所示。

表 8-16 技能工资等级

等级		1	2	3	4	5	6	7	8	9	10	11	12	13	14	…
岗位工资标准	五类	60	65	70	76	82	89	96	103	110	117	124	131	138	145	…
	六类	63	68	73	79	85	92	99	106	113	120	127	134	141	148	…
	七类	66	71	76	82	88	95	102	109	116	123	130	137	144	151	…
	八类	67	72	77	83	90	97	104	112	119	126	133	140	147	154	…
	九类	68	73	78	84	93	100	107	115	122	129	136	143	150	157	…
	十类	69	74	79	86	95	102	110	118	125	132	139	146	153	160	…

案例 2:

某集团公司岗位技能工资分档分级制度

第一条　集团公司所属各饭店及相关企业实行岗位技能工资制。

第二条　根据各个岗位的劳动责任、强度、条件、业绩确定不同岗位的工资等级和标准。

第三条　各单位可以对照分档标准，根据其岗位将每位员工细分不同的类别与档别，工资定级都将通过本人的工作业绩考评后在本岗位类别与档别的工资标准范围内确定级别，并实行一年一评一定，每年年末经过业绩考评后重新确定次年的工资等级。

第四条　有下列情况者，在评定次年工资级别时，必须降级处理：

(1) 当年病假超过 20 天或事假超过 3 天者；

(2) 当年违纪丙类过失 1 次，或乙类过失 2 次，或甲类过失 5 次者。

第五条　对有突出成绩的员工，经过规定程序审批可以随时在本类本档工资标准范围内晋升工资；对严重违反企业制度的员工，经过规定程序审批也可以随时在本类本档工资标准范围内下浮工资。

第六条　员工岗位变动后应相应调整其工资等级。员工晋升为管理人员或管理人员由低级向高级晋升，实行 6 个月的考察期（从正式发文之日起计算），考察期工资定为该类管理人员工资的下限，如晋升者原工资已超过晋升后该类管理人员工资的下限，则保留其原工资。考察期满后经考核可以根据各单位自身的特点和要求在本类工资范围内确定工资等级。其中饭店产业中，各饭店总经理、主持营运的副总经理（驻店经理）考察期 3 个月后可根据任职情况调整至总经理级的 B 级工资。

第七条　大中型饭店的划分标准为：年营业收入 4000 万元以上为大型饭店，年营业收入 4000 万元以下为中型饭店。其中享受大型饭店餐饮部工资上限的必须年餐饮收入达到 2000 万元以上，享受大型饭店康乐部工资上限的必须年康乐收入达到 540 万元以上。

第八条　各饭店人力资源经理、培训经理、质检经理、大堂副理工资等级类同于主管，厨师长、餐厅经理、夜总会经理、桑拿中心经理、总经理秘书工资等级类同于经理助理。

第九条　对未列入分档标准或今后新增加的岗位，可按照其岗位性质和要求对比分档标准中相似岗位进行分类和分档。

第十条　饭店销售人员不实行岗位技能工资制。

附 件　如表 8-17、表 8-18 所示。

5. 技能培训和认证

表 8-17 员工岗位分档标准

一档岗位	二档岗位	三档岗位
总台接待、收银 总机 预订处 礼宾司（金钥匙） 饭店洗衣房干洗工 餐饮炉台厨师 ⋮	礼宾部、行李房 （门卫、门僮） 商务中心 房务中心 客房值台 整房员 ⋮	PA 组 二级仓库 餐饮管事组 勤杂工 清洁工 跑菜员 ⋮

表 8-18 岗位技能工资档次等级标准

<table>
<tr><th>类别</th><th>级别</th><th>工资标准</th><th colspan="4">分档备注</th><th>效益工资系数</th></tr>
<tr><td rowspan="11">员工类</td><td>K</td><td>380</td><td rowspan="7">三档岗位</td><td></td><td></td><td>大专以下学历新员工培训期工资</td><td rowspan="11">新招收员工在培训期内为 0.5，其他为 1</td></tr>
<tr><td>J</td><td>430</td><td></td><td></td><td></td></tr>
<tr><td>I</td><td>480</td><td></td><td></td><td></td></tr>
<tr><td>H</td><td>530</td><td rowspan="6">二档岗位</td><td></td><td></td></tr>
<tr><td>G</td><td>590</td><td></td><td>大专学历新员工培训期工资</td></tr>
<tr><td>F</td><td>660</td><td rowspan="6">一档岗位</td><td>本科及以上学历新员工培训期工资</td></tr>
<tr><td>E</td><td>730</td><td></td></tr>
<tr><td>D</td><td>810</td><td></td><td></td></tr>
<tr><td>C</td><td>900</td><td></td><td></td></tr>
<tr><td>B</td><td>1000</td><td></td><td></td><td></td></tr>
<tr><td>A</td><td>1100</td><td></td><td></td><td></td></tr>
<tr><td rowspan="3">领班类</td><td>C</td><td>1000</td><td colspan="4"></td><td rowspan="3">1.1～1.2</td></tr>
<tr><td>B</td><td>1120</td><td colspan="4"></td></tr>
<tr><td>A</td><td>1250</td><td colspan="4"></td></tr>
<tr><td rowspan="4">经理助理和主管类</td><td>D</td><td>1330</td><td colspan="4"></td><td rowspan="4">1.2～1.4</td></tr>
<tr><td>C</td><td>1410</td><td colspan="4">中型饭店前厅、客房、设备、保安、公关、销售部经理助理和各主管岗位管理人员工资上限</td></tr>
<tr><td>B</td><td>1550</td><td colspan="4">大型饭店前厅、客房、设备、保安、公关、销售部经理助理和中型饭店餐饮、房务、康乐、人资、财务部经理助理工资上限</td></tr>
<tr><td>A</td><td>1700</td><td colspan="4">大型饭店餐饮、房务、康乐、人资、财务部经理助理工资上限</td></tr>
<tr><td>⋮</td><td>⋮</td><td>⋮</td><td colspan="4">⋮</td><td>⋮</td></tr>
</table>

（资料来源：中国人力资源开发网 http：//www.ChinaHRD.Net）

技能工资制必须有培训、评估和认证体系作为基础，员工素质的提升源自培训。每个技术等级都应有，给员工提供知识和技术培训的机会，鼓励员工熟练运用他们掌握的技术。

认证要明确技能认证和再认证程序，要解决由谁来进行认证、如何进行技能认证、何时进行技能认证以及解释等问题。

案例：

某企业的一种培训和认证制度

企业规定，员工只有在某岗位出现空缺后才能轮换，并开始培训。对轮换到某岗位的员工，安排每个已获得特定技能证书的员工负责对其培训。企业对每一技能区都考核表中详细说明了所需的相关技能，负责培训的员工使用考核表来检验员工是否已获得与本区内每个技术相关的技能和知识。当培训者认为员工已获得必要的技能后，他将向部门推荐发给证书，部门将发证给该员工，并给员工加薪。但是如果该员工在本级岗位工作做的不好，那么培训者和该员工先前的加薪都将被取消。

以上几个步骤介绍完后，我们再通过几个案例来综合介绍技能工资制的设计方法以及要注意的问题。

案例：

某企业的岗位技能工资制

某公司是一家大型电信公司，针对顾客满意率有所下降的趋势，公司高层决定采取措施改进技术服务质量，以提高顾客满意率。经过分析，高层发现问题的症结主要在于对技术人员的激励不够，造成了他们的工作积极性下降，于是高层决定改革其薪酬制度，实行技能工资制。公司先对技术人员和工程师的工作任务进行调查和分析，以确定所需要的技能，调查和分析后提炼出他们工作中所运用的数据库、沟通交流、硬件、软件、系统维护、网络平台等主要技能，然后每一项技能再细分成4个等级，公司请来薪酬专家评估他们所掌握技能的广度和深度等级，确定了每个员工的起薪，在此基础上，如果员工由于技能提高得以升级或者获得了新技能并通过公司有关评价人员的认证后，其薪酬就会提高到对应的等级上。公司每5个月对员工重新评估，再根据评估结果调整员工工资。这让员工认识到，要想增加薪酬就必须不断提高个人技能，学习新技能，所以要求公司为他们提供更多的培训机会。公司采取了集中培训、员工间互相学习等方式对员工进行技能培训，取得了良好效果。

通过这个案例我们可以看出，岗位技能工资制的一个关键环节就是技能评价和评级。完善的技能评价体系要能解决由谁来评价、用什么来评价、怎么合理确定等级这些问题。

关于由谁来评价的问题，一般由企业中的专业人员或者从外部请有关专家来进行评价。

关于用什么来评价的问题，是指工作所需和产生绩效有直接联系的技能。由于各个企业的情况不同，选择什么评价要素取决于企业的实际情况，不能一概而论。本案例提炼的是数据库、沟通交流、硬件、软件、系统维护、网络平台等这些主要方面技能。

关于怎么合理确定等级的问题，也就是如何合理确定技能区间的问题。确定技能区间要求在工作任务分析的基础上，对任务完成的必需技能加以纵向分解和横向整合，这是技能工资设计流程第二步要做的。要有效确定技能区间必须从企业战略角度分析员工掌握的技能种类及范围，过大或者过小都不合适，技能的分级要与薪酬升级的差异相对应，还要考虑造成的公平性问题，技能的分级过多或者过少都不合适，分得过细，差异性就不大，分得过少，难以保证激励效果。本案例对每一项技能分成 4 个等级是比较合适的；技能区间确定好后，接下来的就是员工的升级和升薪过程，这个过程中，新员工可以在每个技能区间的底薪进入，以后随着技能的提高而升级升薪，也可以事先设定进入技能区间的最低级别标准，符合要求的才有资格进入，本案例员工的升级和升薪过程和第一种情况类似。

岗位技能工资制的特点决定了它一般适用于技术型企业及一些技术性部门和岗位，对管理类、职能类岗位人员就不适合。许多企业里管理类和技术类岗位是并存的，这种情况下的技能工资该如何设计呢？我们看一个双轨工资制的企业案例。

案例：

某企业的双轨工资制

某大型企业的很多员工对企业目前的薪酬体系不满意，认为不能体现他们的价值，尤其是技术人员更是怨声不断，有的技术骨干还跳了槽，另寻高就。这个企业目前的薪酬体系是以职位为基础的，管理类的职位在高工资级别，而其他类职位在较低级别，从一定程度上讲，员工薪酬的高低主要取决于职务的高低，技术人员到了所在职位的最高标准后，薪酬就无法再提高了，想要提薪的惟一条件就是争取做管理类工作，员工的职业发展受到了严重的限制。企业高层通过发生的情况，认识了其薪酬体系的缺陷，决定实行薪酬体系改革，根据企业的实际情况，采纳专家的双通道设计建议，即实施管理岗级和技术岗级双轨制，以解决好技术人员的薪酬问题。

在技术岗级方面，企业对技术人员实行的是技能工资制，为此企业提炼了技术能力指标、任务指标、专业知识和管理技能指标这三个方面的技能指标，其中技术能力指标是测量员工是否具备岗位要求的技术标准，任务指标是测量员工是否具备承担更高要求任务的技能。专业知识和管理技能指标是测量员工的专业知识和管理技能水平如何。企业根据这三个方面的技能指标，再结合部门和企业的整体业绩，经考评小组集体评定某员工是否该升职和升薪。在考核时，根据技术人员能力标准，对技术序列的工资划分了六个档位，并且从专业技术及理论知识、实践能力、人际关系、协调能力、工作效率等五个角度制定出分档的评定标准，每年对技术人员进行一次评定。根据评定结果，在下一年调整员工工资。另外企业不但要求员工具备精深的专业技能，还希望员工提高技能广度，特别是处于高档位的级别，对技能广度制定了相关标准对员工进行评价定档。这大大地提高了技术人员提高技能的积极性。

通过技能工资制的设计，大大缩小了技术人员和管理人员工资水平的差距，技术人员在自己的薪酬通上各尽所能，通过自己的努力，即使职位不变，也同样可以获得高薪酬。

四、绩效工资设计

（一）绩效工资概述

绩效工资制是指依据个人或组织的工作绩效，根据对个人或组织工作绩效的评估结果计发工资的一种工资制度。与绩效挂钩的工资包括一次性支付的金额、按基本工资的一定比例计发的奖金、工资基本档次的加速上调等三种类型。

绩效工资制关注的重点是工作的“产出”，如销售量、产量、质量、利润额及实际工作效果等。在绩效工资制下，整个组织的注意力主要放在对员工实际业绩的奖励上，目的是激励员工努力提高绩效水平，同时关注部门和企业整体的业绩。

绩效工资制的主要优点在于：第一，员工工资与其可量化的业绩挂钩，比较公平合理。第二，工资制度的导向性很强，倾向于业绩优秀的员工，会使组织的薪酬成本降低。第三，有利于营造一种关注绩效和具有高扬团队合作精神的企业文化，促使员工个人绩效和组织整体利益统一。第四，工资与努力成正比，有助于吸引和留住成就导向型的员工

绩效工资制的主要缺点在于：第一，可能引起员工之间的过度竞争。第二，对绩效不佳者的约束欠缺。第三，绩效指标容易受不可控因素影响，使员工努力和绩效挂钩的标准很难达到。第四，容易造成员工瞒报业绩的行为。特别在奖励幅度很大的情况下。第五，指标受企业发展周期和外部环境的影响，有失效的可能。

（二）绩效工资设计实务

绩效工资设计一般有确定工资比例、考核指标、绩效考核、计算绩效工资等

步骤。

1. 确定工资比例

岗位职责不同，不同类别岗位的固定工资和绩效工资的比例结构也应有区别，企业可以在所有岗位薪酬水平的基础上，根据不同岗位系列的特点、工作性质、企业业务和发展阶段等划分不同的比例结构。比如在企业不同发展阶段对工资比例结构的影响，如表 8-19 所示。

表 8-19　企业各阶段固定工资和绩效工资水平

薪酬结构项	创业期	成长期	成熟期	衰退期
固定工资	市场跟随	市场对应	市场领先或市场对应	市场领先或市场对应
绩效工资	高	较高	高	低

再比如某企业的固定工资和绩效工资比例关系，如表 8-20 所示。

表 8-20　某企业固定工资和绩效工资比例

岗位系列		固定工资	绩效工资
决策层	高层管理	50%	50%
行政管理系列	高级管理	40%	60%
	中级管理	60%	40%
	初级管理	70%	30%
技术系列	高级技术	50%	50%
	中级技术	60%	40%
	初级技术	60%	40%
销售系列		30%	销售政策
作业系列		70%	30%
组成部分发放形式		固定发放	考核发放

2. 确立考核指标

绩效考核是绩效工资设计的重要环节，绩效考核体系要遵循科学化、规范化等原则，绩效考核体系的设计一般包括：建立考核指标体系时、建立考核项目、制定考核程序和考核方法。绩效考核一般有三种类型：年度考核、平时考核和专项考核。

建立考核指标体系时，指标应力求科学化，比如，进行业绩考核时，应重点考核员工的工作成绩和工作态度；应力求量化，尽量避免人为主观因素的干扰。岗位不同，岗位要求不同，指标也应不同。可对人员进行分类，建立有区别的考核指标体系，既要有横向区别，也要有纵向区别。绩效工资主要关注结果，岗位和员工也有差异，所以要对每个岗位的工作目标考核指标进行分类、分级量化。

绩效考核必须要从员工的绩效特征中定性出关键成功因素，然后再去发现哪些指标能有效监测这些定性因素，从而确立有效量化的关键绩效指标。确定关键绩效指标可以采用 SMART 原则：Specific（具体的）、Measurable（可度量的）、Attainable（可实现的）、Realistic（现实的）、Time - bound（有时限的）。关键绩效指标应体现绩效中对组织目标增值部分。绩效指标能量化的一定要量化，不能量化的应做出明确具体的定性要求，做到定量和定性相结合。

案例：

某企业的考核指标体系

某企业的考核指标体系，如表 8-21 所示。

表 8-21　某企业的考核指标体系

利润否决指标				主要考核指标	辅助管理考核指标
企业利润否决指标	单位责任利润否决指标	责任费用控制否决指标	安全否决指标	产品产量、产值；产品质量；生产成本；资金占用；辅助生产保证率等	生产、设备、物资、财务、劳动、现场、工艺技术、工艺卫生等

其中利润否决指标是决定单位或企业职工能否计提岗位绩效工资的硬指标。否决指标有下列四种：

(1) 企业利润否决指标：年初由厂长提出，经职代会审议通过的企业利润总目标，按月分解下达，企业完成月利润计划的 90%以上时，全厂职工可按“岗位绩效工资方案”计提工资，否则只能领取人均 180 元/月的最低工资。

(2) 单位责任利润否决指标：为保证企业利润目标的完成，企业每月向生产经营单位下达责任利润计划指标。责任利润不能达到该指标的 90%时，该责任单位只能领取人均 180 元/月的最低工资。

(3) 责任费用控制否决指标：企业为了有效控制各项管理费用，消除浪费，向非生产经营单位下达了责任费用控制指标，其否决原则同上。

(4) 安全否决指标：一起重伤或重大责任事故，否决责任单位或责任人当月岗位绩效工资。

辅助管理考核指标是为加强管理，企业将生产、质量、安全、工艺技术、工艺卫生、设备、物资、财务、能计、劳动、现场等项管理细划为考核指标，以奖罚的形式与工资挂钩。比如单项 95 分以上每一分奖 10 元，95 分以下每一分罚 10 元。

指标体系层层分解到岗，步步考核到人。具体考核办法参照“岗位绩效工资分配考核实施细则”。

3. 绩效考核

绩效考核工作程序一般有封闭式和开放式考核。其程序一般为：第一、由企业有关部门制订绩效考核办法，发放绩效考核表。第二，员工根据本人的工作业绩与行为表现，自己对照绩效考核表逐项打分。第三，直接上级进行同样的过程。第四，员工所在部门进行综合考核打分，然后由直接上级将考核结果反馈给员工。第五，直接上级与员工面谈，并提出改进意见。如果员工对主管考核结果有异议，可向上一级主管提出申诉，并由上一级主管做出最终决定。

4. 计算绩效工资

确定了绩效工资的实施原则，并对岗位进行分类、建立考核指标体系和确定分配形式后，就可以根据考核结果计算绩效工资了。一般来说，对企业的不同类员工，绩效工资的计算方式也不同。

案例：

某制药公司的岗位绩效工资制

公司把岗位划分为六类：管理类、技术类、研发类、生产类、辅助生产类和后勤服务类，其分配形式如表 8-22 所示。

表 8-22 岗位绩效工资分配形式

人员类别	分配形式	计算公式
公司领导	经营者年薪制	经营者基薪 + 经营者绩效收入
各部室管理人员、工程技术人员、辅助生产人员、后勤服务人员	按员工的岗位工资与公司经济效益挂钩	年功收入 + 岗位工资 × 公司绩效系数 + 绩效工资 × 个人考核系数
生产一线关键员工	岗位绩效工资制	年功收入 + 岗位工资 × 生产片区月考核指标系数 + 绩效工资 × 个人考核系数
生产一线包装等一般员工	岗位计件绩效工资制	年功收入 + （生产片区岗位工资总额 ÷ 生产片区定员人数）× 生产片区月考核指标系数 + 绩效工资 × 个人考核系数
除公司领导外，工作满 1 年人员	年底双薪制	（∑每月工资收入）÷ 12 × 个人考核总系数

备注：除经营者年薪外，其他为月工资收入；经营者基薪收入 = 公司员工上年度平均工资 × 规定的倍数；经营者绩效收入 = 基薪收入 × 绩效收入系数；公司绩效系数 = $50\%a + 20\%b + 30\%c$；生产片区月考核指标系数 = 0.2 × 月净利润计划完成率 + 0.3 × 生产片区综合完成率 + 0.2 × 生产片成本定额完成率 + 0.2 × 生产片区综合质量优级品率 + 0.1 × 生产片区安全考核率。

（1）经营者年薪制：其中绩效收入系数由综合指标增长率确定，综合指标增长率 = 年净利润计划完成率 × 30% + （1 ± 员工收入人均增长率）× 30% + （1 ± 年净资产收益增长率）× 40%；30%、30%、40% 分别表示年净利润计划完成率、员工收入人均增长率、年净资产收益增长率的权重。综合指标增长率对应的绩效收入系数值如表 8-23 所示。

表 8-23 综合指标增长率和绩效收入系数值

综合指标增长率	100%	>100%	<100%
绩效收入系数值	0	每增加 1%，绩效收入为基薪收入的 10%	每减少 1%，绩效收入为基薪收入的 -10%

（2）按员工的岗位工资与公司经济效益挂钩：公司绩效系数 $=50\%a+20\%b+30\%c$ 中的 a、b、c 的含义和考核部门，如表 8-24 所示。

表 8-24 a、b、c 定义和考核部门

系数	a	b	c
代表含义	净利润月计划完成率	月生产计划完成率	月销售回款计划完成率/90%
考核部门	财务部	生产管理部	营销部

当（$50\%a+20\%b+30\%c$）>1 或者 <1 时，员工工资随企业经济效益的变化而变化，当系数和为 0 时就没有浮动工资，员工当月的工资和上月的考核结果挂钩。

（3）岗位绩效工资制：按各生产片区考核，每片区按产品出成率、质量优级率、生产计划完成率等指标的完成情况计算浮动收入。其中，月净利润计划完成率等的考核和浮动如表 8-25 所示。

表 8-25 指标的考核和浮动范围

考核指标	月净利润计划完成率	生产片区综合出成率	生产片区成本定额完成率	生产片区综合质量优级品率	生产片区安全考核率
考核部门	财务部	产品研发中心	财务部	质量保证部	工程设备部
浮动范围	0~1	0~1	0~1	0~1	0~1

（4）岗位计件绩效工资制：也是按生产片区考核，具体分为滴丸、固体制剂等五个片区。生产片区月考核指标系数的确定同上。岗位计件工资单价 = 生产片区包装等岗位平均岗位工资 × 定员人数/生产片区月平均定额产量（千瓶），那么生产片区包装等岗位工资总额 = 岗位计件工资单价 × 生产片区月总产量（千瓶）

（5）年底双薪制（略）。

这个案例中，企业根据不同类员工制定了不同的绩效工资计付方式，如根据绩效业绩直接计算工资的计件法、根据绩效业绩和岗位工资挂钩的算法、个人绩效和团队绩效结合等。除此之外，现实生活中还有根据合同、协议确定绩效工资的方式。

绩效工资作为一种激励工资，只有在科学绩效考评的基础上，才有公平的可能，才能起到激励作用；不但绩效考核体系要科学化、规范化，而且绩效工资的确定方法也要合理；科学的考核加上合理的绩效工资确定方法，能在很大程度上解决公平和激励问题。

案例：

某公司的绩效工资确定方法

某公司在实行绩效工资制时发现了一个问题，就是在对员工考核时，同一套考核指标，由不同的人进行考核，结果相差很大；这种情况在公司部门之间也存在，由于各部门经理的个人原因，有的经理考核比较严格，打分就比较低，有的则比较宽松，打分就比较低高，这让员工觉得不公平。为此公司决定改变绩效工资的分配方式，就是先由部门绩效考评分数确定部门所有员工的可供分配的绩效工资总额，然后将绩效工资总额按员工应得的比例分配给员工。比如，A 部门有员工甲、员工乙、员工丙和员工丁四位员工，他们的基础绩效工资资料如表 8-26 所示。

表 8-26　A 部门员工的基础绩效工资

姓名	员工甲	员工乙	员工丙	员工丁
基础绩效工资	300 元	400 元	500 元	600 元

这样，其基础绩效工资合计为：（300 + 400 + 500 + 600）元 = 1800 元；上级对该部门的考核分数 T = 95 分；则该部门可供分配的绩效工资总额为：1800 元 ×（95 ÷ 100）= 1710 元

而员工甲、员工乙、员工丙和员工丁部门内考核得分为：90、80、70 和 60 分，则四位员工应发的绩效工资如表 8-27 所示。

表 8-27　A 部门员工应发绩效工资

员工	员工甲	员工乙	员工丙	员工丁
员工部门内考核得分	90	80	70	60
应发绩效工资的分配比例①	20.8%	24.6%	26.9%	27.7%
员工应发绩效工资②	355.68 元	420.66 元	459.99 元	473.67 元

注：① = $\dfrac{\text{对应员工的基础绩效工次} \times \text{考核得分}}{300 \times 90 + 400 \times 80 + 500 \times 70 + 600 \times 60}$

② = 可供分配的绩效工资总额 × 该员工应发绩效工资的分配比例

这样就很好地解决了同级部门因为经理不同的考评标准把握的不同，而导致不同部门员工绩效考评人为的不平衡问题。

从以上几个案例可以看出，绩效工资的设计不仅要考虑员工个人绩效，也要考虑员工所在团队的绩效和企业整体绩效。因为组织目标经过层层分解后到达个人，只有个人目标、岗位目标和组织目标一致，才能实现组织的目标，所以不能单纯考虑员工个人绩效。为了更好地说明这个问题，我们再看一个案例：

案例：

某公司的绩效工资方案

(1) 与公司绩效挂钩。公司员工的绩效工资分季度绩效工资和年度绩效工资两种。其中：季度绩效工资基数（*SM*）= *N* × 月度岗位技能工资。为了体现公司绩效对员工薪酬的影响，设一个公司绩效系数 SC，它是由绩效考评委员会根据公司季度经济效益、组织目标的完成程度及公司各个部门及员工的具体表现确定的，*SC* 的确定情况如表 8-28 所示。

表 8-28 *SC* 的取值和含义

SC 取值	0.7	0.8	0.9	1.0	1.1
含义	没有实现公司整体季度目标	基本实现公司整体季度目标	实现公司整体季度目标	实现公司整体季度目标并有超额	实现公司整体季度目标并超额很多

(2) 与个人和团队绩效挂钩。设员工季度绩效综合考评得分系数 *SP*，员工综合考评有上级对部门绩效考核以及个人绩效评价等形式。部门绩效考核用平衡记分卡法，用上级和部门间互评方式。*SP* 随员工的表现而浮动，变动范围在 0.2～1.2 之间。那么员工季度绩效工资额 = *SM* × *SC* × *SP*。年度绩效工资的计算方法与季度绩效工资类似。

在绩效工资制中，选择不同的指标要素组合，则产生的效果可能不同，即使同样的指标要素，如果组合方式不同，那么产生的效果也可能不同，比如确定销售人员绩效工资的销售额指标和综合指标，采用“销售额指标 + 综合指标”的方式或者“销售额指标 × 综合指标”方式，其对员工的影响是不同的；企业要充分利用薪酬的导向功能来引导员工行为，就必须合理设置指标组合方式，特别是在确定销售人员的绩效工资时，更是如此。

企业采用绩效工资制要注意，由于各种工资制度都有优缺点，绩效工资制往往只能解决短期的激励问题，要解决长期的激励问题，还需要其他工资制度的配合，如配合使用员工持股计划等制度；另外使用绩效工资制是要讲条件的，有的岗位适合技能工资制，而有的岗位适合绩效工资制。

五、其他工资设计

1. 年功工资

年功工资即工龄工资，它是随着员工工作年限增长而逐年递增的工资，即为员工的工作经验和劳动贡献的积累给予的经济补偿。作为企业分配制度的一个辅助单元，虽然金额不是很高，但其作用却不小。年功工资设计相对简单些，一般采用压缩式递增法。

例如，某企业的员工年功工资制为：员工工龄满一年，则每月的工龄工资为40元；往后的3年，按每月20元的标准逐年予以递增；在此基础上，以后又按每月10元的水平逐年递增。工龄满20年以上的，享受每月250元的工龄工资。

2. 加班工资

加班分“加班和加点”，加班专指在节假日、公休日工作，加点指在标准工作日，8小时以外的工作。加班工资指由于加班加点而支付的工资。加班工资和加点工资是分别按小时和天计算的。

《劳动法》第四十四条规定，在3种法定标准工作时间以外延长工作时间的，用人单位应当支付高于正常工作时间工资的工资报酬。

（1）安排劳动者在延长工作时间的，应支付不低于劳动者本人工资的150%的工资报酬。

（2）休息日安排劳动者工作又不能安排补休的，应支付不低于劳动者正常日工资200%的工资报酬。

（3）法定休假日安排劳动者工作的，应支付不低于工资的300%的工资报酬。

例如，某企业加班工资的计算方法为：日工资 =（月基本工资 ÷ 20.92）× 加班天数 ×（1.5、2、3）；计件工资 = 计件单价 ×（1.5、2、3）；超过法定标准工作时间的部分按法律计算综合工时工资。每月按20.92天的标准，小时工资 = 日工资 ÷ 8小时。

3. 津贴福利设计

（1）津贴。津贴也称附加工资或者补助，与员工的工作能力和工作业绩无关。津贴具有很强的针对性，一般分为三类：生活津贴，如出差补贴、副食补贴等；区域津贴，如地区津贴等；劳动津贴，如降温津贴、夜班津贴等。比如，某企业的地区津贴和学历津贴支付方法如表8-29和表8-30所示。

表8-29 地区津贴支付方法

场所	金额或公式
公司本部	（技能工资 + 年龄工资 + 抚养津贴）×6.25% +2000
鹤松电厂	650元
木梗电厂	480元
沙岗电厂	640元
鹤松电厂宾得进水口	1760元
其他支店或工场	（技能工资 + 年龄工资 + 抚养津贴）×6.25% +2000

表 8-30 学历津贴支付方法

学历类别	大专	本科	双学士	硕士	博士
津贴标准	50元	150元	250元	350元	450元

（2）福利。根据劳动法规定，员工福利分为社会保险福利和用人单位集体福利两类。如表 8-31 所示。

表 8-31 员工福利分类

个人福利	生活福利
养老金、住房津贴等	子女教育费等
公共福利	有偿假期
医疗保险、失业保险等	公休、事假等

一个公司福利设计的好坏，直接影响到公司能否留住人才，提高人才的忠诚度。其意义体现在能够增加对优秀人才的吸引力，减少人才流失；能够激励员工，提高人力资本的效率。

福利设计要遵循的主要原则有：需求性、多样性、递增性。需求性要根据员工需求和企业的激励政策进行福利设计；多样性指福利形式要多样化，有货币形式，还要有非货币形式；递增性指福利设计要求对不同员工的福利分开档次。

有一些公司已经开始实行自助餐式福利，使得过去员工无权决定自己福利的状况得到改变。企业根据员工需求制定福利包，比如，购物卡、出国旅游、购房补贴等项目，员工可以根据拥有的额度从中选择自己需要的福利项目。

另外福利设计还要注意福利与薪酬设计之间的相互联系，应根据企业的人力成本占经营总成本的权重进行阶段性的衡量，对应计付薪酬与福利的总额以及分配额进行期间核定，以使企业的薪酬结构更加合理。

复习思考题

1. 如何使年薪制设计起到短期和长期激励作用？
2. 如何制定对经营者的业绩考核指标以及如何核定经营者的业绩？
3. 如何界定和衡量年薪制中的风险收入？
4. 结构工资设计如何发挥薪酬的导向功能？
5. 系数在结构工资设计中起什么作用？如何合理确定有关的系数？
6. 如何合理确定结构工资各单元及比例？
7. 如何用联系和发展的眼光看待结构工资设计问题？
8. 岗位技能工资制的适用范围是什么？
9. 岗位技能工资和岗位绩效工资的设计步骤有哪些？其共同点有哪些？

第九章　公司各类人员的薪酬设计及管理

本章概要：本章主要介绍公司高级管理人员、销售人员及研发人员等三类员工的薪酬设计方法。在明确激励主体、激励对象的前提下，总结影响各类人员薪酬确定的主要因素，剖析分析其常见薪酬制度形式，提出该类人员薪酬体系设计及管理的方法及主要内容，并结合公司各类人员薪酬设计及管理案例加以分析。

第一节　公司高级管理人员薪酬设计及管理

一、公司高级管理人员薪酬设计的主要内容

合理的高级管理人员薪酬设计应考虑以下三方面的内容：一是薪酬激励主体的确定，即高管人员薪酬由谁确定和兑现；二是薪酬激励对象的确定，即哪些人属于高管人员这一范畴；三是薪酬激励内容的确定，即高管人员薪酬应包含哪些内容。

（一）公司高级管理人员薪酬激励主体的确定

出资人决定经营管理者薪酬是市场经济的基本规则。对于公司治理结构完善、产权结构清晰的企业来说，股东是最终风险的承担者，股东大会选举董事组成董事会，并授权董事会代表其行使部分权力，董事会在其权限内选择、任命经营管理者，必然对其薪酬具有决定权。

而国有企业由于公司治理结构中的“产权缺位”，造成国有企业经营管理者薪酬现状中一个普遍存在的明显违反市场规则和现代企业制度的做法就是“内部人控制”，即经营管理者自己决定自己的薪酬，想发多少就发多少（劳动部门虽规定有“总额控制”，但实际控制不住）。改变这种状况的选择可以参考美国公司的做法，向董事会派出代表出资人（国家）利益的“独立的外部董事”（不在公司任管理职务，只领取少量会议补贴，类似美国代表股东利益的外部董事），并由他们组成薪酬委员会，决定管理者的薪酬。

在美国，通常是董事会设立薪酬委员会，在一般情况下，它是一个完全由外部董事组成的工作小组。之所以把薪酬委员会从董事会中分离出来，并由外部董事组成，独立承担高层管理人员薪酬管理工作，是因为董事会通常会包括公司管理层的一些成员，这种职能的分离至少在一定程度上可以防范谋取私利决策的产生。美国公司薪酬委员会的基本职责包括：建立公司高层管理人员薪酬激励的观

念，评估公司经营管理者的薪酬水平，制定能够使高管人员致力于公司目标的最优薪酬组合等等。

根据我国的实际情况，在国有企业中设立薪酬委员会决定经营管理者的薪酬尤其要注意几点：一是薪酬委员会的成员应该主要由完全独立于企业的国有资产管理人员或其他人员组成，以保证委员会相对的独立性；二是薪酬委员会成员中应该有专业人士，以避免因为缺乏专业知识而做出不恰当的决定。

(二) 公司高级管理人员薪酬激励对象的确定

高层管理人员简称高管人员，亦称经营者、经理人，专指担任董事长、董事、总经理等高级管理职务的自然人，具体指执行日常管理的最高负责人及其主要助手，例如总经理，副总经理，总会计师，董事会秘书等，或者与这些职务相当的主要负责人。他们是人力资本的富有者，是拥有大量企业经营管理才能的专家，是企业发展中的一种特殊的人力资本，他们的工作绩效直接影响着企业的成败。高管人员的激励应拉开档次，对企业主要经营者的激励强度应远远高于其他高管人员。

(三) 公司高级管理人员薪酬激励内容的确定

根据委托—代理理论，在所有者追求利润最大化的同时，有必要设计一种激励机制，赋予代理人足够的激励，使代理人成为企业经营剩余的分享者，把企业经营成果在所有人与经营者之间进行最优的分配，并由双方共同承担经营风险；同时，为了激励高层管理者这一特殊的人力资本，我国一些经济学家明确提出了人力资本参与企业收益分配的观点。具体方法是剩余索取权和控制权尽可能对应，即拥有剩余索取权和承担风险的人应当拥有控制权，或拥有控制权的人应当承担风险；同时高管人员的补偿收入应当与企业的经营业绩挂钩，而不应当是固定合同支付，即经营者应承担一定的风险。

高管人员的薪酬激励应包括：劳动报酬、短期激励性报酬、长期激励性报酬三部分。劳动报酬即基本工资、津贴、福利、保险等，是对高管人员岗位劳动的补偿；短期激励性报酬是基于企业短期业绩的激励性薪酬，如风险收入、企业年金等，是对高管人员承担风险的补偿收入；长期激励性报酬是基于企业长期业绩的激励性薪酬，如股票期权、管理者持股收入等，目的是实现企业和管理者的风险、利益相一致，有效规避高层管理者的道德风险，最大限度开发利用高层管理者的人力资本。

二、影响公司高层管理者薪酬确定的主要因素

在确定高层管理者薪酬结构及薪酬水平的时候，需要考虑管理者个人、企业、社会环境三方面的因素影响，具体包括：

(一) 管理者个人因素

1. 管理者的人力资本投入

一方面，高层管理者若要胜任其位置，必然需要具有良好的文化知识素质、思想素质以及出色的经营管理能力和技巧，而这些素质、能力和技巧不是人天生固有的，是靠后天的学习培养和积累而逐渐形成的，这些就是管理者长期投资形成的人力资本。另一方面，高层管理者在工作过程中付出了劳动，承担着整个企业经营发展的责任，也就是管理者现行的人力资本投入。其薪酬应包含对这部分投入的补偿，并与个人的人力资本投入成正比。

2. 管理者的业绩

高层管理者的业绩就是指其人力资本投入的产出；而对于企业来讲，高层管理者的业绩就是指通过他的组织管理工作为企业带来的总体收益，包括企业资产（包括无形资产）存量、企业权益、市场价值、员工福利和对社会的贡献等各方面的产出。管理者的业绩越出色，所获得报酬就应该越多。而由于高层管理者工作的特殊性，其业绩并非完全是即时显现的，有些需要较长时间才可以判断，因此，对于其业绩的报酬也应采取中长期激励相结合的形式。

3. 管理者承担的风险

高层管理者承担风险主要是指企业经营风险，即由于管理者可控的或不可控的因素影响导致企业经营失败（如：破产、被兼并、被收购）的可能性。企业经营的失败将会导致高层管理者的失业，使其失去实现自身价值的用武之地。一般说来，企业规模越大，经营环境越复杂、变动越快，管理者的风险就越大。为了保证企业家能够承担这些风险，激发其创新与冒险热情，就应该给其一定的风险补偿，如："黄金降落伞"、商业保险等。

（二）企业内部因素

1. 企业所处行业及规模

企业所处行业的特征（如：竞争程度、风险性、行业平均利润等）对高层管理者的薪酬总量有较大影响。企业处于竞争激烈、高风险性行业，高层管理者所承担的风险、责任也就越大，其薪酬水平也应较其他行业偏高，如：金融行业高层管理者薪酬水平普遍高于制造业。

企业规模越大，相应的经营管理难度也就越大，其对应的高层管理者薪酬水平也应越高。

2. 企业薪酬战略

企业的薪酬战略决定了企业的薪酬导向，高层管理者作为总体薪酬中的一部分也必然要符合企业薪酬战略的要求。

3. 企业盈利状况

企业是盈利性组织，企业家的薪酬对于所有者来说是企业的经营成本，因此，企业家的薪酬不应超出企业支付能力许可范围，在企业家受聘期间，扣除其薪酬后的企业盈利水平要满足所有者的期望目标。

（三）企业外部因素

1. 高管薪酬市场价格

企业高管薪酬确定必须参考劳动力市场价格，以保持企业高层管理者薪酬的竞争力，吸引到优秀的人才。

2. 政府法律法规

薪酬给付的内容和数额大小要符合政府的法律法规。

三、公司高管人员薪酬制度形式与结构

（一）国外高管人员主要薪酬制度形式与结构

1. 美国模式

美国经理人的薪酬主要由基薪、年度奖金（年金）、长期激励（股票、股票期权等）、养老金计划和津贴组成，具体如表9-1所示。表9-1显示了美国经理人的薪酬结构，其中基薪占30%左右，年度奖金为20%左右，长期激励占40%，养老金为8%左右，津贴为2%左右，而且美国经理人报酬中股票、股票期权所占比重日趋上升。

表9-1 美国经理人的薪酬水平和结构

产业类别		矿产、制造业		金融服务业		公用事业		其他产业	
年度		1992年	1996年	1992年	1996年	1992年	1996年	1992年	1996年
平均总薪酬/1000 $		1993	3185	2498	4582	1133	1532	2204	3624
薪酬构成	固定薪酬（%）	38	27	35	21	56	40	41	38
	年金（%）	20	20	21	26	15	20	21	19
	期权（%）	27	36	26	33	11	17	22	36
	其他（%）	15	17	19	20	18	23	16	17

注：数据样本为美国S&P500企业，摘自Murp（1999）第77页图2。期权价值由授予者以Black-Scholes公式计算值为准。薪酬构成中其他薪酬为限制性股权、长期激励计划和其他各种各样薪酬总和。

2. 德日模式

与英美模式不同的是，在德、日等国的经理人薪酬结构中，长期激励项目所占比重较小。如德国企业经理人的薪酬中，65.9%为基薪，16.5%为奖金，12%为养老金计划，津贴占5.6%。日本企业的经理人虽然持有本企业一定的股票，但不准出售，其在股票上的收益和损失都非常小。

两类模式的另一重要区别是：美、英等国经理人的薪酬总额非常巨大，与普通员工收入的差距悬殊。德、日企业经理人的薪酬相对低得多，与一般员工收入的差距也相对较小。根据一份调查报告表明，美国20世纪80年代大型公司（销售收入300亿美元以上）的总裁年收入为一般员工的109倍，而同样情况下，德国总裁年收入为一般员工的24倍，日本总裁年收入为一般员工的17倍。

（二）国内高管人员主要薪酬制度形式与结构

我国从20世纪80年代就开始了对高管人员薪酬激励的探索，后来被理论和实践证明不成功的承包制在当时盛行一时。承包制下由于存在事后谈判的可能而导致企业的经营者经常处于一种“负赢不负亏”的有利地位，短期契约的特征则决定了企业经营的短期化倾向。由于承包制并未起到解决国有企业代理人问题的作用，逐渐退出了历史舞台。

随着进一步的探索，目前我国高管人员薪酬模式主要有以下几种：

1. 准公务员型薪酬模式

其薪酬结构由“基薪+养老金计划”构成，薪酬数量取决于所管理企业的性质、规模以及高层管理人员的行政级别。一般基薪为职工平均水平的2至4倍，正常退休后的养老金为职工平均养老金的4倍以上，考核指标主要是看企业政策目标是否实现，当年任务是否完成。这种薪酬方案类似于公务员薪酬的激励机理，它通过较高的社会地位和体面的生活保证来激励经营管理者，而退休后更高生活水准能起到约束短期行为的作用。但由于奖金绝对额偏低，对高管人员的激励程度有限。

2. 非持股多元化薪酬模式

指按照“基薪+风险收入+养老金计划”的薪酬结构来确定年薪，以实行年薪制的非股份制国有企业为代表。

年薪制就是以年度为单位来确定经营管理者的薪酬，要求经营管理者的薪酬来自于企业经营的效益分享。较为普遍的做法是将企业经营管理者的年薪分为基薪和风险收入两个部分，有些地方年薪中还包含奖励年薪部分，即产权单位对经营管理者完成诸如扭亏为盈等经营目标的奖励。基薪按照企业规模、经济效益和本地区、本企业职工平均工资的一定倍数来确定，包括企业经营管理者一年中全部工资、津贴、补贴等工资性收入。风险收入则依企业上缴利税、国有资产保值增值、劳动生产率增长等经济指标的情况，按基薪收入的一定比例来确定。经济指标由政府主管部门和国有资产管理局进行考核。达到或超过核定指标的经营管理者，风险收入可以按规定增加；达不到核定指标的经营管理者，其基薪按下降比例扣减。

这种模式的优点是如果不存在风险收入封顶之类的限制，考核指标选择准确，那么这种多元化的薪酬方案更具有激励作用；其缺点是缺少激励高管人员长期行为的项目，有可能助长高管人员的短期行为，影响企业的长期发展。

3. 持股多元化薪酬模式

其薪酬结构是由“基薪+含股票等形式的风险收入+津贴+养老金计划”构成高层管理人员年薪。基薪的薪酬额度取决于企业经营者的经营难度和责任；含股票等形式的风险收入，取决于经营业绩的各项考核指标和企业的市场价值。基薪一般为职工平均工资的2至4倍。企业的市场价值大幅度升值，会使经理人得到巨额财富。

它适用于股份制企业经理人，尤其是上市公司。从理论上说，这是一种有效的薪酬激励方案，它对经理人素质要求较高，但有利于经理人行为的规范化、长期化。该模式的操作相对复杂，对企业所应具备的条件也相当苛刻。

（三）国内公司高管人员薪酬体系设计

一个完善的高层管理者薪酬体系应兼顾保障和激励作用、当前和长期激励以及管理者和企业的利益。较为理想的高层管理者薪酬体系应由以下几个部分构成：基薪、风险收入、长期激励工资、福利，实践中，基薪和风险收入一般均作为年薪制的内容，各模块的作用比较如表 9-2 所示。

表 9-2 国内公司高管人员薪酬模块比较

薪酬模块	体现形式	特点	决定因素
基薪	工资 基本年薪	满足基本的物资需要和一定的心理需要，稳定可靠，没有风险 缺乏灵活性，与业绩无关，激励功能有限	企业规模 企业平均工资水平 行业工资水平 地区工资水平
风险收入	风险年薪 增值年薪 年度奖金	基于高层管理者业绩的短期激励，浮动、有风险收益 基于年度业绩的考核指标设置，时限较短，往往会诱使经理人倾向于短期行为	资本利润率、年销售利润率、资产增长率、资产回报率以及这些指标的经济增加值（EVA）等年度经营业务指标
长期激励工资	股票期权、股票增值权、管理层收购、绩效单元和虚拟股票等	长期激励手段，高风险受益 促使公司管理层行为趋向企业利益最大化目标	公司业绩 股票市场价格
福利	商业保险、养老金计划、离职补偿等	能同时影响管理者及其家人现在和将来的生活水平和质量，提高满意程度，保障性收益	企业规模 管理者职位、任期 管理者业绩

四、公司高层管理者薪酬案例

（一）某公司高层管理人员薪酬体系设计

高层管理人员薪酬由以下几部分构成：基本年薪、绩效年薪、奖励年薪、法定福利和保险、特别福利保险计划、总裁特别奖励、高层经理人股票期权计划。

基本年薪（下限年薪）：以上年度实际年薪总额（基本年薪 + 绩效年薪）的 60% ~ 70% 作为本年度基本年薪，按月核发；基本年薪的初始核定以工作评价、劳动力市场价格、公司人力资源政策为基础。

绩效年薪：在年度结束后，根据考核评价结果进行核定，在次年春节前一次性核发。

奖励年薪（年终奖金）：在年度结束后，根据公司业绩和考核评价结果进行核定，延期半年发放；标准为：董事长（第一层经理人），为年薪总额的60%～70%；总经理（第二层经理人），为年薪总额的50%～60%。

总裁特别奖励：由董事长确定，于次年春节前一次性发放。

法定福利和保险：依法享受国家规定的福利和保险，其享受内容和享受标准按国家有关规定处理。

特别福利保险计划，具体如表9-3所示。

表9-3　公司高层管理者特别福利保险计划

福利保险内容	享受标准	享受条件
万年终身险	××万元	任满一年，业绩优良
国内外中长期进修	免费国内外中长期进修	任满一届，业绩优良
一次性退职金	最后年度年薪总额×（1+实际任职年限/10）×K（董事长$K=1.0$，总经理$K=0.9$）	任满一届，业绩优良
福利住房	任期满一届，公司提供40%房款作为首付款；任期满两届，公司提供其余60%房款	任满一届，业绩优良

高层经理人股票期权计划：以年度净利润作为业绩考核目标。当激励对象经过努力，实现了预定的业绩考核目标后，则有权获得激励基金。该基金按公司年度净利润扣除法定盈余公积金和公益金后余额的1%计算，个人获得的激励基金只能用于购买公司流通股，并做相应冻结。自收到基金之日起6个月内将其转化为公司流通股，由薪酬委员会代为保管。三年内不得抛售，连续三年完成公司考核目标后，第四年可抛售所得股票的30%，第五年抛售30%，其余部分在卸任一年后方可抛售。

（二）H控股集团公司经理薪酬体系

H控股集团公司对企业法定代表人实行年薪制。年薪收入主要有三部分构成：基薪收入、风险收入和年功收入。基薪收入是年度经营的基本薪酬，风险收入是年度经营效益的具体体现，年功收入是以前年度经营业绩的累积薪酬。

1. 基薪收入

公司经营者年薪收入的第一部分为基薪收入，其目前制定的企业法定代表人基薪收入的标准由H控股集团公司根据企业上年度的经营效益确定。

（1）对于盈利企业来说，其基薪收入是与净利润挂钩的，具体如表9-4所示。

表 9-4 基薪收入与净利润挂钩表 单位：万元

净利润指标	基薪收入
70 ~ 350	2.4
350 ~ 700	2.7
700 ~ 1500	3.0
1500 ~ 2500	3.3
2500 ~ 4000	3.6
4000 ~ 6000	3.9
6000 以上	4.2

(2) 对于净利润指标在 0 ~ 70 万元的微利企业，基薪收入为 1.8 万元。对于亏损企业，则按所在企业目前的工资水平，报 H 控股集团公司批准确定。

2. 风险收入

H 控股集团公司经营者年薪收入中的第二个组成部分是风险收入。风险收入是由 H 控股集团公司根据经营责任书及企业的实际经营业绩进行考核。经营责任书由 H 控股集团公司与企业法定代表人在考核初期签订。在风险收入的具体考核办法中，H 控股集团公司将企业法定代表人分为三种类别：一类为完成和超额完成核定指标者，一类为完成 50% 以上和 100% 以下者，另一类为完成 50% 以下者。

(1) 对于完成和超额完成考核指标者，按表 9-5 所列公式计算，并且，其风险收入最低额不低于 5000 元。

表 9-5 完成和超额完成考核指标者的风险收入 单位：万元

	考核指标值 a	实际完成值 b	风险收入
盈利及微利企业	a	$b \geqslant a$	$3‰ \times a + 1‰ \times (b - a)$
亏损企业	a	$b \geqslant a$	$3‰ \times a + 1‰ \times (b - a) \times 12\%$

(2) 对于完成 50% 以上和 100% 以下考核指标者，考核办法如表 9-6 所示。

表 9-6 完成 50% 以上和 100% 以下考核指标者的风险收入 单位：万元

考核指标值 a	实际完成值 b	风险收入
a	$80\% \times a \leqslant b < 100\% \times a$	$b \times 3‰ \times 70\%$
a	$60\% \times a \leqslant b < 80\% \times a$	$b \times 3‰ \times 50\%$
a	$50\% \times a \leqslant b < 60\% \times a$	0

(3) 对于完成 50% 以下的，不给予本年度的风险收入，同时扣减以前年度累计的股票（份）期权（或风险基金）。

H 控股集团公司试行的股票期权激励机制主要与年薪收入中的风险收入挂钩。对于上市公司，H 控股集团公司将风险收入的 30% 以现金形式当年兑付，其余70%转化为股票期权。H控股集团公司在股票二级市场上以该企业年报公布后一个月的股票平均价用当年企业法定代表人的70%风险收入购入该企业股票，同时由企业法定代表人与H控股集团公司签订股票托管协议，期股到期前，这部分股权的表决权由H控股集团公司行使。这时的股票不能上市流通，但企业法定代表人享有期权分红、增配股的权利。该年度购入的股票在第二年度H控股集团公司下达业绩评定后的一个月内，返还上年度风险收入总额的30%给企业法定代表人，第三年以同样的方式返还30%，剩余的10%累积留成。以后年份期限的累积与返还依此类推。对于返还的股票，企业法定代表人拥有完全的所有权，可将其变现或继续持有。

对于非上市公司，H控股集团公司也规定了具体的股票期权激励办法，其与上市公司的主要区别在于风险收入的支付方式。

企业在收到H控股集团公司业绩评定书后的三个有效工作日内将企业法定代表人本年度风险收入交付H控股集团公司。H控股集团公司将本年度风险收入的30%以现金形式兑付，其余的70%按审计确定的当年企业净资产折算成企业法定代表人持股份额定股份期权，由H控股集团公司按持股份额收放股权登记证书。企业法定代表人的持股份额=风险收入/企业每股净资产。在第二年H控股集团公司下达业绩评定书后的一个月内，返还第一年风险收入的30%，第三年以同样的方式返还30%，剩余10%累积留存。以后年份股份期权的累积与返还依此类推，同时相应变更登记证内容。

返还额=应返还股份额×返还年度企业每股净资产。而企业法定代表人以持有股份期权期间累计持股份额参与企业当年利润分配，红利当年兑现。

3. 年功收入

H控股集团公司经营者年薪收入中的第三部分为年功收入，年功收入由H控股集团公司根据企业法定代表人的任职时间和工作业绩综合评定。该办法将年功收入分为四个档次，具体如表9-7所示：

表9-7 年功收入的分档

任职时间（n） 工作业绩	$n \geqslant 10$年	10年$> n \geqslant 5$年	5年$> n \geqslant 3$年
业绩突出	一等	一等	二等
业绩较好	一等	二等	二等
业绩一般	二等	三等	四等
业绩较差	四等	—	—

一等的年功收入标准为每月1600元，二等为每月800元，三等为每月400元，四等为每月200元。

第二节　公司营销人员薪酬设计及管理

一、影响营销人员薪酬确定的主要因素

（一）营销人员个人因素

1. 销售人员的能力和经验

能力和经验主要从以往的绩效中反映出来，因此员工的能力越强、经验越丰富，员工的绩效也越好，其薪酬也应该越高，这同时也成为企业录用销售人员的最主要的指标。

2. 员工的学历和工龄

这种影响因素在国有企业中有一定的作用。一般来说，员工的学历较高时工资也较高，这与员工自身的投资有关；员工的工龄越长，工资也越高、福利也越好，主要因为工龄长意味着对企业的贡献多。

（二）企业内部因素

1. 企业发展阶段

企业的发展阶段不同，企业的战略不同，企业的赢利能力也不同，因此，企业销售人员的薪酬模式也会受到影响。例如：企业在启动阶段往往采用低工资、高奖金、低福利的薪酬模式；企业在稳定阶段往往采用高工资、低奖励、高福利的薪酬模式。

2. 企业文化

企业的文化与企业的价值紧密相连，因此，对薪酬模式有很大的影响。例如：有的企业推崇销售明星和超明星，因此薪酬差别很大；有的企业提倡集体主义，因此薪酬差别较小；有的企业鼓吹冒险性，因此奖金较高、福利较差；有的企业提倡安全性，因此工资较低、但福利较好。

3. 企业家理念

企业家的理念对销售人员的薪酬模式有着重要的影响，因为他是一个企业的最高决策者，他的理念不仅对销售人员的薪酬模式有影响，而且对企业内其他的薪酬制度都有影响。这一点在私营企业和外资企业中表现比较明显。

（三）企业外部因素

1. 所处行业

同一个行业的企业往往具有共同的生产经营特点和劳动特点，由于历史原因和现实需要，各行业的员工对薪酬的期望是不同的，因此，这也影响了企业的薪酬模式设定。从我国全部行业情况看，高薪酬的行业一般都是基础工业和新兴的产业，这些行业有国家重点支持、经济地位较高、各种包袱较轻、发展前景较好；也有一些由于垄断如电信、金融证券等行业薪酬较高；而纺织、环卫等行业

薪酬较低。再从我国工业或制造业内部行业看，那些薪酬水平高的行业都是由一批规模较大的企业构成，其劳动生产率、人均占有的资产或资本的有机构成和经济效益水平都比较高。

2. 企业的所有制

由于各种原因，企业所有制对企业的薪酬模式设定也有一定的影响。据资料显示，不同所有制企业的相同岗位，其薪酬也不一样，例如：三资企业的员工工资会相对高一点，而福利会相对低一点；国有企业的员工工资会相对低一点，而福利会相对高一点。

3. 法规政策

政府的许多法规政策影响薪酬模式设定。例如：对员工最低工资的规定、员工的所得税比例、工厂安全卫生规定、女职工的特殊保护、员工的退休、养老、医疗保险等等。

4. 人才市场

人才市场和企业的薪酬模式设定关系十分密切。当人才资源充沛时，企业的薪酬相应会降低；当人才资源匮乏时，企业的薪酬相应会提高。

5. 当地的经济发展状况

一般来说，当地的经济发展处在一个较高水平时，企业员工的薪酬会较高，反之则低。目前我国的各地区经济发展不平衡，沿海地区经济发展水平较高，大城市经济发展水平较高，因此这些地区企业员工的薪酬较高。

6. 当地的生活指数

由于薪酬模式与员工的生活息息相关，因此，当地的生活指数较高时，企业内员工的薪酬也会相应提高；反之，当地的生活指数较低时，企业内员工的薪酬也会相应降低。

二、营销人员薪酬制度形式与结构

（一）营销人员常见薪酬制度形式

1. 单一薪资计划

销售人员报酬的主要形式是固定薪资，当然偶尔也可能获得红利、销售竞赛奖之类的奖励。销售人员接受固定的薪酬，不会随着销售额、市场份额以及其他销售指标的变动而变动。从销售人员的观点看，这种报酬形式没有风险，激励性弱。

当销售人员的销售业绩与员工的个人发挥并无直接关系或不能用量化指标显示时，往往采用单一薪资计划，如公司的主要目标是从事开发性工作（包括寻找新顾客），而且计划实施得很好；或者销售人员主要从事事务性工作；或者参与国家与当地的贸易展销活动等等。在销售技术产品的行业中经常有此类职位。

直接基于薪金的报酬计划有以下优点：营销人员预先知道自己的收入，而对雇主来说，营销人员费用也是固定而可预测的；使得改换推销区或修改销售定额或是重新布置营销人员变得简便易行，且有助于加强营销人员对组织的忠诚；采作佣金有可能使营销人员将注意力放在如何提高销售额而非开发和培养长期客户上，有利于取得长远利益。

然而，单一薪资计划也有其不足之处，最主要的一点是它与雇员个人业绩无关。事实上，薪金高低常常取决于工龄而非业绩，这会降低具有潜在高绩效的雇员的进取精神，因为他们知道是根据资历，而不是个人绩效来付酬。

2. 单一佣金计划（Commission-Only Plans）

佣金计划是直接按销售额的一定比例确定销售人员的报酬，销售人员的全部收入来自佣金，它只根据业绩来确定报酬，它又可分为以下三种形式：

（1）直线佣金（Straight Commission）。销售人员的佣金与销售和服务的价格成固定比例，例如，100 美元的销售额付给 10% 的佣金，即 10 美元；销售 550 美元，佣金为 55 美元。

（2）分段佣金（Graduated Commission）。随着销售单位的增加，佣金比例增加，如销售 100 件产品，提成 5%；销售 200 件，提成 8%；销售 300 件，提成 10% 等。

（3）复合档佣金（Multiple-Tired Commissions）。提前设置一个销售水平，如果超过了这个水平，每一个销售单位的佣金比例加大。

佣金计划有几个优点：单一佣金计划最符合最低成本战略，因为企业把所有的销售风险都推给了销售者，销售人员可以得到最多的奖金；由于报酬明确地同绩效挂钩，因此它可以吸引高绩效的销售人员；由于销售成本同销售额成比例（而不是固定不变），因此可以减少公司的销售投资，佣金基准量也容易理解和计算。

但佣金计划的不足之处在于：销售人员只注重扩大销售额和推销高额项目，而忽视培养长期顾客，不愿推销难以出售的商品。销售人员之间的收入差距会拉大，从而使人认为计划不公平，这一现象在销售管理工作中普遍存在。更严重的是，它鼓励销售人员不去推销获利小的商品。此外，在经济繁荣时期，销售人员收入往往过高；而在萧条时期，其收入又往往过低。

3. 复合计划

多数公司对销售人员实施复合形式的薪酬制度。在多数此类计划中，销售人员的收入中有相当一部分是薪资形式的收入。根据某项研究，最常见的搭配比例是 80% 的薪资加 20% 的奖金；其次是 70% 和 30% 的搭配比例；再次是 60% 和 40% 的搭配比例。最常见的有以下三种复合方式：

（1）薪水加佣金计划（Salary-plus-commission Plans）：其中薪水是销售人员的固定薪资，佣金是指基于一种产品或服务价格的百分比而构成的激励薪酬。其中佣金部分将公司与销售人员的销售风险脱节，销售人员没有销售回款就没有佣金收入。

(2) 薪水加奖金计划 (Salary-plus-bonus Plans)：其中薪水是为了保证销售人员基本生活需求，奖金主要是为了激励销售人员的销售绩效和其他组织期望的绩效。例如彩电的销售人员，除了销售回款以外，组织还考核期望年龄、资金周转天数、价格规范程度等指标，此时，用奖金来与这些指标挂钩，是一种较为理想的计酬方法。

(3) 生活费加佣金计划 (Commission-plus-draw Plans)：即提前给销售人员提取一部分生活费，生活费有两种形式，一种是公司先借给销售人员，待完成销售额之后再偿还；还有一种是不偿还的，但是双方要约定一定的期限，比方说一年之后，还不能达到一定的销售额，则取消合同。

复合计划不仅具备薪资计划和佣金计划的优点，同时也具备二者的缺点。销售人员有底薪收入，因此可以确保维持其家庭生活开支。而且，公司可通过详细说明薪金所包括的服务范围对营销人员的活动进行指导，而佣金则是激励绩效显著的销售人员的一种手段。然而，薪资并不同绩效挂钩，因此，企业实际上把销售人员的一部分奖金让渡为工资，抵消了一定的激励价值。复合计划由于变得越来越复杂，会使销售人员产生各种误解；而简单的“薪资加佣金计划”中此类问题会相应减少。

4. 配套报酬计划：目标管理 (MBO) 计划

该计划是针对激励营销人员完成销售收入以外的其他目标，而引入销售组合报酬计划中的一项配套计划。销售数据已经不再是评估销售业绩的惟一标准。销售评估系统中又引进了大量新的评估标准以帮助公司更有效地管理销售系统，诸如：市场份额增长、销售逐年上升、准确做出销售预测、交易的毛利润……

目标管理报酬计划是激励营销人员实现主要目标以外其他一些配套目标的一种理想工具。此外，该计划更有可能依据营销人员的态度和行动而不是业绩给予奖励。因此，付出巨大努力而取得来之不易的销售增长的营销人员，可以得到一定的目标管理奖励以示与销售并不十分卖力但靠运气取得销售增长的营销人员之间的区别。

(二) 营销人员薪酬体系设计及管理

公司要吸引素质优良的营销人员就必须制定具有吸引力的薪酬和奖励一揽子计划。营销人员愿意接受收入稳定、多劳多得及基于经验和工龄合理分配薪酬的制度；管理层则希望做到有效控制、经济节约和程序简单化。

但对多数企业而言，理想的销售薪酬模式应该是在享有有保证的、灵活福利的前提下，采用“薪金加奖励”的方式，确保销售人员有一个稳定的基本工资收入，并根据其贡献大小获得额外的奖励。近几年大多数公司较多采用的是组合薪酬计划，通常以以下方式支付：固定底薪，一般占80%/70%；与业绩挂钩的奖金即佣金，一般为20%/30%；目标管理奖金，一般为10%/20%。后两者即奖励的主要形式。

这种薪酬模式保持了较大的灵活性，可以根据具体情况的差异，进行相应的变通性调整。从薪金与奖励的关系来看，大体上存在四种具体的类型，适合于不同的企业或企业的不同经营时期。

1．“低薪金＋低奖励”

实行这种薪酬模式的企业，经营状况一般不是太好，或者正处于企业创业的困难时期。尽管从社会比较的角度来看，这种薪酬模式处于劣势，但由于该薪酬模式是依据企业的实际确定，因而如果做好宣传说明工作，也会得到销售人员的谅解。但需要说明的是，企业推行这种薪酬模式的时间不宜太久，在条件改观时要适时进行调整，否则会使销售人员失去耐心，而转向为其他企业效力。

2．“低薪金＋高奖励”

这种薪酬模式具有准佣金制的性质，销售人员的薪金不仅低于其他行业或企业，也可能低于公司内其他岗位的职员。这些薪水主要用于弥补正常的生活费用，甚至仅仅相当于部分促销补贴。在一些企业，其数额仅仅相当于企业平均工资的1/4～2/3，但在奖励幅度上比较大，可以达到其销售业务额的1%～5%。该薪酬模式通常适合于处于成熟期的企业或产品，有助于企业收回应有的收益，或减少可能的损失。在市场竞争比较激烈、企业具有一定优势而管理力量较为薄弱的情况下，也可以采用这种模式。

3．“高薪金＋高奖励”

这种薪酬模式通常适合于快速发展的企业。企业迅速成长的特性，需要不断加强对销售队伍的刺激力度，以扩大对市场的占有和击败竞争对手。同时，处于发展中的企业又必须加强对销售人员的行为控制，以确保企业战略的实现。实行这种薪酬模式的企业往往具有较大的凝聚力和团结协作的能力，要求销售人员具有较高的文化素质，能够准确理解公司的战略意图。但应该警惕未来风险的可能性，因为蓬勃发展的局面并不始终伴随着企业。这种薪酬模式除了其基本薪金高于其他行业或企业外（甚至高于公司内其他岗位的人员），其额外奖励的幅度通常大于基本薪金的50%甚至数倍。

4．“高薪金＋低奖励”

这种模式比较适合于实力较强的企业，或具有明显垄断优势的企业。通常这类企业形成了比较良好的文化氛围，并为销售人员提供了良好的福利和各项保险，销售人员具有强烈的归属感和荣誉感。由于企业的性质和推销岗位的特点，销售人员的基本薪金通常高于其他行业或企业，从而使销售人员在社会公平的比较中获得明显的优越感。正因为如此，即便企业所提供的额外奖励幅度较小（通常相当于基本薪金的20%~50%，该薪酬模式亦能具有较大的激励作用。这种薪酬模式能够确保企业对销售行为的控制，但需要警惕的是，过度的控制又会丧失销售队伍应有的活力，特别是一些规模较大的企业，易于受到官僚主义企业文化的影响，甚至在薪金或奖励上搞平均主义，从而导致激励强度的弱化。

任何形式的销售薪酬模式都不可能是十全十美的，即便是十分合适的销售薪酬模式，也会随着企业的发展和条件的改变而逐步丧失其有效性。因此，销售管理部门要定期对销售人员的薪酬模式进行评估，以寻求改革和不断完善的途径。

三、销售人员薪酬案例

（一）某保险公司销售人员薪酬设计方案

销售人员薪酬包括基本工资、绩效工资、半年奖和全年奖四部分，基本工资在总收入中所占比例为20%~45%，绩效工资比例为30%~55%，半年奖比例为7%~15%，全年奖比例为7%~15%。

1. 基本工资

销售人员的业务级别根据销售人员上年度实收保费或最近两年的累计实收保费确定，上述两项条件只要达到其中一项即可评为相应级别，销售人员基本工资由销售人员的业务级别决定。具体如表9-8所示。

表9-8 销售人员的定级标准和固定基本工资

主级别	子级别	基本工资水平/元	上年保费/万元	前两年累计保费/万元
高级业务经理	Ⅰ级	2220	≥600	≥960
	Ⅱ级	1980	≥400	≥640
业务经理	Ⅰ级	1800	≥300	≥480
	Ⅱ级	1680	≥230	≥368
高级业务主任	Ⅰ级	1560	≥180	≥288
	Ⅱ级	1440	≥150	≥240
	Ⅲ级	1260	≥120	≥192
业务主任	Ⅰ级	1140	≥100	≥160
	Ⅱ级	1020	≥90	≥144
	Ⅲ级	960	≥80	—
业务主办		660	≥65	—

2. 绩效工资

销售人员的绩效工资根据销售人员的实收保费、各险种提奖比例、各保费区间的提奖倍数及不同保费来源进行计算，具体如表9-9、表9-10所示。

表 9-9 各险种提奖系数

险种	一类险	二类险	三类险	四类险
提奖系数	1.7%	1.5%	1.0%	—

险种：根据总公司确定的险种类别确定

表 9-10 累计保费区间及倍数

全年度实收保费区间	提奖倍数
0～30 万元	0.4
30～60 万元	0.6
60～80 万元	1.0
80～100 万元	1.2
100～200 万元	1.5
200～300 万元	1.7
300 万元以上	1.8

3. 半年奖

以每个销售团队为一个核算单位，综合团队上半年关键业绩指标（综合评价业绩、管理水平等）和纪律指标评分换算各销售团队的半年奖系数，各销售团队半年奖系数乘各销售团队上半年绩效工资总额得到各销售团队的半年奖总额。

4. 全年奖

以每个销售团队为一个核算单位，综合团队关键业绩指标（综合评价业绩、管理水平）和纪律指标评分得出相对应的全年奖系数，各销售团队全年奖系数乘各销售团队全年绩效工资总额得到各销售团队的年终奖总额，年终奖总额减去已发的半年奖为应发的全年奖；如果已发半年奖大于年终奖总额，其差额从下一年度月绩效工资扣除。

5. 福利

销售人员必选式福利包括：社会养老保险、失业保险、工伤保险、女工生育保险、住房公积金。

奖励式福利包括：

住房公积金在必选式中是按工资 10% 交纳，公司出一半，个人出一半。对于年保费规模超过 200 万元的销售人员，可以将住房公积金的缴纳额度提高到工资的 20%，仍是公司、个人各付一半。这样可以减少个人所得税支出。

对于保费规模超过 200 万元的销售人员，公司鼓励自购用车。购车将享受公司给予的 2 万元购车补助，另每月享有 800 元交通补助。

对于保费规模超过 200 万元的销售人员每年由公司组织参加外训或公司两核业务知识培训，经考核合格者将享有一定的两核权限。

（二）沃尔玛公司薪酬方案

1962年美国沃尔玛公司创立于美国西部的一个小镇，1991年成为美国第一大零售企业，2001年以后连续位居世界500强首位，2003年销售额达2590亿美元。沃尔玛公司有折扣商店、仓储商店、购物广场和邻里商店四种零售业态，店铺有4700多个，员工有100多万，分布在全球十几个国家。如此庞大的企业能够实现低成本高效率的运行，与其实施的员工薪酬制度有着重要的关系。

沃尔玛的薪酬制度是：固定工资＋利润分享＋员工购股计划＋损耗奖励计划＋其他福利。

沃尔玛公司不把员工视为雇员，而是合伙人。公司的一切人力资源管理制度都体现这一理念。沃尔玛除了让员工参与决策之外，还推行一套独特的薪酬制度：沃尔玛的固定工资基本上处于行业较低的水平，但是其利润分享计划、员工购股计划、损耗奖励计划在整个薪酬制度中起着举足轻重的作用。

1．利润分享计划

凡是加入公司一年以上，每年工作时数不低于1000小时的所有员工，都有权分享公司的一部分利润。公司根据利润情况按员工工薪的一定百分比提留，一般为6%，提留后用于购买公司股票。由于公司股票价值随着业绩的成长而提升，当员工离开公司或退休时就可以得到一笔数目可观的现金或是公司股票。一位1972年加入沃尔玛的货车司机，20年后的1992年离开时得到了70.7万元的利润分享金。

2．员工购股计划

本着自愿的原则，员工可以购买公司的股票，并享有比市价低15%的折扣，可以交现金，也可以用工资抵扣。目前，沃尔玛80%的员工都拥有公司的股票，真正成为了公司的股东，其中有些成为百万富翁。

3．损耗奖励计划

店铺因减少损耗而获得的盈利，公司与员工一同分享。

4．其他福利计划

建立员工疾病信托基金，设立员工子女奖学金。从1988年开始，每年资助100名沃尔玛员工的孩子上大学，每人每年6000美元，连续资助4年。

沃尔玛通过利润分享计划和员工购股计划，建立员工和企业的合伙关系，使员工感到公司是自己的，收入多少取决于自己的努力，因此会关心企业的发展，加倍努力地工作。不过，这种薪酬制度也有局限性，对于那些温饱问题没有解决的员工来讲，他们更关心眼前固定工资的多少，而非未来的收入；对于处于成熟期的企业来讲，利润增加和股票价值的升值并非主要取决于员工的努力，股票升值的潜力很小，这样利润分享计划和员工购股计划就不会为员工带来多少利益。利润分享计划和员工购股计划最适合成长型、发展型的零售企业采用。

第三节 公司研发人员薪酬设计及管理

一、影响研发人员薪酬确定的主要因素

（一）研发人员个人因素

1. 研发人员的人力资本投入

作为企业技术创新主体的研发人员，属于典型的知识型员工，其本质特征是拥有企业发展所需要的技术创新知识和创新精神，这种技术创新知识和创新精神与企业的其他资源相结合，能够转化为具有市场价值的产品和服务，为企业带来利润和市场。但这种知识和能力无法离开研发人员这个载体，它必须通过研发人员的研发实践和知识学习才能形成，必须通过研发人员参加知识的贡献与交流才能被企业所利用。所以研发人员人力资本产权的特点就表现为它不可分割地属于其载体——研发人员。同时，由于现代知识和技术更新不断加快，研发人员的知识效价面临贬值和跌价的风险，而异质性技术创新知识的获得更需要极高的人力资本投资，所以除了工作实践外，研发人员还必须不断地学习、培训，以保持其人力资本价值。因此，薪酬模块设计中应包含对其人力资本投入的补偿。

2. 研发人员团队绩效及个人绩效

为提高企业研发绩效，企业的研发活动普遍采用团队组织形式，随着企业间合作研发形式的日益普及，跨企业的协作研发团队组织形式也大量涌现。在组织知识的创造过程中，个人知识的有效互动以及个体知识对集体知识的有效性程度是集体知识有效的前提。同时，个人知识效价的实现有赖于集体知识市场价值的实现。所以对于研发人员薪酬模块设计时应考虑团队整体绩效水平。

虽然企业研发活动多采用团队工作形式，企业的创新成果也是团队全体成员共同智慧和努力的结晶，但团队中每个成员的努力程度和贡献大小仍然有所区别，若只以团队整体绩效确定所有成员薪酬水平，则容易造成研发团队中有人偷懒，出现“搭便车”现象，因此，合理的薪酬设计也必须与研发人员个人绩效水平相结合。

3. 研发人员个体需求

由于研发人员自身的特点，加之工作性质、工作方法和环境与众不同，使得他们形成了独特的思维方式、情感表达和需求特征。特别是随着社会的不断进步，研发人员的需求正向着个性化和多元化发展，包括物质需要、专业知识实现与发展需要、组织承认与领导认同需要、合作需要、参与需要、追求事业成功需要等等，各种需要的强度不一样，因此，薪酬设计过程中也应充分考虑其个人需求特征。

（二）企业内部因素

1. 企业薪酬战略

企业的薪酬战略决定了企业的薪酬导向，研发人员薪酬总体水平也必然要符合企业薪酬战略的要求。

2. 企业所处行业特征

企业所处行业决定了研发工作在其整体发展战略中的重要性。对于竞争激烈、强调创新的企业，研发工作是其持续发展的基础，研发人员所承担的风险、责任也就越大，其薪酬水平也应较其他行业偏高。

3. 企业文化

企业文化对薪酬模式有很大的影响。对于提倡集体主义的企业，多强调团队合作，研发人员之间薪酬差别较小；对于强调个人主义的企业，研发人员之间薪酬差别较大。

（三）企业外部因素

1. 薪酬市场价格

为保持企业薪酬竞争力，吸引优秀人才，企业研发人员薪酬确定必须参考劳动力市场价格。

2. 人才市场供给状况

人才市场供给状况和企业的薪酬水平关系十分密切。当人才资源充沛时，企业的薪酬相应会降低；当人才资源匮乏时，企业的薪酬相应会提高。

3. 当地的经济发展状况

一般来说，当地的经济发展处在一个较高水平时，企业员工的薪酬会较高，反之则低。目前我国的各地区经济发展不平衡，沿海地区经济发展水平较高，大城市经济发展水平较高，因此这些地区企业员工的薪酬较高。

4. 政府法律法规

薪酬给付的内容和数额大小要符合政府的法律法规。

二、研发人员薪酬制度形式与结构

（一）研发人员常见的薪酬制度

1. 效益工资

这一方法是将研发人员的收入与研发绩效或企业的经营绩效相挂钩的一种报酬分配方法。确定效益工资水平是保证效益工资具有激励作用的关键。在实践中，高技术企业往往采用以下三种方式确定效益工资水平：

（1）通过技术开发项目承包制、产品提成等方法来确定效益工资的水平。

（2）根据研发人员所在岗位确定效益工资水平。

（3）通过与研发小组及其成员谈判方式确定效益责任系数的方法来确定效益工资水平。即根据研发人员的知识、经验、在产品开发中所承担的责任、风险与实际的作用与贡献等多种因素，通过小组负责人与研发人员之间的协商，确定研发人员系数。而研发部门或研发小组的整体效益工资则由部门系数与整体经营绩效共同决定。在确定部门系数时，主要根据部门在产品开发、人才培养、技术支持等方面对企业的贡献来决定。

通过效益工资，企业与研发人员之间建立一种利益共享、风险共担的利益共同体，从而降低了管理成本，提高研发人员工作积极性。因此，在高技术企业，近来出现了适当提高效益工资比重的做法，以进一步强化这一机制。

2. 效率工资

效率工资也就是我们平常所说的高工资，效率工资的意义在于提供高于市场平均工资水平之上的工资来表明企业对人才的重视，吸引优秀人才，并激励他们努力工作。这种方法的有效性受到外部市场发育状况的影响，在相对发育较为完善的软件与系统集成等人才市场上，采用效率工资有一定效果。采用效率工资，是试图在企业与研发人员之间建立一种对等的社会交换机制，即企业以相对稳定的工资与研发人员的知识奉献和努力工作相交换，因此，在重视企业信誉和个人信誉的环境中，效率工资具有一定激励——约束作用。

3. 技术承包制

这一方法是中国企业改革处于特定历史时期的产物。目前，在一些国有企业或国有控股企业，采用技术合同来规范研发人员或研发小组与企业之间的承包行为是一种较为可行的方法。通过在企业公开招标的方法，确立研发小组与企业之间的内部交易行为。在技术合同中，企业通过明确任务、所承担的责任、所能够获得的支持与奖励来规范研发管理，并通过向研发小组及其骨干人员转让部分剩余控制权来达到对研发人员的部分自我激励。这种方法在国有企业特定的内部制度环境和文化环境中，具有可操作性和较好的效果。

4. 股权分享

在股份制企业，特别是在党的十五大召开和新宪法颁布后建立或改制的新型股份制企业中，采用股权分享的方法来实现对关键性技术创新人才的持续激励是一种基本发展趋势。对掌握企业技术核心的关键人才赠送股份或以低于优惠价格向研发人员优先出售股份是股权分享的基本操作方法。

在股权分享这一激励安排设计时，关键是股权的流动，即需要安排一种机制使老股东能够出让部分股权使技术创新人才能够成为新股东，从而真正体现对研发人员的创新能力的重视，也才能真正实现知识、智力、技术等因素与资本一起参与分配。由于股权分享体现的对研发人员拥有的异质性知识的承认与重视，使研发人员的长远利益以及其知识的市场价值与企业和长期发展紧密联系，因此具有较好的自我激励效益。对于研发活动，股权分享这种激励方法不仅是必要的，也是效果显著的。

(二) 研发人员薪酬体系设计及管理

由于研发人员的需求个性化、多元化，所以对其进行薪酬设计时应突破单一的现金形式。公司应根据不同层次员工的不同需求确定不同的薪酬体系，以起到应有的激励作用。

1. 辅助层研发人员薪酬体系设计及管理

辅助层研发人员薪酬体系的模式是：

总体薪酬 = 基本工资 + 加班工资 + 各种补贴 + 特殊贡献工资

辅助层研发人员在研发团队中的主要作用是辅助中坚研发人员，主要任务是学习相关知识和积累经验，所以他们在这一阶段并不能为企业创造太多价值，并且学习中有较强的人力资本积累效应。所以，在设计这类人员的薪酬时，可采取水平较低的固定薪金模式，对项目有特殊贡献时进行特别奖励。

采取固定薪金模式的原因：首先是因为他们尚处在学习阶段，不能为企业创造太多价值。其次是由于辅助层是一个后备选拔层，优秀者将很快进入中坚层，成为企业研发的核心力量，不合适者将调离研发部门。所以在该阶段企业应帮助他们进行职业生涯规划，并确定明确的晋升道路。这往往比薪金更具激励效果。

2. 中坚层研发人员薪酬体系设计及管理

中坚层研发人员薪酬体系的模式是：

总体薪酬 = 基本工资 + 加班工资 + 各种补贴 + 项目工资 + 特殊贡献工资 + 晋升机会 + 技术股份

中坚层的研发实力是高新技术企业的核心竞争力，他们的工作成果直接影响企业发展和企业产品的市场占有率。所以应留住中坚研发人员，并不断为其提供学习机会，保证企业的核心竞争力。

项目工资是体现业绩的重要方面，并据此与辅助层的薪酬水平拉开距离。技术股份是将研发成果的部分所有权归属研发人员。它不同于普通股份，不可转让，研究开发人员在非正常情况下离开企业时，他所拥有的这部分所有权将自动转给企业。这种方法不仅能激励研究开发人员而且可以减少流失，降低研发风险。项目工资主要根据项目开发难度、进度等由企业和研发人员共同商议决定。企业在项目进行中要对各项指标的达成度进行考核。完成情况不同，计提比例也不同，项目工资等于项目总收益乘以计提比例。

对中坚层采用的这种薪酬模式，一方面体现了业绩，使能力强的研发人员在得到可观现金收入的同时还有晋升、带薪休假等精神奖励；另一方面有利于激励和留住人才；还使研发人员和企业一起分担了项目风险。

3. 核心层研发人员薪酬体系设计及管理

核心层研发人员薪酬体系的模式是：

总体薪酬 = 基本工资 + 加班工资 + 各种补贴 + 项目工资 + 特殊贡献工资 + 股权

核心层研发人员的精力主要在于为企业赢得竞争优势，对这类人员的薪酬激励应以股权激励为主，构建利益共同体。长期的股权激励是为了稳定核心人员，加大其对研发人员追求项目成功的吸引力，使其能分享研发成果巨大的经济回报。也可让核心层研发人员负责项目的开发实施，给他们拓展个人能力、发展事业的机会，这比高的收益更能激励核心研发人员。

三、研发人员薪酬案例

（一）某公司研发人员提成工资制

为强化对新药研发人员的激励作用，结合公司实际，对医药研究所单独设立薪酬形式，采用“高基薪+高提成”模式。

其薪酬结构为：基本薪酬+研究成果提成+其他奖励。

1. 基本薪酬

根据研发人员的素质及能力，分为三级九等，分别享受不同的薪酬。公司组成专业技术等级考核小组，每2年进行一次定级调级工作，具体如表9-11所示。

表9-11 各级研究员基本薪酬 单位：万元

人员类别		基本薪酬
高级研究员	一等	9.6
	二等	8.4
	三等	7.8
中级研究员	一等	6.5
	二等	5.2
	三等	3.9
初级研究员	一等	3.2
	二等	2.6
	三等	1.95

2. 研究成果提成

公司新药研究采用项目负责制，新药研发成果提成采用分段及分级综合进行，分段即是根据项目进展分为三个阶段：获得新药临床批文、获得新药证书以及产品的投产或转让。分级即是新产品的类别分为6级进行奖励：新药一类、新药二类、新药三类、新药四类、新药五类及保健品。

3. 其他奖励

（1）凡研究所向各级政府及部门申报的科技成果获奖，奖金全部发给项目组，公司另奖励同样全额给项目组。

（2）在不涉及公司机密前提下，公司鼓励科技人员公开发表研究论文或申报专利，凡以公司名义发表的论文，照表9-12标准奖励。

表 9-12 发表论文奖励级别表 单位：元

刊物级别	奖励金额
国际权威刊物	5000
国家自然科学核心刊物	3000
省部级刊物	1000
其他	500

(3) 以公司名义申报知识产权专利的，视技术含量及对公司的影响奖励专利发明人和申请人 500 ~ 3000 元。

(二) 某公司研发项目团队激励薪酬设计

图 9-1 是给某企业研发项目团队设计的激励示意图，是根据该企业的研发业务流程为主线绘制的，为了能更清晰地说明团队激励，这里对流程图进行了简化处理。

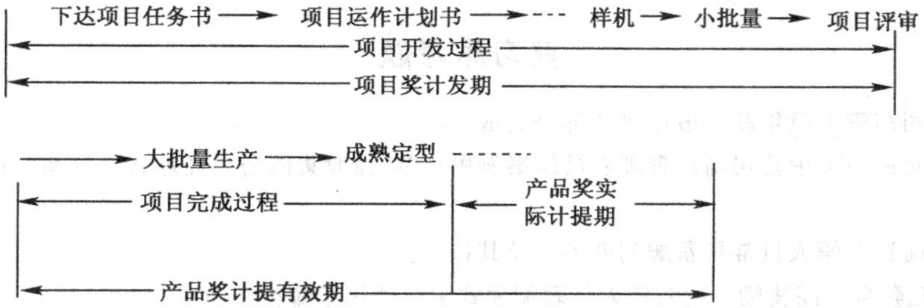

图 9-1 某企业研发项目团队激励示意图

在项目开发过程中，公司事先为项目团队下达了项目任务书，对项目开发的任务要求做出明确的阐述，并将该项目的业绩评定及绩效奖惩办法事先告知团队成员。

公司明确规定：项目团队在既定的时间、质量等各项任务指标要求下顺利完成开发任务，公司将视项目质量等级给予项目团队成员 5 ~ 8 万元的现金奖励。

质量等级的评定由公司组织的专家委员会按既定的等级评定标准和程序执行。同时，为了激励团队成员赶在竞争对手之前较早地完成开发任务，还特别规定项目每提前 1 天给予实际项目奖总额 1% 的超额进度奖。这是一种典型的针对团队绩效的目标激励法。

考虑到研发人员创新的知识产权特征，还设计了利益分享计划，即上图所示的产品奖的计提。产品奖依据该产品 2 年内的有效销售额的千分之二计提，折算成等额的公司股票期权形式发放给项目团队。之所以采用期权激励，既是要体现对研发人员所创造知识产权的尊重，还希望通过期权鼓励他们在项目研发过程中更多考虑市场因素，只有这样，才有可能使公司股价不断上扬，个人也才会有更大的获利空间；同时，采用股票期权的形式，对于企业稳定研发队伍也将起到积极作用。

在图 9-1 所示的产品奖的计提过程中还设计了一个时间差，即奖金的实际计提期与计提 2 年有效期之间存在一个时间差。项目评审合格之后，在大批量产品生产过程中，还存在一个项目的成熟、完善周期。设计时间差的目的就在于激励团队成员在他们可控的时间范围内尽量缩短项目的完善周期，通过团队的努力延长奖金的计提时间，从而使团队获得更多的收益，企业也将因此而获得更多的利润。

在上述的团队激励设计中，团队是基于成员在项目中的个人贡献大小进行奖金的二次分配的。当然，对于个人绩效也设计有相应的评定指标。为了更好地促进团队成员的相互沟通、学习和协作，公司还可在各项目团队之间展开业绩竞赛，并对优胜者实施团队旅游奖励，这样既肯定了团队成绩、增强了团队凝聚力，又为成员之间的沟通和了解创造了机会，便于他们今后的继续合作。

复习思考题

1. 公司高管人员年薪一般由哪几部分组成？

2. 请对第一节中公司高层管理者薪酬案例中："H 控股集团公司经理薪酬体系"进行简要评述。

3. 请简述营销人员常见薪酬制度形式及其特点。

4. "低薪金 + 高奖励"的营销人员薪酬模式主要适用于哪类企业？

5. 请简述研发人员常见薪酬制度形式及其特点。

6. 请搜集关于研发人员团队薪酬的相关资料，并完成一篇 3000 字论文。

第十章　公司奖金和福利制度设计及管理

本章概要：本章首先概述了奖金的概念、特点、类型与发放原则；其次重点阐述了公司奖金制度设计及管理的主要思路；然后概述公司福利的定义、功能、构成及公司福利设计具体思路；最后就当代流行的公司弹性福利制度的类型、设计与管理思路做出了介绍。

第一节　奖 金 概 述

一、奖金的概念

奖金最早是由泰罗在19世纪晚期推广使用的，泰罗将奖金定义为支付给产量超过预定标准的雇员的先进报酬。而企业管理发展迄今，奖金的定义也出现不同的理解。如在1990年1月1日发布的第1号统计局令《关于工资总额组成的规定》便将奖金定义为"支付给职工的超额劳动报酬和增收节支的劳动报酬。"而不管是哪个定义，都表明奖金是对职工超额劳动部分的一种补偿，是贯彻按劳分配原则的一种劳动报酬形式，是基本工资制度的一种辅助形式。本书从公司角度，将奖金定义为"公司由于职工提供了超额劳动而在标准工资以外支付给职工的、带有激励性质的劳动报酬。"

超额劳动，首先是指超过劳动定额部分支出的劳动；同时，也包括节约物料和保证安全生产多支出的劳动。定额以内的劳动用标准工资进行支付，所以标准工资又可称为定额内劳动报酬；超过定额的劳动，用奖金支付，所以奖金也可称为定额外劳动报酬。

二、奖金的特点

奖金的特点主要体现在以下几个方面：

（1）激励职能为主。基本工资固定发放，是员工的基本稳定的收入，它的作用是保障职工及其家庭成员的基本需要。基本工资一般不随着职工工作表现和公司营运状况而变动。而奖金与职工的工作绩效直接相关，并且不是固定不变的，从而激励职工努力工作。激励职能应该成为奖金的主要职能。

（2）较强的灵活性和针对性。奖金能比较灵活、准确地反映职工劳动和劳动成果的实际变化。它的形式灵活多样，可以根据生产（工作）的不同需要，建立不同的奖金制度。例如，超额奖、质量奖、综合奖等等。并且基本工资结构确定后，一般数年不变，而奖金的种类可以根据生产、工作需要而确定，发放也不受工资发放的限制，能及时反映职工向公司提供劳动量的变化。

(3) 荣誉性。奖金是对那些为社会做了较大贡献，为公司提供了超额劳动的职工进行的物质奖励。在正确的奖金制度下，谁劳动好、贡献大，准就能得到奖金。劳动差、效率低，就没有奖金。因此，奖金还具有褒扬先进、鞭策后进，树立劳动光荣新风尚的作用。所以说，发放奖金不仅是对职工的物质鼓励，同时，也具有精神鼓励的作用。

三、奖金类型和主要形式

作为劳动报酬的奖金，按照超额劳动对公司生产的作用是否直接可以分为两大类：一类是由于劳动者提供的超额劳动直接增加了社会财富而给予的奖励，这一类称为生产性奖金或工资性奖金；第二类是由于劳动者的劳动改变了生产条件、为提供社会劳动生产率和增加社会财创造了有利条件而给予的奖励，这一类称为创造发明奖或合理化建议奖等。

奖金制度有多种形式，按不同情况分类，主要可分为以下三类：

(1) 按奖励周期和奖励次数区分，可分为月度奖、季度奖、年度奖和一次性奖金以及经常性奖金。

一次性奖金，是对做出特殊贡献的职工进行的不定期奖励。如为攻克某种产品的质量问题，突击完成某重大紧迫任务等设立的奖励。

经常性奖金，是指按照预定的时期，对日常生产、工作中超额完成任务或者创造优良成绩的职工给予的例行奖励。经常性奖金应预先规定奖励条件、范围、标准等等，使职工明确目标，一般可以设为月奖或季度奖。

(2) 按计奖单位区分，可分为个人奖和以班组、车间、科室等为单位的集体奖。

个人奖适合于只需个人就能够完成的工作；集体奖适合于需要小团队或集体合作才能完成的工作。集体奖可促使集体内的各成员互相监督、互相鼓励，并可促使技术较差者努力提高水平，以免影响他人与集体。

(3) 按奖励条件的考核项目区分，可分为单项奖和综合奖。

单项奖是以生产、工作中的某一项指标作为计奖条件。它的特点是只对劳动成果中的某一方面进行考核，一事一奖。一般采取按绝对额计发奖金的办法，也有的采取记分算奖的办法。单项奖有超产奖、质量奖、节约奖、新产品试制奖等等。

综合奖是以多项考核指标作为计奖条件，它的特点是对职工的劳动贡献和生产、工作成绩的各个方面进行全面评价，统一计奖，重点突出。具体办法是把劳动成果分解成质量、数量、品种、效率、消耗等因素，每一因素都有明确的考核指标及该指标的奖金占资金总额的百分率或绝对数，只有在全面完成各项指标的基础上提供超额劳动，才能统一计奖。

四、奖金分配的原则

出于考虑到奖金的经济激励职能和社会保障职能，根据公司的长期发展和稳定职工队伍的需要，奖金的分配应坚持“效率优先，兼顾公平”这一原则。

效率优先就是要优先考虑多劳多得，奖勤罚懒，奖优罚差，激励职工努力工作，从而促进公司实现经营目标。兼顾公平就是根据公司发展需要，有计划的调节职工之间的奖金关系，使职工付出劳动后，获得公平合理的报酬。职工对奖金分配制度感到满意，也会促进提高公司的效率。

但公司制定了奖励办法，奖金分配是否就一定能发挥激励作用？是不是奖金发得越多，激励的效益就越大？答案是：不一定。奖金分配的效率优先要有兼顾公平作保障。每个公司都制定有奖励办法，可以说这些奖励办法大都是经过仔细考虑的，奖励的项目与总的目标是挂钩的，在奖励的数额上也是想体现多劳多得的。但我们常常发现，奖金办法制定后，奖金分配并不一定吸引人，意见和怨言是少不了的，导致奖金分配的激励作用不能很好发挥。

案例：

广东某进出口公司为一国有进出口企业，主营业务为出口集装箱、千斤顶、农业机械、仪器仪表、家用电器等机电产品。而该公司在2000年左右遇到困境，作为企业核心人才的业务员越来越少，一些很优秀的业务员相继离开公司另谋高就，他们的离开往往将与客户关系较好利润较高的业务一并带走。有些留下的业务员也人心不稳，工作热情不高。于是在众多问题中，减少业务员的流失，留住业务员特别是出口效益高的业务员，使他们安心工作，便成为企业的当务之急。

因此，企业出台了新的奖金措施，企业对业务小组和业务员实行直接考核，避免奖金二次分配带来的负面影响。不给业务员下任何指标，只按利润额进行提成奖励。企业还向专门的业务小组提供诸多保护性措施，出口效益如有保证，利润提成比例为15%。企业无保护措施的业务员，利润提成比例为25%，无盈利者不发奖金。经营一年无盈利者，停发工资，每月只发500元基本生活费。

新的措施实行之后，特别是新的奖金每月直接兑现给个人，业务员不再受别人是否亏损的影响，有了利润就能实实在在拿到奖金，极大地激励了广大业务员，当年企业的出口总额及利润总额就得到了极大提升，企业领导也深为改革而自豪。

但过了不久，就有一些业务员产生了不满。首先，有的业务员认为，一个产品达到一定的出口规模和效益，是许多业务员多年不断努力、积累的结果，是企业往年不断投入资金和资源的结果，业务员在刚进企业时，被安排在不同的岗位上，从事不同的产品出口业务。个人今天的业绩很大程度上取决于当初的工作安排。如果当初被安排到诸如过去的集装箱公司和起重设备公司，今天的奖金当然就会很高。但如果当初安排从事一个效益并不好的产品出口部门，则今天的奖金就自然会很低，甚至没有奖金。

其次，有些非常优秀的业务员也感到非常委屈。其中有些人有很强的产品或者市场开发能力，被安排从事开发新的产品出口业务，如果当初开发有成果，多半会交给其他业务员继续出口，他自己又去开发新的产品。如果开发尚未有结果，今天依旧处于开发阶段的话，出口便难有效益。这两种情况下，他现在的奖金都会很低。

企业高层明白，虽然现在稳住了小部分出口效益好的业务员，但也有相当部分业务员人心不稳，这其中也不乏优秀者。这奖金奖励制度为什么总是不能令人满意。

第二节 公司奖金制度设计及管理

一、明确奖金奖励目标，进行组织发动

在第一节中我们将奖金定义为“公司由于职工提供了超额劳动而在标准工资以外支付给职工的、带有激励性质的劳动报酬。”从奖金的定义和特点我们可以知道，奖金奖励的目标在于激励职工努力工作，创造性的完成任务。

而在现实企业中，领导层与职工却对于奖金分配普遍存在两种误解。首先，职工思想认识上的问题。现在许多职工已经把奖金当作工资的组成部分，错误地认为，不管工作好坏，只要按时上下班就该拿奖金，对于奖金产生了误解。事实上当奖金没有与出色、超额完成的劳动工作量、没有与劳动绩效联系在一起时，它也就失去了应有的激励作用。其次，貌似公平的奖金分配形式。有的企业管理者在分配奖金时，不根据实际情况，搞平均分配，职工无论表现一律平等。这种平均分配，表面上公平，却掩盖了实质上的不公平，它不能激发职工的积极性，相反，还会严重地挫伤一部分劳动技能高，工作态度好，对企业工作贡献大的职工的工作积极性。

在实际奖金操作中，第一步，我们就必须对公司内部领导层及职工进行有效的组织发动，明确奖金的激励职能，破除公司职工对于奖金的错误理解，并且公开奖金的奖励细则，保证公司内部职工可以了解有关于奖金的详细规定。

案例：

某物资供应公司现有 260 多人，下属 17 个科室、单位。在 2001 年 7 月份分配制度改革前，其经理和副经理、科长和科员之间、复杂劳动和简单劳动之间，最高奖金收入和最低奖金收入之间的差距很小，存在严重的平均主义，未能真正

体现按劳分配的基本原则，起不到应有的激励作用。针对这种情况，该企业领导从2001年元月份开始通过大量的调查研究酝酿进行奖励制度改革，到7月份首次实行。此次改革的核心在于拉大差距以体现劳动强度和劳动难度，并着重强调了绩效考核与奖金之间的联系。

但事与愿违，在新的奖金制度实施几个月来，企业内部职工怨言不断。小王："我这个月又没有缺过一天勤，小李的奖金凭什么就是比我多150?"小李："为什么我这个月比上个月少50块奖金，是不是搞错了，哪能越来越少呢？想去问又不好意思问，想查又查不到。"而部门经理们也有怨言："原本部门里面大家关系都好得不行，公司搞个新的奖金制度，害的现在整个部门里天天大家都谈论奖金的事，什么工作氛围、人际氛围都没有了。"

二、制定奖励条件、指标，明确奖励细则、奖金标准

奖励指标是指部门的工作任务予以分解，形成明确的生产指标，作为奖励职工的依据。而奖励条件是对奖励指标实现程度上的要求。制定奖励条件和指标要坚持以下几个原则：

(1) 合理制定奖励条件的期望值。奖金中体现着按劳分配的原则，依赖于生产定额的科学性、合理性。生产定额不能定的太高，也不能太低，应是职工通过努力可以达到的，奖励条件要适当，过高或者过低都不能促使职工奋发向上，应采用既先进又可行的合理奖励目标，这样奖金分配才能充分发挥其激励作用。

(2) 要坚持经济效益为导向的原则。因此奖金奖励的重点要放在与公司经济效益紧密相关的工作环节，凡与公司经营效益无直接联系的环节，要少或者不采取奖金奖励的方式，以免奖金奖励泛滥化，降低奖金的激励作用。

(3) 要坚持具体、量化、可操作的原则。奖金奖励一定要做到规范化、数量化、具体化、具有可操作性。

制定奖励条件可以分步骤进行。第一步，公司、科室、车间、班组应分级制定计奖条件。比如公司可以考虑把完成产量、质量、品种、成本、利润、劳动生产率、消耗和资金等多项指标作为计奖条件，车间可以指标中的某几项作为奖励条件，班组则应根据完成车间奖励条件的要求，分别不同情况规定奖励条件。第二步，公司内部各单位对职工规定计奖条件。比如对于基本生产工人，应该以产品的数量、质量和节约等指标作为主要计奖条件，其它指标作为辅助条件；对于辅助生产工人，除了要考核他们完成本职工作的情况外，还应把他们所服务的单位和基本生产工人完成生产任务情况作为计奖条件；对于科室人员，应按照他们分管的工作任务规定计奖条件。

奖励细则包括奖励范围、奖励周期、计奖单位等等。奖励范围是指在既定的奖励条件下，参加奖金分配的人员范围和奖励幅度。实施奖金奖励，必须明确受奖人员，制定适当的奖励幅度。奖励周期是指核算超额劳动并且支付奖金的时间单位。周期的确定应视奖励指标的性质和工作需要而定。比如，与公司整个年度整体经济效益和员工工作表现有关的奖励，可采取年度奖的形式；针对持续的、时间短的生产或工作设置的奖励，可采取月份奖、季度奖等。计奖单位是指按不同劳动特点划分的独立考核并发放奖金的部门或者组织。如奖励条件明确确认的工作部门，公司中服务性、辅助性的工作部门，劳动成果不能或者难以量化计量的单位等等。

奖金标准是员工达到奖励条件之后，按预先的规定支付给员工的奖金数额。合理地制定奖金标准，也是制定奖金制度中一个非常重要的步骤。制定奖金标准的原则是：公司应该按照员工在生产中的作用、完成奖励条件的难易程度以及预计经济效果的大小，来合理确定不同工作中员工的奖金标准。在实际工作中，由于生产、工作的特点不同，不同时期所要追求的生产目标、工作目标不同，因而制定奖金标准的要求也就不同，并导致不同时期完成同样的工作量，奖金标准可能高低不同。

三、确定具体的奖金分配方法

目前我国的公司正在使用的奖金分配方法是多种多样的，本章主要介绍了公司中常见的几类员工的奖金分配计划：生产工人奖金计划、中层管理人员奖金计划、科技研发人员奖金计划，销售人员及高层管理人员的奖金计划在本书的后面章节单独介绍。

公司与员工的不同情况，决定了不同的奖金奖励方法。一般而言，存在易于判断的个人绩效指标以及工作的完成与他人的绩效关系并不是很大的岗位多采用个人奖金计划，如销售人员等；而工作要求需要一个团队来完成工作时，而个人对于团队绩效的贡献又较难衡量时，就多采用团队奖金计划。

（一）生产工人奖金计划

面向生产工人的奖金计划一般是将职工的生产率作为绩效标准，按产量标准的完成情况支付奖金。目前我国企业中现行的生产工人工资形式主要有计时工资和计件工资，但这两种基本工资形式在相当程度上存在缺陷，需要奖金制度对其进行补充。

计时工资由于它的相对稳定性，存在着以下不足：不能反映同等级生产工人之间存在着的若干细小的劳动质量差别；不能反映本人显示等级与原来评定等级之间的劳动质量差别；不能反映超额劳动量与定额劳动量之间的差别；不能反映每一职工在劳动中对原材料的节约以及对工具设备的节省情况等。同样，计件工资也有它的不足：计件工资受到一定条件的限制，不具备一定的条件不能实行计件工资；计件单价与物料的节约以及安全生产的程度无关，因而节约物料和安全生产付出的额外劳动是不能反映出来。所以，这两种生产工资的工资形式都需要必要的奖金制度作为补充。

案例：

上海某排气控制系统公司（以下简称DX公司）是一家新建的中外合资企业，2000年4月开业，员工12人，当年实现销售收入190万美元。由于成功地进行了市场开发，公司2001年的销售收入目标为1400万美元，计划员工人数65人。公司主要管理人员认识到，建立有效的激励机制体系，调动员工的生产积极性和创造性，是实现经营目标的关键之一。

对经营目标明确、以机器生产作为主要生产组织方式的DX企业来说，激励机制的建立应该以机器利用率作为核心，因而需要设计一个能最大限度利用机器的激励机制，使劳动生产率达到最大化，企业的效益才能达到最大化。

根据上述指导思想，公司以“计件制”作为激励机制基础，对生产员工进行标准化操作培训上岗，着重考核他们在单位时间内的生产量。对物料、机修员工，则着重考核影响机器运转（停机）的时间。公司同时还在固定月度工资的基础上，增加了一块奖金额度。公司计划在若干年后，奖金与工资的比重从目前的3:7，上升为5:5。

激励的原则：公正、系统、科学、高效

1. 公正性原则

为了保持激励机制的公正性，杜绝人为的“关系奖”、“照顾奖”、“情绪奖”等不正常现象，公司将奖金计算公式对全体员工公开，员工可以很容易地按公式计算出奖金数额。

2. 系统性原则

与生产线有关的辅助员工（如物料、维修员工等），他们的工作业绩将直接影响生产线的生产效率，因此他们的工作业绩也纳入激励机制内予以考核。辅助员工的奖金首先必须与生产线员工的奖金挂钩（为生产线员工的70%），以促成生产和辅助员工形成共同的团队。另外，对每一辅助员工的工作业绩还单独考核，考核的重点是由物料或维修引起的停机时间。

3. 科学性原则

科学性原则体现在对生产时间、标准生产效率、效率值计算的正式性和方法上的科学性。在生产时间的计算上，划分出每个班次的生产时间、休息时间和其他一些非生产的时间，如班会时间，5S时间等。按每班8小时（480分钟）工作时间计算，扣除非生产时间后计算出实际可生产时间为440分钟，占工作时间的91.6%。在标准生产效率的计算上，规定生产线上每一个操作岗位的标准操作方法（PFP），并据此计算出生产线上每一品种单件产量的标准时间（PSPP），再计算出每班440分钟的标准产量（标准生产效率）。例如，公司产品A的标准班产量为94台/班；产品B的标准班产为140台/班。在效率值（奖金值）的计算上，根据年度产量计划、相关生产员工人数以及奖金预算额度，计算每个产品的效率值（奖金值）。

4. 生产效率一票否决原则

生产线上员工能否得到奖金，取决于生产的实际效率是否达到标准生产效率。只有在达到标准生产效率后，员工完成的实际产量才能按照对应的效率值获取奖金。

与此同时，为了保证发展的质量和后劲，公司还设计了一些保证措施，对未达标项扣奖。具体的办法包括：

(1) 对质量的保证：生产线 A 成品检验如发生一批不合格，扣 50% 奖金基数，发生二批扣 75%，发生三批扣 100%。生产线 B 发现 1 件成品检验不合格，扣 25% 奖金，2 件扣 50%，3 件扣 75%，4 件扣 100%。发生客户正式书面抱怨 1 次扣 50% 奖金，2 次扣 75% 奖金。客户返货（PPM）发生 1 次扣 50% 奖金，发生 2 次扣 100% 奖金。

(2) 对成本的保证：生产线废品成本超过当月销售额 1%，扣全部奖金的 50%，超过 1.5% 扣 100% 奖金。

(3) 对生产车间制度的保证：未按生产车间制度要求做扣 25%，发生脏乱差扣 50%。

(4) 对安全的保证：发生可记录工伤 1 次扣 50%，2 次全扣；发生损失工作日 1 天扣 50%，2 天全扣。

(5) 对纪律的保证：发生一次违反纪律事件扣 45% 奖金。

发奖金就要发出效果

严谨、科学的激励制度使职工们认识到高生产效率不但为公司创造了效益，也为自己带来了可观的经济收益。生产线员工和辅助员工还形成了相互监督、相互帮助的团队。特别是辅助员工，一改以往对生产过程和结果不关心的态度，除了保证不能由于本身的因素造成停机外，还积极帮助生产线员工提高生产效率。另外，公司注意对所有造成停机的事故以及责任方都设置档案，便于进行事故的分析解决和对有关员工的培训。

激励机制还起到了诱发职工积极性和创造性的作用。生产线员工表现出了迫切希望参加多岗位、多技能培训的愿望。这是因为当他们所在团队中的某个员工因故离岗或缺岗时，他们有能力顶岗生产，保证生产效率不下降。生产线员工对生产机器产生了“衣食父母”的感情，有了主动维护保养机器的积极性，对机器出现的一些简单的故障也愿意并能够积极排除。从长远来说，一旦生产线员工掌握了维修机器的全部能力，生产线员工就具有了双重的身份：机器运转时是操作工，机器有故障时是维修工。劳动生产率大大地提高。物料员工为了保证不发生因断料而出现的停机时间，除了对生产线勤查访、勤送料以外，还主动把工作延伸到仓储等生产物资的准备方面等，例如，尽早进行来料检验、尽早做好产品标签的准备、尽早做好包装箱包装材料的准备等等。维修员工为了把停机时间减小到最低程度，做到了在机器发生故障后5分钟内赶到现场。平时他们还见缝插针地在工间休息、员工就餐时抓紧时间对机器进行维修保养。除了故障停机抢险外，维修员工一改过去机器抢修“头痛医头，脚痛医脚”的做法，积极参与对机器故障的系统分析，并积极参与制定机器的预先维修计划，认真执行机器的维修病历卡制度，对主要的备品备件进行超前制作加工准备以及积极参加机电一体化的技能培训等等，保证使计划维修时间达到总维修时间的90%以上。

通过激励机制在生产现场的实施，公司生产效率有了较大的提高。产量从原来的每周9000个单位上升到13000个单位，增加了44%；物料影响停机时间几乎为0；计划维修时间从85%上升到90%，停机时间也有所减少。

（二）中层管理人员奖金计划

目前管理在我国企业中所起到的作用被越来越多的企业领导层所重视，大多数公司为中层管理人员都提供了奖金计划。中层管理人员奖金计划是针对一般性的部门、职能管理人员的个人奖金计划，是当其所管辖的部门或者职能单位达到或者超过预定的有关销售、利润、生产等各方面的目标时，对该部门进行奖金奖励的计划。

与生产工人的奖金计划相比，管理人员的绩效标准一般来说比较复杂，包括一些量化以及非量化的标准，这就需要具有一定广泛性的指标系统及模型的采用。而如果该中层管理部门的职能性质是可以通过一些量化指标来进行衡量的话，那么这时对于该中层管理部门的奖金奖励则可以和这些量化指标进行挂钩，如某销售部门的销售业绩等等。

需要注意的是，无论公司的业绩如何，支付给业绩确实突出的管理人员的奖金，不应低于正常水平的奖金，并且应该明显高于其他管理人员。而业绩低劣的管理人员，他们不应得到任何奖金奖励。

（三）科技研发人员奖金计划

科技研发人员是公司中相对而言比较特殊一类人员，他们与公司的生产、销售一线往往没有直接联系，这也一定程度上导致了科技人员在开发新产品时，缺乏主动贴近市场、满足用户要求、不断完善提高产品性能的动力，往往从主观认识出发，片面求新、求异、求高档，而忽视用户的需求和产品的经济性要求，不愿深入生产、销售第一线。

本书从我国目前科技人员收入分配的现状及存在的问题出发，参考国外先进的做法，介绍一种比较适合我国国情的科技资源要素参与分配的方法——产品销售贡献毛益提成制。

科技人员产品销售贡献毛益提成制，又称效益提成制。技术提成的基本方法是试制新产品鉴定完成后，由总工程师组织参加设计的科技研发人员进行评定，提出主创人员署名，提成分配比例及创新等级的意见，报公司决定。产品达到一定的市场占有率后，主创设计人员开始从该产品的年销售贡献毛益中按一定比例提取奖励。提成期限视具体情况而定，但短于该产品的实际寿命周期，提成期内职工退休、组织调动则仍继续享受提成，如发生死亡则由其法定继承人继承其提成份额。科技人员没有设计新产品或设计的新产品没有形成市场规模则没有提成。

贡献毛益是指该产品的销售单价扣除其单位成本，只有这一部分才是产品对公司的实际贡献，才是公司经济效益的构成部分。因为不同的技术项目可能其侧重点不同，有的项目是侧重搞技术创新，有的是侧重搞结构调整，降低单耗，同样也能为公司创造经济效益，而此时仍然采用销售额提成的办法，则反映不出对科技人员的鼓励作用，失去了该方法的意义。

案例：

江苏长江电气集团公司是一个专业电气制造商，国家大一型企业，广泛服务于成套设备集成制造、智能电器设计制造、电力系统自动化、工业 IT 等领域。拥有四家合资企业和六家内资企业，其中包括两个国家级高新技术企业和三个省级高新技术企业，而长江电气博士后科研工作站的建立则为长江电气的长远发展奠定坚实的技术基础。

技术提成的基本方法是试制新产品鉴定完成后，由总工程师组织参加设计人员进行评定，提出主创人员署名，提成分配比例及创新等级的意见，报厂务会议决定。产品达到一定的市场占有量后，主创人员开始从该产品的年销售额中按一定比例提取奖励。提成期限为 10 年，提成期内职工退休、组织调动仍继续享受提成，如发生死亡则由其法定继承人继承其提成份额。科技人员没有设计新产品或设计的新产品没有形成市场规模则没有提成。

为了使提成办法起到对科技人员引导努力方向和调动积极性的作用，根据该厂产品特点和经营生产情况，设计了以下提成要素：

(1) 提成人员范围。设定参加提成的人员必须是独立工作、对产品性能起决定性作用、付出创造性智力劳动的人员，包括整机主设计，电器主设计，大型产品还包括部套主设计，主管工艺员等。

(2) 提成基准。以产品的年销售额为基准，即以日历年度内回款数为准，外汇收入按银行当期汇率折算人民币计算。没有以利润做基准，是考虑到虽然利润更能反映产品的经济效果，但目前一般产品成本核算不尽准确，以利润计提奖励难以排除人为因素，做到公平公正。

(3) 前提条件。提出前提条件是为了限定只有那些性能良好，质量可靠、用户欢迎、有市场前景并已为企业创造效益的产品，才能提成。科技人员设计没有市场的产品，不创造效益不能提成。

(4) 提成比例。根据公司产品单台规模大、结构组合变化大、价值高的情况，设计产品提成比例为年销售额一千万元以下提成万分之十四，销售额每提高一千万元，提成比例以万分之一幅度递减，但最低不少于万分之五。独立机组销售额在500万元以下的，比例可适当提高，但最高不超过万分之二十。根据该公司产品状况，曾以两个成熟主导老产品进行模拟测算，畅销主导产品的主创人员10年可提成款约为18~20万元，相当于当年一台桑塔纳轿车，额度比较符合我国人民的消费水平和承受能力。公司还将根据市场情况和人民生活水平的提高，对提成比例做出调整。

(5) 创新等级。为了区别产品智力成果含量，鼓励技术创新，该公司将新产品分为两等，一等为创造设计型，二等为改进、引进、合作设计型。二等提成比例较一等下调30%。创新等级由总工程师组织评定，必要时外聘专家评审。

(6) 资格丧失。职工有严重违章违纪行为给企业造成重大损失，非因退休等原因解除、终止劳动关系，将丧失提成资格，不再提成。

(7) 提成期限。这是最重要的一项提成设计要素。提成期限为10年。由产品批量生产时起算，分为前后两个提成期，前提成期提成比例较后提成期为高。明确起始时间和期限的作用在于：一是促进科技人员提高设计质量，尽快克服设计缺陷，迅速占领市场，形成市场规模；二是引导科技人员不断改进，提高产品性能，尽量延长产品生命周期，多创效益。

两年来，江苏长江电气集团已对两个新产品的20名（包括2名退休人员）主创科技人员兑现了销售提成。提成产品销售额为7435万元，提成额为96533元。实现了提成分配完全由个人的市场业绩决定。获得提成人员占科技人员总数的37%。20人中提成不足1000的4人，1000~5000元的8人，5000~10000元的7人，10000元以上的1人，取得了预期的效果。

(1) 提成的期权稳定、持续地调动了科技人员的积极性。科技人员很容易就读懂弄通了技术提成的内容。广大科技人员要求“政策不能变”，科技人员主动深入车间生产第一线，有的设计人员还要求直接与工人一起参加自己设计产品的组装调试工作。不少科技人员更是积极构思方案，要求组织新产品开发方案竞标，努力开发更多更好适销对路的新产品。

(2) 销售提成以市场成败论英雄，拉近了科技人员与市场的距离，使用户是“衣食父母”从口号变成现实。他们认真收集用户意见，改进产品，满足用户的要求，积极配合销售部门推介产品，起到了销售人员不可替代的作用。

(3) 销售提成产生了与市场业绩直接挂钩的科技人员奖励制度，使该厂对科技人员的劳动分配实现了由劳动成本、人员素质决定工资收入，工资反映劳动力价格，市场业绩决定奖金分配的格局形成了工资吸引稳定人才，奖励调动人才积极性的完整体系。

(4) 探索了一条技术因素参与分配的新路。江苏长江电气集团技术提成简单、明了，提成比例适中，不搞终身制，较好地体现了职务智力成果参与企业收益分配的公平问题，不仅科技人员欢迎，也得到其他职工的拥护和社会舆论的支持。

产品销售贡献毛益提成制的不足之处是：

(1) 产品销售受市场变化的影响，有时并不能反映企业科技人员的努力程度和工作业绩，一定程度上影响了科技人员的积极性。如在市场不景气时，即使优秀的产品，也可能出现销售滑坡的现象。

(2) 产品销售贡献毛益额受价格与销量的双重影响，在市场开拓的初期会出现付出的劳动多反而收入少的现象。

(3) 企业产品销售贡献毛益额受到销售人员的努力程度、销售策略、销售方式等的影响，与产品的技术水平无关。

(4) 科技人员产品销售提成制没有考虑到产品开发费用、开发周期、实施条件等内容，反映不全面。

四、奖金制度的管理

1. 奖金制度的日常管理工作

首先要按照国家有关规定提取企业奖金总额（奖励基金）。企业奖金来源决定于国家与企业在工资分配方面的关系。实行工资总额同经济效益挂钩的企业，其奖金来源于效益工资；未挂钩的企业，其奖金来源于企业留利中按规定比例提取的奖励基金。此外，国家现在还统一规定了某几种奖金，如原材料、燃料节约奖等，根据规定，从节约价值中按一定比例提取的奖金可以列入成本。其次，企业内各单位应严格按照奖金制度规定的奖励条例和具体办法执行，企业劳资部门应经常负责检查奖金制度的执行情况，给予监督、指导，并按企业有关规定考核审批企业内部各单位的奖金额。防止乱发、滥发奖金的问题。同时，对于实行奖金制度中暴露出来的各种各样的思想问题，要与职工进行有效的沟通，使奖金奖励工作公开、公平、公正地开展。

2. 不断修改和完善现行奖金制度

要及时搜集、了解奖金制度执行中出现的有关问题，分析其原因，采取相应的补救措施；同时，要随着生产的发展和情况的变化，对奖金制度及时提出修改意见，根据生产（工作）新的需要和企业经济效益增长等情况，相应调整奖励条件、奖励范围、奖励期限、奖金水平等。从近几年企业实行奖金制度的实践看，现行的奖金制度普遍存在的问题是奖金与职工的超额劳动或者优秀业绩联系不紧密，在一定程度上成了定额内劳动的附加工资。造成这一问题既有客观原因，也有主观原因。主观原因，主要是奖金制度中规定的奖励条件偏低，因此，有必要在抓好企业基础管理，尤其是抓好定额定员管理工作的前提下，重新规定严格的奖励条件，使奖金与职工提供的有效超额劳动紧密联系起来，真正体现奖金的性质，从而更好地发挥奖金制度的作用。

第三节 公司福利概述

案例：

在2004年国内某人力资源管理机构调查一些高校毕业生的就业意向时，很多学生愿意去一些外资企业或是国有大型企业，除了大公司相对规范的管理制度外，良好的福利待遇也是他们非常看重的。而数据显示，跨国大公司在过去的50年里，平均工资增长了40倍，而福利增长了500倍；在世界500强企业中，员工的工资与福利也几乎达到1:1的比例。如美国通用公司，2004年每生产一辆价值20000美元的轿车，就有1200美元用于对于员工的福利，而该辆轿车的材料成本却仅仅为500美元。

爱立信公司在员工福利标准中规定：爱立信的员工每年有5000元的体育锻炼津贴，对于这5000元的特殊福利，公司是以相关发票等凭证给予报销。而在大部分企业中福利大多投在住房津贴、养老保险、医疗寿险等长期项目的福利中。TCL集团信息产业公司主管人力资源的负责人在谈到福利时认为，一流的工作环境，一流的福利待遇，能够培育融洽的关系，能够使员工有归属感和自豪感。他说："福利在员工收入中的比重越大，企业越能长久地留住人才。"

从上面的案例我们可以看到，公司福利制度无论是在公司产品的成本以及吸引人才方面都有着越来越重用的作用。目前，主流的薪酬管理思想已经将福利与基本工资和奖金作为企业薪酬体系中的三大支柱，对于福利的重视正在日益加强。

一、公司福利定义

福利是公司为了实现自身的经济目标，在改善员工直接的劳动条件之外，从生活、学习诸多侧面，以确保和提高员工及其家属生活水平而开展的活动和措施的总称。福利不同于工资、奖金、劳动时间等直接的劳动条件，而是一种间接的劳动条件，是在工资、奖金以外以货币或非货币形式间接支付给员工的物质补偿和待遇。福利可以是金钱和实物，也可以是服务机会与特殊权利待遇。

广义的福利包括三个层次：首先，作为一个合法的国家公民，有权享受政府提供的文化、教育、卫生、社会保障等公共福利和公共服务；其次，作为公司的成员，可以享受由公司提供的各种集体福利；最后，员工可以享受到公司为员工个人及其家庭所提供的各种实物和服务等福利形式。狭义的员工福利又称之也福利或劳动福利，是公司为了满足员工的生活需要，在工资、奖金收入之外，向员工个人及其家庭提供的货币、实物和服务。

本书对于公司福利有以下几个界定标准：

(1) 企业福利大多表现为非现金收入（例如各种保障计划、休假、服务以及实物报酬）。

(2) 大部分企业福利对于企业所有员工都适用（相对于奖金是支付给那些工作超过给定标准的个别员工的货币奖励而言，福利体现一种普惠精神）。

(3) 企业福利通常采取间接支付的发放形式（相对于工资和奖金，有些福利项目可能要在一段时间之后才能为员工所享受）。

二、公司福利功能

良好完善的福利制度非常重要，它对于公司与员工双方都具有重要意义。良好的公司福利制度具有以下积极作用：

1. 良好的福利制度具有维持劳动力再生产的作用

公司中的福利可以满足员工多方面、多层次的需求，不仅能满足员工的经济与生活需要，如各种加班、乘车、伙食、住房的津贴和补助；还能满足员工的社交和休闲的需要，如各种有组织的集体文体与旅游活动等；以及还能满足员工的安全需要，如医药费报销或补助、因工伤残津贴、退休金、抚恤金等；还能给员工提供充实与发展自己的机会，例如各种职业培训等。

公司的福利制度可以帮助员工解决后顾之忧，给员工创造一个安全、稳定、舒适的工作和生活环境，有利于员工劳动力的恢复，从而提高员工的工作绩效。

2. 良好的公司福利制度可以为公司吸引和保留核心人才

福利制度是公司体现其管理思想和特色的一种工具，一个有竞争力的福利制度表达了一个信息，即公司愿意为员工的幸福提供保障。并且，员工本身也存在对于福利的内在需求，越来越多的员工在进行企业选择时，将福利作为一个非常重要的因素而进行考虑。对于公司而言，能否向核心员工提供有足够吸引力的、能切实给员工带来效用的福利制度，就成为公司能否吸引和保留核心员工的重要因素。

有些公司福利项目，例如公司补充医疗、养老保险，住房公积金等的设计与工龄有关，使福利成为员工的一种长期投资，也在相当程度上加大了员工的离职成本，也为公司保留员工创造了条件。

3. 良好的公司福利制度可以提高员工工作满意度，从而提高工作绩效

工作满意度是员工对工作的总体态度。一般认为，员工较高的工作满意度会带来较高的工作绩效，而相关的福利项目，如集体福利设施等是影响员工工作满意度的重要因素。所以提供这些福利项目，能够提高员工对于工作的满意度，进

而提高工作绩效。

4.良好的公司福利制度传递着公司文化和价值观

现代公司越来越重视员工对于公司文化和价值观的认同，因为公司是否具有积极的、得到员工普遍认同的公司文化氛围，将对公司的发展产生十分重要的影响。而福利制度恰恰体现的是公司的管理特色，是公司创造良好的工作氛围和组织环境的重要手段。国内外成功的企业，如通用电气、google、海尔等经验也一再证明，能够在市场上获得成功的企业，无不重视企业文化和价值观的塑造，无不为员工提供形式多样、富有创造力的福利制度。

三、公司福利的构成

公司福利按照其制定的依据不同可以划分为两类，一类称为法定福利，是根据国家的政策、法律和法规，公司必须为员工提供的各项福利，其特点是只要公司存在，就有义务、责任且必须按照国家统一规定的福利项目和支付标准支付，不受公司所有制性质、经济效益和支付能力的影响；另外一类为公司自主福利，它是公司根据自身的管理特色、财务状况和员工的内在需求，向员工提供的各种补充保障计划以及向员工提供的各种服务、实物、带薪休假等。

法定福利主要包括社会保险、法定带薪假日、特殊情况下的工资支付、工资性津贴和工资总额外补贴项目。

公司自主福利是指在国家法定的基本福利之外，由公司自定的福利项目。公司补充福利项目的多少和标准的高低，在很大程度上受到公司经济效益和支付能力的影响，公司出于自身某种目的的考虑也会很大程度上影响公司自主福利。公司自主福利包括公司补充养老保险，公司补充医疗计划等等。

公司补充养老保险是公司根据自身经济能力为本公司职工建立的一种辅助性的养老保险，是由国家宏观指导，公司内部决策执行的。所需费用从公司自有资金的奖励、福利基金中提取。补充养老保险基金由社会保险管理机构按国家相关规定记入职工个人账户，所存款项和利息归个人所有。实行公司补充养老保险，可以使年老退出劳动岗位的职工按照国家规定领取的养老金因企业经济效益不同而有所差别，体现了效率的原则。这样有利于稳定公司的职工队伍，达到发展企业的目标。公司补充养老保险一般有以下特点：一是视公司经济能力而定，经济条件好的公司多补充，经济条件差的少补充或不补充；二是鼓励为本公司多作贡献，补充退休金随本人的工资和本企业工龄而定；三是费用一般由公司承担；四是基本采取完全积累模式，用以投资增值，国家一般会提供政策支持和税收方面的优惠。

公司补充医疗计划是公司为缓解员工医疗压力而实行的一项福利政策。法定福利中的医疗保险水平非常有限，如果员工生病住院，通常还要自己承担很大一部分费用，这对于员工来说可能是很大的负担。目前有很多公司为其员工建立了补充医疗保险，如果员工生病住院，所需医疗费用除了社会保险承担的部分以外，公司还会帮助员工承担剩余部分的一定比例。

其他正在被广泛使用的福利项目还包括：额外金钱收入（特殊节日的加薪、过节费、分红、物价补贴等）；生产性福利设施（舒适的办公环境）；住房性福利（免费单身宿舍、夜班宿舍等）；交通性福利（公司接送员工上下班的班车服务等）；饮食性福利（免费或低价的工作餐等）；教育培训性福利；文化旅游性福利；金融性福利等等。

四、公司福利的制度设计

公司提供的福利反映了公司的目标、战略和变化。公司员工福利制度设计涉及到福利的目标、福利的成本核算、福利调查和沟通、福利的实施四个方面。

1. 公司福利的目标

每个公司的组织目标各不相同，但是有些内容是相似的，这些内容包括：

(1) 必须符合公司的长远目标。

(2) 满足公司员工的需求。

(3) 符合公司的薪酬制度。

(4) 考虑员工的短期需要和长期需要。

(5) 能激励大部分的员工。

(6) 公司经济实力能够承担。

(7) 符合政府相关政策法规的规定。

2. 公司福利的成本核算

具体内容是：

(1) 计算出公司可以支出的最高福利总费用。

(2) 与外部公司的福利水平进行比较，尤其注重与直接竞争对手的福利水平进行比较。

(3) 作出主要福利项目的预算。

(4) 估算出每个员工福利项目的费用。

3. 公司福利调查和沟通

要使公司福利项目最大程度上满足员工的需要，福利的调查和沟通相当重要。并不是福利投入的费用越多，员工就越满意；员工对福利的满意程度与对福利需要的满意程度呈正向关系。

4. 公司福利的实施

公司福利的实施中应当注意福利制度的宣传，并随时跟踪制度实施的效果。

第四节 弹性福利制度

在传统的公司实践中，很多公司在向员工提供福利的过程中，发现不同群体的员工（不同年龄层次、不同性别、不同爱好、已婚与未婚员工等）往往对福利项目的偏好不同，众口难调，公司很难用统一的福利计划去满足员工多样性的需求，相反公司却付出了大量的成本。当公司提供的福利与部分员工的需求之间产生了脱节时，这种福利就难以提高员工的满意度。针对这种情况，公司为了更好地满足员工不同的福利需求，开始设计弹性化的福利制度。

一、弹性福利制度定义

弹性福利制是一种有别于传统固定式福利的新员工福利制度。弹性福利制又称为“自助餐式的福利”，即员工可以从公司所提供的一份列有各种福利项目的“菜单”中自由选择其所需要的福利。弹性福利制强调让员工依照自己的需求从公司所提供的福利项目中来选择组合属于自己的一套福利“套餐”。每一个员工都有自己“专属”的福利组合。另外，弹性福利制非常强调“员工参与”的过程，希望从别人的角度来了解他人的需要。但事实上，实施弹性福利制的企业，并不会让员工毫无限制地挑选福利措施，通常公司都会根据员工的薪水、年资或家眷等因素来设定每一个员工所拥有的福利限额。而在福利清单所列出的福利项目上都会附一个金额，员工只能在自己的限额内购买喜欢的福利。

二、弹性福利制类型

由于企业经营环境的多样化和企业内部的特殊性，弹性福利制在实际的操作过程中逐渐演化为以下几种有代表性的类型，企业可以根据自己的不同需要加以选择和比较：

（1）“附加型弹性福利计划”是最普遍的弹性福利制，就是在现有的福利计划之外，再提供其他不同的福利措施或扩大原有福利项目的水准，让员工去选择。例如某家公司原先的福利计划包括房租津贴、交通补助费、意外险、带薪休假等，如果该公司实施此类型的弹性福利制，它可以将现有的福利项目及其给付水准全部保留下来当作核心福利，然后再根据员工的需求，额外提供不同的福利措施，如国外休假补助，人寿保险等，但通常都会标上一个“金额”作为“售价”。每一个员工则根据他的薪资水准、服务年资、职务高低或家眷数等因素，发给数目不等的福利限额，员工再以分配到的限额去认购所需要的额外福利，有些公司甚至还规定，员工如未用完自己的限额，余额可以折合发放现金，不过现金的部分于年终必须合并其他所得税收；此外，如果员工购买的额外福利超过了限额，也可以从自己的税前薪资中扣抵。

（2）“核心加选择型”的弹性福利制。由“核心福利”和“弹性选择福利”所组成。“核心福利”是每个员工都可以享有的基本福利，不能自由选择，可以随意选择的福利项目全部放在“弹性选择福利”之中，这部分福利项目都附有价格，可以让员工选购。员工所获得的福利限额，通常是未实施弹性福利制前所享有的，福利总值超过了其所拥有的限额，差额可以折合发放现金。

(3)"弹性支用账户"是一种比较特殊的弹性福利制。员工每一年可从其税前总收入中拨取一定数额的款项作为自己的"支用账户"，并以此账户去选择购买雇主所提供的各种福利措施。拨入支用账户的金额不须扣缴所得税，不过账户中的金额如未能于年度内用完，余额就归公司所有；既不可在下一个年度中并用，亦不能够以现金的方式发放。各种福利项目的认购款项如经确定就不能留用。此制的优点是福利账户的资金免缴税，相对等于增加净收入，所以对员工极有吸引力，不过行政手续较为繁琐。

(4)"福利套餐型"是由公司同时推出不同的"福利组合"，每一个组合所包含的福利项目或优惠水准都不一样，员工只能选择其中的一个弹性福利制。就好像西餐厅所推出来的A餐、B餐一样，食客只能选其中一个套餐，而不能要求更换餐里面的内容。在规划此种弹性福利制时，企业可依据员工群体的背景（如婚姻状况、年龄、婚否、住宅需求等）来设计。

(5)"选高择抵型"福利计划一般会提供几种项目不等、程度不一的"福利组合"给员工做选择，以组织现有的固定福利计划为基础，再据以规划数种不同的福利组合。这些组合的价值和原有的固定福利相比，有的高，有的低。如果员工看中了一个价值比原有福利措施还高的福利组合，那么他就需要从薪水中扣除一定的金额来支付其间的差价。如果他挑选的一个价值较低的福利组合，就可以要求企业发给其间的差额。

三、弹性福利制度利弊

目前，弹性福利制已经成为许多公司福利制度的发展趋势，它具有如下优点：

(1) 对于员工而言，员工可根据自己的情况，选择对自己最为有利的福利。这种由公司所提供的自我控制，对员工具有激励作用，同时让员工根据自己的实际需求选择对自己最有力的福利项目，员工感到受到公司的尊重和重视，从而增强员工满意度，也可以改善员工与公司的关系。

(2) 对公司而言，首先，福利成本的不断增加，使很多公司负担沉重。而弹性福利制通常会在每个福利之后标明其金额，这样可以使员工了解每项福利和成本之间的关系，让员工有所珍惜，并方便公司管理和控制福利成本。其次，弹性福利制度可减轻福利规划人员的负担。规划福利制度的人员必须绞尽脑汁设计各种福利，但却往往得不到广大员工的肯定。由员工自选，员工将会有更少的抱怨。并且，在相关的研究过程中还发现，员工往往喜欢实施弹性福利制的公司，因此也使得实行弹性福利制度的公司更具有竞争力。

但同时，弹性福利制也存在一些问题：首先，部分员工在选择福利项目时未仔细考虑，以至于选择了不实用的福利项目。其次，实行弹性福利制以后，由于福利项目不统一，减少了购买福利项目时的规模效应，可能使公司用于福利的成本的增加。最后，实施弹性福利制，通常会伴随着复杂的行政作业，尤其在记录员工的福利资料或重新选择福利项目时，会造成相关专业人员的极大负担。

与弹性福利制度相适应的福利制度设计是创建“一揽子”薪酬福利计划。许多公司不再将薪酬与福利管理分成相互不相关的两项管理工作，而是成为一个有机的组成部分。两种手段相互配合，共同围绕公司目标运转。例如，一些工作适宜货币的，就采用货币支付的方式；反之就采用非货币，即福利支付的形式。对一些奖励性报酬，可以采取货币与福利并用的方式。

复习思考题

1. 分析第一节所给案例，并思考解决方法。
2. 公司奖金制度的一般设计流程是什么？
3. 公司福利制度对于企业有何积极意义？
4. 公司弹性福利制度有哪些类型？它们各自的利弊是什么？

第十一章　公司人工成本控制与调整

本章概要： 本章主要介绍薪酬成本控制和调整的方法，包括人工成本的概念、构成、特点、统计指标、管理体系、工资指导线和人工成本预警机制及相应政策法规，使读者对薪酬成本控制与调整有基本的了解。

第一节　公司人工成本及特点

一、公司人工成本概念及构成

人工成本是指企业在一定时期内，在生产、经营和提供劳务活动中因使用劳动力而支付的所有直接费用和间接费用的总和。

按我国劳动和社会保障部颁发的（2004）30号文件规定，人工成本范围包括：职工工资总额、社会保险费用、职工福利费用、职工教育经费、劳动保护费用、职工住房费用和其他人工成本支出共计七项。

根据《企业财务通则》和《企业会计制度》，这些费用通过不同科目的会计处理进入企业的总成本，效益好的企业加上公益金中用于职工集体福利的支出。由于人工成本没有独立的统计体系，故必须在劳动统计与财务核算之间根据“数据共享”的原则规定，满足双方要求的衔接口径。

1. 职工工资总额

职工工资总额是指各单位在一定时期内，以货币或实物形式直接支付给本单位全部职工的劳动报酬总额。包括计时工资、计件工资、奖金、津贴和补贴、加班加点工资、特殊情况下支付的工资。工资总额是企业在一定时期内支付给全体职工的劳动报酬，是企业人工成本重要组成项目，是计提其他人工成本费用的基础（基数）。以国家统计局“关于职工工资总额组成的规定”为统计范围。财务部门以核准数列支成本。

2. 社会保险费用

社会保险费用指国家通过立法对劳动者在生、老、病、死、伤残、失业时给予物质帮助的费用。具体包括养老保险、失业保险、医疗保险及其他保险（含工伤保险、生育保险和人身安全）等社会保险费用，企业为职工支付的补充养老保险和储蓄性养老保险也是养老保险的组成部分。

3. 职工福利费用

职工福利费用指在工资以外按照国家规定开支的职工福利费用。主要用于职工的医药费，医护人员工资，医务经费，职工因工负伤赴外地就医路费，职工生活困难补助，企业建立社会性服务机构中的工作人员的工资，以及按照国家规定开支的其他职工福利支出。如：物业管理费、冬季取暖费、独生子女费、托儿补助费、丧葬抚恤费、集体福利事业补贴、工会文教费、集体福利设施费、探亲路费、上下班交通补贴、洗理费和解除劳动合同的费用、员工困难补贴费、企业补充养老保险和企业补充医疗保险（在企业工资总额之内）。

4. 职工教育费

职工教育费是指企业为职工学习先进技术和提高文化水平而支付的费用。会计处理具体比例是按工资总额的1.5%计提。

5. 劳动保护费用

劳动保护费用是指企业为实施安全技术措施、工业卫生等发生的费用，以及用于职工劳动保护用品（女保健用品、清凉用品、工作服等）费用。财务决算成本费用中有“劳动保护”科目。

6. 职工住房费用

职工住房费用是指企业为改善职工住房条件支付的费用。比如住房公积金、提租补贴。职工住房费用在劳动统计上指为改善职工居住条件而支付的所有费用。包括从职工宿舍提取的折旧费、企业缴纳的住房公积金，实际支付的职工住房补贴（含租房费用）和住房困难补助，企业住房的维修和管理费用。

7. 其他人工成本费用

公司其他人工成本费用包括工会会费、外聘人员劳务及咨询费用、没有列入工资总额的劳动报酬，按规定对职工的特殊奖励等。

二、公司人工成本特点

从财会制度的角度，人工成本是企业依据等价或者不等价关系，以直接或者间接支付方式用于劳动者的全部费用，属于企业财务成本项目核算内容。但是，与企业一般成本不同，人工成本的支付对象是企业劳动者，由于劳动者是企业生产活动中最积极、最活跃的因素，也使得人工成本具有一般成本所不具备的特点，即投入产出比具有很大的弹性。

1. 人力资源成本投资收效比较慢

一般的实物资产，如固定资产，只要建造或者购买并安装成功了，马上就可以投入生产经营中使用，为企业带来收益。但是，人力资源的投资效益，并不像实物资产那么迅速显示出来，而是有一个比较长的时滞。比如，企业高薪聘请的经理人员为企业带来的贡献，可能要经过一段时间才能逐渐看出；企业内部对员工的培训，也需要经过较长时期才能看出其效益。有些企业把员工送到国外学习，这个时滞就更长了。这就要求企业提前进行人力资源的投资，储备大量的人才资源，才能在瞬息万变的市场竞争中立于不败之地，绝不能像“汽车加油”或“机器供电”似的随用随取。这在我国竞争日趋激烈、人才市场不健全的背景下显得尤其重要。

2. 人力投资受益效果大、期限长

虽然人力资源成本投资收效比较慢，但是一旦发生作用，其影响是极其重大而深刻的。良好的人力资源和其合理的组合，对企业的贡献会超过任何其他资产。而且，人力资源保持效果的期限一般比较长，不像固定资产等实物资产那样会突然失去效用。所以“智力投资”是最为明智的。

3. 人力资源投资效益有明显的时效性

虽然人力资源投资的收益巨大而持久，但是它也有很强的时效性。如上文提到的，一个受过良好教育、专业技能很优秀的人，如果停止学习，不去提高自己，会由于知识的遗忘而失去原有的能力，即使没有遗忘，也会由于技术的进步、时代的变迁而在一定程度上失去竞争力，造成人力资源的极大浪费。

对人力资源投资的边际成本是递减的，而边际收益是递增的，比如通过学习等途径，劳动者的能力不断增强，而其能力越强，学习新知识也就越快，呈现加速开发的趋势。众所周知，入门学习最难，但是有了一定基础后，再学习同等数量和难度的知识，会比原来容易得多。这是符合一般教育规律和人的认知规律的，也说明对人力资源的投资边际成本是递减的。另一方面，随着投资的增加，人力资源的能力加速度增强，其带来的收益也越来越巨大，成加速上升趋势，所以，人力资源投资成本的边际收益是递增的。

4. 人力资源投资收益预期具有较大不确定性

虽然人力资源可能带来的收益将是巨大的，但是人力资源价值是以人为载体的，其实现程度受主观能动因素影响较大，还存在着人才“跳槽”等风险，其价值不能完全由企业控制；即使确定能带来价值，其未来经济利益的期限也较难确定，能为企业带来未来经济利益的数额也具有高度的不确定性。

第二节 公司人工成本统计方法和管理体系构建

一、公司人工成本管理及其意义

人工成本管理，是指企业在生产经营活动中，围绕劳动者所发生的全部费用进行界定、核算、支付、分析、调整等一系列管理行为。实施中需要数据统计的支持。

人工成本的特点决定了人工成本管理是一项复杂的工程。企业加强人工成本管理是企业发展的需要。

通过对人工成本进行管理，企业可以清楚知道自己因使用（雇用）劳动力而付出的代价，从而更加重视企业的核算和管理，在支出人工成本时更为谨慎和合理。

通过对人工成本统计数据分析，企业可以纵向比较自己人工成本量的使用情况，分析人工成本增减或者变动的原因是国家宏观环境还是自身管理政策的变化，明确投入方向和增减组合的利弊。还可以横向分析，通过对同行、尤其是对竞争对手的分析，明确自身竞争能力的强弱，找出不足，给予改进。

通过对人工成本与经济效益的投入产出分析，如人工成本与企业利润、产值、销售收入的变动关系，企业可以明确人工成本的投入产出情况，进而调整投资方向和力度，更好地促进企业的发展。

对于投资者而言，人工成本（尤其是国家、地区的数据）对于投资有很好的参考价值，投资者可以根据人工成本高低，判断自己投资何处和如何投资有利可图。

二、公司人工成本统计指标体系

（一）公司人工成本的统计指标

人工成本管理是一个系统工程，在构建管理体系之前，应先了解有关统计指标。指标主要分为绝对数指标、水平指标、结构指标、投入产出指标、水平指数、综合指标和弹性指标七类。

1. 绝对数指标

人工成本总额：主要由第一节中所述七大部分加总。由于不同企业人数差异太大，所以可比性较差。但是可以作为企业平衡人工成本支出和企业总成本之间的参考。

2. 水平指标

（1）人均人工成本。人均人工成本是企业全部人工成本支出平均分摊到每一名从业人员的份额。可以细化为年、月和小时人均人工成本，月、小时人均人工成本应按年人均人工成本指标进行折算，是国际间进行横向比较的常用指标。

年人均人工成本 = 年人工成本总额/年从业人员平均人数

月人均人工成本 = 年人均人工成本/12

小时人工成本 = 年人均人工成本/年人均实际工作时数

企业从业人员年人均实际工作时数是指企业从业人员实际发生的年人均实际工时。其额度是按国家和企业内部规定平均每人每年的制度工作时数和加班工作时数之和减去非正常工作工时损耗。

（2）职位人工成本。职位人工成本是企业在一定时期内对某一类职位从业人员直接和间接支出的平均人工成本指标，据此反映企业在一定时期内（一般为一年，也可以是月、小时）因使用某一类人员所发生的全部人工成本，同时反映这一类人员在一定时期内获得的总体报酬水平。

该指标可以显示本企业职工平均收入的高低，企业聘用一名职工大致需要多少人工成本支出，以及企业在劳动力市场上对于人才的吸引力有多大等。人均人工成本能够表示企业职工的工资和保险福利水平，也能作为企业向劳动力市场提供的劳动力价格信号。企业要提高职工的劳动积极性、吸引高素质的劳动者到企业来，就需要建立人均人工成本指标，以便企业对人工成本水平进行更全面的分析和控制，有利于企业的生产发展。

3. 结构指标

(1) 人工成本分项结构比例。人工成本分项结构比例是企业支出的全部人工成本中的七大构成项目各自占有的比例。它可以反映企业人工成本支出的总体结构以及各个构成部分的变动状况和优化程度。

某项人工成本构成比例 = 某个人工成本项目总额/企业人工成本总额 × 100%

(2) 人工成本占总成本（费用）的比例。

人工成本占总成本（费用）的比例 = 企业人工成本总额/企业成本（费用）总额 × 100%

4. 水平指数

人工成本水平指数是指当期人均人工成本（年度、月、小时人均人工成本）、职位人工成本与基期的对比关系。该指标以定比或环比形式反映一定时期内人工成本水平的升降幅度。

(1) 年度人均人工成本环比指数。年度人均人工成本环比指数是指报告年度人均人工成本水平与上一年度人均人工成本水平之间的比值。

年度人均人工成本环比指数 = 报告年度人均人工成本/上一年度人均人工成本 × 100

(2) 年度人均人工成本定比指数。年度人均人工成本定比指数是指报告期年度人均人工成本水平与某一基期年度人均人工成本水平之间的比值。

年度人均人工成本定比指数 = 报告期年度人均人工成本/某一基期年度人均人工成本 × 100

月人均人工成本环比指数、月人均人工成本定比指数、小时人均人工成本环比指数以及小时人均人工成本定比指数可参照上述公式的方法进行计算。

5. 投入产出指标

(1) 劳动分配率。劳动分配率是指人工成本占增加值（纯收入）的比重，表示企业在一定时期内新创造的价值中有多少比例用于支付人工成本。它是集中反映企业人工成本投入产出水平的指标，也是衡量企业人工成本相对水平高低程度的重要指标，它反映分配关系和人工成本要素的投入产出关系。同一企业通过在不同年度劳动分配率的比较，在同一行业不同企业之间劳动分配率的比较，说明人工成本相对水平的高低。

劳动分配率 = 人工成本总额/增加值（纯收入）×100%

显然，劳动分配率越低，人工成本效率越高。

(2) 人事费用率。人事费用率指人工成本占销售收入（营业收入）比重，表示企业生产和销售的总价值中有多少用于人工成本支出。该指标反应了人工成本的投入产出比例、从业人员报酬在企业总收入中的份额以及从业人员报酬与劳动生产率的对比关系。

人事费用率 = 人工成本总额/销售收入（营业收入）×100%

显然，人事费用率越低，人工成本效率越高。

劳动分配率和人事费用率实质上反映的是人工成本作为一种投入的效益，由于是相对数指标，有利于企业的人工成本水平比较。但应该注意的是，不同行业的企业之间，由于资本有机构成或劳动装备水平不同，增加值率和利润率不同，劳动分配率和人事费用率存在明显差异。因此，劳动分配率和人事费用率指标适合同行业的企业之间进行比较。

用人工成本作分母表示的劳动分配率和人事费用率的倒数也非常重要，把这个倒数的分子和分母同时除以职工人数，可以清楚地表示企业的劳动生产率是人均人工成本的多少倍。这个倍数越大，说明企业的人工成本水平越低，每个职工提供的剩余劳动越多。

(3) 人工成本利润率。人工成本利润率是指企业投入的人工成本代价与企业最终获得的以利润表现的经济效益之间的关系。该指标表明，在企业新创造价值当中，从业人员直接和间接得到的全部报酬与企业利润之间的关系。在同行业企业中，人工成本利润率越高，表明单位人工成本支出所取得的经济效益越好，人工成本的相对水平越低。

人工成本利润率 = 利润总额/人工成本总额×100%

6. 综合指标

人工成本系数：人工成本系数是人工成本有关指标按相应权重加权计算的结果，是人工成本水平的综合标志，可作为不同企业、行业或地区的社会人工成本比较的主要参考指标。

人工成本系数 =（人工成本指数×相应权重）+（总成本中人工成本含量×相应权重）+（人事费用率×相应权重）+（劳动分配率×相应权重）。

相应权重应依据各指标的性质和作用确定，相应权重之和等于100%，不同行业、企业人工成本系数的权重必须相同才具可比性。

7. 弹性指标

弹性指标是利用了管理经济学中有关弹性的思考方法设计出的一种新的指标计算方法，有一定借鉴意义。常见的有人均人工成本的增加值弹性、销售收入弹性、总成本弹性及综合弹性的计算。

(1) 人均人工成本的增加值弹性、人均人工成本的销售收入弹性、人均人工成本的总成本弹性的计算公式分别为：

$$E_V = \frac{(I - I_0) \div I_0}{(V - V_0) \div V_0}$$

$$E_S = \frac{(I - I_0) \div I_0}{(S - S_0) \div S_0}$$

$$E_C = \frac{(I - I_0) \div I_0}{(C - C_0) \div C_0}$$

式中，E_V 表示人均人工成本的增加值弹性；E_S 表示人均人工成本的销售收入弹性；E_C 表示人均人工成本的总成本弹性；I 表示当年的人均人工成本；V 表示当年的人均增加值；S 表示当年的人均销售收入；C 表示当年的人均总成本；I_0 表示上年的人均人工成本；V_0 表示上年的人均增加值；S_0 表示上年的人均销售收入；C_0 表示上年的人均总成本。

(2) 人工成本综合弹性的计算公式为：

$$\overline{X} = M_1 E_V + M_2 E_S + M_3 E_C$$

其中，M_1、M_2、M_3 为 E_V、E_S、E_C 各自的权重。常见为0.4，0.4，0.2。

(二) 公司人工成本指标应用及分析办法

一般而言，公司人工成本指标应用及分析方法包括以下几种：

1. 现状了解法

根据人工成本总额、人均人工成本指标、职位人工成本指标和组成指标，得出企业统计分析的初步数据，这些指标可以让我们清楚目前企业人力成本使用情况及其对企业生产的作用。

2. 变动分析法

企业对自身人工成本变动的了解及分析属于对企业人工成本数据纵向比较。纵向比较的意思是企业将自己的统计数据按年、季或月进行比较。是自身不同阶段的对比。如年度人均人工成本环比指数、定比指数，细分可以有以下几种：

(1) 人工成本总量变动情况分析。可以通过绝对数看出，也可以用相对数，即：

$$人工成本总量变动率 = \frac{报告期人工成本总量}{基期人工成本总量} \times 100\% - 100\%$$

人工成本总量的变动值 = 报告期人工成本总量 − 基期人工成本总量

(2) 人均人工成本变动情况分析：

$$人均人工成本变动率 = \frac{报告期人均人工成本}{基期人均人工成本} \times 100\% - 100\%$$

人均人工成本的变动值 = 报告期人均人工成本 - 基期人均人工成本

(3) 人工成本构成及其变动分析：

人工成本构成变动 = 报告期某组成部分所占比重 - 基期该部分所占比重

通过变动分析，企业可以找出自身在人工成本投入使用方面的变化情况及趋势，结合变动的原因，大致分析出总结人工成本的变动趋势及其是否合理。

这种变动趋势分析如果用于竞争对手分析和行业领导者分析，可以帮助企业更快地找出行业一流水准领导者的发展历程，找到差距，迎头赶上。

3. 水平控制法

水平控制的意思就是横向比较，即企业将自己的统计数据与同行业、同地区进行比较。以行业平均的劳动分配率、人事费用率、人工成本占总成本比重这三个比率指标为参照，衡量企业与行业对应比率指标的偏差程度。显然，企业的这三项比率指标应当低于行业平均水平，且这三项比率指标都不能为负值，符合这一条件的企业是人工成本比率控制较好的企业。反之则认为该企业在人工成本的比率方面失控了。

4. 因素分析法

人工成本的发展变化是各种因素起作用的结果，但主要的是职工人数和平均人工成本水平的影响。

在分析时，可将职工人数视为数量因素，平均人工成本水平视为质量因素。

由于人工成本总额是平均人工成本与从业人员平均人数之积，这样人工成本总额指数就是平均人工成本指数与从业人员平均人数指数之积。即：

$$L_1 \div L_0 = (C_1 \div C_0) \times (W_1 \div W_0)$$
$$= (W_1 C_0 \div W_0 C_0) \times (W_1 C_1 \div W_1 C_0)$$

L_1 是指报告期人工成本总额；L_0 是指基期人工成本总额；C_1 是指报告期平均人工成本；C_0 是指基期平均人工成本；W_1 是指报告期从业人员平均人数；W_0 是指基期从业人员平均人数。

这样，从业人员平均人数变动对人工成本变动的影响程度为：

$$W_1 C_0 \div W_0 C_0$$

影响绝对数为：

$$W_1 C_0 - W_0 C_0$$

平均人工成本变动对人工成本总额的影响程度为：

$$W_1 C_1 \div W_1 C_0$$

影响绝对数为：

$$W_1 C_1 - W_1 C_0$$

案例：

A 企业的资料如表 11-1 所示。

表 11-1 资料表

	基数	报告期
从业人员平均人数/人	100	200
平均人工成本/万元	0.8	0.9
人工成本总额/万元	80	180

因此，A 企业人工成本总额增长（180 ÷ 80 − 1）× 100% = 125%，平均人工成本增长（0.9/0.8 − 1）× 100% = 12.5%，从业人员人数增长（200/100 − 1）× 100% = 100%。

企业人工成本总额增长 125%，其中由于从业人员人数增加而使人工成本增长｛［（200 × 0.8）/（100 × 0.8）］ − 1）｝ × 100% = 100%，由于平均人工成本增加而使人工成本总额增长｛［（200 × 0.9）/（200 × 0.8）］ − 1｝ × 100% = 12.5%。

企业人工成本总额增加 100 万元（180 − 80），其中由于职工人数增加而使人工成本增加［（200 × 0.8） − （100 × 0.8）］万元 = 80 万元，由于平均人工成本增加而使人工成本总额增加［（200 × 0.9） − （200 × 0.8）］万元 = 20 万元。

从这个统计结果可以看出，影响 A 企业人工成本总额的因素主要是职工人数的变动。

5. 分组分析法

分组分析法是研究总体内部差异的一种方法，也就是根据统计分组的目的和社会经济现象的特征，把一个总体中的下属总体单位按照一个或若干个标志划分为几个组，以便进行对比研究的方法。如果企业有多个下属企业，可以采用这种分组比较的方法。比如发电集团可以把下属企业按照火电、水电进行分组，也可以按装机容量进行分组。

6. 时间序列法

这种方法可以认为是纵向比较方法的一种，通过列出一套按时间顺序排列的统计数据。分析其趋势，找出其问题，研究其规律性。

进行时间序列比较时，由于对比的标准不同，因此有定基与环比之分。定基比较，即将某一年（或季、月、日）作为对比的固定基期，时间序列的其他各年（或季月日）的数据都以这一固定基期的数据作为对比标准（即作为分母）进行一一比较。环比比较，即将时间序列中的每一年（或季月日）依次作为基期，时间序列中的每一个数据逐一将前期的数据作为对比标准（即作为分母）进行比较。比较结果则分别为不同的发展速度、增长速度、增长量等。如果对某单位的企业平均人工成本情况进行分析，可以列如表 11-2 所示的时间序列。

表 11-2 时间序列

项目	1991 年	1992 年	1993 年	1994 年	1995 年
年平均人工成本/元	5000	5400	9400	7300	9700
环比发展速度（%）	—	108	174.1	77.7	132.9
定基发展速度（%）	—	108	188.0	146.0	194.0
环比增长量/元	—	400	4000	-2100	2400
定基增长量/元	—	400	4400	2300	4700
环比增长速度（%）	—	8.0	74.1	-22.3	32.9
定基增长速度（%）	—	8.0	88.0	46.0	94.0
平均增长速度（%）	—	—	37.1	13.4	18.0
增长 1%绝对值/元	—	50	54	94	73

7. 投入产出分析法

人工成本的投入产出分析是将企业（雇主）所花费的人工成本与产出作比较，如与利润总额、增加值、销售收入、上缴利税、实现税利等相比较，用以说明人工成本的效益情况，即每投入一定数量的人工成本将产出多大的经济效益。比较的结果即为人工成本投入产出比。计算公式为：

人工成本投入产出比 = 报告期经济效益指标 ÷ 报告期人工成本总量

企业劳动分配率和人事费用率也是人工成本的投入产出指标。

8. 弹性控制法

弹性控制的目标是使得弹性指标落入（0，1）区间，符合该条件的企业为弹性控制好的企业，否则需要改进。

这是因为：从投入产出的经济效益角度考虑，人工成本作为一种消耗性要素，这种消耗的必要性取决于它为企业带来产出效益的大小。也就是说，一定的人工成本投入应带来一定的产出效益，当企业人均人工成本增长时，人均增加值和人均销售收入也应呈增长趋势，否则，这种人工成本投入所产生的效果就是负面的。同时，在其他条件不变的情况下，人工成本的增加，必然引起总成本的增加，二者也是一种同方向变动的关系。这样，就可以通过人均人工成本增长率与人均增加值增长率、与人均销售收入增长率、与人均总成本增长率的比值，反映人工成本投入的经济效益，即它在总投入中的含量的变动趋势，也就是上文的弹性指标。

显然，当企业人均人工成本增长时，人均增加值、人均销售收入也要有所增长，且增长幅度应高于人均人工成本的增长幅度，才能带来经济效益的提高，这才是增收增效的人工成本。反之，对于人工成本增长时其它产出指标反而呈下降状态的企业来说，其人工成本的投入就是不合理的，这部分人工成本的投入未能给企业带来经济效益，其作用是负面的，说明该企业在人工成本弹性方面失控。

案例：

某企业人工成本结构及其基本情况，如表 11-3 所示。

表 11-3 某企业人工成本结构表

年份	员工人数/人	企业增加值/万元	销售收入总额/万元	成本总额/万元	人力资源成本/万元
1999 年	1056	3807	81529	79125	1893
2000 年	1159	4873	103864	101053	2466.4
2001 年	1159	5409	103218	100176	2771.8

对表 11-3 所示某企业人工成本结构可以做出纵向分析与弹性分析。

(1) 纵向分析。纵向分析的结果如表 11-4 所示

表 11-4 纵向分析结果

年份	人力资源成本指标		
	人力资源成本占总成本费用率（%）	劳动分配率（%）	人事费用率（%）
1999 年	2.4	49.7	2.32
2000 年	2.44	50.6	2.37
2001 年	2.76	51.2	2.69

1）人力资源成本占总成本费用呈逐年上升趋势，表明人力资源成本增长率大于总成本费用增长率。

2）企业三年的劳动分配率呈逐年增长趋势。劳动分配率表明每百元增加值中有多少用于个人消费。其比率上升，表明企业用于积累和更新改造的价值量减小。

3）企业三年人事费用率呈逐年上升趋势，但幅度小。人事费用率表明活劳动的投入与现实价值的关系，应长期维持在一定水平上，同销售额同步增长，目前尚能满足要求。

(2) 弹性分析（以 2000～2001 年度为例）。计算结果：

$$E_V = \frac{(I - I_0) \div I_0}{(V - V_0) \div V_0} = 0.124 / 0.110 = 1.0127$$

$$E_S = \frac{(I - I_0) \div I_0}{(S - S_0) \div S_0} = 0.124 / -0.006 = -20.667$$

$$E_C = \frac{(I - I_0) \div I_0}{(C - C_0) \div C_0} = 0.124 / -0.009 = -13.778$$

上述计算结果都不在正常值(0,1)区间内，可见该企业人力资源成本弹性失控。

三、公司人工成本控制线

(一)公司人工成本支出的最高和最低限度

人工成本是企业获取利润必须付出的代价,同时也是员工工资和保险福利水平的一种体现,尽管提高这一水平是生产的目的,但是在企业一定生产水平的限制下,这种要求不应过高。企业人工成本支付有一个最高限度问题,不顾其他条件,任意超过这一限度,就会使企业陷于亏损和破产境地,员工也就会陷入困境。我们可以借用管理经济学的盈亏平衡方法来分析并确定人工成本支付的最高限度。

盈亏分析的简单示意如图 11-1 所示。

X 轴表示企业生产和销售数量,*Y* 轴表示企业的成本和收益,*FC* 线表示的是固定成本,*TC* 线表示的是企业总成本(总成本 = 固定成本 + 变动成本),*TR* 线表示的是企业总收益(即销售收入或生产总值),*TR* 线与 *TC* 线相交的 *E* 点就是盈亏平衡点(亦称盈亏转折点),*Q* 点表示的是无盈亏状态下的生产和销售数量。当生产和销售数量为 *Q* 时, *E* 点所表示的是总收益等于总成本,企业不亏损,但也没有任何盈利;当生产或销售数量小于 *Q* 时,总成本大于总收益,企业陷于亏损区域;当生产或销售数量大于 *Q* 时,总成本小于总收益,企业可获得盈利。因此,我们可以得出:当企业总成本等于销售收入或生产总值的时候,可维持简单再生产过程,在这种状态下所支付的人工成本应为企业人工成本支付的最高限度。

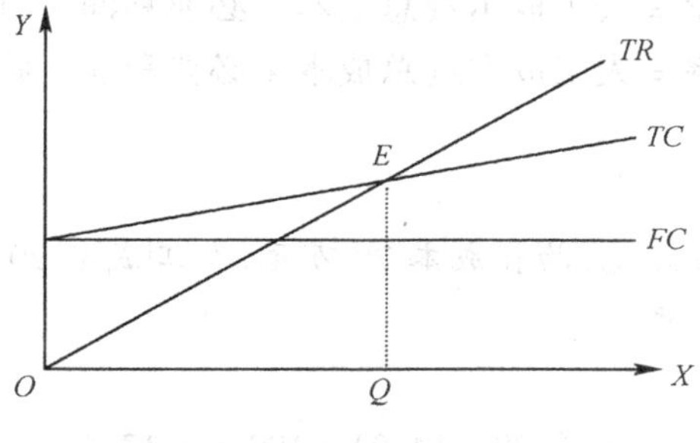

图 11-1 盈亏分析示意图

盈亏平衡点计算如下:

$$盈亏平衡点销售收入或产值 = \frac{固定费}{1 - 变动费率}$$

$$= \frac{固定费}{1 - \dfrac{变动费}{销售收入}}$$

企业总成本包括固定费用和变动费两大部分。企业全部人工成本都是在一般管理费及销售费用和劳务费中支出的,因此可以说人工成本包括在固定费之中。

以常用的“人事费用率”和劳动分配率作为分析的主指标,我们可以得到人工成本最高限度:

$$人事费用率最高限度=\frac{人工成本}{盈亏平衡点销售收入(总成本)}\times 100\%$$

$$劳动分配率最高限度=\frac{人工成本}{盈亏平衡点销售收入总成本-物耗成本}\times 100\%$$

而人工成本的最低限度是由劳动力市场决定，计算公式为：

$$人工成本的最低限度=\sum v_i \times x_i$$

式中，v_i 为企业在劳动力市场上招聘到的某一类合格人员的最低待遇水平；x_i 为企业对某类人员的需求量。

(二)公司人工成本控制线

企业的人事费用率和劳动分配率只要不超过盈亏平衡状态所决定的最高限度，就可以处于安全区域之内。那么，在这个安全区域之内又如何进一步确定对某个企业来说适度的或最佳的人事费用率和劳动分配率呢？

在人工成本的安全区域内，企业应首先考虑制定合理的利润计划，对维持一定规模的扩大再生产所需利润进行分析、计量，计算出能够维持企业正常发展的必要利润数额。必要利润公式如下：

必要利润=(公积金+公益金+股金分红+…)/(1-税率)

由此基础上可以得到比较适度的控制线：

适度的人事费用率=人工成本/(总成本+必要利润)×100%

适度的劳动分配率=人工成本/(总成本+必要利润-物耗成本)×100%

案例：

某企业总成本 100 万元，物耗成本 70 万元，人工成本 20 万元，其他费用 10 万元，必要利润额 14.9 万元。

则：

适度的人事费用率=20/(100+14.9)×100%=17.4%

适度的劳动分配率=20/(100+14.9-70)×100%=44.5%

但上述公式是根据自身利润计划做出的，不一定适应企业在市场竞争中的需要。因此，考虑到市场因素，企业在制定人工成本控制线时应当尽可能满足以下两个条件：

(1) 企业人均人工成本水平高于竞争对手。

(2) 企业人事费用率和劳动分配率低于竞争对手。

两个条件优先满足第一个条件。

四、公司人工成本预测预警机制

人工成本预测预警机制是指政府有关部门或社会中介服务组织为企业提供人工成本指导服务及企业进行人工成本自我监控管理的具体方法。其主要内容是将企业调查样本的现状与样本含量中的地区水平、全国同行业水平、世界同行业水平（限于水平预警）比较的结果进行综合经济分析，使企业能及时了解自己在市场竞争中的位置，并及时调整人工成本策略。

人工成本预警机制的主要方式有预测、提示和预警三类。

人工成本预测预警体系关系如表 11-5 所示。

表 11-5 人工成本预测预警体系

	预测	提示	预警
水平指标	企业指标在预测区间或下年度的增减率及增减量	企业各指标在样本总量中的相对位置	企业相关指标有否可能进入危险状态
结构指标			
指数指标			
投入产出指标			

（一）人工成本的预测

在现阶段，人工成本的预测主要是水平预测，其主要对象是年度（或月、日、小时）人工成本的增长率。人工成本的预测主要是对人工成本走向、变动区间的预测。影响人工成本预测的因素很多，包括各项社会保险费率调整幅度、国内生产总值的增长率、工业全员劳动生产率、居民消费价格总指数、劳动力市场供求倍数、工资指导线基准线的调整幅度及最低工资调整幅度等。

（二）人工成本的提示

1. 人工成本提示的主要内容

(1)提示指标的调查样本总量。

(2)调查指标样本统计数值：①高位数；②中位数；③低位数。

(3)企业指标在样本总量中的排名位置。

(4)企业指标偏离值：①与高位数相差的绝对数和百分比；②与中位数相差的绝对数和百分比；③与低位数相差的绝对数和百分比。

2. 人工成本提示的表格

(1) 人工成本提示的表格，具体如表 11-6 所示。

表 11-6 某企业某职位人工成本提示分析表

抽样企业数值				全体样本数值					偏离值				在有效样本总量中的名次
职位名称	职位代码	样本数	职位人工成本中位数	有效样本总量	高位数	中位数	众数	低位数	与高位数比较	与中位数比较	与众数比较	与低位数比较	

其中，样本数是指所抽取企业该职位的有效样本数；职位人工成本中位数是指所抽取企业该职位所有样本数中的中位数；有效样本总量指在全部抽样样本中，人工成本利润率和人事费用率的有效样本。

五、公司人工成本管理体系

上述部分是对于人力资源统计指标及其应用的介绍，人工成本管理是一个系统工程，下面介绍体系构建。

1. 指定人工成本管理的组织机构及人员

企业人工成本管理是一项系统工程，要求企业必须有系统、全员、全方位、全过程地进行这项工作。在企业内部应建立以劳资部门为主的人工成本管理体系，对各项人工成本预算要严格审核，对预算外费用要严格监控，履行必须的审批程序，经批准后方能执行，努力降低人工成本。对下属各单位、各部门的报表数据质量要负责监督检查，并发布全企业的人工成本状况，提供各单位需要的其他人工成本信息咨询。指定下属各单位的人工成本管理责任主体，并通过调查、收集、整理社会人工成本信息和全企业人工成本信息，合理确定企业的人工成本控制指标，定期公开发布人工成本控制标准。每年召开人工成本结算会，对有效管理人工成本的单位进行奖励，对人工成本偏高的单位进行预警预报，必要时实行成本否决。

2. 建立人工成本费统计台账

企业进行人工成本管理，就要严肃人工成本报表制度，健全与人工成本有关的劳动工资、保险福利统计报表制度和财务报表制度，建立人工成本统计台账。台账主要包括两个部分：人工成本汇总台账、工资内外收入台账（应含支付职工的全部劳动报酬）、社会保险台账、职工福利费用台账、教育培训费用台账、职工住房费用台账、非本单位职工的人工成本台账、其他人工成本台账、劳动保护费用台账。

台账的填报要求：一般应按本期实际发生数填报，除有单项规定外，不能按计划数填报；要按“谁支付、谁统计”的原则登账，如企业对外按项目承包，只对单位支付项目承包费用，不直接支付工资报酬，则不统计为企业用工人员及工资。

3. 建立人工成本分析模型

企业的经营活动是相互联系的，指标之间存在着相互依存关系，企业应建立人工成本分析模型（具体如图 11-2 所示），其目的是使阅读者（领导）能清晰、全面地了解人工成本的构成、数量和指标之间的关系，为提高企业管理水平提供帮助。

4. 确定正确的人工成本控制目标

理想的人工成本分析结果应是“二低一高”，高人均人工成本，低人工成本含量，低人事费用率或劳动分配率。人工成本管理不是要减少企业人工成本的绝对额，人工成本的绝对额必然随着社会的发展不断提高，这是一个总趋势。从投入产出的经济效益角度考虑，一定的人工成本投入应带来一定的产出效益，当企业人均人工成本增长时，人均增加值和人均销售收入也应有所增长，且增长幅度应高于人

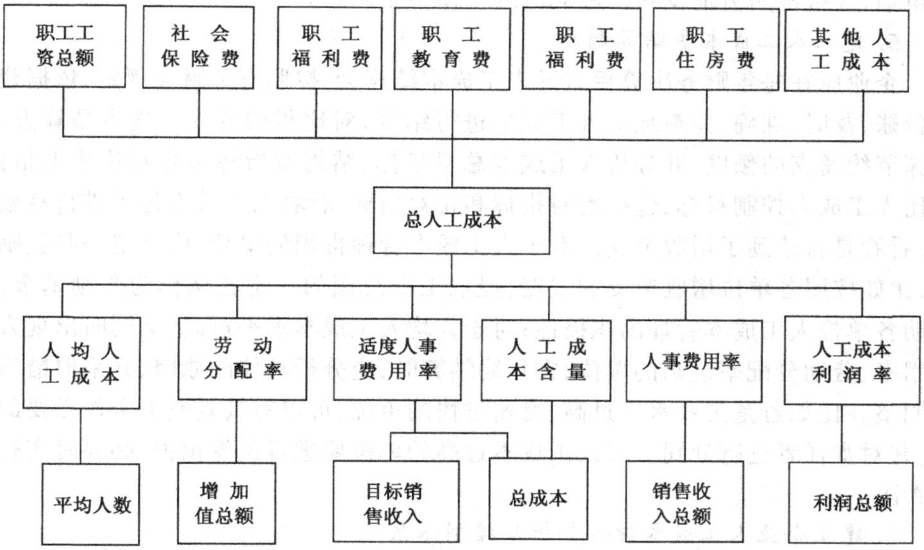

图 11-2 人工成本分析模型

均人工成本的增长幅度,才能带来经济效益的提高,这才是增收增效的人工成本。因此,企业人工成本控制是要控制其相对数,也就是说,企业进行人工成本控制的目的是要降低人工成本在总成本中的比重,增强产品的竞争能力;降低人工成本在销售收入中的比重,增强人工成本的支付能力;降低人工成本在劳动分配率中的比重,增强人力资源的开发能力。但应该注意的是,不同行业的企业之间,由于资本有机构成或劳动装备水平不同,增加值率和利润率不同,劳动分配率和人事费用率存在明显差异,因此,劳动分配率和人事费用率只适合同行业的企业之间进行比较。

5. 建立人工成本费预算制度

这是管理控制活动中广泛运用的一种方法,它是用数字形式编制的未来一定时期的计划。利用预算,有利于管理者对各单位、各部门的人工成本管理工作进行评价和控制。人工成本主管部门应拟定预算管理制度,使人工成本预算管理制度化、程序化、规范化。人工成本的预算应以财务预算年度作为人工成本预算年度,以财务及其他专业的预算数据为依据,由劳资部门单独进行预算,即保持相对的独立性。预算时,应根据国家有关方针、政策,按照业务部门的计划、任务,根据上年实际发生情况,考虑本年特殊增减因素,本着增收节支、量入为出的原则,精打细算、科学合理地安排各项资金,编制人工成本预算,不得编制赤字预算。为了保证制度的严肃性,预算一经批准,一般不予调整,如果年度执行中受国家政策影响,人员机构发生大的变化,确实需要调整,下属各单位、各部门向人工成本主管部门提出申请,经批准后方能支付。除此之外一律不予调整。

6. 建立人工成本费结算制度

企业应在每年财务决算后召开人工成本结算会,按照有关财会规定,依据建立的台账,及时、准确、完整地对人工成本进行结算,对比年初的人工成本预算方案,计算节约超支的额度,并分析人工成本总量指标、结构型指标和相对比率型指标,对比人工成本控制目标,包括绝对指标和相对指标,看看人工成本是否进行有效控制,看看是否达到了增收节支。对于人工成本管理得当的单位,应制定一些奖励措施,比如按照各单位增收节支的程度,提取工资总额的一定比例作为奖励基金,以调动各单位人工成本管理的积极性;对于人均人工成本水平过高,又同时出现人事费用率、劳动分配率过高的单位,在年终结算时,应分析具体的原因,并采取措施加以调整。比如若是工资水平过高、增速过快的单位,可以对其效益工资作必要的核减,并对责任者进行处罚。对人工成本过高的单位要进行预警预报,必要时实行成本否决。

7. 建立企业人工成本弹性分析与控制体系

弹性控制有效的企业要总结经验,在继续巩固已有成效的基础上,通过人工成本的控制寻求进一步改进企业经营管理的途径。弹性控制好的企业,说明其对人工成本的投入带来了相应的产出效益,是增收增效的人工成本,既提高了职工收入,调动了劳动者的积极性,又使企业的整体经济效益有了提高,有利于企业的生存和发展。对人工成本弹性失控的企业要进行因素分析,寻找失控的具体原因并进行改进。有的企业在人均人工成本增长的同时,人均增加值、人均销售收入、人均总成本也有所增长,但增长幅度却低于人均人工成本的增长幅度。说明在对人工成本投入的过程中,并未带来经济效益的同步增长,也就是人工成本的相对投入量过高,这就需要企业在今后的生产经营过程中,结合人工成本的弹性控制体系,采取相应措施,进一步减少无效的人工成本消耗,以利于企业的生存和发展。

8. 建立人工成本的预警制度

人工成本预警制度是指劳动行政部门为促进企业建立人工成本自我约束机制而采取的强制性与指导性相结合的监控措施。企业应根据国家或行业主管部门发布的人工成本分级标准和人工成本预警线,结合企业实际情况,制定人工成本控制目标。为了实现人工成本管理的预定目标,应采取事中超前控制的方法,企业劳资部门对人工成本进行分析评价并发布评价结果,对所属各单位人工成本管理预定目标实现程度的好、中、差,分别亮“绿灯”、“黄灯”、“红灯”的办法,以促进人工成本预定目标的实现。

六、提高公司人工成本效率的措施

(1) 精减人员、合理定岗定编。精减人员、合理定岗定编是加强用人管理的基础,也是节约活劳动、降低人工成本的基础工作。若企业冗员太多,必然造成人工成本投入不合理和人工成本的无效益增长。

精减人员应做好富余人员的分流安置工作。可将富余人员从岗位上抽出来，组织其学习文化和进行职业技能培训，达到规定标准后再重新竞争上岗。在脱产培训期间执行最低工资标准和奖学金制度等。在优化组织结构中着力解决好富余劳动力资源的开发利用，凡有新建、改建项目需要增加定员的，都首先在本单位内部调整，消化吸收本单位的富余人员。对新建单位人员配备，从现有人数多于定员的生产单位中进行调整，并相应补充一部分新职工。

(2) 加强人工成本的比率控制。加强比率控制的措施主要表现在：①控制标准的细化，细化到行业内各种不同类型企业，建立行业内各种类型企业的人工成本分析与控制体系，即以各类型企业平均的劳动分配率、人事费用率、人工成本占总成本比重这三个比率指标为参照，来考察其所属企业与之对应比率指标的偏差率，从水平状态考察企业人工成本的比率控制情况。②加强宏观调控，在政策上对比率控制采取相应的措施。对于比率控制较好的企业，在保持人工成本合理比例的基础上，允许适度地提高工资总额，在增加职工收入、调动劳动者积极性的同时，保证利润目标的实现，提高企业的经济效益。这样，使企业人工成本的比率指标始终保持在有竞争力的水平之上，既有利于人力资源的开发、利用，又能形成良性的经营循环。对于比率失控的企业，必须使其将过高的人工成本比率指标降下来，调整好人工成本与增加值、销售收入、总成本的比例关系。加强对工资总额的控制，建立工资的控制体系，将人工成本控制指标纳入对经营者目标责任制的考核内容，对人工成本双向失控的企业要追究企业领导人的责任等等。

(3) 从生产经营上找途径，增加产出，即增加值与销售收入的增长。例如开拓市场，扩大销售额，扩大高增加值产品的生产；加大科技投入，调整产品结构，采取有利的产品组合战略，增加产品中的科技含量等。

(4) 加速转变经济增长方式，加强集约型经营，不断提高生产技术水平，提高劳动生产率，降低单位产品的人工消耗，降低产品的物耗成本，降低总成本，在少增加投入或不增加投入的基础上提高企业产销总量，增加利润总额。

(5) 严格限制、减少无效消耗人工成本支出，减少冗员、堵塞漏洞，最大限度降低人力资源的无效损耗。

(6) 发挥工资激励作用，规范人工成本结构。在人工成本结构中，工资是最有激励作用的因素，也是构成人工成本的主要部分。可见，对工资总额水平的控制以及各类人员工资水平合理拉开档次，充分体现按劳分配、效率优先的原则，是当前人工成本控制的关键性环节。

七、公司人工成本管理中应注意的问题

1. 要取全、取准各项基础资料

取全、取准各项基础资料和数据是人工成本管理至关重要的基础工作。取全、

取准各项基础资料的主要方法有直接取得法、间接计算法和剔除法。

直接取得法是指构成人工成本的工资总额、工资外收入、劳动生产率，可直接以劳资部门的统计数据为准；福利费、工会经费、教育经费、社会保险费、社会性服务费、成本费用总额、销售收入、利润总额、住房费中的职工住房公积金，应以财务部门提供数据为主，劳动保护费应直接以安全部门数据为准，增加值应直接以计划部门数据为准。

间接计算法是对无法直接取得数据的人工成本构成项目和指标，按照已有的资料和规定标准，采用间接计算取得数据的方法。如有些企业对职工的"暗补"，可采用按人数或户数、定额、价格计算取得的数据。

剔除法是为防止重复计算而从相关的项目中剔除重复部分的方法。如社会保险中的医疗保险费的来源主要是职工福利费，如果福利费已全额计算了人工成本，则社会保险中的医疗保险费应予以剔除。

2. 要定期分析评价人工成本，并写出有指导作用的分析报告

人工成本分析评价一般是一、三季度简分析，半年和年终要重点分析。在分析的基础上写出人工成本分析报告。写人工成本分析报告的核心是解决员工收入要增长与产品生产经营成本要下降的矛盾。人工成本分析报告要以判断作题目，以数据为语言：结论在前，论据在后；判断在前，分析在后。人工成本分析报告的主要内容应包括：

(1) 人工成本绝对值　在下属单位间的对比，在各岗位间的对比，在年度间的对比，企业人工成本与行业人工成本分级标准的对比，企业人工成本与行业人工成本分级标准的对比。

(2) 人工成本相对指标的对比分析。

(3) 人工成本投入产出指标的分析。

(4) 人工成本构成关系分析。

(5) 本单位主要人工成本指标的预测。

(6) 加强人工成本管理的措施建议。

(7) 要保持人工成本的适度增长。

加强人工成本管理，控制人工成本的根本目的不是把人工成本压得越低越好，而是使人工成本与企业经济效益的增长保持适当的比例关系，既能使职工收入水平适当提高，福利得到一定改善，也能使企业利润相应增加，竞争能力得到加强，使企业走上增产、增效、增收的良性循环。因此，片面的一味压低人工成本和不顾企业经济效益和市场条件，盲目地增加人工成本的做法应予以防止和杜绝。而只有人工成本的适度增长，控制得当，投入合理，增长有序，引导有方，才能有效地促进生产力的发展，提高经济效益，增强竞争能力，从而推动社会进步。

复习思考题

1. 公司人工成本是怎样构成的？
2. 公司人工成本有哪些特点？
3. 如何理解公司人工成本控制线？
4. 如何建立公司人工成本预测预警机制？
5. 如何构建公司人工成本管理体系？
6. 提高公司人工成本效率的措施有哪些？
7. 公司人工成本管理中应注意的问题是什么？

第三篇

发展篇

第十二章　能力薪酬设计及管理

本章概要：在知识和能力成为企业竞争关键要素的今天，能力薪酬的运用正在成为一种趋势。薪酬体系要求重点激励那些掌握企业核心竞争力所要求的知识和技能的员工。通过本章对能力薪酬设计及管理的介绍，读者将对此有全面和深入的了解。

掌握能力和能力薪酬的概念、特点、类别，优点和缺点等有关方面内容，对能力薪酬设计是很有帮助的；能力薪酬的设计对能力的提取、分析、分类、分级、评价很重要，其关键是建立一系列对能力标准进行分级管理的体系与方法；能力薪酬的设计和管理要遵循一定的原则，只有掌握好能力薪酬的设计方法和管理方法，才能使能力薪酬发挥应有的作用。

第一节　能力和能力薪酬概述

一、能力概述

就设计能力薪酬体系而言，能力是知识、技能、自我认知、人格特征和动机这五大要素以及其他个人特性的总称。这些能力要素对企业而言是指那些能够增加价值以及预测未来成功的要素；能力与工作绩效有关，是一种绩效行为能力，不是指广泛意义上的能力。为了在实践中操作方便，能力的定义应可操作和可测量。

为了设计好能力薪酬体系，我们需要对能力作出分类，这里我们介绍两种分类方法：一种是美国哈佛大学心理学家麦克里兰所提出的关于能力的冰山模型。这种模型认为，个人能力好比一座漂浮在水中的冰山，露出水面的部分代表表层的能力特征，如知识、技能等，代表员工的基本素质，这些表层特征很容易发现，但不能预测或决定员工能否取得好的业绩。而处在水下的隐性冰山，如自我形象、社会角色、个性、动机等这些深层特征则不容易发现，而且越往水深处的特征就越不容易发现，但这些深层特征恰恰决定着人们的行为与表现，能够区分业绩优秀者和平庸者。员工只有同时具备表层特征和深层特征才能认为是有能力的，能胜任工作，是能取得优秀好业绩的前提；管理者对表层特征和深层特征都要重视，尤其更要重视深层特征。

另外一种分类方法是将员工的能力划分为一般能力和核心能力。一般能力是行业内对同一个岗位必须具备的能力要求；核心能力是指企业为了确保战略的实现，员工必须具备的核心知识、技能专长。企业根据自己的战略来确定员工应具有的核心能力。核心能力通过转换成可观察行为的要素集合（能力群），然后用能力指标来表明一个能力群的能力水平的可观察行为，通过能力指标，管理者可以比较直观地界定出特定职位所需的行为密度、行为强度、行为复杂程度以及需要付出的努力程度，这样核心能力就变得具有可操作性。

以上说明能力是个综合性的概念，员工要具备岗位所要求的不同能力要求。伍德和佩恩指出能力体系包括：团队工作能力、计划和组织能力、解决问题的能力、以顾客为中心的工作能力、领导能力、建立关系的能力、分析问题的能力和具有商业/业务认知的能力这几种最普遍通的能力；也有的企业根据总战略需要提出自己的能力标准，如通用电气公司对最高管理层制定了四个核心能力标准，这四个核心能力称为四“E”：精力旺盛（Energy）；有锐气（Edge）；能鼓舞士气（Energize）；实践（Execute）的能力。

二、能力薪酬概述

在激烈的竞争环境下，企业需要提高核心竞争力的支撑能力，而核心竞争力最终体现在企业人力资本的核心知识、技能和专长上。在这种背景下，强化能力成为企业实现价值的一个重要途径，薪酬体系要重点激励那些掌握企业核心竞争力所要求的知识和技能的员工，这成为企业设计体系应遵循的原则；作为新生事物，基于能力的薪酬设计方案正显示出越来越强的生命力，能力薪酬随着竞争的要求已成为企业关注的焦点，其对企业的发展起到非常重要的作用。

能力薪酬是指企业根据员工所具备的能力或是任职资格来确定其基本的薪酬水平，对人不对事，其中基于岗位的能力占了岗位薪酬总额的绝大部分；员工能力的高低和薪酬与晋升相挂钩；其设计的假设前提是能力高的一定取得高的绩效，使员工能够认识到高能力会取得高绩效；薪酬随着能力提高而提高，能力最高者其薪酬也最高；管理者关注的是员工能力价值的增值。这种薪酬体系主要有以下优点：

（1）向员工传达了薪酬增长的可能性，提高了员工薪酬增长的期望；提供了员工提高能力的动力，用薪酬来体现员工能力的价值，提高了其工作积极性；在员工职业发展方面，改变了以前传统的以职务为晋升途径的方式，描述了员工整个的职业发展通道；总之，实现了真正意义上的个人发展与提高和薪酬过程的链接。

（2）由于员工提高的知识和技能是企业所需要的，另一方面使员工获得了更多的发展机会，另一方面使企业获得了充满活力的员工队伍，这对企业和个人发展都有好处，可以达到双赢的效果。

（3）能力薪酬体系有很大的灵活性和适用性，可以很方便地根据企业的情况进行调整，能够对企业的战略和发展起到有力的支撑作用。

(4) 能力薪酬体系符合薪酬设计的公平性原则，能有效满足员工的责任感和满意度，从而提高其工作绩效。

但也会出现一些弊端和局限性，主要体现在以下几个方面：

(1) 员工着眼于提高自身能力，可能会忽视组织的整体需要和当前工作目标的完成。

(2) 员工能力高不代表一定能产出高绩效，企业要承担为能力付酬却未获得所需绩效的风险。

(3) 在如何与绩效相结合以及建立员工能力素质模型上存在着困难。由于能力的界定很困难，因此需要建立了一套能力模型并据此制定了一套新的薪酬方案。但即使这样，仍有可能失之偏颇，无法满足企业的期望。另一方面企业对能力标准的判断往往容易主观化、间接化、简单化、流于形式和缺乏量化，不一定能真正反映员工能力的大小。

(4) 能力薪酬体系需要培训体系的支持，需要为员工提供足够的培训机会，这就会造成企业培训成本的增加。

企业只有充分认识到这种薪酬模式可能带来的弊端，才可能避免出现问题，从而设计出更合理完善的能力薪酬体系。

第二节 能力薪酬设计实务

能力薪酬体系的设计流程如图 12-1 所示。

图 12-1 能力薪酬设计流程

从这个流程可以看出，能力工资制主要包括五个方面的步骤：确定重视能力的企业文化即企业宗旨；从企业宗旨和价值观中得出企业应该具备什么核心能力；员工应该具备什么核心知识、技能和专长，即确定哪些能力是企业发展所需要的，值得企业付出相应的报酬，确定哪些品质能够体现这些能力，从而推断具备何种特性及行为的员工是企业所需要的；然后对每个岗位的任职能力进行分级，形成能力区间，在每个区间对任职能力作区分，下限能力规定为完成一项工作所必需的能力要求，但这一能力并不一定会形成最优的工作绩效，而最高的职位能力则规定会产生优秀的绩效，用能力区间检验这些能力是否能够使员工绩效突出，哪些品质确实能使员工创造更多的价值；依据能力要求，评估员工能力，给予合理的薪酬水平；通过对核心能力进行分析、分级和评价，以形成基于能力的薪酬体系。

一、建立任职资格体系

实行能力工资制首先要对能力进行分析、分类、分级、评价等，因此企业需要建立一系列对能力标准进行分级管理的体系与方法，需要结合企业的宗旨、文化和对核心能力的要求建立任职资格体系，这个体系主要包括确定任职资格标准、确定任职资格等级、任职资格调整等内容。任职资格体系设计好后最好形成正式的制度性文件，为企业工资报酬等其他制度的构架提供依据。其主要技术环节如下：

（一）确定任职资格标准

任职资格标准是指某一职务或岗位要求员工所必须具备的资格和能力标准。从能力工资设计的角度看，对员工进行任职评价，是对在岗人员进行的一次能力评价，通过员工能力评价结果与岗位能力要求标准相对照，可以看出员工实际能力和岗位标准能力的差距到底有多大，并根据对照结果作为确定员工薪酬水平的重要依据。以后如果员工能力有变化，再适当调整其薪酬水平。

任职资格标准的主要组成要素包括：知识与经验、专业技能、绩效结果、素质等，如图 12-2 所示。

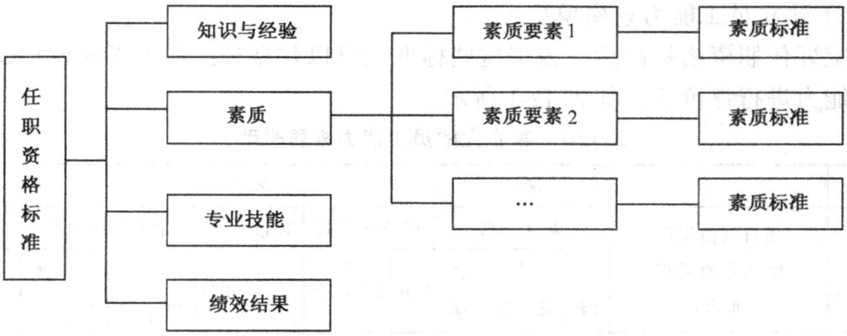

图 12-2 任职资格标准

对任职资格模型中的各种能力标准的定义要精炼，可操作性强，判断员工能力的标准不能主观化、简单化和间接化。

确定任职资格标准的程序是：先进行岗位分析，定义级别角色，确定标杆人物，根据岗位所要求的知识、技能等因素进行综合岗位分析，提取关键工作要领，定义关键工作要领的成功行为，从而提炼出任职资格标准。

案例：

某公司销售人员能力指标描述

1. 知识综合能力

定义：综合运用行业知识、产品知识和其他知识资源为客户提供较为满意的解决方案。

能力要求：具备深刻丰富的行业知识、产品知识和客户管理知识，可以较全面而深入地提供解决方案。知识面较广，对各类知识均有所了解，学习新知识的能力强，善于接受、分析和理解新观念。运用知识的能力强，能够根据客户需求将掌握知识资源综合运用到工作中，提供富有竞争力并令客户满意的解决方案。

2. 沟通、协调能力

定义：及时、准确地向相关人员传达与了解有关信息、思想或意见，引导部门组织之间，人员之间建立良好的互相协同，互相配合的关系，有效地达到共同预期目标。

能力要求：具有团队精神，不以自我为中心，喜欢与人交往，具备很强的沟通技巧和谈判能力并善于总结，能够深刻洞察客户的心理，沟通效率高，能及时有效地化解矛盾，具有很强的客户控制能力。具备较强的书面表达和语言表达能力，能够采用面对面、电话、邮件、报告等各种沟通形式，把自己的观念、信念、方案、方法推销给上级、下级和客户。（略）

（二）建立员工能力素质模型

制定好任职资格标准后，根据这些标准就可以建立员工能力素质模型，进而对员工能力进行评价了，如表12-1所示。

表12-1 某企业的员工能力素质模型

部门		岗位							姓名						
编号	项目（由岗位能力素质要求而来）	需求级别				重要性系数			标准	个人实际水平					实际得分
		一级	二级	三级	四级	1分	2分	3分	0分	一级	二级	三级	四级	五级	
专业	学历														
	专业														
	电算化知识														
	质量知识														
	原材料知识														
	法律知识														
	财务知识														

（续）

部门		岗位							姓名							
编号	项目（由岗位能力素质要求而来）	需求级别				重要性系数			标准	个人实际水平						实际得分
		一级	二级	三级	四级	1分	2分	3分		0分	一级	二级	三级	四级	五级	
技能	决策能力															
	组织能力															
	分析能力															
	执行能力															
	创新能力															
	学习能力															
职业素养	服务意识															
	团队精神															
	正直诚信															
	责任心															
	廉洁自律															
	忠诚度															
标准分合计										实际得分合计						

（三）划分员工能力等级

划分的方法是根据任职资格结构中的组成要素。对员工所需知识的测评用考试、面试等方法考核，对员工的专业技能和经验用开评价会等方法测评，另外再对员工取得的业绩进行考核。最后对以上测评的结果累加积分，参照任职资格等级标准得出员工应归属的能力等级。如表 12-2 所示。

表 12-2 某企业的员工角色级别定义

等级	知识	经验	专业技能	绩效结果
一级	熟悉软件编制规范等	从事相关行业开发工作 1 年等	至少熟悉一种编程语言等	绩效考核结果半年内至少有一项优秀等
二级	某一模块的编程能力等	具有相关方面的实践经历等	能熟练运用 C 语言编程等	绩效考核结果半年内至少有两项优秀等
⋮	⋮	⋮	⋮	⋮

总之，在能力工资制中，如何对员工的能力进行有效的评价是关键，也是能力工资制设计的难点。企业需要建立和实施有效的员工能力模型，需要认识到员工能力模型的基础是从企业战略分解出的核心能力，需要界定好企业成功的关键因素。

二、能力薪酬设计

企业在进行能力薪酬设计，特别是进行工资变革前要注意做好以下思想准备工作：

(1) 从思想上对变革工资体系的困难性要有所准备，在实行能力工资体系的各个阶段都会遇到困难。废除旧的工资体系，引入能力工资体系，这种变化通常包括否定长期存在的惯例，会触动一部分人的利益，从而导致这部分人的激烈反对。这就要求我们设计的能力工资体系必须让员工感到是公平的；需要和员工进行认真地沟通，给员工解释实行能力工资体系的理由和原因，向员工传达他们必须做出什么努力才能增加其薪酬等等。公司应做好这些前期准备工作，以有效减少实施能力工资体系的阻力。

(2) 能力工资体系的成功实施需要企业逐渐建立起基于能力的企业文化。在基于能力的企业文化下，企业强调人的能力大小差异很大，这种能力的差异导致人们在企业中的不同分工和待遇，员工应为自己的职业发展而努力工作，并且积极营造出使员工全身心投入工作、迎接挑战并积极工作的氛围。要着力塑造能够激发员工自豪感和忠诚度的文化理念，让员工自愿为企业目标改变自我，把文化建设目标直接定位于培养员工能力的文化氛围，放弃其他不相关目标。

根据对能力的配置和使用的特点，本节主要介绍两种能力工资设计的思路，一种是通过能力和岗位相结合的方法，设计成基于能力的岗位能力工资体系；一种是通过能级和职等相结合的方法，设计成基于能力的职能工资体系。

(一) 能力和岗位相结合

实行能力和岗位相结合的方法一般有两种情况：一种是先进行岗位价值和员工能力素质评价，再对员工定岗定级；一种是通过进行岗位价值和员工能力素质评价，再对现岗员工能力得分和岗位能力要求标准分相比较，根据比较结果确定其工资。

关于第一种情况，一般的过程是这样的，通过工作分析形成岗位说明书，岗位说明书中规定了各岗位的能力要求；建立岗位价值模型判断岗位间的相对重要性，根据相对重要性对岗位进行排序；建立员工素质模型对员工能力进行评估，根据评估结果和岗位标准能力要求相比较，对员工进行定位，最后确定员工的工资。其中岗位价值模型和员工素质模型都采用计分制。下面用一个案例来说明在这种情况下岗位能力工资的设计方法。

案例：

某公司的岗位能力工资制

某公司实行岗位能力工资制，公司根据对岗位价值评估结果编制的层级关系表，如表 12-3 所示。

表 12-3 层级关系

公司层级	薪酬层级	总经理	研发副总	技术副总	市场经理	人资经理	…	文员
高层	1						…	
	2							
	3							
	4							
	5							
	6							
中层	1						…	
	2							
	3							
	4							
	5							
	6							
基层	1						…	
	2							
	3							
	4							
	5							
	6							

通过能力评估模型对员工进行能力评估，再根据员工的得分情况来确定员工在岗位价值层级表中的位置。表 12-4 是部分员工的定位结果。

表 12-4 员工定位

姓名	公司层级	薪酬层级	所属部门	岗位类别
员工 A	中层	1 级	人力资源部	管理
员工 B	中层	1 级	市场销售部	管理
员工 C	高层	2 级	企业管理部	管理
员工 D	中层	1 级	技术研发部	管理
员工 E	基层	3 级	信息管理部	辅助
员工 F	基层	4 级	行政事务部	辅助
员工 G	基层	5 级	质量管理部	辅助

然后公司根据各个岗位的岗位价值评价的得分，计算出各个层级的相对系

数，计算公式为：薪酬层级系数 = 岗位价值分数 ÷ 最低的岗位价值分数，计算结果如表 12-5 所示。

公司根据对同行业的薪酬调查结果，获得了和公司相应岗位薪酬水平的信息，然后拿这些信息和公司岗位价值评估结果联系起来，以便确定员工的薪酬水平。公司希望员工的薪酬水平具有市场竞争力，同时能达到激励员工的效果，决定通过确定适当的 K 值系数达到这个目的。比如，通过外部市场调查，人力资源部经理的年薪水平大概在 60000 ~ 100000 元这个范围内，从公司的岗位层级表中可以看出，人力资源部经理所在的层级和薪酬层级为公司中层 1 ~ 3 级，再查薪酬层级系数表得知，人力资源部经理的岗位薪酬层级系数在 2.2 ~ 2.6 这个范围内，那么其层级的 K 值系数在 100000 ÷ 2.6 ~ 60000 ÷ 2.2 之间，即在 38461 ~ 27272 之间。公司决定实行薪酬市场领先策略，把 K 值系数定为 38461。其他层级系数也用同样算法。这样就得出了员工的月工资，如表 12-5 所示。

表 12-5 薪酬层级系数和员工月薪

公司层级	薪酬层级	岗位价值得分	薪酬层级系数	员工月薪
高层	1	235	4.7	4.7$K$1/12
	2	215	4.3	4.3$K$1/12
	3	195	3.9	3.9$K$1/12
	4	175	3.5	3.5$K$1/12
	5	155	3.1	3.1$K$1/12
	6	135	2.7	2.7$K$1/12
中层	1	130	2.6	2.6$K$2/12
	2	110	2.4	2.4$K$2/12
	3	110	2.2	2.2$K$2/12
	4	100	2.0	2.0$K$2/12
	5	90	1.8	1.8$K$2/12
	6	80	1.6	1.6$K$2/12
基层	1	75	1.5	1.5$K$3/12
	2	70	1.4	1.4$K$3/12
	3	65	1.3	1.3$K$3/12
	4	60	1.2	1.2$K$3/12
	5	55	1.1	1.1$K$3/12
	6	50	1.0	1.0$K$3/12

关于第二种情况，就是建立一个能力模型，对员工所在岗位要求的能力标准和员工能力进行评价，得出结果后，用员工的能力分数和岗位要求的能力标准分

数比较，再根据比较情况确定员工的岗位能力工资。请看下面的案例：

案例：

某公司的岗位能力工资制

H公司是一家广告公司，由于经营有方，公司近年来取得了很大的业绩，且发展势头良好。公司高层每年至少要开一次碰头会，总结企业发展的经验教训。在最近的碰头会上，公司老总黄总和几个高层人物总结了公司近年来成功的经验，他们一致认为，公司成功最主要的原因是采用了以员工能力为基础的工资制度，通过这种工资制度，公司加强了对员工的能力管理，员工能力的提高是保证公司发展的根本。关于岗位能力工资制，H公司是这样操作的，公司建立了一套完善的员工能力评价模型与员工的收入直接关联。公司为每一个岗位都设计了一个能力模型，并且对每一种能力要求作出精炼、容易量化的定义。以经理助理和策划总监这两个岗位为例，操作过程如下：

首先在提炼公司所需核心能力的基础上，对各项能力进行定义，建立员工能力模型，具体如表12-6所示。

表12-6 员工能力模型

级别 / 分值 / 能力	1	2	3	4
	10分	20分	30分	40分
决策能力	在本职工作内可作简单决策，不能单独决策，需要他人协助	在特定的专业领域及本职工作范围内偶尔做出一些有影响的决策	能够在多个领域做出广泛而有重大影响的决策，能帮助公司高层管理者决策	在既定战略范围内独立作出重大决策，并能保证决策正确、可行
⋮	⋮	⋮	⋮	⋮

通过能力模型的评价，这两个岗位对能力的要求的侧重点是不同的，如表12-7所示。

表12-7 能力要求

能力 / 岗位	决策能力	服务意识	交际能力	执行能力	分析能力	计划能力	创新能力	…
经理助理	2	3	3	3	2	2	1	…
策划总监	3	3	2	3	3	3	3	…

然后确定每项能力的权重和系数，如表12-8所示。

表 12-8 能力权重和系数

分数 \ 能力		决策能力 10%	服务意识 20%	交际能力 20%	执行能力 15%	分析能力 15%	计划能力 10%	创新能力 10%
0	经理助理							
	策划总监							
10	经理助理							○
	策划总监							
20	经理助理	○				○	○	
	策划总监			●				
30	经理助理		○	○	○			
	策划总监	●	●		●	●	●	●
40	经理助理							
	策划总监							

通过表 12-8 可获得这两个岗位的能力要求标准分，整理后如表 12-9 所示。

表 12-9 能力要求标准分

岗位 \ 能力	决策能力 10%	服务意识 20%	交际能力 20%	执行能力 15%	分析能力 15%	计划能力 10%	创新能力 10%
经理助理	20	2×30	2×30	1.5×30	1.5×20	20	10
策划总监	30	2×30	2×20	1.5×30	1.5×30	30	30

合计后得出经理助理得 245 分，策划总监得 280 分。可见这两个岗位对综合能力要求有差异，策划总监要求的总和能力比经理助理高，在设计能力工资时要体现出这种差异。

得出岗位标准能力要求分数后，接下来再以员工为对象，再用上面的能力模型对员工进行能力评价，得出员工的能力得分，最后拿员工的得分和岗位标准能力要求分相比较，再根据"标准工资×（员工能力分÷岗位标准能力分）"这个计算公式来确定员工的工资。表 12-10 是部分员工的工资表。

表 12-10 部分员工的工资

姓名	岗位	岗位标准能力分	标准工资	员工能力得分	员工实得工资
员工 A	岗位 A	900	11000 元	870	11600 元
员工 B	岗位 B	650	7200 元	670	7421 元
员工 C	岗位 C	780	8600 元	700	7718 元
员工 D	岗位 D	200	2500 元	220	2750 元
员工 E	岗位 E	150	1800 元	160	1920 元
⋮	⋮	⋮	⋮	⋮	⋮

（二）能级和职等相结合

能级和职等相结合的设计方法，这里介绍职能工资制，它是依据员工在工作中表现出来的能力对他们支付报酬，发放的对象是员工能力，能力工资占整个工资的65%以上。职能工资制也是根据任职资格体系来评价员工能力的。

职能工资制作为一种薪酬体系，一般包括以下组成部分：工资、奖金、福利等，按状态有固定和变动两种，典型的职能薪酬结构如图12-3所示。

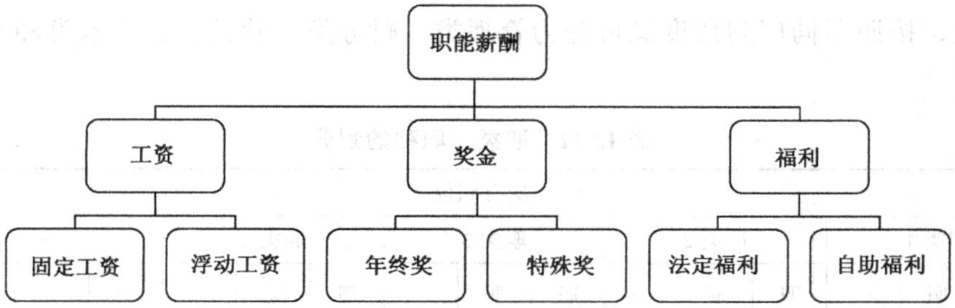

图 12-3 职能薪酬结构

工资指按期付给劳动者的劳动报酬，由固定工资和浮动工资组成，其中固定工资指岗位工资、基础工资，具有稳定性高的特点。浮动工资指以员工标准工资为基础而上下浮动的工资形式，浮动大小由企业经营状况和员工工作业绩决定，如月度奖金。年终奖是根据全年企业的经营效益从企业利润中提取的一种效益奖金。福利包括国家法定福利和自助式福利，法定福利指企业发给员工的国家规定的福利，如失业保险、医疗保险等；自助式福利指企业根据员工需求确定一组福利项目，员工根据自己的条件可以从中选择自己需要的福利项目。

它们的主要特点如图12-4所示。

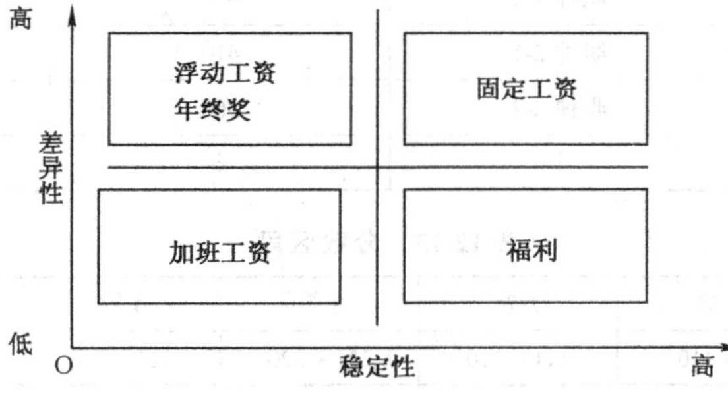

图 12-4 能力薪酬结构特点

从图中可看出固定工资的确定在不同职种、职层间应有明显的差距，且一旦确定后应保持一定时期的稳定性，没遇到特殊情况不能随便降薪，因为固定工资的刚性更强；浮动工资和年终奖也要求在不同职种、职层间应有明显的差距，根据对员工的考核结果和企业的经营状况，其变化的幅度也应该很大。一般来说，每个员工都可以享受到企业的福利，且不同职种、职层间的福利应基本保持一致。

设计职能工资制，首先需要根据岗位的任职条件、工作责任等方面的不同要求，对岗位进行分类形成职族，每一个岗位都被并入不同的职族，再把所有岗位按照大类分成不同的职种，然后为不同的职种设计任职资格标准，如表 12-11 所示。职种的划分方法有很多种，比如按照岗位层级角度可以分为高层、中层和基层岗位；按照不同序列角度又可分为管理类、财务类、营销类、技术类和专业类岗位等。

表 12-11　职类、职种的划分

所有职位														
职类 1			职类 2			职类 3			职类 4			…		
职种 1-1	职种 1-2	…	职种 2-1	职种 2-2	…	职种 3-1	职种 3-2	…	职种 4-1	职种 4-2	…	…	…	…

职类、职种划分好后，再确定任职资格等级，根据任职资格标准确定各职种的任职资格级别，并确定职种薪等区间。那么如何确定薪等区间呢？这需要进行职种价值评估，算出评估结果得分。再确定分数段和薪等的对应关系，便可确定出薪等区间。其过程如表 12-12、表 12-13 所示。

表 12-12　职种价值评估得分

职类	职种	资格标准最低分/分	资格标准最高分/分
职类 1	职种 1-1	840	1160
	职种 1-2	630	1110
职类 2	职种 2-1	410	750
	职种 2-2	260	490
⋮	⋮	⋮	⋮

表 12-13　分数区段

薪等	1 等	2 等	3 等	4 等	…
分数段/分	0 ~ 110	111 ~ 220	221 ~ 320	321 ~ 420	…

（1）职种价值评估。

（2）规定评价分数区段和对应的薪等。

通过这两个表的分数对应关系便可确定每个职种的薪等区间。如图 12-5 所示。

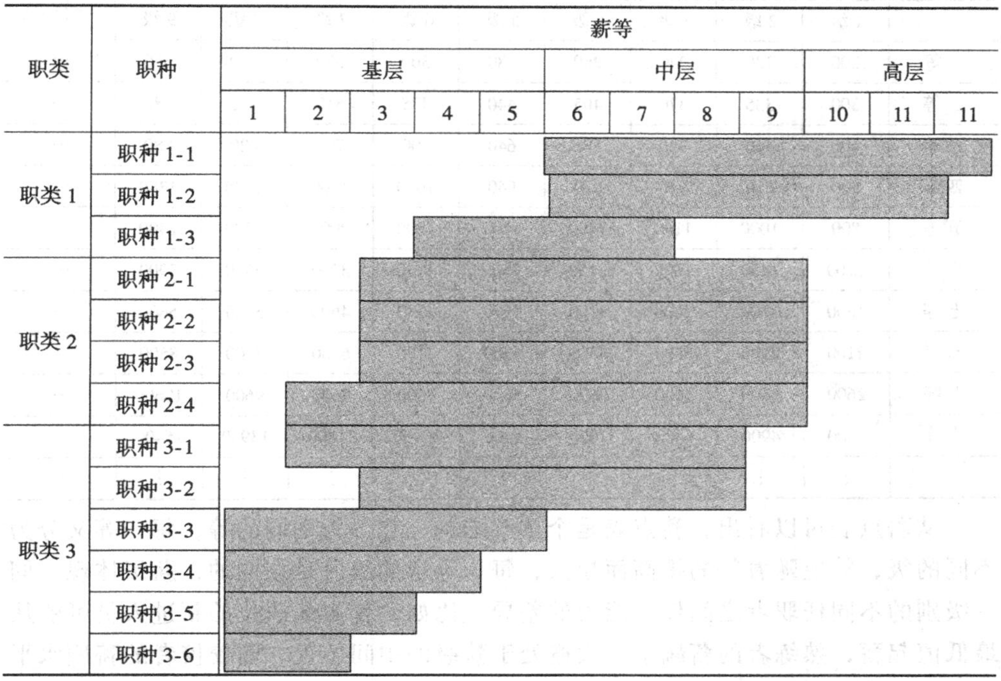

图 12-5 职种薪等区间

图中反映了职种、职层和薪等之间的关系，阴影部分代表每个职种的任职资格等级区间，一方面它反映了不同职种之间的相对重要程度，另一方面反映了企业对不同职种所要求的能力标准判断。图中的职种薪等区间之间有重叠部分，是考虑到各层次之间的流动性和灵活性，有利于新旧工资体系的转换，以及让那些有一定经验和资格的员工能在高层次，而新员工一般则从低层次进入，比如从一个职种薪等区间的最低等级进入。

为了更好地体现员工能力的差异以及更好地激励员工，需要拉开员工的收入档次，在职能工资体系中使用很重要的工资变量——薪点，薪点是企业计算薪酬的基本单位，但不是用货币形式表示。薪点代表员工的工资水平，薪点越大，说明其工资越高。薪点数是个相对数值，没有绝对的含义，也就是说，如果进行员工工资水平的比较，在薪点与薪点之间比较才有意义，单独一个薪点是没有意义的。员工的薪点数主要由其工作性质和任职资格中职类、职种的等级所决定，反映了员工的任职资格等级。所以职种、任职资格等级、绩效这三个因素将会影响员工薪点数的大小。如果把所有薪点组合在一起就构成了薪点表，如表 12-14 所示。

表 12-14 薪点表

	1级	2级	3级	4级	5级	6级	7级	8级	9级	…
一等	200	220	240	260	280	300	320	340	360	…
二等	300	335	370	405	440	475	510	545	580	…
三等	400	460	520	580	640	700	760	820	880	…
四等	500	610	720	830	940	1050	1160	1170	1380	…
五等	800	1000	1100	1400	1600	1800	2000	2200	2400	…
六等	1100	1450	1800	2150	2500	2850	3200	3550	3900	…
七等	1600	2100	2600	3100	3600	4100	4600	5100	5600	…
八等	2100	2900	3700	4500	5300	6100	6900	7700	8500	…
九等	2600	3600	4600	5600	6600	7600	8600	9600	10600	…
十等	3400	4900	6400	7900	9400	10900	11400	13900	15400	…
⋮	⋮	⋮	⋮	⋮	⋮	⋮	⋮	⋮	⋮	⋮

从薪点表可以看出，薪点表是个重叠结构，它分为不同的等，每一等又分为不同的级，等差随着等的提高而拉大，每一等中的级差是相同的；薪级体现了同一级别的不同任职者之间任职能力的差异。比如，作为此职位的新进人员可能从最低值起薪，熟练者的薪酬水平大概处于薪级的中间位置，而佼佼者的薪酬水平可能接近该薪级的最高值。

为了进行对旧工资体系的套改，有必要用一定的方法将员工现有工资额转换成薪点数。这里介绍两种转换方法：

方法一：

(1) 根据任职资格等级标准，通过任职资格等级认证，对每个员工的任职资格等级进行评级。如职种 1-1 中员工甲和员工乙分别被评为 5 级和 3 级。

(2) 根据员工所在职种和任职资格等级确定其薪等，如图 12-6 所示。

员工甲任职资格等级被评为 5 级，落入了薪等的第 7 等，而员工乙则落入第 5 等。但如果一个等级对应多于一个薪等，则按照“薪等就低不就高”的原则按低取等。

(3) 根据员工目前的月标准工资数和其薪等找到对应的薪级。员工的薪等确定后，查薪点表中和月标准工资数相等或近似的薪点数，月标准工资数和薪点数相同时，就可根据薪点数直接确定员工的薪级；如果不能正好落在某个薪点上，而是处于两个薪点数之间，则先计算这两个薪点数的算术平均值，如果月标准工资数大于或等于算术平均值就按高取级，反之按低取级。比如员工甲目前的月标准工资为 4200.42 元，其薪等为第 7 等，然后查薪点表，找和 4200.42 相近的薪点数，确定应落入的薪级，该薪级的薪点数就是该员工的薪点数，4200.42 在

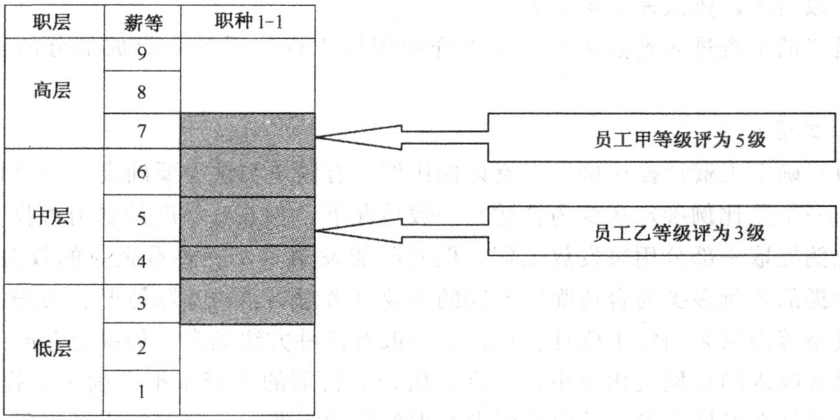

图 12-6 员工薪等确定——方法一

4100～4600 之间，两者的算术平均值为 4350，大于该员工的月标准工资，所以按低取级确定其薪点数就是 4100，薪级为 6 级。

方法二：

如果企业还没有对员工进行任职资格评级，那么可以采用的方法是：首先确定员工所在的职种和职层，然后按“薪等就低不就高”的原则，在各层所对应的薪等中按低取等，再根据员工目前的月标准工资数，按方法一的原则在该薪等中确定薪级，等实行了任职资格评级后再按第一种方法进行调整。比如：职种 1-1 中员工甲和员工乙分别分布在高层和中层，如图 12-7 所示。

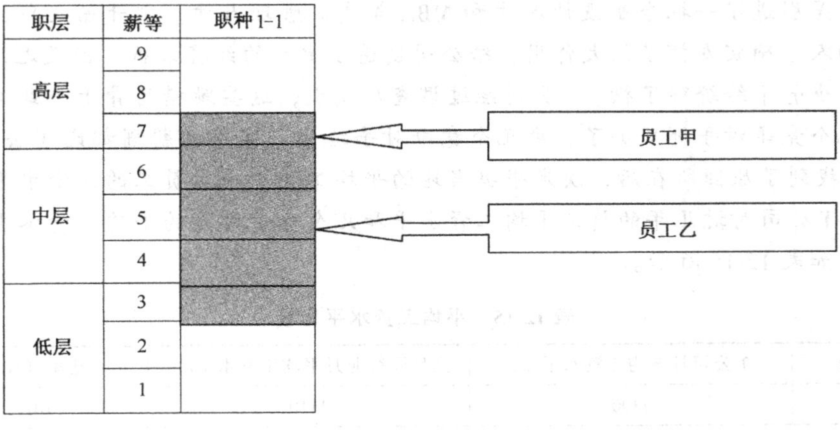

图 12-7 员工薪等确定——方法二

从图可以看出，职种 1-1 跨了高、中、低三个职层，在高层和低层只对应了一个薪等，员工甲处在高层，所以只能落入薪等第 7 等；中层包括三个薪等：4、5、6 等，按“薪等就低不就高”的原则，该职种处在中层的员工只能对应第 4

等，所以员工乙落入薪等第4等。

员工的工资进入薪点表后，下面介绍职能工资体系各个组成部分的设计方法：

1. 工资

(1) 确定工资计提比例。工资计提比例，有两个问题需要确定，一个是从哪计提？一个是比例确定多少为合适？一般情况下，企业从年度计划销售收入中按一定比例提取一部分用来发放工资，但实际能发放多少还要看企业的效益如何。那么计提的比例多少为合适呢？不同的企业可考虑自己的实际情况、市场情况和企业战略等因素来确定工资计提比例。一般有两种方法确定，如果企业的工资总额占销售收入的比例变化较小，就直接用企业目前的工资水平来确定计提比例；如果企业处在发展不稳定的时期或者考虑竞争的需要，则可参照市场工资水平确定计提比例。

案例：

某公司的工资计提方法

T公司是一家工艺品公司，产品主要出口到欧美等国家，当地也有几家这样的企业，由于产品用料考究，造型时尚，有收藏价值等优点，近几年产品一直供不应求；T公司老板精心经营，没过几年，T公司在当地坐上了头把交椅。公司发展越来越快，公司觉得设计人才和管理人才短缺，已不能满足公司发展的需要，于是引进了一批专业设计人才和MBA等高级管理人才。刚开始几年，这些引进的人才确实发挥了很大作用，给公司创造了更大的经济效益。但最近，他们中有不少骨干纷纷跳了槽。T公司经过调查后发现，这些跳槽的骨干都到了T公司的几个竞争对手那里去了，那几个竞争对手给他们提供的薪酬都比T公司高。T公司找到了原因所在后，决定根据当地的平均工资水平对员工的工资水平进行调整。T公司对近几年的员工平均工资水平和几个竞争对手的平均工资水平作了比较，如表12-15所示。

表12-15 平均工资水平比较

年份	T公司月平均工资水平/元	当地同行业月平均工资水平/元	比率（%）
2001	1190	1110	107
2002	1396	1316	106
2003	1458	1388	105
2004	1536	1476	104

注：比率＝（T公司月平均工资水平÷当地同行业月平均工资水平）×100%

从这个比较表可以看出，两者之比呈逐年下降趋势，T公司平均工资水平从2001～2004年增长速度低于当地同行业平均工资水平的增长速度，说明T公司的工资水平越来越没有市场竞争力了，这是造成人才流失的主要原因。于是公司研究决定从2005年开始将员工平均工资水平提高到当地同行业平均工资水平的115%，并据此确定工资计提比例，以增加公司薪酬的市场竞争力。

（2）工资总额的计算。企业薪酬是企业经营成本的重要组成部分，所以要在合理的范围内对它进行控制。一般来说，企业在年初做工资预算时，根据“年度计划销售收入×工资计提比例”这个公式算出年度计划工资总额。这只是个年度计划工资总额，不代表年度实际工资总额。年度实际工资总额可能和计划工资总额有出入，这取决于企业的经营状况等因素。年度计划工资总额/12就得到月度计划工资总额，企业每月的经营状况不同，月度计划工资总额会有个上下浮动。月度计划工资总额加上月度浮动总额算出员工月度实发工资总额。当浮动幅度过大时，企业要根据具体情况确定月度实发工资总额。

案例：

某公司的工资总额确定方法

N公司是一家大型制药企业，去年公司实行了职能工资制，在确定公司每月的工资总额时与公司的实际销售收入相结合，且去年的运行也比较平稳；但到了今年7月份发生了意想不到的事情，公司的一种畅销药品被查出含有对人体有害的成分，媒体对此也进行了报道，对此公司高层虽然采取了对策，但公司7月份的销售收入严重下滑，员工的收入也比以前少了很多，许多员工怨声载道，员工的工作积极性受到了很大影响。通过这个事件，公司高层认识到，每月的工资总额只与公司的实际销售收入相结合还欠完善，为了提高职能工资制的抗震性，公司对月度工资总额确定方法进行了调整，就是在每年年初所制定的年度计划销售收入按一个比例计提，算出年度计划工资总额，再根据年度计划工资总额算出月计划工资总额，而实际工资总额在月计划工资总额的基础上进行上下浮动，这样工资幅度的变化就不会很大。为了应付突发事件给工资总额造成的大幅震荡，以避免员工收入波动过大，公司决定在计算月工资总额时再用一个控制系数来控制，即公司用下面的公式计算工资总额：

月工资总额＝月计划工资总额＋（实际销售收入－计划销售收入）×工资计提比例×控制系数

其中对控制系数的规定如下：

当|1－（实际销售收入÷计划销售收入）|≤30%时，控制系数＝1.2

当30%＜|1－（实际销售收入÷计划销售收入）|≤55%时，控制系数＝0.8

当 |1 -（实际销售收入÷计划销售收入）| > 55%时，控制系数 = 0.4

方案实施后取得了很好的效果。

(3) 确定固定工资薪点数和浮动工资薪点数的比例。在职能工资制中，工资分固定工资和浮动工资，其工资水平用薪点数表示，也即用固定薪点数和浮动薪点数表示，根据这两个薪点数与相应的薪点值，再考虑考核其他因素就可以确定员工的固定工资和浮动工资。其中固定薪点值一般在年度内保持不变，其值大小依据企业的经济实力、企业的战略需要、外部市场地区经济水平和平均工资等因素进行相对固定和调整；而浮动薪点值按对员工的考核结果和企业绩效确定。固定薪点数和浮动薪点数两者所占比例由员工所在的职种、职等、职层等因素来决定，比如企业高层管理人员若要承担更大的责任和风险，其浮动薪点数所占比例也相对大。关于如何确定两者的比例，可参考企业现有的工资制度，计算出员工月标准工资中固定工资和浮动工资的比例，再结合企业实际情况进入薪点表转换成对应的薪点，从而确定固定薪点数和浮动薪点数的比例。

案例：

某公司的难题解决方案

A公司要实行工资制度改革以促进公司的发展，决定实行基于能力的职能工资制，其前期工作已经做好，接下来遇到的困难是如何确定固定薪点数和浮动薪点数及两者的比例。为此公司请了一位有关方面的专家来帮助解决问题，这位专家经过深入调查后提出了下面的解决方案。

A公司原来的薪酬体系是将员工的月工资分成固定工资和浮动工资两部分；员工目前的月固定工资部分包括基础素质津贴、岗位工资和其他固定报酬项目；月浮动工资部分包括月奖金、职位津贴和其他浮动报酬项目，年终奖包括浮动工资内。专家觉得原薪酬结构对薪酬各部分的定义不准确，不利于新旧薪酬体系的接轨，于是建议公司对原有的薪酬结构进行重新调整，把整个薪酬结构分成工资、福利和年终奖三部分，其中工资包括固定工资和浮动工资，基础素质津贴、岗位工资、职位津贴和月奖金并入到工资部分。A公司员工目前月标准工资如表12-16所示。

表 12-16 员工月标准工资 单位：元

姓名	岗位	职类	职种	岗位工资	基础素质津贴	职位津贴	年平均月奖金
员工1	实验员	技术	研发	430	250	220	510
员工2	安装工	操作	技工	411	250	180	430

（续）

姓名	岗位	职类	职种	岗位工资	基础素质津贴	职位津贴	年平均月奖金
员工3	信息员	技术	信息	432	250	240	640
员工4	会 计	专业	财务	556	250	260	875
员工5	经 理	管理	经营	1110	500	900	2756
员工6	销售员	市场	营销	760	250	280	1110
员工7	文 员	技术	文秘	408	250	190	410
⋮	⋮	⋮	⋮	⋮	⋮	⋮	⋮

根据新的薪酬结构，员工的月工资：固定工资=基础素质津贴+岗位工资；浮动工资=职位津贴+月奖金；月工资总额=固定工资+浮动工资；浮动工资比例=浮动工资÷月工资总额；固定工资比例=固定工资÷月工资总额。从而得到汇总表12-17。

表12-17 工资汇总 单位：元

姓名	岗位	职类	职种	固定工资	浮动工资	月工资总额	浮动工资比例	固定工资比例
员工1	实验员	技术	研发	680	730	1410	52%	48%
员工2	安装工	作业	技工	662	610	1172	48%	52%
员工3	信息员	技术	信息	682	880	1562	56%	44%
员工4	会 计	专业	财务	806	1135	1941	58%	42%
员工5	经 理	管理	经营	1620	3656	5276	69%	31%
员工6	销售员	市场	营销	1010	1400	2410	58%	42%
员工7	文员	技术	文秘	658	600	1158	48%	52%
⋮	⋮	⋮	⋮	⋮	⋮	⋮	⋮	⋮

从此表再汇总出各职类员工的月固定工资和浮动工资，以便判断每类员工固定工资和浮动工资比例是否合理，如有不合理的地方再作适当的调整。如表12-18所示。

表12-18 固定工资和浮动工资比例 单位：元

职类	固定工资	浮动工资	月工资	浮动工资比例	固定工资比例
管理	46378	95327	141705	67%	33%
市场	28430	56362	84792	66%	34%
技术	38428	32629	71057	46%	54%
专业	135286	86254	221540	39%	61%
作业	147632	107836	255468	42%	58%
总和	396154	378408	774562	42%	58%

这个表反映了不同职类员工月固定工资和浮动工资以及各自所占比例的整体情况，每类中固定工资比例和浮动工资比例都不同，其中管理类、市场类、技术类这三个职类的月工资中固定工资和浮动工资的比例比较合理；而专业类和作业类就不太合理，因为这两类本身的工作性质决定了其固定工资在月工资中所占比例应该比较大。经专家和公司高层反复讨论后适当调高固定工资所占的比例，对其他职类也作了适当的微调。调整后的工资结构如图 12-8 所示。

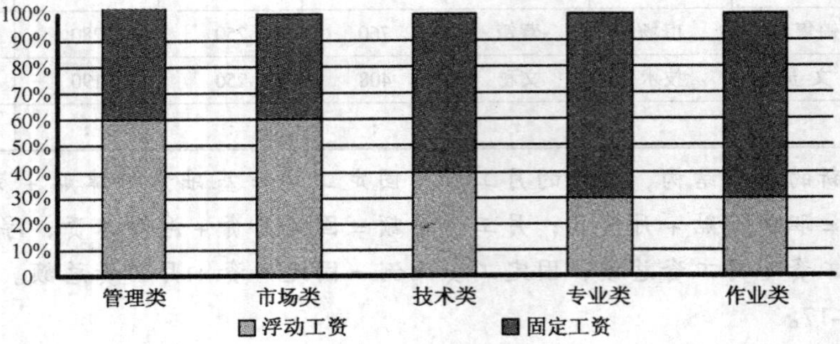

图 12-8　A 公司工资结构

这个图确定的工资比例就可转换成固定薪点数和浮动薪点数比例，即把图中的固定工资换成固定薪点数，浮动工资换成浮动薪点数即可。

(4) 固定工资和浮动工资的计算。要计算员工的固定工资，需根据员工固定薪点数所占的比例计算出固定薪点数，再根据企业制定的每一点的固定薪点值，用这个公式来计算：员工固定工资 = 员工固定薪点数 × 固定薪点值。比如，员工甲的薪点数为 3600，固定薪点数比例为 40%，规定固定薪点值为 1，那么员工固定工资 = 3600 元 × 40% × 1 = 1440 元。

相比较而言，浮动工资的计算要复杂些，要结合对员工和员工所在部门的考核结果以及其它因素而定；首先要算出月度浮动工资总额，计算公式为：月度浮动工资总额 = 月度实发工资总额 - 月度固定工资总额。再计算浮动薪点值，浮动薪点值和固定薪点值不同，根据考核结果每个月都需要计算一次，其计算公式为：浮动薪点值 = 月度浮动工资总额 ÷ ∑（员工浮动薪点数 × 员工月度考核系数 × 员工所在部门月度考核系数 × 其他考核系数）。确定了浮动薪点值后再根据这个公式来计算：员工浮动工资 = 月度浮动薪点值 × 员工浮动薪点数 × 员工月度考核系数 × 员工所在部门月度考核系数 × 其他考核系数。

案例：

某企业的员工浮动工资确定方法

B 公司根据每个员工的薪点数、员工月度考核系数和所在部门考核系数来确定员工的浮动工资，汇总这三个因素相乘的结果为180462，B公司2005年8月份的月度实发工资总额为626382元，其中固定工资为483529元。员工甲的浮动薪点数为1480，其个人月度考核系数为1.4，其所在部门考核系数为0.86，如何计算员工甲应拿的浮动工资？根据资料，我们先算出B公司2005年8月份月度浮动工资总额，为（626382－483529）元＝142853元，则浮动薪点值＝142853÷180462＝0.7915，也就是说一个浮动薪点值0.7915元，所以员工甲的浮动工资＝（1480×0.7915元×1.4×0.86）＝1410元。

由于要受一系列因素的影响，所以薪点数的高低不一定能反映员工实际拿到的工资多少，薪点数低的员工实际拿到的工资有可能比薪点数高的员工拿的多。这种确定员工浮动工资的方法，一方面使员工从自己的工资收入中切实感受到企业的市场经营变化，并因此提高对企业经营状况的关注，努力完成企业的生产经营指标，为企业创造较大效益；一方面激励员工努力提高自己的知识、技术和专长，争取获得较高的收入，从而实现员工和企业的共同成长。

2. 年终奖

（1）年终奖总额的确定。年终奖是根据企业全年的业绩情况发放的效益奖金，当企业超额完成目标利润时一次性发放，具体的发放办法由企业统一规定，如七喜电脑公司，年终奖励采取“双薪”制，销售人员还根据销售业绩好坏有额外的奖励，管理人员则再按股票分红；再如联合利华公司，年初时公司会跟部门、个人签一个工作协议。根据部门、个人定的目标确定是否发，定的目标比较高、最后超额完成的会有年终奖。年终奖的发放办法虽然五花八门，但都有其共性和个性，即所有员工都有权分享企业的利润，但享受的数额是不同的，贡献越大的员工享受的越多。年终奖可以鼓励员工更关心企业利益，稳定员工队伍。

企业一般有两种方法确定年终奖的总额，但原则上要避免出现年终奖总额大起大落的情况，以稳定员工心理。

方法一：从利润计提

即从利润中按一定比例提取，计算公式为：年终奖总额＝年度利润×年终奖计提比例。当企业的经营比较稳定，利润起伏不大的情况下，用这个方法比较合适。和工资计提比例的确定类似，如何确定计提比例最为关键。企业可以参考原来的薪酬体系下的年终奖总额和年度利润总额的比例，再结合其它因素确定合理的计提比例。

方法二：综合判断计提

从方法一的公式：年终奖总额＝年度利润×年终奖计提比例可以知道，这个公式中决定年终奖总额的有两个变量：年度利润和年终奖计提比例，如果年终奖计提比例不变，那么当年度利润额变动很大时，年终奖总额也会变动很大。比如，某企业近几年的员工人数基本保持稳定，其年终奖总额如表12-19所示。

表 12-19 2002 ~ 2004 年的年终奖总额

年份	年度利润/万元	年终奖计提比例（%）	年终奖总额/万元
2002 年	520	10	52
2003 年	1800	10	180
2004 年	3900	10	390

可见从 2002 ~ 2004 年，该企业的年度利润增长的幅度很大，其年终奖总额也随着增加很大。可以设想，如果企业某年遇到了意外的不可控情况，则年终奖总额下降的幅度也会很大。

还有一种情况，就是企业年终奖总额基本稳定在一个水平上，但企业员工人数变化幅度很大，这也会造成员工年终奖总额浮动过大。这两种情况都是第一种方法的弊端，为了解决这个问题，可采用平均年终奖的方法确定年终奖总额，计算公式为：年终奖总额 = 上年员工平均年终奖 ×（1 + 增加比例）× 目前员工人数。其中增加比例的确定，可根据企业的支付能力、同行业的年终奖水平、企业历史人均年终奖的变化大致趋势等来确定。

案例：

某企业的年终奖总额确定方法

N 公司 2003 年开始实行职能工资制，到了 2004 年底计算发放年终奖，公司近几年员工人数增加很多，而年度利润却增幅不大，公司高层决定参考近几年的历史人均年终奖数据确定发送额，如表 12-20 所示。

表 12-20 2000 ~ 2003 年历史人均年终奖增加比例

年份	人均年终奖/元	增加比例（%）
2000 年	3216	/
2001 年	4078	26
2002 年	4853	19
2003 年	5267	8.4

可见公司从 2000 ~ 2003 年人均年终奖的变化趋势是逐年增加，但增加比例却逐年递减。公司 2004 年效益较好，利润比 2003 年有较大提高，员工人数和 2003 年相比变化不大，为 431 人。公司高层在考虑了企业的支付能力、同行业的年终奖水平等因素后，决定提高 2004 年的年终奖增加比例，即在 2003 年人均年终奖基础上提高 10%，则 N 公司 2004 年年终奖总额为：5267 元 ×（1 + 10%）× 431 = 2497084.7 元。

（2）员工年终奖计算。一般来说，决定员工实际年终奖的因素有：薪点数、个人年度考核结果、所在部门年度考核结果、计算月数和其它因素。薪点数是职能工资制的基础，员工间薪点数的高低代表了员工能力的差异，这就为实现员工年终奖的差异化打下了基础；个人年度考核结果一般用个人年度考核系数表示，员工能力高不代表能取得高绩效，因为绩效受许多方面的影响，如员工的工作态度、资源配置和目标设置等，员工只有取得较高绩效，才有可能获得较高年终奖；所在部门年度考核结果一般用所在部门年度考核系数表示，企业目标的实现是靠各个部门的员工共同努力的结果，部门业绩如果不佳，每个员工负有不可推卸的责任，员工不能只关注自己的业绩，还要关注部门的业绩，需要有团队合作精神；计算月数指员工有资格获得年终奖的月数，每个企业有不同的计数标准；其他因素指出勤率、奖金支付率等。

年终奖的薪点值的计算公式为：年终奖薪点值 = 年终奖总额/∑（员工薪点数 × 个人年度考核系数 × 员工所在部门年度考核系数 × 计算月数 × 其他因素系数）；则员工年终奖 = 员工薪点数 × 年终奖薪点值 × 员工所在部门年度考核系数 × 计算月数 × 其他因素系数。其中年度考核系数的大小根据本年度考核结果来确定。

案例：

年终奖薪点值和年终奖计算

F公司根据每个员工的薪点数、员工年度考核系数、员工所在部门年度考核系数、计算月数和出勤系数来确定员工的年终奖，其中出勤系数 =（当期必须出勤天数 - 缺勤天数）÷ 当期必须出勤天数，汇总这五个因素相乘的结果为18431728；F公司2004年度年终奖总额为4261830元，员工甲的有关资料如下表12-21所示。

表 12-21 员工甲的资料数据

薪点数	年度考核系数	部门年度考核系数	计奖月数	出勤系数
2036	0.8	0.91	11	0.8

则年终奖薪点值 = 4261830 ÷ 18431728 = 0.23，员工甲获得的年终奖 =（2036 × 0.23 × 0.8 × 0.91 × 11 × 0.8）元 = 3272.71 元。

3. 福利

福利分国家法定福利和自助福利，由于本章主要介绍能力工资制，这里我们主要讨论在能力工资制中自助福利的问题。现实中，令企业管理者头疼的是，企业的福利支出日益增多，但没有取得满意的效果，有些员工甚至忽略了福利的存在。企业发放福利本来是为了鼓励员工努力工作，但发放不合理，反而起到有负面作用。传统的福利模式为“企业发什么，员工要什么”，企业发的福利往往让一些员工感到遗憾。

员工的需求有多样化、差异化的特点，比如有的员工需要购房补贴，有的需要旅游补助等等，企业强制性地发给员工的某些福利项目只能满足部分员工的需要，而有些员工的需求得不到满足，心理上受到了伤害。为了解决这个问题，企业可以采取自助餐式的福利模式，以员工的需求为导向，企业通过员工需求调查结果，选择确实可行的一组福利项目作为员工的可选福利，从而设计出有针对性的福利项目。为了避免传统福利模式的弊端，职能工资制关于福利的设计可采用自助福利模式。

在职能工资制中，计算员工获得自助福利的数额分两步进行，先算出自助福利薪点值，计算公式如下：自助福利薪点值 = 自助福利总额 ÷ ∑（员工薪点数 × 个人年度福利系数 × 计算月数），则员工获得自助福利数额 = 员工薪点数 × 自助福利薪点值 × 个人年度福利系数 × 计算月数）。其中员工个人年度福利系数的大小跟企业对员工上个年度考核结果来确定，计算月数指员工上个年度有资格获得自助福利的月数，每个企业有不同的计数标准。

案例：

自助福利薪点值和自助福利计算

D公司根据每个员工的薪点数、个人年度福利系数、计算月数来确定员工的自助福利，汇总这三个因素相乘的结果为3068520；D公司2004年度自助福利总额为1364280元，员工甲的薪点数为2230，个人年度福利系数为1.1，计奖月数为11个月，那么自助福利薪点值 = 1364280 ÷ 3068520 = 0.44，员工甲获得的自助福利 = （2230 × 0.44 × 1.1 × 11）元 = 11951.84元。

4. 加班工资

在职能工资体系中，员工正常月标准收入是计算工资的重要依据，要求具有稳定性，连续性的特点，而加班工资不具备这些特点，那么在能力工资体系下，企业如果有加班工资的支出该如何计算呢？

根据劳动法的规定，加班工资是以员工的标准工资为基础计算的。和其他工资、年终奖类似，企业也要对加班工资总额进行预算，以控制加班工资的合理支出。企业可参考原来工资体系的年度实发加班工资总额占年度实发工资总额的比例，再结合企业的支付能力、同行业的加班工资水平、企业历史加班工资的变化趋势、企业薪酬理念等因素来确定合理的加班工资比例。然后用年度标准工资总额乘以确定的加班工资比例，就可得出年度加班工资总额。

前面说过，加班工资是以员工的标准工资为基础计算的，由于加班工资可按月、日、时为单位计算，所以标准工资可分为月标准工资、日标准工资和小时标准工资。月标准工资÷月有效工作天数可得日标准工资，日标准工资/日有效工作时间可得小时标准工资。可见只要算出月标准工资就可算出其它两个标准工资。在职能工资体系下，月标准工资可以根据员工的薪点数以及固定薪点数所占的比例计算，用公式：月标准工资=薪点数×固定薪点值×固定薪点数比例可求得，但这种方法是有缺陷的。另外也可以采用统一规定比例的方法计算：月标准工资=薪点数×固定薪点值×规定比例。

案例：

统一比例法

G公司2005年实行职能工资制，在计算员工加班工资时，根据薪点数×固定薪点值×固定薪点数比例这个方法确定员工月标准工资，确定的固定薪点值为0.9，计算结果出来后，许多员工意见纷纷，他们认为这不公平，特别是薪点数相同但确定的月标准工资比较低的员工。表12-22是计算出的这部分员工的月标准工资。

表12-22 月标准工资

姓名	薪点数	固定薪点比例（%）	月标准工资/元
员工A	2200	30	594
员工B	2200	70	1386
员工C	2200	50	891
员工D	2200	60	1306

可见员工的固定薪点数比例不同，他们的月标准工资也不同，这些员工当然觉得不合理。公司高层认真听取员工的意见后，为保证计算的公正，决定不采用固定薪点数比例这个变量，由公司统一确定一个比例，公司经过论证认为，确定为40%比较合适，这个适用于公司所有员工。调整的结果如表12-23所示。

表12-23 统一比例后月标准工资

姓名	薪点数	规定比例（%）	月标准工资/元
员工A	2200	40	792
员工B	2200	40	792
员工C	2200	40	792
员工D	2200	40	792

这样就较好的解决了这个问题，员工也觉得较公平。

三、能力薪酬体系的实施

能力薪酬体系要先进行测试才能实施，通过测试来检验工资体系，发现设计中的问题要及时解决，防患于未然。测试的方法就是先在计算机中建立数据库，数据库应包含薪酬体系涉及的各种要素，如薪点数、薪点值、计提比例等，还应包含企业内的所有员工，以上数据要求准确无误。然后进行模拟运行，运行结果出来后和目前的实际工资情况对比，分析两者的差异，再根据分析结果判断新薪酬体系是否需要调整，如要调整，调整后再模拟运行，直到满意为止。

比如，某企业的能力工资制模拟运行结果，如表 12-24 所示。

表 12-24 工资模拟运行结果

姓名	模拟工资/元	实际工资/元	变化率（%）
员工甲	8428	7263	16.04
员工乙	4861	4280	13.57
员工丙	3350	2847	17.66
⋮	⋮	⋮	⋮

从此表可以看出，所有员工的模拟工资和实际工资的差异情况，根据对比结果需要分析产生这种差异的原因，这种差异是否合理等。

对新的工资制测试完并满意后，就进入了实施阶段，能力薪酬体系在实施过程中可能会遇到一些困难，有些是企业内部原因造成的，也有的是外部不可控因素造成的。比如，企业生存的一个重要原则是要适应外部环境的变化，环境变化了，企业的组织结构可能会随着调整，组织结构的调整会造成企业职位间重要性的变化。这样目前的能力薪酬体系可能不能适应这些变化了。这就需要企业对能力工资体系作出适当的调整。通过调整而保证了能力工资体系的连续性，实现了对薪酬体系的维护。企业要实施好一个薪酬体系需要做以下工作：

1. 能力薪酬体系和其他体系相配合

能力薪酬体系作为一种薪酬体系，是企业整个人力资源体系的组成部分，各个体系相互作用，密不可分，能力工资体系离开其他体系的支持是无法实施成功的。其他体系包括考核体系、培训、激励和晋升体系等。

案例：

员工为何跳槽？

小周是某公司的信息部经理，信息部经理的标准工资定在 5000 元/月，公司为鼓励员工提高能力，把信息部经理这个岗位的工资设计了一个范围，以标准工资为中心上下浮动各 15%，这个比例认为是合理的。通过公司职位价值的评估，信息部经理标准的能力得分为 40 分，而对小周个人任职能力得分为 50 分。照此计算，小周拿的薪酬应是 $(50 \div 40) \times 5000$ 元/月 = 6250 元/月；但按规定往上只浮动 15%，这个岗位的最高工资是 $115\% \times 5000$ 元/月 = 5750 元/月。而小周应拿的薪酬超过了这个最高金额。但公司还是按5750元/月来确定小周的薪酬。为此小周感觉很不公平，找领导理论未果而最终跳了槽。

这个案例说明，公司的工资制度缺乏其他制度的配合是造成人才流失的一个重要原因。对小周这样的人才，公司可以考虑让他晋升到更高一级的职位或者采取其他可行的措施。由于缺乏晋升制度和其他制度的配合，公司的工资制度存在着很大的缺陷。

2. 对能力薪酬体系中的变量进行调整

能力薪酬体系一个优点就是可以对它进行比较灵活地调整，企业可以根据自身情况和需要对体系中涉及的变量或薪酬区间进行适当调整，如各种比例，薪点数、薪点值等，以维护薪酬体系的有效运行。比如企业去年工资计提比例为5%，而今年的经营业绩比去年好，那么如果还按5%计提就显得不合适了。

案例：

变量调整

H公司2003年实行职能工资制，公司为每位员工确定了薪点数，根据公司实际情况，规定了薪点值为1.2，即每点代表1.2元，员工甲、员工乙的薪点分别为720和936，那么员工甲、员工乙的月工资分别为864元和1113.2元。到了2004年，公司发现同行业的许多竞争对手都提高了员工的薪酬水平，公司员工的工作积极性受到了很大的打击，为了保持公司薪酬的市场竞争力，高层讨论后决定也相应提高员工的薪酬水平，把薪点值提高到1.6。变化情况如表12-25、表12-26所示。

表12-25　2003年变化情况

姓名	薪点	薪点值	月工资/元	同行业同岗位平均工资/元
员工甲	720	1.2	864	832
员工乙	936	1.2	1113.2	1036

表12-26　2004年变化情况

姓名	薪点	薪点值	月工资/元	同行业同岗位平均工资/元
员工甲	720	1.6	1152	1040
员工乙	936	1.6	1497.6	1321

公司为激励员工努力工作，决定根据年度对员工的业绩考核结果来调整员工的薪级，比如员工甲的有关资料如下表12-27所示：

表12-27　员工甲的资料数据

职种	薪等	薪级	薪点数
研发	3	5	2600

公司规定的员工薪级调整和业绩考核结果的关系如下表12-28所示。

表12-28 员工薪级调整

年度业绩考核结果	A	B	C	D	E
薪级调整数	3	2	1	0	-1

员工甲的年度业绩考核结果为级别B，根据考核结果，员工甲被调高两个薪级，其薪点数也随着提高了。

公司原来确定的市场类和管理类固定薪点数和浮动薪点数的比例为3:7，但一月份遇到了不可控的情况，造成公司经营业绩严重下滑，市场类和管理类的员工因此随着大幅度减少，他们意见很大。考虑到特殊情况，公司高层决定暂时调整这个比例，调整后为4:6稳定了这两类员工的收入。

复习思考题

1. 如何理解能力和能力薪酬的概念？
2. 如何使能力指标具有可操作性？
3. 如何建立员工能力素质模型？
4. 能力薪酬设计的关键步骤有哪些？
5. 能力薪酬制和其他薪酬制度的区别是什么？
6. 薪点数、薪点值等变量在能力薪酬设计中的作用是什么？

第十三章　宽带薪酬设计及管理

本章概要：本章讲述了宽带薪酬的概念，传统薪酬体系的弊端及宽带薪酬相对应的优势特征，介绍了宽带薪酬模式的具体设计过程，并指出该模式的局限性，分析了实施宽带薪酬模式的公司应注意的问题以及要具备的条件，最后提出一些有针对性的实施建议。

薪酬政策在企业管理中是一个非常重要的因素，薪酬管理是企业人力资源管理的基础性和关键性工作，它是一把双刃剑，良好的薪酬政策可以使员工对组织产生信赖感，也可以减少员工的离职率。对企业来说，分配机制是企业内部经营机制的重要方面，企业的活力大小，在于内部分配机制是否合理，是否有利于调动职工的积极性，是否能增加企业的市场竞争能力和技术创新能力。使用不当就可能给企业带来人员管理、生产效益乃至长期发展的危机。因此，建立全新的、科学的、系统的薪酬管理系统，对于企业在知识经济时代获得核心竞争优势具有举足轻重的作用。

管理学家劳伦斯·彼得在其1969年出版的《彼得原理》一书中，曾经发出这样的警告：在企业和各种组织中都普遍存在将员工晋升到一个他所不能胜任职位的总体倾向。即一旦员工在低一级职位上干得很好，企业就将其提升到较高一级的职位上。结果，本来一个非常优秀的低级别员工，却不得不在一个自己所不能胜任的，但是级别却较高的职位上忍受煎熬，一直到退休。这种状况导致员工不能胜任工作，找不到工作的乐趣，无法实现自身的价值，在有较大绩效压力的情况下往往会表现失常或者是心情郁闷，甚至有些人还会因被晋升而离开企业。员工被不恰当地晋升到一个所不能胜任的职位上，对企业来说多了一个蹩脚的管理者，同时也失去了一个能够胜任较低级别的优秀员工。因此，企业和个人均是这种不恰当晋升的受害者。基于传统的“金字塔”型组织结构的薪酬管理模式的弊端日益突出，组织结构扁平化是现代企业组织结构发展的一种趋势，事实证明，组织结构的扁平化给企业带来了更具效率的运作、更加灵敏的市场反应以及更为和谐的组织气氛，扁平化发展将成为一种趋势。

但企业组织扁平化带来的直接后果之一就是晋升职位的明显减少，这助长了员工的惰性和倦怠心理，不利于员工职业技能的拓展和企业绩效的改善。传统的基于职位晋升而薪酬等级上升的薪酬制度不再适合这些扁平化的组织。知识经济时代下，企业相应地要求组织的薪酬管理系统能够促使员工主动学习新的知识和技能，以增强对动态环境的适应性，以使其能承担更多的职能，并将技能、角色与绩效紧密地联系起来。一种与这些管理战略相配合的新型薪酬结构设计模式——宽带薪酬应运而生了。

宽带薪酬体系将传统的薪酬制度进行改革，压缩薪酬等级，同时增加等级内薪酬的变动范围这样。这种薪酬制度以员工的能力和绩效为重要的报酬因素，弱化头衔、等级和过于具体的职位描述，淡化职位观念，突出个人角色符合组织结构发展的方向，有利于提升企业的核心竞争优势和整体绩效，为企业的薪酬管理带来了全新的理念。

第一节　宽带薪酬体系概述

一、宽带薪酬的概念

宽带薪酬模式较早出现在美国，后来在全球推广，作为一种新的薪酬管理模式，随着中国网通、西门子等公司的导入和运用，国内有些企业加以借鉴和采用，引起了我国企业界的广泛讨论。

宽带薪酬又称海氏薪酬制，是薪酬设计中要素比较法中常用的一种方法，是由美国薪酬设计专家艾德华·海于 1951 年研究开发出来的。所谓“宽带薪酬”，就是在组织内用少数跨度较大的工资范围来代替原有数量较多的工资级别的跨度范围，将原来十几甚至更多的薪酬等级压缩成几个级别，取消原来狭窄的工资级别带来的工作之间明显的等级差别。但同时将每个薪酬级别所对应的薪酬浮动范围拉大，是一些企业对原有以职位为基础的薪酬体系进行渐进式变革而形成的一种新的薪酬管理系统及操作流程，即宽波段薪酬体系，简称为“宽带薪酬”。图 13-1 为宽带薪酬体系结构图。

例如：可以将整体职位分成七个级别，销售人员的年薪可以是 8 到 20 万元，副总经理的年薪则可规定为 15 到 35 万元等。如果员工当年取得突出成绩，就可提升高于相当于原来几级甚至数十级的工资。

中国网通引进了美国 HAY 公司的职位簇群的方法，即职位体系评估和分类。过去，网通的每个职位就是一个职级，有 49 级至 53 级之多。改革后，公司的职级是一个宽带，从上到下最多只有 6 级，带来的好处是不用过多地考虑劳动者现在处于什么样的一个职位，无论是公司专员，还是经理，只要有业绩，都能获得高薪。原来每个职位很显眼，而在现在的职位体系下，员工着重考虑的是在公司所处的角色，职位概念逐渐淡化，更多地突出了员工的角色。角色实际上反映的是你对公司的贡献大小。比如销售，这个簇群的概念比销售部的定义更宽泛一些，它可能是从事销售的一类人员，只要是一类人员，就应该放在一块儿进行比较。这样调整的范围就宽了，因为原来每个职级薪酬的变动幅度一般都是在

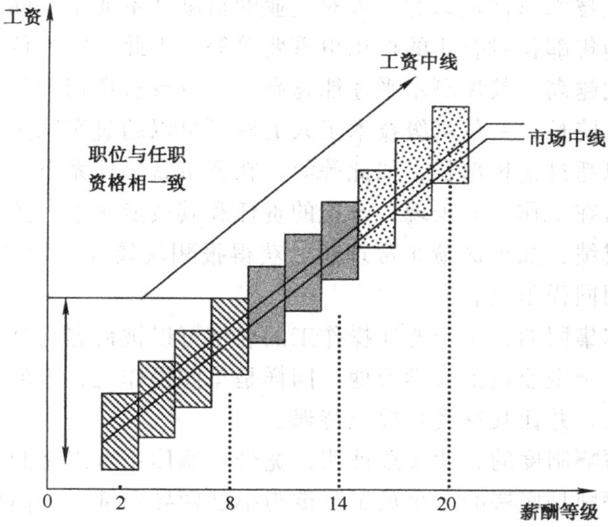

图 13-1 宽带薪酬体系结构图

40%～50%，而现在职位体系导致的薪酬，每个职级变动幅度在100%甚至以上。

在宽带薪酬体系下，虽然组织的薪酬等级减少了，但每个薪酬等级内的最高值与最低值的区间变动范围却扩大了，这将更有利于对员工的激励，充分体现组织对员工的尊重。比方说，一种典型的宽带薪酬体系可能只有不超过6个等级的薪酬级别，宽带薪酬的每个薪酬级别中的最高值和最低值之间的区间变动范围比率有时能达到200%～300%（如同薪酬等级上的薪酬浮动范围可能从1000元到2000元甚至3000元），而在传统的薪酬结构中，这种薪酬区间的变动比率通常仅为40%～50%。

在这种情况下，员工即使长期安心于本职工作，职务未见提升，只要工作努力，薪酬就可能不断得到相当满意的上升。只要在同一个薪酬宽带里，如果岗位调整（即使是同级轮岗或岗级下降），只要业绩不俗，就可能获得更高的薪酬，这种薪酬制度对于解除企业内长期存在的轮岗、换位阻力的作用是显见的。员工不用过多地考虑自己的职位，只需要着重考虑所处的角色，职务概念逐渐被淡化。

在这种薪酬体系设计中，员工不是沿着公司唯一的薪酬等级层次垂直向上走，相反，他们在自己职业生涯的大部分时间里可能都只处于同一个薪酬宽带中。他们在企业的流动是横向的，随着技能的提高，他们将承担新的责任。只要在原有的岗位上不断改善自己的绩效，不一定要通过职务的提升，就能获得更高的报酬。

宽带薪酬体系的潜在理念是：一位出色的医生可能比刚上任的院长对医院的

价值更高；一位技术非常熟练的工人对企业的贡献并不亚于车间主任；一位顶级销售员可能比销售部长对企业的作用更重要等等。因此，它不认为员工只有在企业内的行政级别越高，其薪酬水平才能越高。一位没有任何行政头衔的优秀医生的薪酬可以超过院长；一位高级技术工人的薪酬可以超过车间主任；一位优秀销售员的薪酬可以超过销售部长，如此等等。在宽带薪酬体系下，员工的薪酬水平更多的取决于其在工作上的表现，承担的责任和其技能水平。关键看员工在岗位上能做出多大成绩，如果成绩非常理想，获得报酬就较高。即便职位相对较低，在企业中的作用同样很大。

在青岛海尔集团内，一个普通操作工的名字可以被命名为其所发明的零部件的名称，甚至让全企业员工来学习他。同样是车间操作工，有的人因工作出色被评为教授级工人，并让其享受教授级待遇。

实施宽带薪酬制度的企业实践证明，宽带薪酬体系可以激起组织员工表现出极大的热情，特别是底层的“小员工”欲与中层领导干部一比高低，部分中高层领导已经感觉到压力，碍于脸面不想输给低层级员工，而表现出了极大的工作热情。

二、传统薪酬体系的弊端

与之相反，传统薪酬体系薪酬的结构如图 13-2 所示

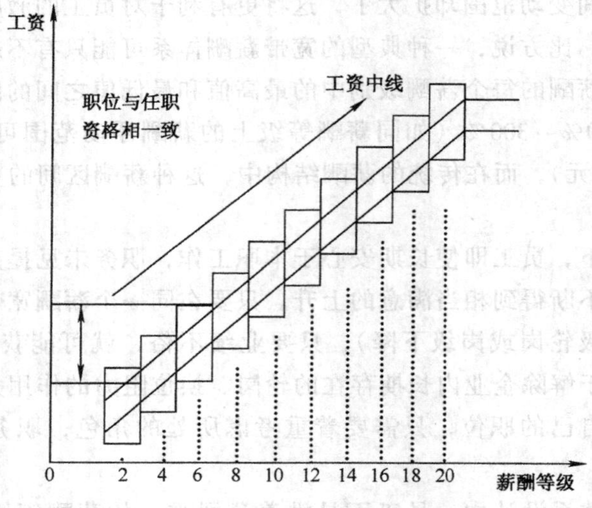

图 13-2 传统薪酬体系结构图

参照宽带薪酬和传统薪酬体系结构图，与宽带薪酬相比，传统薪酬体系具有以下弊端：

1. 薪酬等级多，级差小，激励导向不恰当

传统薪酬体系一般有十几个甚至二十几个级别，频繁的薪酬级别调整导致大

量的行政工作，并导致员工将注意力集中在调整级别工资上而非注重自身技能的提高。在企业里，常常是员工所担任的职务越高，他所获得的工资、福利和奖金也越高，员工们受到的激励就是不遗余力地往上爬，这样就不能把精力放在个人技能的提高和关注企业的发展上。这种垂直分布的多层薪酬等级阶梯，薪酬与个人在组织中的行政地位或行政等级相匹配，这与企业组织的扁平化趋势是相矛盾的。

相邻的两个工资点的差别很小，员工晋升一级，所获得的激励作用并不大，高级别员工的薪酬与基层员工的薪酬拉不开差距。为了获得高工资，员工更是一心想提升职位而忽视个人能力资本的增加。

2. 薪酬级幅小，激励成本增加

级幅是指每个薪酬级别的工资范围。每个级别只有一个工资点，职位的细微差别都可能导致薪酬级别的变化。但工资是刚性的，通常是调高容易调低难，从而阻碍轮岗制度的实施。

在传统薪酬制度中企业只能依靠将员工晋升到更高级别的职位或轮换到高薪的岗位而增加工资来激励员工，尤其是核心员工和重要员工，而更换岗位需要付出成本，这个成本除了包括学习和培训的实际成本外还包括停产成本、过度时期损失等，这就意味着公司在员工身上的投资会逐渐上升，而对应的生产效率并不是以同样的速度在递增。同时工资又具有“向上刚性”的特征，涨工资皆大欢喜，降工资则怨声载道。传统薪酬体系的奖励和晋升制度很可能使公司和员工都成为受害者，并且造成企业的激励成本不断攀升。

3. 薪酬叠幅小

传统的薪酬结构中相邻级别的工资重叠的部分很小甚至没有，这就意味着员工不管工作多少年，表现多好，如果职位级别不上升，工资都是一成不变的，这就不利于鼓励员工优秀的工作表现，挫伤员工培养多种技能的积极性。

4. 薪酬分配中平均主义严重，激励作用有限

许多企业的薪酬制度改革是在原先的岗位技能工资制度的基础上进行的，只作了一些细微的修改，虽然与企业的经济效益相挂钩，但并没有与个人的工作绩效相结合。长期受平均主义思想的影响，对工资、奖金的激励作用认识不足，薪酬以职务和工龄为依据，对工作能力、风险责任、工作量、工作业绩等体现得较少，奖金虽有一定的分配系数，但基本上还是平均分配，不能体现按劳分配、效率优先的分配原则。导致员工干好干坏收入差不多，优秀员工缺乏动力，后进员工缺乏压力，严重挫伤了员工的工作积极性。

5. 薪酬分配缺乏内部公平性，激励机制失灵

薪水是由职位决定的，与业绩的直接关系不紧密，传统上企业内的职位基本是论资排辈，对于企业中有较高资历的老员工来说，完全可以轻而易举地获得高

薪水，这是由他的高职位决定的，这些老员工没有了继续奋进的动力。而新员工即使工作再努力，绩效再出色，由于职位低，资历浅，不可能获得高工资，因此也无法提升新员工、年轻员工的积极性。另外，传统的薪酬模式下同一级别内薪酬变化范围小，在某种意义上可以说是平均主义，在一个职位上干好干坏，干多干少得到的报酬几乎差不多，很难激发员工的积极性。

6. 激励动力有限甚至枯竭

传统的薪酬制度只有通过晋升增加员工的薪水，职务级别链越长，员工越有盼头，激励动力才能持续长久。然而，因为公司的职务级别链不可能无限延伸，当员工的职务级别达到最顶层时，其加薪旅程到了尽头，造成员工的职务级别提升受到限制，激励动力面临着枯竭。

三、宽带薪酬制度的优势特征

与传统薪酬体系相比，宽带薪酬制度具有以下优势：

1. 支持扁平型组织结构，有助于企业价值最大化的实现

传统薪酬体系下企业有很多级别，基层的信息通过层层汇报审批才能到达负责人手里，企业很难摆脱层层拖拉、相互推诿扯皮的官僚作风，而宽带薪酬模式打破了传统的等级制。其主要特点是打破了传统薪酬结构所维护和强化的等级观念，减少了工作之间的等级差别，减少了企业内部信息到达的步骤，有利于企业提高效率以及创造学习型的企业文化，同时有助于企业保持自身组织结构的灵活性和有效提高适应外部环境的能力，促进企业管理更加科学，实现企业价值最大化。

中国网通公司采用宽带薪酬模式后，公司从上到下只有6层级职位，公司组织结构由过去的高长型转化为如今的扁平型组织结构，大大提高了公司的工作速度和工作效率，促进了公司价值的实现。

2. 引导员工注重个人技能、能力的提高

在传统的薪酬管理模式下，员工薪酬水平的高低是直接与其职位的高低挂钩，而不是取决于其能力、技能等综合素质。即使员工的能力达到了很高的水平，如果组织中没有出现较高职位的空缺，员工仍然无法获得较高的薪酬，这样就打击了员工提高自身能力及技能的积极性。但在宽带薪酬制下，同一薪酬宽带内，企业为员工所提供的薪酬范围相当于传统的5个甚至更多的薪酬等级，此时员工就不需要为薪酬的增长而去斤斤计较职位、晋升等方面的问题，而只要把精力和时间放到那些企业需要的技能上，从而把员工的注意力引导到公司所强调的事情上，具有良好的导向性，减少企业内部的损耗。

3. 有利于组织的职位轮换

在传统薪酬体系中，员工的薪酬水平是与其所担任的职位严格挂钩的，职位轮换意味着薪酬的变动。如果是向上调动还好说，但如果是员工从上一级的职位

调动到下一级的职位，这意味着“降薪降职”，这就很难被员工所接受。即使是平级调动也是困难重重，由于同一职位级别的变动并不能带来薪酬水平变化，但是这种变化使得员工不得不学习新的东西，从而使工作的难度增加，辛苦程度更高，员工便不愿意接受职位的同级轮换。而对于宽带薪酬，薪酬注重按绩效付酬而非注重按岗位付酬，过去许多不同薪酬等级的不同职位现在处于同一薪酬等级中，职位轮换要相对简单，对员工进行横向乃至向下调动，员工所获报酬都有可能比原来更高，因此更容易被员工接受。职位轮换是以员工自身发展为基础的，可以提升员工的能力，有可能带来薪酬的增长。同时在宽带薪酬制度下，企业可减少过去因员工职位变动必须做的大量行政工作。

4. 能密切配合劳动力市场的变化

宽带薪酬是以市场为导向的，一方面使企业的员工成本效益更为有效，另一方面使员工从注重内部公平转向为更注重个人发展空间，以及自身在市场的价值等方面。在宽带薪酬制度下，企业薪酬水平是以市场薪酬调查的数据以及企业的薪酬定位为基础来确定的。同时，薪酬水平的定期核对与调整将会使企业更能把握其市场上的竞争力，同时还有利于企业做好员工成本的控制工作。

5. 有利于促进良好的绩效表现

宽带薪酬模式本身以绩效为基础，除去客观因素，决定员工绩效水平基本上取决于两个方面：员工的能力和态度。为了提高绩效，拿到更高的工资，员工除了会表现出更高的工作热情和积极的工作态度外，同时也会更加注重个人工作技能的提高。

宽带薪酬体系尽管存在对员工的晋升激励下降的问题，但是它却通过将薪酬与员工的能力和绩效表现紧密结合起来更为灵活地对员工进行激励。在宽带薪酬体系中，上级对有稳定、突出业绩表现的下级员工可以拥有较大的加薪影响力，而不像在传统的薪酬体制下，直线管理人员即使知道哪些员工的能力强，业绩好，也无法向这些员工提供薪酬方面的倾斜，因为传统薪酬体系下加薪主要是通过晋升来实现的，而晋升的机会和实践却不会那么灵活。另外，如上述第 3 条所说，宽带薪酬设计会鼓励员工进行跨职能的流动，从而增强组织的灵活性和创新性思想，这对于企业迎接多变的外部市场环境的挑战以及强化创新来说，无疑都是非常有利的。

6. 有利于形成和谐的氛围

宽带薪酬决定了员工晋升机会的减少，但同时加强了一条激励的跑道——薪酬，低职高薪不再遥不可及。宽带薪酬淡化了员工的职位意识，大大削弱了员工之间的相互猜忌等不和谐的气氛。员工个人的绩效在很大程度上取决于他所在团队的整体水平，个人绩效和团队绩效之间形成一个良性循环，它们互相促进。一个员工如果不愿合作，他的个人能力再强也是有限的，创造的绩效无法与一个精诚团结的团队相比，最终这样的人会被组织所淘汰。

7. 有助于培养员工主人翁精神

随着薪酬制度激励性的加强，每个人都为了出色的业绩而努力，企业的整体业绩也会不断上升。员工看到自己的努力给个人和集体都带来了良好的结果，这将有助于培养员工的主人翁精神。

8. 有利于塑造优秀的企业文化

在宽带薪酬制度下，员工只有不断学习提高，积极参与团队合作，才可以获得好的绩效，这有利于塑造一个学习型、参与型的企业文化。获得高报酬的员工必须更加努力，不断进取创新，否则将被其他人赶上甚至超越。那些还未能获得更高报酬的同一层级内的员工，宽带薪酬模式也能较好地激励他们。对整个企业而言，它能引导员工向更好的方向发展，促使员工在同一岗位上做出最大贡献，真正实现企业与员工双赢，从而提高企业的凝聚力和战斗力。

西门子传输系统公司实行了宽带薪酬体系，他们的体会是：这种体系更加灵活，更加能够和管理结合在一起，不再是那么僵化。原来的薪酬体系，什么位置薪酬就是这么一种范围和幅度，现在给部门的直线经理在薪酬决定上带来更大空间，使得他们能够根据员工的业绩在更大的范围内调整。

从二者对比来看，宽带薪酬基本上弥补了传统薪酬模式的缺陷。当然，这里所比较得出的结论都是相对的，都有一定的前提条件。例如，宽带薪酬具有外部竞争力以及内部公平性是建立在进行了充分的市场薪酬调查，企业有完善的人力资源管理制度，并有一定的经济实力的基础上的，否则是很难做到这两点的。而至于对组织氛围的影响方面的比较也不是绝对的，因为在有些情况下，宽带薪酬也可能导致对组织气氛的破坏，比如对绩效考核的公平性和合理性产生怀疑的时候，员工或许会认为是人为的结果。

在此总结了传统薪酬与宽带薪酬的比较结果，如表 13-1 所示。

表 13-1　传统薪酬与宽带薪酬的比较总结

传统薪酬	宽带薪酬
等级多，同一等级薪酬变化范围小	等级少，同一等级薪酬变化范围大
引导员工为晋升而努力，弱化合作意识	弱化员工晋升意识，引导员工注重自身提高，积极参与团队合作
缺乏内部公平性	具有内部公平性
缺乏弹性及外部竞争力	富有弹性及外部竞争力
官僚作风严重，难以形成和谐的组织氛围	有利于形成和谐的气氛，培育优秀的企业文化
不适应扁平化组织结构，不利于职位轮换	适应扁平化组织结构，有利于职位轮换

第二节　宽带薪酬体系设计

一、制定切合企业需要的薪酬战略

人力资源管理战略是为企业的战略目标的实现服务的，因此，企业人力资源战略的建立应以企业的战略目标以及核心价值观为依据。当企业据此建立了人力资源管理战略后，就可将企业的战略目标及核心价值观转化为可测的目标和行为，并通过薪酬体系的激励作用强化员工的绩效观念，以促进企业战略目标的实现。

薪酬管理是人力资源管理中的一个重要环节。当企业的人力资源管理战略确定后，再根据该战略，结合外部的法律环境、市场环境、行业特点以及企业自身的发展情况制定切合于企业需要的薪酬战略。薪酬战略的选择、薪酬计划的制定、薪酬方案的设计、薪酬的发放及沟通，均应体现企业战略、核心竞争优势和价值导向对人力资源尤其是激励机制的要求，否则企业的战略目标和核心价值观将得不到落实。不同的企业战略目标决定了不同的人力资源管理战略，不同的人力资源管理战略又决定了不同的薪酬战略，具体举例如表 13-2 所示。

表 13-2　不同经营管理战略相对应的薪酬战略举例

经营战略	薪酬制度
创新者 提高产品的复杂性 缩短产品生命周期	◆奖励对产品创新和生产过程的改革 ◆薪酬以市场为基础 ◆灵活的工作描述
成本控制者 注重效率	◆重视竞争对手的劳动成本 ◆提高可变工资 ◆重视生产力 ◆重视系统控制和工作分工
关注顾客 提高顾客期望	◆以顾客满意为基础的激励工资 ◆以与顾客的交往为依据评价工作和技能

在进行薪酬管理模式设计时，企业的薪酬管理模式一方面体现了企业战略和核心价值观对人力资源尤其是激励机制的要求，但另一方面不能脱离企业所在行业的特点和企业的生命周期。

首先，企业所在行业的特点主要体现为企业所在行业的技术特点和竞争态势。例如，IBM 在向服务型企业转型前薪酬等级为 24 级，转型后的薪酬等级为 5 级。企业的技术特点和竞争对手所提供的薪酬情况在很大程度上影响企业薪酬管理模式的选择。其次，企业生命周期的不同阶段具有不同的特点，因此需要制定不同的薪酬管理模式来适应其战略的选择，如表 13-3 所示。

表 13-3　企业不同发展阶段相对应的薪酬模式

发展阶段	特点	薪酬模式
发展初期	完全倚重于个人的能力开展业务，希望籍此迅速扩大规模	低保障高激励
发展到一定阶段	逐渐产生品牌拉力，不仅看眼前销量，同时注重基础工作的质量，以保障持续稳定的发展。	保障与激励并重
规模大、稳定发展阶段	品牌拉力大，专业化分工更细，更强调团队内的协作	高保障低激励的成熟阶段

二、选择适合于运用宽带技术的职务或层级系列

一般情况下，在一个企业中，并不是所有的职务或层级系列都适合运用宽带薪酬，这要根据企业的组织结构特点及工作性质来选择，否则，效果适得其反。

前面所说的传统的金字塔型的层级组织结构和扁平化的组织结构。适应于前者的传统的薪酬模式工资级别多，级别内变动范围小；后者则相反，随着组织的等级逐渐趋于平坦，强调团队协作而不是个人贡献，在组织中用较少的工资范围跨度很大的工资类别来代替以前较多的工资级别。在这种情况下，宽带薪酬模式应运而生，以此减少了工作之间的等级差别。

既然宽带薪酬是为扁平化组织"量身定做"的，就要密切关注组织结构的变革，明确扁平化前后的组织等级发生了什么变化，哪些职位被压缩被合并，这有助于合理选择推行宽带的职务或层级系列。

工作的性质对薪酬模式的选择同样具有重大影响。例如，与工作较独立、工作环境较为轻松的工作相比，如果工作技术和工作性质需要较强的协作和团队精神，宽带薪酬模式更有利于提高员工的满意度和绩效。像中高层管理工作以及技术类工作比较适合推行宽带薪酬，而一些制造性和生产线性质的工作由于其工作性质不需要采用宽带薪酬模式。

三、进行市场薪酬调查以确保公司薪酬的外部竞争性

对某个职位进行薪酬调查，了解该职位市场的行情，这对确定雇员报酬起着关键的作用。确定公司薪酬，既不能太高，防止增加公司的成本，但同时不能比市场平均水平尤其是竞争对手的薪酬水平低，否则缺乏竞争力。进行薪酬调查的主要内容应包括以下几点：①了解同行业其他企业的薪酬水平。②调查本地区的薪资水平。③对工资结构进行调查，包括薪水发放形式、时间、范围以及其他非货币报酬的调查。

分析岗位的市场数据：首先选取标准岗位，即那些能够反映企业内部结构中的各个层次、在人力市场上可以招得到的岗位，因为他们可以成为企业之间比较

的对象；然后收集市场数据，对于所有岗位都适用的数据有：工资水平、奖金或其他变动收入、工资范围（实际支付的最高或最低工资，中位值可以是大多数员工的目标报酬）、在职者人数、在职者的比例以及薪酬总额等。而对于特殊岗位来说，则包括起点工资、目标奖金、梯度工资、总体薪酬等。收集数据的方法有企业单独调查或由第三方调查。最后就是对市场数据的分析，这是最关键的，因为分析市场数据是为了保证数据的准确性并使它们对薪酬管理的有用性。分析市场数据是一系列的计算，以便衡量数据的分布、趋势等等。对数据的衡量要分析出平均数、中位数、最低值、最高值等等，另外还要得出薪酬曲线图（工资与岗位级别的关系图），可以从中观察薪酬的趋势，以便决定工资增长预算。具体内容见本书《公司薪酬调查》一章。

四、对岗位进行工作分析、岗位评价以确保公司薪酬的内部公平性

进行这一步是为了保证薪酬的内部公平性，公正的岗位评价是保持内部公平性的重要前提。工作分析可以明确每个工作岗位的职责，而岗位评价则可以反映出企业内部不同岗位间的相对价值，两者为企业薪酬的内部公平性提供了调节的依据。在宽带薪酬体系的设计中，这两项工作尤为重要，尤其要注意不同工作、不同岗位之间的联系和差异。这样做有助于分清岗位之间的界限，将各个岗位进行分组和归类。岗位评价应坚持以下几点原则：①避免评价者个人对不同职位的偏见，尽可能地避免人为因素的影响。②岗位评价应建立在对职位信息的充分了解的基础上。③做岗位评价工作时要对正常水平而非“特殊”业绩判断，即按岗位职责要求的标准判断。

五、运用宽带技术建立并完善企业的薪酬体系

（1）根据不同工作的性质特点及不同层级员工需求的多样性建立不同的薪酬结构。薪酬结构一般包括基本工资、绩效工资、加班工资以及保险福利津贴等，各个部分的特点、激励性不一。薪酬结构设计是把薪酬总额细化，形成各个组成部分。可把员工划分为几类，有的可采用通用型薪酬结构模式（即薪酬结构多元化，包括上述的各个组成部分），而工作性质特殊的员工可采用具体的薪酬结构。一般来说，对高层管理者（总监或副总以上）采取年薪制；对销售人员设计独立的薪酬结构，常见的为：纯基本工资、基本工资加奖金、基本工资加提成、基本工资加提成加奖金、纯业务提成等，根据企业的具体情况、产品特点、竞争对手的做法等因素决定；生产线员工职责明确，可采取简单的薪酬结构模型，通常包括计时制、计件制或两者结合；对技术岗位的科研和技术人员可专门设有项目奖金，设计额外的津贴满足这些人员对工作方式和工作环境的特别需要。总之，要设计好薪酬结构以有效地激励不同层次、种类员工的积极性和主动性。

（2）确定宽带层级（即工资等级）的数量以及每工资带内划分的梯级数。首先企业要确定使用多少个工资带，也就是有多少个薪酬层级，在这些工资带之间通常有一个分界点。薪酬层级设计是根据岗位价值评估结果和公司薪酬政策确定各个岗位不同等级的薪酬水平，每一个工资带对人员的技术、能力的要求以及培训要求都是不同的，根据具体要求制定各工资带对员工技术能力的标准。

薪酬等级的设计要体现三个原则，如图 13-3 所示。

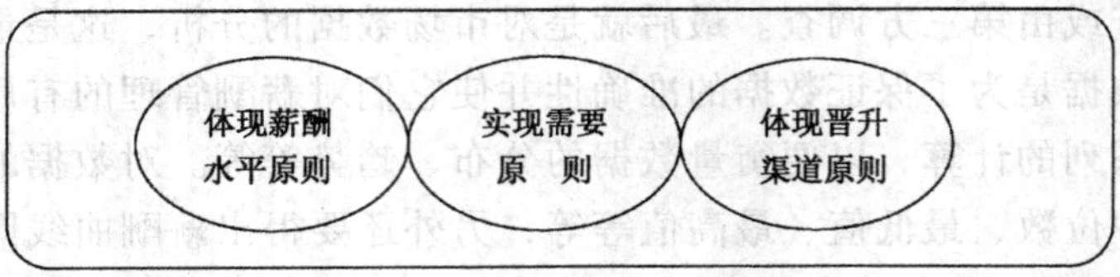

图 13-3　薪酬宽带等级数量设计原则

例如，通用电气零售商学院财务服务企业使用了 5 个宽带，替代了 24 个级别，并对每个宽带的目标、能力和培训要求作了明确的要求。在此以宽带Ⅰ为例进行说明，详见表 13-4。

表 13-4　通用电气某公司“宽带Ⅰ”示例

目标	开发有效的管理工作任务和成功地作为团队成员所需的自我管理/人际沟通和技术技巧 拓展其他职能领域和所需的业务知识面，以及了解客户的知识
主要能力	工作的计划/组织和执行能力 有效地开发合作者/顾客和客户关系的能力 能有效地成为团队成员 通过创新观念增加价值
建议的培训和教育	优质服务/100%满意 礼貌待客/回电 技术和培训程序以及法律培训 数字技术/人体工程学 人际沟通技巧/不同文化意识培训/团队意识和技术构建

可以以组织结构的层级为准，如果组织为五层级结构，即分为总经理副总经理及总监级、部门经理级、主任级、一般管理员级、普通员工级，薪酬设计也设为五级，分别标为 A、B、C、D、E，如表 13-5 所示。

表 13-5　五层级结构岗位等级表

岗位级别	对应的等级
总经理、副总经理以及总监级岗位	A
部门经理级岗位	B
主任级岗位	C
一般管理员级岗位	D
普通员工级岗位	E

每层级内可以设置 3 到 8 个梯级，梯级数的设定要考虑组织结构，还要考虑层级的高低，低层级岗位内的梯级数相对于高层级内的梯级数较多。表 13-6 为某组织层级数为 5，梯级数为 5 的薪酬层级表。

表 13-6 某单位薪酬层级表

层级	标准岗位价值得分	梯级系数	A 层级年度标准薪酬	B 层级年度标准薪酬	C 层级年度标准薪酬	D 层级年度标准薪酬	E 层级年度标准薪酬
A1	500	4.90	4.90K1				
A2	470	4.61	4.61K1				
A3	440	4.31	4.31K1				
A4	410	4.02	4.20K1				
A5	380	3.73	3.73K1				
B1	360	3.53		3.53K2			
B2	337	3.30		3.30K2			
B3	314	3.08		3.08K2			
B4	291	2.85		2.85K2			
B5	268	2.63		2.63K2			
C1	266	2.61			2.61K3		
C2	251	2.46			2.46K3		
C3	236	2.31			2.31K3		
C4	221	2.17			2.17K3		
C5	206	2.02			2.02K3		
D1	189	1.85				1.85K4	
D2	179	1.75				1.75K4	
D3	169	1.66				1.66K4	
D4	159	1.56				1.56K4	
D5	149	1.46				1.46K4	
E1	130	1.27					1.27K5
E2	123	1.21					1.21K5
E3	116	1.14					1.14K5
E4	109	1.07					1.07K5
E5	102	1.00					1.00K5

如表 13-6 所示，各梯级的年度标准薪酬（在通用型薪酬模型里主要指岗位工资和绩效工资的总额）由各梯级系数及所属的层级的基数 K 值决定。具体梯级系数的计算如表 13-7 所示，梯级数代表各岗位价值的平均差异程度，该单位 A

表 13-7 梯级系数计算表一

层级	岗位价值极大值	岗位价值极小值	梯级数	平均梯级差分
A	500	380	5	30
B	360	268	5	23
C	265	206	5	15
D	190	149	5	10
E	129	102	5	7

层级内岗位价值的最高分和最低分分别为 500 和 380，则其内部的各梯级平均分差为 30，计算公式为：（500 - 380）/4 = 30，同样道理，可计算出各层级内梯级的平均分差。然后，在表 13-8 中，根据层级内梯级平均分差计算出各梯级对应的岗位得分指的是标准岗位评价得分，将最低层级 E 层级的最低梯级 E5 的梯级系数设定为 1.00，对应的梯级岗位得分为 102 分，用各梯级的岗位得分除以 102，便得到各个梯级的梯级系数。

K 值要根据公司的年度薪酬预算决定，可能随着市场薪酬状况、外部薪酬的竞争性以及内部薪酬的激励性的变化而不断调整。每层级均有其相应的 K 值，本例中指的是 K1，K2，K3，K4，K5。

表 13-8 梯级系数表二

梯级	梯级得分	层级系数	梯级	梯级得分	层级系数
A1	500	4.90	C4	221	2.17
A2	470	4.61	C5	206	2.02
A3	440	4.31	D1	189	1.85
A4	410	4.02	D2	179	1.75
A5	380	3.73	D3	169	1.66
B1	360	3.53	D4	159	1.56
B2	337	3.30	D5	149	1.46
B3	314	3.08	E1	130	1.27
B4	291	2.85	E2	123	1.21
B5	268	2.63	E3	116	1.14
C1	266	2.61	E4	109	1.07
C2	251	2.46	E5	102	1.00
C3	236	2.31			

（3）确定各具体岗位的薪酬等级区间。具体包括确定各岗位的标准薪酬级别、薪酬级别的上下限。举例来说，如果某岗位的岗位得分正好为 169 分，其标准级别则为 D3，可把比标准级别高或低两个梯级的梯级设为该岗位的上下限，

但最高不高过所在层级的最高级别，最低不低于所在层级的最低级别。

（4）宽带内横向职位轮换。在同一工资带中，鼓励不同职能部门的员工跨部门流动，以增强其对组织的适应性，提高员工个人的技术、能力和工作绩效，体现宽带薪酬的优势所在。

（5）做好任职资格及工资评级工作，相应的还需要开展一些辅助或配套的工作。人力资源专业人员应根据企业的实际情况，有效的控制人力资源成本，避免宽带薪酬所带来的人力资源成本过高。同时，建立宽带薪酬管理模式的企业还必须构建相应的任职资格体系，明确工资评级标准及办法，营造一个以绩效和能力为导向的企业文化氛围。

六、宽带薪酬方案的控制和修正

宽带薪酬体系建立起来以后，必须通过时间和市场来检验该体系的有效性以及激励性。同时，企业内外的各种环境、条件也不是一成不变的，企业在各个时期的战略目标也是不断调整的。不可能存在一直适用于某个企业的薪酬制度。因此，必须根据这些主客观因素的变化、宽带薪酬体系实施过程中出现的种种问题以及员工反馈的意见等等对薪酬方案进行适时的修正，这是薪酬设计的最终环节。

还要及时做好员工的沟通和必要的宣传培训工作。劳动报酬是企业、员工对人工成本和员工需求之间进行平衡的结果。不可能做到绝对公平，但公平又是必要的，所以，实施者做好宣传解释工作就尤为重要了。通过沟通向员工阐明宽带薪酬设计的依据、如何科学设计以及想要达到的效果等，并结合员工提出的意见，尽可能多地让员工明白、接受这一薪酬制度。

在设计薪酬制度时必须以企业整体战略和核心价值观为基础，并根据组织结构以及不同层次人员需求的多样化来设计符合企业特点的薪酬方案。同时要做好任职资格评定以及绩效考核等薪酬管理的配套措施，以保证薪酬实施的客观性、公平性、合理性。最后还要做好对薪酬的调整工作，保证其适用性和竞争力。

第三节 宽带薪酬体系的有效实施

一、宽带薪酬实施中存在的局限性

任何事物都是一把双刃剑，宽带薪酬管理同其他薪酬管理模式一样，有其优势，相对来说，也有自身的局限性和不足之处，有一定的适用范围。

（1）实施宽带薪酬，员工晋升机会减少，导致稳定感差、相应晋升激励功能弱化。在宽带薪酬结构模式下，随着组织结构的“扁平化”，职位等级数量的减少，员工晋升机会也大大缩减，可能一生都只在一个职级里移动，长期内员工只有薪酬的变化而没有职位的晋升。实际上，晋升对员工来说是非常强的精神激励，它是上级领导或雇主对拟晋升员工整体素质的一种肯定与鼓励信号。传统认为，薪酬的增加只意味着员工特定时期内在某一方面工作有突出表现，而职位的晋升则是对一个员工整体素质鉴别基础上做出的决定，是一个员工价值提升的重要表现标志。企业在引用宽带薪酬以后，部分优秀员工崇尚自我价值的实现，不断追求与挑战更高职位，晋职是激励他的一个不可或缺的要素，如果长期得不到晋职激励，便会考虑“跳槽”到更能够提供有助于自身职业生涯发展职位的公司，这就打击了员工的工作热情和积极性。另外，如果员工薪水下跌，而员工自认为本身工作卖力，则会使他对人力资源管理的公平性、合理性产生怀疑，极易造成公司内部上下级之间、同事之间人际关系紧张，最终会影响到组织的生存发展。

(2) 宽带薪酬下绩效管理难度大，增加了绩效压力，这会影响该制度的实施以及激励效应的发挥。目前，我国大多数企业的薪酬改制正处于一个转型时期，随着企业市场化导向的不断加强，企业在薪酬制度方面也必然会市场化。但目前阻碍宽带薪酬管理模式的是企业并未完全市场化、人力资源也并未完全市场化。实行宽带薪酬后，人力资源专业人员花在对职位、对员工绩效评价上的时间多了，而且其评价标准的制定因为受多种因素的制约和影响，也存在相当的难度。

由宽带薪酬的基本含义与特征可知，宽带薪酬制度是以绩效为实质内容和管理灵魂的，宽带薪酬的评估基础是员工对组织的贡献程度，因此绩效管理就成为组织管理的重要方面，绩效本身评估和管理的难点不可避免地会“移植”到宽带薪酬管理模式中来。如果员工认为直线经理对于他们薪酬级别的评价带有主观性或偏见，工作绩效评价缺乏系列可衡量指标和可观测准则，那么，员工会对薪酬制度的公平性产生怀疑，整个薪酬结构体系就可能遭到破坏。另外，从事同类职业的员工，尽管其能力水平明显不同，但由于处于同一工资带中，意味着能力和技术水平差别大的员工可能得到相同薪酬，这样最终也会影响士气，尤其影响那些更优秀的员工。最后，非人为因素会导致绩效的不稳定性，可能引发薪酬短期波动，即工资浮动的大起大落，使员工总是处于收入的不确定状态，产生心理不稳定感，从而使以绩效为基础的宽带薪酬模式遭受具有稳定偏好员工的抵制，使制度运行的摩擦成本上升，可能造成员工对企业归属感、忠诚感的降低甚至丧失。

宽带薪酬制度更加强调绩效的重要性，这使员工非常重视自己的业绩。多数情况下，大部分员工会采取积极的方式如自我学习和提高以及参加团队合作来提高个人和集体的绩效。但有些时候，一些特定岗位的员工会采取“非常”手段来提高自己的业绩，与同事处于一种恶性竞争中，危及的是企业的利益。

所有这些均说明宽带薪酬的实施给组织的绩效管理提出了挑战，要求绩效管理工作的科学到位。

(3) 宽带薪酬结构管理的实施模式以及获取市场数据的难度会导致成本上升。一方面，宽带薪酬的设计首先要在市场薪酬水平充分调查前提下进行，因此要花费大量的人力、物力、财力来掌握市场薪酬水平资料，并在对其进行科学分析的基础上结合本企业的特点来制定合适的薪酬结构，由于宽带薪酬中的每一个薪酬等级涵盖了太多工作岗位，而且工作范围又大大扩大，因此基准工作的确定相当困难，这会对组织起薪点的确定产生不利影响。而传统薪酬使用时只需盯住某个工作的市场薪酬均值就行了。因此，组织只有加大对市场薪酬调查的力度才能获取有价值的资料，但是这样做势必导致企业成本的增加。

其次，企业每个薪酬等级中薪酬浮动幅度宽泛化，将使单个员工的工资控制点不精准，如果直线经理滥用薪酬决策权，可能导致资源浪费，而且，实际操作中也很难与市场薪酬水平对接，如果企业与市场对接并制定更具竞争力的薪酬水平，将意味着付出比其竞争对手更高的人力资源成本。

另一方面，在传统薪酬管理体系中，职位晋升是薪酬增加的前提，即薪酬增加具有内在自动控制机制，固定时期内薪酬增加幅度有限，而宽带薪酬结构缺乏类似的严格增薪自动控制机制，因此，宽带薪酬结构中，薪酬成本上升的速度比传统工资结构快。

(4) 宽带薪酬并不适应于所有的组织。从宽带薪酬实施的前提来说，这是一种适应于扁平化组织结构的薪酬模式，那么，对于许多目前还处于传统的层级结构的组织来说，是不适合用宽带薪酬的。

经过有关专家学者的研究发现，宽带薪酬只适合于那些创新型、技术型的组织。因为这些类型组织所要强调的不仅仅是一种行为或价值观，他们不仅要适应变革，而且要保持生产率，并且通过变革来保持高度的竞争。因此，他们希望通过一种更具有综合性的方法，将薪酬与新技能的掌握、能力的提高与最终的绩效联系起来，同时还要有利于员工的成长和多种职业生涯的开发，而宽带薪酬的思想恰恰与这类组织的需求相吻合，而劳动力密集型的企业一般不宜采用该方法。

战略管理不明确、组织结构形式与公司发展战略不相匹配、公司治理不够完善的企业以及劳动密集型企业不宜采用宽带薪酬管理模式。

二、公司实施宽带薪酬应注意的问题

(1) 为员工营造公平的机会，考核要做到公开、公平、公正。宽带薪酬实施是以绩效评估为基础的，绩效评估直接影响公司薪酬发放的公平性。其公平性体现在两个方面，一是分配的公平性，表现在员工所获得报酬的数量；二是程序的公平性，员工希望对绩效评估标准清楚明了，知道绩效评估是如何实施的。绩效管理工作就成为企业人力资源管理的重要方面，如果考核工作不能做到公开、公平、公正，会使员工产生不公平感，会给员工的心理造成极强的不稳定感，从而缺乏改善绩效的动力。宽带薪酬使员工工资浮动范围扩大，使内部公平性问题更明显，员工对工资可达到的期望值有所增加。在这个意义上，宽带薪酬强化了员工对组织公平管理的要求，组织在推行宽带薪酬的同时需要综合运用考评方法，要充分考虑到与之紧密联系的人力资源管理的其他方面，提高绩效考核的公平程度，使之符合宽带薪酬设计的目标。

(2) 要做好任职资格及工资评级工作。实施宽带薪酬结构后，薪酬成本上升的速度比传统工资结构快，人力成本在短期内可能大幅上升，为了抑制宽带薪酬模式的这一缺点，引入宽带薪酬时，要及时构建相应的任职资格体系，明确工资评级标准及办法。既鼓励员工获取高薪，同时通过拉大薪酬差距，限制平庸员工薪酬的上涨，也可以制订惩罚性措施，对工作业绩较差的员工薪酬进行扣减，从而从整体上限制薪酬的无限制上涨，营造一个以绩效和能力为导向的企业文化氛围。

(3) 要与企业的人力资源战略相匹配，与企业管理方式和组织层级结构的优化相结合。薪酬体系的最终目标是服务于企业战略目标。要推行宽带薪酬的企业首先应该系统梳理企业战略，分析企业的核心竞争能力，明晰企业的核心价值观，并将它们量化为指标，在此基础上建立人力资源战略。薪酬制度和企业战略的匹配度将直接影响到企业绩效，在引入新的薪酬模式时，策略的选择、计划的制定、方案的设计、薪酬的发放、员工的沟通，都应该紧扣企业人力资源战略，对于符合企业人力资源战略和有助于提高企业核心竞争优势的行为，在薪酬上要重点倾斜。

在直线职能制下，金字塔型组织结构需要采用等级制的薪酬模式。扁平组织却要压缩层级，强调团队协作，需要较少的范围跨度、较大的浮动范围。如果要在传统组织结构中推行宽带薪酬，结果很难设想。因此，如果要引入宽带薪酬，就应该有针对性地对企业管理方式和组织层级结构进行优化和变革，为其准备适宜的土壤。

同时，宽带薪酬体系的设计要随着公司战略及发展阶段的演变而作出相应的调整，拓宽或紧缩带宽，以适应整体发展的需要。

(4) 合理确定工资带，区别级别特点设计薪酬。区别级别特点设计薪酬要结合企业规模、核心竞争力和企业战略，合理确定薪酬体系需要设计多少工资带，工资带之间要设计分界点。每个工资带应该对人员的技能、业绩提出不同的量化考核指标。不同工作性质的职位和不同的层级量化考核指标应该有区别，应该体现个性需求。每一工资带内的薪酬浮动幅度应该根据薪酬调查得到的客观数据及职位描述结果来确定。级差标准应该体现不同层级职位对于企业战略的贡献率。要横向做职位评价工作，所设计指标应该能够推动宽带内横向职位的轮换，以增强组织的适应性。出台前可以设计试用期和过渡期，任何先进的薪酬体系都必须切合实际，必须融入企业才能发挥功效。薪酬体系设计过程中应该广泛征求各层级员工的意见，反复征求意见，公开让员工参与薪酬体系的设计和评价。

（5）注意重塑企业文化。在传统薪酬体系下职位对员工是一种非常强的激励，员工普遍存在"职位情结"。而在宽带薪酬结构中，员工可能终生都工作在一个大等级里，向上晋升就比较困难，对有些员工来说也许是"一件沮丧的事"。因此在薪酬体系转型的同时，要重塑企业文化，弱化等级观念，突出关键员工的概念，向员工灌输"绩效第一"的理念，强调个人和团队对企业的贡献。

（6）因"企"而异，每个企业要根据自己的规模、盈利能力、员工能力等一系列指标来设置。国内企业不宜一哄而起，对于一般的企业，如果短期内的战略变化而导致宽带薪酬的变化是件比较繁锁的事情。与此同时，国内大多数企业的薪酬改制目前正处于一个转型时期，随着企业市场化的走向不断加强，在薪酬制度方面也必然会市场化。但目前阻碍宽带薪酬管理模式的人力资源并没有市场化，企业如果在这种情况下盲目采用宽带薪酬必然存在巨大的风险。

三、公司采用宽带薪酬需要满足的条件

我国企业在薪酬管理中存在的问题在于对宽带薪酬的理解，除了这一制度概念本身以外，还要考虑企业所面临的市场竞争环境的变化，以及企业自身的发展和战略、管理制度的变化。薪酬设计的前提是：清晰而明确的公司发展战略，科学的组织结构设置，规范的职位体系。根据这一设计前提，我们认为实施宽带薪酬模式的企业应该具备以下一些基本的条件：

（1）拥有高素质的管理人员队伍，特别是薪酬管理人员。宽带薪酬制度的一个重要特点就是部门经理将有更大的空间参与下属员工的有关薪酬决策。如果没有一个成熟的管理队伍，在实行宽带薪酬制度的过程中就会困难重重。薪酬管理人员在与部门经理一起给职位定级，在了解市场信息、协助制定薪酬计划方面及绩效考核方面必须具有优质专业的素质，以专业顾问的角色为部门服务。

（2）绩效管理到位。由于宽带薪酬的评估主要依据员工能力的高低和贡献大小，绩效管理就成为公司管理的重要方面，如果在绩效管理做不到位的情况下采取宽带薪酬，会给员工的心理造成不稳定感，对管理的公正性、公平性、合理性产生怀疑，造成企业团队内人际关系的紧张。

（3）企业管理基础工作比较扎实，具备推行宽带薪酬模式的技术条件和数据基础。

（4）需要有配套的员工培训和开发计划。宽带薪酬制度为员工的个人成长及职业生涯发展提供了更大的弹性，企业需配有积极的员工发展计划，使员工能够不断地获取新的知识、技能，同时企业也能不断获得更具竞争力的员工队伍。

（5）人力资源管理体系健全，用工制度和薪酬制度市场化程度较高。从上述基本条件分析，劳动密集型企业并不一定适宜，技术型、创新型的高科技企业和外贸企业更适合于宽带薪酬管理模式。很多引用宽带体系的也都是这种类型的企业，正如前面所提到的，因为这种组织希望通过一种更具有综合性的方法，将薪酬与员工新技能的掌握、能力的提高、更为宽泛角色的承担以及最终的绩效联系在一起，同时还要有利于员工的成长和多种职业轨道的开发，宽带薪酬的设计思路恰恰与这种组织上的需求相吻合。传统薪酬体系运行不正常的企业不适宜引入宽带薪酬。我国不少国有企业也属于高科技企业，有的也是多年的外贸企业，但是他们的人力资源尚未真正实现市场化，人员进出不自由，一些伴随企业成长的资深职工由于学历和知识水平所限，一旦推行宽带薪酬，所付出的代价将超过其承受能力。在这类企业里，如果人力资源的市场化没有真正实现，传统的薪酬管理模式没有理顺，员工的起薪设立就会成为大问题，在从原有的薪酬制度向新制度转换时，容易因为对接不到位而引起问题。

总之，引入宽带薪酬制度要求企业在整体策略、企业文化、管理队伍的素质、人力资源的专业市场化等方面加以考虑和配套实施，否则，将很难真正发挥宽带薪酬制度所具有的优势。

四、对公司采用宽带薪酬模式的合理化建议

企业在考虑是否应用宽带薪酬设计体系时，必须进行慎重考虑。与传统的薪酬设计方法相比，宽带薪酬注重考虑到员工个人的差异，是对个人能力的充分尊重。但值得一提的是，强调员工个人能力的宽带薪酬设计方法与强调岗位、以岗定薪的传统的薪酬设计方法并不是相互矛盾的。两种方法从不同的方面反映和强调了薪酬设计中的公平性，从这一点来讲，两种方法是互补的。

(1) 宽带薪酬固然有许多优点，但是对于国内企业而言，实施宽带薪酬要因企而异。要根据企业的类型、岗位的特点、岗位分布状况以及数量等因素来定。不要盲目地跟从，不要看到流行什么就采用什么，丝毫不考虑企业的实际情况，以免造成企业资源浪费，影响企业的正常经营活动。宽带薪酬管理的要点是与扁平化管理结构相匹配的，不强调资历，而是提倡职业发展，所以宽带薪酬特别强调与组织文化的结合。因此，如果国内企业要实施宽带薪酬，就必须考虑建立与之相适应的企业文化，以保证达到预期效果。

大中型企业采用宽带薪酬模式能更好地推进企业人力资源管理工作，一些小型企业则不适宜采用这种管理模式。宽带薪酬管理在整个人力资源开发管理中起到不可替代的作用，但在具体实施操作过程中涉及到大量的工作和细节，小型公司很难配备相应的部门和人员来处理这方面的事务，这也是到目前为止该管理模式并未得到国内企业普遍采纳的主要原因之一。

(2) 导入先进的企业理念。薪酬解决得好坏与公司战略和高层理念有很大关系，不能就薪酬论薪酬，中国企业薪酬制度要走市场化、规范化、国际化的道路。越来越多的跨国公司进入中国，他们了解中国企业的人力资源管理，但中国企业却不了解跨国公司的人力资源管理。因此，中国企业在人力资源管理和薪酬制度上要有国际视野，要导入国际的先进理念。

(3) 宽带薪酬管理在国内企业应先从内部公平性开始。

1) 澄清组织结构和报告关系。在工作中，很多企业工作流程和它的组织结构及报告关系不完全符合，所以在设计薪酬管理方案前，先让管理层讨论澄清企业组织结构和报告关系。不清晰的组织结构和报告关系会间接影响企业的内部公平性。

2) 为每一个岗位建立清晰的岗位职责。岗位职责中的“职责”是指职务和责任的意思，也就是在这个岗位上要做什么工作并对这项工作负什么样的责任，责任的大小决定了岗位级别的高低。但是在大多数国内企业中，企业只讲员工做什么，不谈员工责任。中国企业家基本上都有任职文件，文件中对岗位职责也有规定，但是，实际上说的是职，而不是责。如果企业没有建立明确的岗位职责体系，花多少成本设计宽带薪酬管理都不能解决问题。不明确的岗位职责会影响企业的内部公平性。

3) 选择合适的岗位评价方法。基本上，所有评价方法都是通过评价因素来判断岗位的贡献和责任，岗位贡献和责任越大，岗位级别越高。通过岗位评价，评价出各个岗位的价值或贡献，它是决定公平性的核心部分。

4) 建立公平的级别体系。宽带薪酬管理的基础是首先要建立一个公平的内部级别体系，这正是国内企业人力资源管理中最薄弱的环节。应该通过岗位评估的结果设计出内部级别矩阵，建立企业内部相对公平的内部级别体系。在国内企业，通常企业级别是：总经理级、主任级、副主任级、科员级等，非常简单，但这样的简单级别往往产生不公平感。

5) 先让内部的薪酬分配相对公平再看市场。有些企业，自己内部还没有建立相对公平的分配机制，就去与市场比较。结果是越弄越复杂，工资成本增长了，不满意的呼声没有减弱。

(4) 可以选择局部宽带薪酬以适应企业组织结构的需要，实现薪酬多样化。工作性质对薪酬模式的选择具有很大的影响，一般来说，工作内容较为独立、环境较为轻松的工作不适合宽带薪酬，如果工作技术要求和工作的性质需要较强的协作和团队精神，平等型的宽带薪酬模式就有利于提高组织的绩效水平和员工的工作满意度。所以在实践中，宽带薪酬可以部分的体现在企业组织结构的局部，选取那些适合于宽带薪酬管理的部门和人员，这样一方面符合宽带薪酬实施的环境，使其效能充分发挥，另一方面也降低了薪酬管理的难度，使其管理成本尽可能减少。

总之，宽带薪酬并非灵丹妙药，并不适用于所有的组织。企业薪酬改革要因企而异，不能一拥而上。它在那种新型的无边界的组织以及强调低专业化程度、多职能工作、跨部门流程、技能工种的团队型组织中非常有用。通常情况下，技术型、创新型的企业更适合采用宽带薪酬制度，而劳动密集型企业则不宜引用这套管理模式。

复习思考题

1. 宽带薪酬的含义、结构特点以及其优势分别是什么？
2. 分析宽带薪酬管理模式的适应性。
3. 如何有效地实施宽带薪酬管理模式？

第十四章　公司股权激励设计与管理

本章概要：现代企业制度的一个重要特点，就是所有权和经营权的分离，但股东和经理之间的委托—代理问题随之而来。经理人作为企业生产要素的整合者，对企业的发展起着非常关键的作用。如何激励和约束经理人，成为企业关注的焦点。股权激励模式无疑是解决这一问题的最佳选择。本章将从股权激励的基本原理、主要类型、如何设计和中国股权激励的障碍等四方面对股权激励进行详细的介绍。其中重点论述了股权激励的典型形式——股票期权制度的设计。

第一节　股权激励的基本原理

一、股权激励的基本概念

这些年来，关于股权激励概念不少。我们从中挑选了以下几种具有典型意思的股权激励的概念进行比较，来加深对股权激励概念的认识：

（1）“股权激励是指上市公司以本公司股票为标的，对其董事、监事、高级管理人员及其他员工进行的长期性激励”（《上市公司股权激励规范意见》）。

（2）股权激励：在对企业经营者及业务骨干实行契约化管理和落实资产责任的基础上，采用多种形式，给予他们持有一部分企业股权的权力，使其在取得约定业绩的前提下，享有本企业的部分产权，并使其权益兑现中长期化的一种产权制度安排（财政部、科技部、北京市 1999 年 6 月文件）。

（3）股权激励指的是公司与部分员工或全部员工之间进行某种股权安排，如：一定方式授予一定数量的公司股份，或给予员工在一定时期内以一定价格购买公司股份的权力等等，其目的在于从报酬获得和所有者权力两方面给予奖励，从而实现对员工的长期激励。目前，股权激励方式已被广泛应用于国外股份制企业的管理实践中，并已取得了良好的效果。

（4）股权激励，是指使高级管理层在一定时期内持有股权，享受因将来股价上升而带来的股权增值收益，同时也承担着将来股价下跌所导致的收益风险，从而促使高级管理层在经营过程中更多地关心公司的长期价值，防止短期行为。

这些概念分别从股权激励制度的标的、对象、实施过程、机理等不同角度对股权激励的概念进行解释。总结上面的概念，我们认为股权激励的概念应该是指在经营者员工与公司之间建立一种基于股权为基础的激励约束机制，经营者员工以其持有的股权与公司形成以产权为纽带的利益共同体，分享公司的经营成果并承担公司的经营风险。

二、股权激励的理论依据

股权激励在国外已经非常盛行，从20世纪90年代开始，伴随着高科技产业的突飞猛进，股权激励在短短几年时间迅速普及。据初步统计，几乎百分之百的高科技公司，百分之九十以上的上市公司都有股权激励计划。国内这几年，股权激励也发展得很快。其有关股权激励的理论，经济和管理学专家早有研究。诸如：委托—代理、人力资本、内部人控制、激励理论和交易费用理论等，构成了股权激励的理论基石。

（一）委托—代理理论

现代企业制度的一个重要特征是企业所有权与经营权相分离，在所有者与经营者、经理及企业内部科层结构之间形成了一系列委托—代理关系。由于委托人（Principal）和代理人（Agent）的目标可能不一致及信息的不对称，基于经济学理性人假设，有理由相信代理人为追求自我目标可能损害委托人利益，这就产生了委托—代理问题。企业激励问题就是设计一个契约——激励合同，以诱使代理人从自身利益出发选择对委托人最有利的行动。股权激励机制正是能够解决这一问题的行之有效的激励机制，其实质就是让代理人（经营者）拥有企业的剩余价值的索取权并承担相应的风险。这样，使经营者和企业的所有者的利益更趋一致，可以在信息不对称的情况下，从而实现双方的共赢。

（二）人力资本理论

劳动者应不应该获得股权？以及应该获得多少股权？这是股权激励首先要解决的问题。人力资本理论，承认了人力资本的重要性，而其重要性的体现就是人力资本的产权问题。人力资本的产权的实质就是人力资本拥有剩余价值的索取权，人力资本的多少决定股权的价值，这就解决了这一问题。

人力资本的理论体系是以美国经济学家舒尔茨等人为代表提出的，认为研究经济增长有必要考虑人力资本要素。将这些观点移植到现代企业理论中，经济学家们提出人力资本与物质资本一样存在产权问题，而且人力资本的所有权只能属于个人，具有可激励而不可压榨的特征，“随着人力资本的产权地位上升，公司制现代企业实际上成为财务资本和职业企业家知识资本这两种资本及其所有权之间的复杂契约（Stigle & Friedman，1993）。”人力资本与它的所有者（经理）不可分离，具有专有性和专用性，因此其他人（如股东）要使用这种人力资本就要对其所有者进行激励，发展“激励性契约”，因而如何充分动员企业里的人力资本，建立有效的激励机制，就成为保持企业竞争力和生产力的关键问题。股权激励制度正是力求以股权形式对经理人员的人力资本价值的一种承认和认可，通过给予其相应的剩余索取权使经理的目标函数与股东的目标函数达到内在一致化，并降低经理行为的机会主义和监督成本，以实现对企业经营者的长期激励。

（三）内部人控制理论

对于现代企业来说，公司所有权和经营权的分离，股东对董事会和经理层的监督与约束，激励约束机制的设计与运行，不仅直接关系到公司的控制权问题而且关系到公司的直接发展。由于现实与制度的缺陷造成法人治理结构的失衡，使得企业的控制权不是掌握在“企业家”手中，而是掌握在“内部人”手中，这样就出现了内部人控制现象。在剩余控制权与剩余索取权严重不匹配的情况下，内部人则可以利用所拥有的控制权侵占股东资产。通过引入股权激励机制，把事实上的内部人控制权合理变成法律上的内部人控制，并且彻底改变内部人的地位与收入状况，这是符合股东利益最大化原则的。

（四）激励理论

马斯洛的需要层次理论：生理的需要，安全的需要，感情的需要，尊重的需要，自我实现的需要。人的需要是多种多样的，不同时期需要不同；需要的层次性，低层次的需要满足以后就会产生高层次的需要。人的需要是有潜在性的和可变性的。人性的本质是自私的，是追逐利润的。收入是衡量一个人成功与否的其中一个标准，也是激励员工工作的原动力。

股票期权使经理人获得一部分股权，也是对他们的人力资本和企业家才能的作用的承认和肯定。企业家通过基本工资和年度奖金满足了自己一部分的需要，当他们的较低层次的需要满足以后，一些更高的潜在的需要就显现出来，企业家的经营管理能力和创新能力同物质资本、劳动力和技术一样是非常重要的生产力要素，人力资本与所有者不可分离的特征也决定了要对他们进行充分激励。股票期权使激励的期限长期化和最大化，年薪制关注当期激励，股票期权关注长期业绩，当公司的股票上涨时，经理人通过股票期权获得收益远远高于年薪。也满足了人力资本追求利润最大化的目标。

（五）交易费用理论

科斯在 1937 年发表的《企业的性质》中将交易费用定义为运用市场机制的费用，其中包括了人们在市场上搜集有关的价格信息、为了达成交易进行谈判和签约，以及监督合约执行等活动所花费的费用。他认为企业和市场是相互替代的两种资源配置方式，企业替代市场会降低利用市场机制的交易费用，但同时又会带来企业内部管理费用的上升。张五常发扬了科斯的思想，他认为，所有的组织成本都是交易费用，反之，所有的交易费用也都是组织成本。组织的实质是不同的契约安排，在各种契约安排下，交易费用的各项内容也大同小异。他认为事前的交易费用即界定产权的费用；事后的交易费用则是遵守契约的费用。事前的交易费用付出的越多，发生的事后交易费用也就越少。交易费用理论不再以传统的消费者与公司作为经济分析的基本单位，而是把交易作为经济分析的细胞，提出有限理性、机会主义动机、不确定性和市场运作的复杂性会导致交易的完成要付出高昂的交易费用，为了节约这些费用，可用新的交易形式——企业来代替市场交易。其方法是使目标企业成为自己企业的一部分，从而降低交易费用。实际操作中可以通过并购企业，使其通过研究和开发的投入而获得的产品内部化；通过并购企业，还可以使商标的使用者变为企业内部成员。作为企业内部成员，降低质量只会受到损失而得不到利益，因而消除了机会主义动机。同理如果以企业的经营管理者作为企业并购的对象，通过股权与期权的激励，使企业的经营管理人员内部化，成为企业的有机组成部分，必然会降低交易成本，提高资本收益率。

三、股权激励的作用

(1) 有助于留住关键人才。企业经营的成败、项目开发成功与否的关键在于有无创新的惯例和技术人才，在于能否激励这些人才充分发挥其作用。对这些人才要给予特殊的激励，激励要有强度，强度不够，人才很容易被对手所夺；激励要有长期性，使人才能稳定地长期发挥作用，稳定地为公司做好服务。实现强度和稳定性相结合的激励方式，股权激励机制是比较有效的手段。

(2) 初创期降低激励成本的要求。受资金特别是现金流的压力，企业在初创期一般无法给员工，包括高管人员和核心人员以较高的现金工资或奖励。通过股权激励、持股经营、奖励股份等手段，不仅可大大降低创业成本，还能使员工的努力与企业价值的成长联系起来。

(3) 有利于降低代理成本。代理成本是指企业所有者委托经营者经营管理企业所花费的全部费用。由于信息的不对称，股东无法知道经理人员是在为实现股东利益最大化而努力工作，还是已经满足平稳的投资收益率和缓慢增长的财务指标；股东也无法监督经理人员到底是将资金用于有益的投资，还是用于能够给他本人带来个人福利的活动。通过股票期权，经理人员的报酬与企业长期业绩紧密地结合在一起，使他们能分享自己的工作给股东带来的收益，这样他们就能更好地站在股东的立场上考虑问题，从而降低企业的代理成本。

(4) 有利于矫正经理人员的短视心理。经理人员在传统薪酬制度下关注的只是其任期内的经营业绩，而股东关心的是企业未来长时期的业绩，于是就易产生不利于股东和企业长期发展的视野偏差问题。因为此时经理人员往往追求的是短期利润最大化和一些短、平、快的投资项目，而忽视企业核心竞争能力和发展后劲的培育，尤其当接近离职时，他们往往会减少有价值的但费用较高的研究开发项目和投资项目。在股票期权制度下，经理人员在退休或离职后仍拥有企业的股权或期权，会继续享受企业股价上升带来的收益，这样出于自身未来利益的考虑，经理人员在任期间就会与股东保持视野上的一致，致力于企业的长期发展。

四、股权激励的负面影响

(1) 容易导致经营者片面追求股价而产生短期行为。股权激励中的以股票为标的类型，只是把经营者的利益和股价相联系，很可能激励经营者不惜一切代价（虚报企业利润，做假账等）追求股价的短期上涨，即使与企业长期目标相悖，经营者也在所不惜。

（2）经营者的股权收益与企业业绩单一化联系。企业股价的上涨就给经营者带来股权获利的机会，但不区分这种上涨是来源与经营者的努力还是市场或者行业的整体发展，这种做法有失公平性。

（3）股权激励可能导致经营者和员工之间的收入差距悬殊，加大管理企业的难度。

第二节 股权激励的分类

目前，国际上通行的股权激励方式有股票期权、员工持股计划（ESOP）、MBO/MEBO、虚拟股票、股票增值权、业绩股票、延期支付计划、限制性股票等。从我国实施股权激励的情况来看，其表现形式是多种多样，既包括带有福利性质的员工持股计划，也包括长期激励性质的管理层持股（即股票期权计划、虚拟股票计划、业绩股票等），还有主动控股性质的管理层收购和我国独有的管理层员工收购。我国的股权激励制度主要指的是管理层持股，其主要形式有七种：股票期权激励模式、虚拟股票激励模式、股票增值权激励模式、业绩股票激励模式、管理层收购激励模式、延期支付激励模式。

（一）员工持股计划

员工持股计划是指公司赠送或出售股票给部分或全部职工，并委托公司进行集中管理的产权组织形式。员工持股制度为企业员工参与企业所有权分配提供了制度条件，持有者真正体现了劳动者和所有者的双重身份。

员工持股的方式通常有两种：一是通过信托基金组织，用计划实施免税的那部分利润回购现有股东手中的股票，然后再把信托基金组织买回的股票重新分配给员工；二是一次性购买原股东的股票，企业建立职工持股会并回购原股东手中的股票。回购后原购票作废，企业逐渐按制定的员工持股计划向员工出售股票。在员工离开企业，持股会回购股票。

员工持股是国有法人股减持的一个通道。同时，上市公司建立员工持股计划可以改善上市公司治理机制。员工拥有一定比例的股份，在一定程度上有利于完善监督机制，改善公司治理结构失效带来的问题。作为一种福利性质的股权激励方案，其有对国有职工历史贡献补偿的作用。

（二）股票期权激励模式

股票期权激励模式是公司经股东大会同意，有条件的无偿授予或奖励给公司高层管理人员及有突出贡献者，一种在未来某一段时间以某一价格购买公司股票的权利。股票期权实质上是公司给予激励对象的一种长期激励性质的报酬，该报酬能否取得以及能取到多少，取决于以经理人为首的管理层能否通过努力实现公司的激励目标（股价超过行权价）。在行权期内，如果股价高于行权价，激励对象可以通过行权获得市场价与行权价格差带来的收益，否则，将放弃行权。

股票期权激励模式比较适合那些初始资本投入较少，资本增值较快，在资本增值过程中人力资本增值效果明显的公司。

（三）虚拟股票激励模式

虚拟股票模式是指公司授予激励对象一种"虚拟"的股票，如果实现公司的业绩目标，则被授予者可以据此享受一定数量的分红，但没有所有权和表决权，不能转让和出售，在离开公司时自动失效。在虚拟股票持有人实现既定目标条件下，公司支付给持有人收益时，既可以支付现金、等值的股票，也可以支付等值的股票和现金相结合。虚拟股票是通过其持有者分享企业剩余索取权，将他们的长期收益与企业效益挂钩。

在这种模式下的企业分红意愿强烈，导致公司的现金支付压力比较大。因此，虚拟股票激励模式比较适合现金流量比较充裕的非上市公司和上市公司。

（四）股票增值权激励模式

股票增值权模式是指公司授予经营者一种权利，如果经营者努力经营企业，在规定的期限内，公司股票价格上升或公司业绩上升，经营者就可以按一定比例获得这种由股价上扬或业绩提升所带来的收益，收益为行权价与行权日二级市场股价之间的差价或净资产的增值，激励对象不用为行权支付现金，行权后由公司支付现金，股票或股票和现金的组合。

股票增值权的收益来源是公司提取的奖励基金，公司的现金支付压力较大。因此，较适合现金流量比较充裕且比较稳定的上市公司和现金流量比较充裕的非上市公司。

（五）业绩股票激励模式

业绩股票激励模式是指公司在年初确定一个合理的年度业绩目标，如果激励对象经过卓有成效的努力后，在年末实现了公司预定的年度业绩目标，则公司给予激励对象一定数量的股票，或奖励其一定数量的奖金来购买本公司的股票。业绩股票在锁定一定年限以后才可以兑现。因此，这种激励模式是根据被激励者完成业绩目标的情况，以普通股作为长期激励形式支付给经营者的激励机制。从本质上讲，业绩股票是一种"奖金"的延迟发放，但它弥补了一般意义上的奖金的缺点，具有长期激励的效果

业绩股票激励模式只对公司的业绩目标进行考核，不要求股价的上涨，因此比较适合业绩稳定型的上市公司及其集团公司和子公司。

（六）管理层收购激励模式

管理层收购又称经理层融资收购，是指收购主体即目标公司的管理层或经理层利用杠杆融资购买本公司股份，从而改变公司股权结构、资产结构、治理结构，进而达到持股经营和重组公司的目的，并获得预期收益的一种收购方式。管理层收购主体一般是本公司的高层管理人员，收购资金来源分为两个部分：一是内部资金，即经理层本身提供的资金；二是外部资金，即通过债权融资或股权融资。收购主体在收购完成后成为公司的股东，从而直接或间接地成为公司的控股股东，达到经营权和控制权的高度统一。

管理层收购模式比较适合于下列一些企业：国有资本退出企业；国有民营型非上市公司；集体性企业；反收购时期的公司；拟剥离业务或资产的企业。

（七）延期支付激励模式

延期支付激励模式是指公司为激励对象设计一揽子薪酬收入计划，一揽子薪酬收入中有一部分属于股权收入，股权收入不在当年发放，而是按公司股票公平市场价折算成股票数量，并存于托管账户，在规定的年限期满后，以股票形式或根据届时股票市值以现金方式支付给激励对象。这实际上也是管理层直接持股的一种方式，只不过资金来源是管理人员的奖金而已。

延期支付模式比较适合那些业绩稳定型的上市公司及其集团公司和子公司。

第三节　股权激励的制度设计

一、股权激励的制度设计的基本理念和指导思想

股权激励是一种长期的激励手段，其通过把所有者的利益和激励对象的利益捆绑在一起，使激励对象的个人利益与企业的长期利益相一致，从而稳定了激励对象，并激发了他们的工作积极性，能够从企业长期发展的角度来工作，这样有利于企业的长期发展、股东利益的最大化。所以如何在股权激励的设计中发挥其长期激励的作用是该设计成败的关键，也是其设计的基本理念。

股权激励的设计是一项系统工程，涉及的利益主体很多，面临的问题比较复杂。这里有一些设计的指导思想作参考。

（一）有效性思想

这是对股权设计基本理念的延伸，制度一定要有利于发挥其长期激励的作用。比如：在确定股权激励对象和股权数量时，经营者比一般的员工拥有更大的决策权，对公司的长期绩效负有更多的责任，这样在激励对象和数量设计上就要向经营者倾斜。在股权定价时，考虑到股价不一定能反映公司的价值，可能会加一些修正的综合指标来比较客观的体现公司的价值，这样才能使激励对象关注公司的成长性。

（二）可操作性思想

一个无论被认为是多么科学的制度，如果缺乏可操作性，只是纸上谈兵，没有任何现实意义。只有被各方利益群体所接受，特别是激励对象所接受。比如：认购的方式问题，许多员工没有一次性认购他的股份的经济实力。所以，在设计制度时，可以考虑公司提供一定比例的低息贷款、用股票所分得红利累计支付等。变现途径问题，要事先约定员工离开公司（被解雇、离职、退休）后所持股份的合理退出方式，解决员工的后顾之忧。

二、股权激励的制度设计

一般员工持股是一项福利，我们讲的股权激励主要涉及的是管理层股权激励问题。管理层股权激励的方式很多，但在原理上和股票期权制度类似。我们将详实地介绍股票期权制度的设计操作流程，在此基础上，比较其他股权激励方式的设计模式。

股票期权制度的设计流程如图 14-1 所示。

股票期权是公司经股东大会同意，有条件地无偿授予或奖励给公司高层管理人员及有突出贡献者，一种在未来某一段时间以某一价格购买公司股票的权利。一项股票期权设计，关键的内容主要是以下几个基本要素：股票来源、期权的授予、期权的行权、期权的持有期以及考核监督机制。下面借鉴美国和我国香港特区的一些做法，对上市公司实施股票期权计划提供一个框架性的设计方案。

（一）股票来源

股票期权计划所需股票来源主要有三个渠道：首先是发行新股预留；二是回购股票：三是大股东转让。在我国，政府在股票期权计划的实施方面具有重大影响。《公司法》第 149 条规定："公司不得收购本公司的股票，但为减少公司资本而注销股份或者与持有本公司股票的其他公司合并时除外"；第 83 条亦规定除发起人认购股票外，"其余股票应当向社会公开募集"，上市公司新发行的股票应向原股东配售或向社会公开募集，公司一般不得留置。大股东让渡是我国实行股票期权计划最易实现的操作方式。大股东让渡可以通过两种途径加以解决。首先是将国有股的一部分用来实行股票期权计划，这一点上文已有说明。其次是受让一部分基金持股，并以接受基金进行转让监督作为补偿，基金损失的将是所转让股票的未来增值权，但实施激励计划将更有助于基金所持公司剩余股票的增值。

在其他股权激励模式中，虚拟股票期权能够较好的解决股票来源问题。如前所述，该种方式中，经营者并不真正持有股票，而只是持有"虚拟股票"，其收入就是未来股价与当前股价的价格差，由公司支付；如果股价下跌，经营者将得不到收益。在上海贝岭的"虚拟股票奖励计划"中，公司并没有从股票二级市场上回购本公司股票以后再发给员工，而仅仅是在公司内部额外虚构出一部分股票并仅在账上反映而已。由于此种做法实际上并没有涉及到公司股票的买卖运作，绕开了"公司不得回购股票"的现实障碍，从某种意义上，解决了股票的来源问

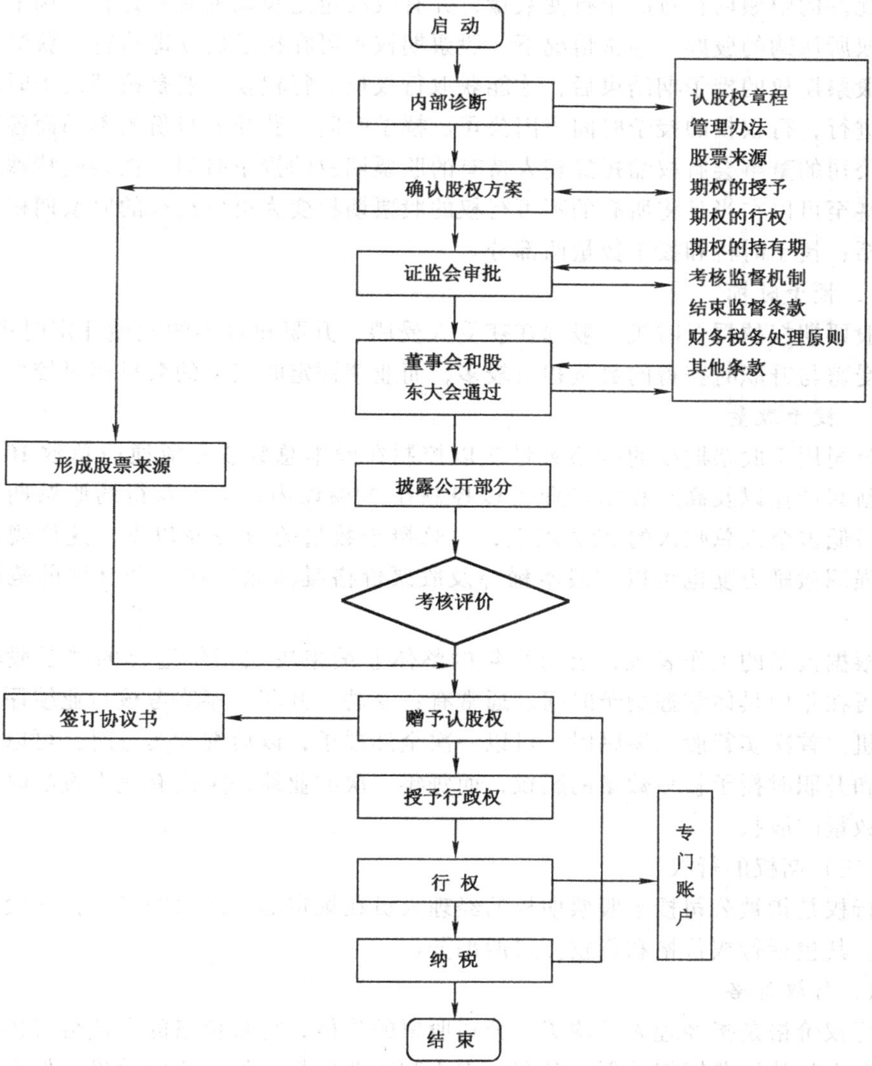

图 14-1　股票期权制度的设计流程

题。

（二）期权的授予

股票期权授予方案应规定获受人范围，一般仅限于公司决策层成员和科技开发人员。具体人员由董事会选择，董事会有权在有效期内任一时间，以适宜的方式向其选择的雇员授予期权，期权的授予数目和行使价格概由董事会决定。在香港，董事会决定向雇员授予期权时须以信函形式通知获受人，获受人自授予之日起 28 天内确定是否接受期权授予，以获受人在通知单上签字为证。获受人可在期权允许的限额内自行决定行使数量，并有权决定是长期拥有还是在市场上抛售以期权所认购的股票。通常情况下，股票期权不可在授予后立即执行，获受人只有在股票期权的授予期结束后，才能获取行权权。行权权一般是按照授予时间表分批进行，行权权的授予时间表因公司、授予时间、获受人身份的不同而各有所别。公司的董事会有权缩短经理人持有的股票期权的授予时间，在某些特殊情况下，甚至可以在当日将所有的不可行权的股票期权变为可以行权的股票期权。一般包括：授予时机和授予数量两部分。

1. 授予时机

股票期权的授予时机一般选在获受人受聘、升职和每年的业绩评定时进行。通常受聘与升职时获得的数量相对较多，而业绩评定时获得的数量相对较少。

2. 授予数量

公司用于股票期权的股票数量应以控制在股本总数或是流通股总数10%以内，新兴产业以及高新技术产业可以控制在20%以内；个人获得的股票期权收入，最低占个人总收入的20%以上，占总授予数量的10%及以下。这样规定既可以强调激励力度也可以使股本稀释及股票价格震荡保持在一个合理的范围之内。

根据员工的工作表现，公司当年的整体业绩来决定当年适合的授予股权数量，再在年中具体掌握赠予时间。通常有：受聘、升职、年终考核与业绩评定三个时机。首次实行股权激励时，可以一次全部授予，以后继续实行时，可以选择受聘和升职时授予较多数量的股权，而每年一次的业绩评定或有重大贡献时授予较少数量的股权。

（三）期权的行权

行权是指被公司授予股票期权的经理人员在规定的时间内购买本公司股票的行为。其包括行权价格和行权方式两部分。

1. 行权价格

行权价格是指经理人员购买本公司股票的价格，行权价格的高低会直接影响到经理人员从股票期权计划中获利的大小和股票期权计划的激励效果。如果行权价格过低，经理人员不必努力，或只需付出较小的努力就能从中获利，造成股票期权发挥不了应有的激励作用，还会对原有的股东的股权产生较大的稀释作用。如果行权价格过高，经理人员行权后，卖出股票时所获得的期权行权价格与市场价格的差价的可能性变小，其行权后所承担的风险较大。这会影响到经理人员未来从期权计划中获益的预期，从而减弱其激励效果。

在西方国家，行权价格是根据授予前若干日股票市价确定的（比如：按公司与管理者签订股权合同当天的前一个月股票平均市价确定；按授予日最高市场价格与最低市场价格的平均价确定；按不低于前五个交易日平均市价的80%确定）

这是以西方有效的资本市场为前提的。目前，我国股票市场尚不规范和成熟，上市公司经营环境不太宽松，外部因素对股市的影响较大。在实践中，股票期权还存在这样一个弱点。不能纯粹地以公司股价的变动情况来制定行权价格，必须设计一个能公正的体现企业业绩的综合指标，来代替单一的股价指标。即同步考察股价和其他因素，并以其屏蔽价格所包含的非市场因素。

实际操作中有多种方案可以选取：

(1) 升水行权价格，行权价格高于授予时的股票公平市值，因此，高级管理人员只有在显著提高公司业绩的情况下才可能获利。

(2) 目标完成行权价格，行权价格是授予时的股票价格，但高级管理人员只有在股价达到某一目标时才能行权，这一目标通常反映了公司的中长期利益回报要求，需要高级管理人员积极努力才能达到。

(3) 指数化行权价格，行权价格综合考虑授予时的股票公平市值和股票指数，在行权时根据股票指数的变化相应调整行权价格，以分离高级管理人员经营业绩和股市动荡的影响。

(4) 财务化行权价格，行权价格综合考虑授予时的股票公平市值和财务指标，只有在财务指标高于某一标准或同类企业才能行权，在行权根据财务指标的变化相应调整行权价格，以分离高级管理人员经营业绩资本市场弱有效的影响。

(5) 指数及财务化行权价格，行权价综合考虑授予时的股票公平市值、股票指数及财务指标，只有当财务指标高于某一标准水平或一揽子同类水平时才能行权，在行权时根据股票指数和财务指标的相应变化调整行权价格。

2. 行权的方式

美国公司股票期权计划的行权方式一般有三种：现金行权、无现金行权和无现金行权并出售；中国香港地区采取现金行权方式。从我国的实际情况来看，由于《公司法》中有高层管理者持股在任期内不可转让的条款，因此国内股票期权的行权方式只能是现金行权。尽管可以预期《公司法》要做修改，但从鼓励经营者持股，从而对其产生约束效果的角度以及防止操纵市场角度讲，现金行权也是较好的行权方式，因此建议采用现金行权的方式。

具体的可供选择的方案有：

(1) 现金行权，指获授人以现金的形式向公司指定的证券商的行权费用以及相应的税金和手续费，由证券商以执行价格为行权人购买公司股票，并存入股票帐户的行为。个人购得股票后，可以长期持有，作为对公司的长期投资，也可选择时机出售股票以获利。

(2) 无现金行权，指获授人以委托证券商出售部分股票获得的收益来支付行权费用，而不必以现金支付行权费用。

(3) 无现金行权并出售，指获授人对部分或全部可行权的股票期权行权并立刻出售，以获取行权价与市场价的差价所带来的利润。

（四）期权的持有期

期权的持有期，也称有效期或执行期，指获授人在被赠于期权到期权作废时止的一段时间。其一般包括：等待期、行权期两部分。有效期一般在5~10年之间。期权的期限越长，期权就越有价值。一个期限较长的期权提供被授予人更多的机会，使其在期权行权价格的基础上使股票继续增值。

1. 等待期

等待期是指从授予经理期权到经理可以出售股票的时间。通常，股票期权不能在授予后立即行权。而需要经过一段时间，国外通常规定授予管理层期权1~2年后方可行权，由于受人主要是公司的高级管理人员，他们是公司的内部人。他们与普通股民的信息不对称，使他们有条件操纵信息，从期权中获得不正当的利益。鉴于目前我国上市公司中，内部人控制现象较为严重。为了防止经理人员采用粉饰财务报告等手段操纵股市，获得不正当收益 应对期权计划的等待期作一定的条件限制，以强化对管理层的约束可以采用“滚动锁定法”的做法，规定受益人持有的股票不能一次全部变现。

2. 行权期

行权期是指经理人员可以行权购股到股票期权终止日的时间间距。在行权期内，经理人员可自由选择是否行权购股。为了强化对他们的约束，可暂采用期股的方法 一旦经理人员行权购股，就不可再退股撤资。这就使经理人员在行权后，同股东一起共同承担公司的经营风险和市场风险由此对他们的经营行为进行有效的约束。目前我国股市不规范，为了防止经理人通过利用信息披露来获得不正当利益，对行权时间应做出严格的规定。规定在重大信息披露后20个交易日内不得行权。表14-1是关于管理人员和非管理人员期权到期时间最近的调查情况。

表14-1 行权期（期权授予后）

时间	管理人员	非管理人员（持续性授予）	非管理人员（一次性授予）	非管理人员（授予新员工）
1年	2%	1%	11%	2%
2年	—	—	—	—
3年	3%	4%	16%	2%
5年	3%	4%	16%	2%
7年	—	—	—	—
10年	91%	90%	68%	94%
其他	3%	5%	—	2%
总计	100%	100%	100%	100%
	样本数=90	样本数=77	样本数=19	样本数=46

（五）考核监督机制

考核和监督机制既可以约束公司经理人的行为，又可以确保经理股票期权的顺利实行，因而在设计中也至关重要。经理股票期权机制的考核和监督，就是要对 CEO 的经营业绩进行考查和评估，其具体的考核要素包括：

1. 考核的财务要素

股份奖励须与预先制定的股东总回报或每股盈利挂钩。就此而言，公司内部建立良好的考核指标体系是非常必要的；若非如此，股份激励将缺乏效率。考核公司业绩，这里有两个标准，一是绝对标准，即每股盈利增长或五年内股东的回报升多少。二是相对标准，地位相若的同业股份市值平均上升水平（企业间相对业绩比较通常都是有效率的)。股东总回报或每股盈利的基准制订后，如果管理层未来几年能超出上述基准的平均数，则获得股份奖励；否则，不获奖励。

以香港上市的汇丰控股（0005）的有限制股份奖励计划为例，1999 年股份奖励由以往的与每股盈利增长挂钩修订为与预先制定的股东总回报挂钩。汇丰预先制定的目标是在五年内使股东回报最少上升一倍，这是绝对标准。股东总回报的定义是，有关期内的股份价值及宣布派发的股息收入的增长（假设股息全部再用于投资)。相对标准是考虑到汇丰要成为国际领先的金融机构，因而着重与其他金融机构表现的比较。

具体做法是透过以下三项成分，即①九家与汇率地位相若的银行。②美国、英国、欧洲大陆及远东区（但不包括上述第一项的银行）的最大五家银行。③摩根斯坦和资金国际编制的世界指数所包罗的银行，但不包括上述第一及第二项的银行。按第一项占五成、第二及第三项各占二成半的比重，计算加权平均数，即可定出一个适当的市场比较数字。

一些股票股息比较高的公司像电力设施公司，也已经开始将经理股票期权与股息挂钩，但同时规定，只有在行使期权时，经理人员才能获得股息。这样做的用意在于它能够把经理人员的利益与所有股东利益而不是仅与股票市值相联系。

2. 考核的非财务因素

在期权激励方案中，作为衡量奖励规模的基准，财务状况指标是现在被广泛采用的。最近，人们越来越注意到了非财务状况因素，例如技术的提高、顾客的满意度、组织或雇员的认同等。公司一般是既采用组织目标也采用个体目标，这些目标可能是财务的，非财务的，大多数情况下也可能两者都是。典型的是建立薪酬委员会，成员包括董事会成员和外部专家，由委员会来决定对公司高级管理人员的激励支付，再由高级管理人员决定对下一层人员的激励支付。

案例 1：

微软公司的股票期权计划

微软公司在 1975 年创办之时，只有人员 3 名。如今，微软公司拥有 3 万名员工，市值达2000亿美元，名列全球第二，总裁比尔·盖茨也成为世界首富，微软被称为“迄今为止致力于PC软件开发的世界上最大、最富有的公司”，并被视为知识经济的代表。在当今这个跳槽普遍盛行的时代，为什么微软能够“生产”数以千计的百万富翁，且对公司忠心耿耿？原因只有一个，那就是微软建立了一套网罗顶尖人才、留住顶尖人才的机制。难怪盖茨坦言：“如果把我们公司顶尖的20个人才挖走，那么我告诉你，微软会变成一家无足轻重的公司。”

微软公司付给员工的工资不高，但公司有年度奖金和给员工配股。一个员工工作18个月后，可以获得认股权中25%的股票，此后每6个月可以获得其中12.5%的股票，10年内的任何时间可兑现全部认购权。每2年还配发新的认购权。员工还可以用不超过10%的工资以8.5折的优惠价格购买公司股票。这种报酬制度，对员工有长久的吸引力。在微软工作5年以上的员工，很少有离开的。比尔·盖茨是世界首富，这并不在于他的工资，而在于他拥有公司25%的股票。当微软公司股票价格持续上涨时，盖茨的财富就会水涨船高。

微软是第一家用股票期权来奖励普通员工的企业。微软公司职员的主要经济来源并非薪水，股票升值是主要的收益补偿。公司故意把薪水压得比竞争对手还低，创立了一个“低工资高股份的典范”，微软公司雇员拥有股票的比率比其他任何上市公司都要高。不过，给股票持有者股息，持股者回收到的利润纯粹来自于市场价格的攀升。这种不向员工保证提供某种固定收入或福利待遇，而是将员工的收益与其对企业的股权投资相联系，从而将员工个人利益同企业的效益、管理和员工自身的努力等因素结合起来的做法，具有明显的激励功效。

案例2：

电广传媒的股权激励（业绩股票）

湖南电广传媒股份有限公司（000917）在2000年的第一次临时股东大会上审议通过了对公司经营管理者实施股权激励的议案，决定对公司经营管理者的薪酬采用“基薪收入+年功收入+奖励股票”的股权激励模式。这不仅开媒体产业股票期权制度之先河，更为我国上市公司实现股票期权提供了一种新的思路。此模式的主要内容包括：经营管理者基薪收入每月固定取得，也就是我们所常说的工资收入部分，每月按时发放；年功收入和奖励股票的资金来源于公司的税后净利润，按公司考核后的年度业绩系数按一定比例分段计提，公司每年年度业绩由公司聘请的会计师事务所审计考核并经股东大会通过；年功收入和奖励股票的资金比重分别为计提资金的30%和70%；年功收入在公司年度业绩被审计考核后，经股东大会通过，根据年度业绩系数得出年功收入总的计提资金，并且按一定的税率缴纳税项之后当即发放．奖励股票部分由公司在业绩考核后，按计提奖金的70%从二级市场购入，奖励给经营管理者。

(1) 公司按年度业绩系数确定奖励股票的数量，按照比例分配至个人，并统一委托券商或其他中介机构以被奖励的个人账户在二级市场购买公司股票并锁定。

(2) 购买的时间定为公司每年公布年报一个月之后的两个月以内分两次购买。公司奖励的股票只能在经营管理者离职或卸任半年后方可在二级市场中交易。

(3) 具体执行股权激励时的相关细节由薪酬委员会议定，薪酬委员会对董事会负责，成员由公司部分董事、监事和外部专家组成。

(4) 执行委员会为股权激励的执行机构，由董事会授权董事会秘书处或者财务部担任。

电广传媒方称“之所以要实行业绩股票制度，是为了促进经营管理者的战略决策同公司的长远利益相结合，使公司、股东和经营者取得三赢的效果”。据电广传媒的齐先生介绍此次股权激励只涉及公司的高层经营管理者，包括董事、监事、总经理、副总经理等，以后会逐步扩大至中层骨干，同时股票的变现时间也可能重新调整。另外，齐先生预测奖励的股票在整个电广传媒流通股中所占比例很小，而且奖励的股票数量不一定会逐年增加，因为如果公司业绩没达到预期目标，还将扣除部分股票。但他同时表示经营管理者对公司前景充满信心。

案例 3：

上海贝岭：模拟股票期权

上海贝岭股份有限公司是由上海仪电控股（集团）公司（占 60%股份）和中比合资上海贝尔有限公司共同投资组建，并于 1998 年改制上市。贝岭公司主要从事通信、多媒体信息系统集成电路的设计、制造、销售与技术服务。公司现有员工中约有 50%以上为各类技术人员。

从 1996 年开始，公司尝试进行薪酬制度的改革，结合中国国情和市场情况，相继推出了一系列的职工奖励和激励制度。其中比较成功、也是比较典型的是公司 1999 年 7 月正式推出的模拟股票期权计划。

由于中国证监会在股票期权问题上还没有明确的政策，模拟股票期权只能采用内部结算的办法进行操作，其主要操作方法为：

(1) 确定用于模拟股票期权的资金额度，资金来源于积存的奖励基金。

(2) 分配期权时，充分考虑到对主要技术人员和技术骨干的激励作用，重点向这类人员进行倾斜。在获得模拟股票期权的人员中，占总数 20%的科技人员获得了总额度的 80%，其余人员则获得剩余的 20%。

(3) 期权授予时，通过一定程序的考核，最终确定每一位有权获得模拟股票期权的人员的具体数额。

(4) 公司与每一位参与者签订合约，合约中约定了模拟股票期权的数量、兑现时间表、兑现条件等，以明确双方的权利义务。

(5) 模拟股票期权以上海贝岭股票的股数计量，并以签约时的市场实际价格按一定的比例折扣作为基准价格；期权兑现时也以股数计量，并以兑现时的实际市场价格结算，差价部分为员工实际所得，公司代为缴纳所得税。

这种方法的实施，促使公司员工将个人奋斗目标和公司发展紧密结合，同时辅助以其他形式的薪酬和奖励形式，形成了一套比较全面的激励制度和薪酬体系。

案例 4:

三毛实业：股票增值权计划

兰州三毛实业股份有限公司（0779）董事会通过了决议，决定在公司建立长期激励机制，实行股票增值权激励方案。股权激励方案目前在我国上市公司的实施也不为鲜见，如电广传媒、长源电力等。分析兰州三毛实业股份有限公司的激励机制方案，会发现其较之前其他上市公司实施的股权激励方案有明显的几个优点：

(1) 按使用每股净资产的增加值来激励其高管人员、技术骨干和董事，由于不涉及公司二级市场的股票，轻易地解决了股票期权激励机制中的股票来源问题，绕开了当前我国法律、政策上的诸多障碍，直接拿公司的每股净资产增值来作为激励来源，这种方案无需报财政部、证监会等机构的审批，只要经股东大会通过即可实施。具体操作起来方便、快捷。

(2) 该方案把公司的董事也考虑了进去，按照国外惯例，董事一般都直接拥有公司的股份，作为出资方和委托人参与企业治理，一般不参与期权激励计划。而在中国，大多数董事都仅仅作为国有出资方的代表，而个人并不拥有企业的股份，实质上，仍是作为代理方出现在治理结构中，这次三毛实业方案包含董事在内，是比较符合中国实际国情的。

(3) 减少了公司的高级管理人员短视行为。三毛实业的方案由于分三年来执行，每年只能执行其中的一部分，高级管理人员只有在增加股东财富的前提下才可同时获得收益，从而与股东形成了利益共同体。这种“资本剩余索取权”驱动高级管理人员不断努力提高公司业绩，最终达到股东和高级管理人员双赢的局面。

(4) 稳定了优秀的技术骨干人员。从三毛实业的方案可以看出其既是一种激励制度，同时又是一种制约机制。由于分年分批来执行，且最后20%要等到员工离职才予以兑现，这使员工离职的机会成本大大增加，从而在很大程度上起到了稳定优秀的技术骨干人员的作用。

案例5:

D实业公司员工持股计划

D实业公司（下简称“D实业”），是由D集团投资、主管的第三产业类企业。注册资金1000万元人民币。截至1999年12月31日，D实业的实收资本为1000万元，净资产数千万元。D实业的改制，目的在于贯彻党的十五大精神，将D实业改造成股份制企业，初步建立起现代企业制度。通过改制，既要使D集团能集中精力、财力发展主营业务，也要使D实业的机制活力得到加强，同时，要通过职工全员持股，使公司产权关系更为明确，调动D集团全体职工的积极性，增强企业的凝聚力。实施细则如下：

（1）D实业的个人股，限D集团职工内部发行；持股职工根据持股份额，享有D实业的分红权、配股权。

（2）D集团职工（含离、退休人员）的基本认购权为：在职职工每人3000股，离、退休职工每人1500股。

（3）D实业的经营管理者选择认购权为基本认购权的2~10倍。

（4）D集团可采用增加认购权、赠送股份的方式，对工作业绩卓著的职工进行奖励。

（5）凡1999年12月31日以后进入D集团的职工，认购权从2000年开始生效，基本认购额度为D实业2000年的配股额（以后新进职工均按此原则逐年办理认购权登记）。

（6）职工持有的股份在职期间不得转让，不得退股。

（7）持股职工如经单位批准调离集团系统，应按现行价格办理退股，不再享有股权。

（8）持股职工如未经单位同意擅自离职，因而造成单位经济损失的，期股权将按赔偿优先原则，用于赔偿单位的损失。

（9）持股职工（含离、退休人员）自然死亡的，其持股权不可转让、继承，由其继承人按现行价格办理退股。

（10）持股职工因公死亡，其持股权可以由继承人继承，也可以按现行价格办理退股。

案例6:

宇通客车：管理层收购

宇通客车（600066）：通过信托收购曲线MBO，2001年3月，宇通客车总经理汤玉祥与22个自然人（其中21个自然人是宇通客车职工）一起，共同设立了上海宇通创业投资有限公司，注册资本为12053万元，汤玉祥任法人代表。2001

年6月20日，宇通客车发布了公司第一大股东股权变动公告，宣布宇通集团的所有者郑州国资局协议将所持有的宇通集团89.8%的股份转让给上海宇通，另10.2%的股权转让给河南建业。上海宇通将间接持有宇通客车股份2110万股，占该公司总股份的15.44%。河南建业将间接持有宇通客车股份239.7股，占该公司总股份的1.75%。上海宇通间接控股了上市公司——宇通客车。

案例7：

武汉国资经营公司：延期支付激励模式

武汉国资经营公司根据业务完成净利润情况核定下属21家控股、全资企业高级管理人员的风险收入。独资公司，风险收入30%以现金形式当年兑现，其余70%转化为期股。对于上市公司，将其30%以现金形式当年兑现，其余70%按企业年报公布后一个月的股票平均价购入该公司流通股票，同时由企业法人代表人与国资经营公司签定股票托管协议，这部分股票的表决权暂由国资经营公司行使，且股票在既定时限内不能上市流通，在既定时限后、退休或正常离职时才能出售变现，但企业法定代表人作为所有者仍享有分红、增配股的权利。

第四节　中国股权激励遇到的一些问题及解决思路

股票期权制度在我国受到广大企业的瞩目，但是到目前为止，我国的股票期权制度并没有大范围地进行，已经进行的试点也与国际上的惯例有所不同，这是因为目前我国还存在某些瓶颈因素的制约，主要体现在：

一、法律的障碍

股权激励最核心的问题就是给予员工或经营层的股份从何而来。首先，由于中国《公司法》规定，不允许回购本公司股票，也不允许公司库存股票，所以只有定向扩股和原股东转让两种可行方式，来源渠道较为狭窄。其次，很大一部分的股权激励模式的实施都伴随着公司股本的变动，而中国《公司法》实施的是注册资本实收制而非国外的授权资本制，虽然目前可以通过设计股票期权具体的行权方式，以公司支付价差来行权，从而避免股票回购法律上的限制，但从长远和规范的角度来看，关于股票回购方面的条款仍然有待于完善。再次，股票期权的兑现可能会需要大量的现金，而中国《证券法》不允许卖空交易，给收益兑现带来一定的困难，无疑给实施股票期权的上市公司带来较大的现金压力。再者关于信息披露问题，股票期权的授予时间经常与年报披露时间不一致，这与年报披露的有关规定相抵触。

但显然还有其他的途径可以获得实施股权激励计划所需的股份，并且有一些方法还有政策的支持或者在中国已有先例。如：

（1）国家股股东所送红股预留。在1999年8月20日颁布的《中共中央国务院关于加强技术创新，发展高科技，实现产业化的决定》中明确提出“在部分高科技企业中试点，从近年国有净资产增值部分中拿出一定比例作为股份，奖励有贡献的职工特别是科技人员和经营管理人员”。

（2）减持国家股并向公司内部职工配售。根据国有股配售试点具体方案，试点上市公司将一定比例的国有股优先配售给该公司原有流通股股东，如有余额再配售给证券投资基金，配售价格在净资产值之上、市盈率10倍以下的范围内确定，向原有流通股股东配售的国有股可立即上市流通。

（3）国家股股东现金分红购买股份预留，以此作为上市公司实施股权激励的股票储存。目前武汉国有资产管理局采取此方式实行股票奖励计划的作法。虽然与股权激励计划不同，但在股票来源问题上的解决途径是相同的。

（4）上市公司从送股计划中切出一块作为实施股票奖励的股票来源的作法同样可以应用于股权激励计划。如中兴通讯的方案。该方式只需获得公司股东大会决议通过，并不存在其他政策性障碍。

（5）为绕开关于股票回购的政策障碍，上市公司可以具有独立法人资格的职工持股会甚至以自然人的名义购买可流通股份作为实施股权激励计划的股份储备。

下面的几种方式通过职工持股会这种特殊的机构可以获得所需股份，虽然目前在中国尚无先例，但却显然具有探讨与应用的价值：

（6）上市公司国家股股东向上市公司职工持股会转让部分国家股股份。

（7）上市公司国家股股东或法人股股东放弃配股向上市公司职工持股会转让配股权。

（8）通过定向增发新股，然后由定向对象向公司职工持股会转让该新股。

二、所有者缺位

缺乏必要约束机制问题。我国的股票期权制度与国外股票期权制度面临的一个根本不同的问题是，我国的股票期权制度是在所有人缺位的情况下进行的激励。在中国的国有企业里，国家作为出资者理论上是明确的，但实践中却是模糊的，这造成了企业所有人缺位，内部经营管理人员对国企拥有事实上的控制操纵权。由于国有企业中经营者对于企业的控制很强，国有企业所有者对于企业的监督相对较为薄弱。在此情况下，如何防止企业经营者利用控制地位，在股份期权改革中损害国有股权的利益，侵害所有者的股权利益，成为急需解决的问题。这些问题不解决，经营者股票期权有可能成为“变相福利”分配，成为另一个“最后的晚餐”。股票期权的执行需要建立健全内部法人治理结构。因此，企业产权制度的改革必须加快，这是推行股票期权计划的前提和基础。

如何解决公司法人治理结构问题，应抓好以下几个问题：一是加快企业改革步伐；二是要从观念到实践让“三会”制度落到实处，杜绝形同虚设的现象；三是以法律形式规定在公司董事会设相当数量有影响力的独立董事；四是在监事会的人员构成上一定要保持相对独立的特性。

三、如何进行绩效考核

我国目前的股票信息失真，无法真实地反映企业的业绩，同时也严重地影响了经营者的业绩考核。这是实施股票期权计划的一个前提条件，学术界比较一致的观点认为我国的股票市场是一个弱效率市场，市场的投机性还较高，股价还不完全反映上市公司的经营状况，没有上市公司的国企更没有可供参考和流通转让的市场。实施股票期权意在“双赢”，而目前的经理股票期权有可能背离其实施的初衷，国企经营管理者为了使行权时股票保持高的市场价格，通过内部人控制施行人为包装，使公司股票的价格高于它的实际价值，从而增大了潜在经营风险。

股票期权是否给予，要与预先制定的股东总回报或每股盈利挂钩，董事会对股东总回报或每股盈利制定基准后，如果管理层未来几年能超出基准的平均数，则获得认股期权奖励，否则不获奖励。所以，建立完善的考核指标体系是必要的；此外，股票期权计划的实施必须建立在一个完整真实的财务数据上，如果会计制度不完善，即使有完整的考核指标，其结果就使制度推行中有许多空子可钻，最终要么是激励作用不明显，要么是企业利益的更大损害。

四、资本市场的效率因素

大多数激励机制都以公司股价作为参照系数，所以其实用性与股票市场本身是否有效紧密相关。所谓有效市场是指市场价格总能充分反映所有可获得的信息，投机者可以利用技术分析或基本分析的方法获取超额利润。而一些市场经济更加成熟的国家（如美国）的股票市场在一定程度上符合强势有效市场的特征，也就是说一些公司内部人很难利用上市公司未公开信息对股票价格进行影响。正是因为股票市场是有效的，公司高级管理人员的管理能力才可能通过股票市场的价格信号被充分反映出来。企业利润率的高低可以通过股票市场价格得到充分体现，而这正反映了公司高级管理人员的管理能力所在，也正是实施股票期权等股票期权激励机制的依据。有人曾对我国股票市场的有效性用回归分析的方法进行了检验，结论是：我国股票市场基本具备了弱势有效市场的特征，但还不十分完全，可以说是处于准弱势有效市场。我国的股票市场的价格信号的传递功能还相对较弱，股票市场的投机性还较强，股票价格失真现象比较严重，股票价格还不能完全反映上市公司的经营状况。因此，在这种情况下如果实行基于股价的股票期权激励模式，其激励效果值得怀疑。

因此，加快改革步伐，进一步完善和发展股票市场应该尽快提上议事日程。至于如何进一步培育有效的资本市场，人们已经进行了多方面的探索，勿需赘言。但最关键的有两点：一是要真正按市场的原则行事，尽量减少不必要的行政干预；二是要制定市场规则，确定市场主体的行为规范。

五、职业经理人市场不健全

目前，国有控股的上市公司占上市公司总数的很大比重，而国有企业的高级管理人员大部分是由上级主管部门任命的，远没有形成以市场供需为基础的成熟的职业经理人市场。1998 年，由国家经贸委等机构主持的一项关于中国企业家成长与发展的专题调查结果显示，企业家由主管部门任命者占 75%，由董事会任命者占 17%，由职代会选举者占 0.3%，由企业内部招标竞争者占 1.3%，而由社会人才市场配置者仅占 0.3%。经理人选择机制的非市场化造成的结果是：国有企业的经营业绩并不一定是在任经营者的经营业绩，国有企业的亏损并不一定是由在任经营者造成的。这样对于企业经理的业绩评价就难免有失公允，给与之相关的股权激励制度建设带来一定的困难。所以，中国应尽快完善国有企业经理人市场化聘用机制，从事实上取消国有企业的行政级别，落实能上能下、能进能出的制度，真正地将国企经理人放到经理人市场上去磨练，市场自然会筛选出优秀的经理人才，淘汰滥竽充数和混水摸鱼者。

为此，应进一步深化我国企业体制改革，完善企业产权结构，尽量增加上市公司流通股的比重，加快国有股流通、国有法人股减持速度，逐步弱化政府对企业行为的行政干预，尽早废除经理人的行政任命，按照市场经济的要求，改革经理人的选拔、聘用机制；充分发挥市场在配置人力资源和决定人才价格上的基础性作用，完善经理人市场，建立有效的业绩考核体系，为我国推行股权激励创造良好的环境。

总之，股权激励是一个复杂的系统工程，在股权激励方案设计的实施过程中，不但要兼顾各方的利益，采用灵活有效的手段来避开障碍，清除认识上的误区和规避可能存在的各种风险，而且更要树立依法实施的意识，只有这样，股权激励计划才可能真正成功，并发挥其应有的巨大作用。

复习思考题

1. 什么是股权激励制度？股权激励制度在企业中的作用是什么？
2. 你对当前我国股权激励制度的现状有什么认识？请提出你对如何建立有效股权激励制度的见解。
3. 中国特色的股权激励模式有哪些？比较这些模式的优劣。
4. 股票期权计划的设计，要考虑哪些因素？你认为哪些因素是区分不同股票期权计划的根本，为什么？
5. 如何在现有法律条件下，解决股票来源的问题？列出几种方法，比较它们的优劣。
6. 在中国的资本市场还没有健全的情况下，怎么确定行权价？
7. 你对股权激励制度在中国遇到的障碍，有什么看法？提出相应的解决思路。

参考文献

[1]　加里·德斯勒．人力资源管理［M］．吴雯芳，译．北京：中国人民大学出版社，1999

[2]　刘军胜编．薪酬管理实务手册［M］．北京：机械工业出版社，2002．

[3]　熊敏鹏．人力资源管理［M］．北京：机械工业出版社，2003．

[4]　文跃然．薪酬管理原理［M］．上海：复旦大学出版社，2004．

[5]　董克用，等．薪酬管理［M］．北京：中国人民大学出版社，2001．

[6]　彭剑锋．人力资源管理概论［M］．上海：复旦大学出版社，2004．

[7]　谌新民，张帆．薪酬设计技巧［M］．广东：广东经济出版社，2002．

[8]　翁天真．企业工资管理［M］．北京：劳动人事出版社，1988．

[9]　罗宾斯．组织行为学［M］．黄卫伟，等译．北京：中国人民大学出版社，2001．

[10]　亨利·西斯克．工业管理与组织［M］．段文燕，等译．北京：中国社会科学出版社，1985．

[11]　罗宾斯．管理学［M］．黄卫伟，等译．北京：中国人民大学出版社，2001．

[12]　邱小平．工资收入与分配［M］．北京：中国劳动社会保障出版社，2004．

[13]　刘昕．薪酬管理［M］．北京：中国人民大学出版社，2002．

[14]　托马斯·B·威尔逊．薪酬框架［M］．陈红斌，译．北京：华夏出版社，2001．

[15]　伊查克·麦迪斯．企业生命周期［M］．何燕生，等译．北京：中国社会科学出版社，1997．

[16]　爱德华·拉齐尔．人事管理经济学［M］．刘昕，等译．北京：北京大学出版社，2000．

[17]　姜定维，蔡巍，水藏玺．吹口哨的黄牛——以薪酬留住人才［M］．北京：京华出版社，2003．

[18]　王长城．薪酬管理［M］．深圳：海天出版社，2002．

[19]　张建国．薪酬体系设计［M］．北京：北京工业大学出版社，2003．

[20]　林泽炎．企业薪酬设计与管理［M］．广东：广东经济出版社，2001．

[21]　范海东，唐晓斌．宽带薪酬设计［M］．广州：广东经济出版社，2005．

[22]　弗雷德里克·D·李普曼．员工持股计划实施指南［M］．张新海，等译．北京：电子工业出版社，2002．

[23]　吴叔平，等．股权激励——企业长期激励制度研究与实践［M］．上海：上海远东出版社，2000．

[24]　饶征，欧阳晖．职能工资设计［M］．北京：中国人民大学出版社，2003．

[25]　姜定维，蔡巍，水藏玺．拿多少——业绩说了算［M］．北京：京华出版社，2004．

[26]　王长城等．薪酬案例诊断与推介［M］．北京：中国经济出版社，2003．

[27]　冉斌．薪酬设计六步法［M］．北京：中国经济出版社，2004．

［28］ 约瑟夫·J·马尔托奇奥．战略薪酬［M］．周眉，译．北京：中国社会科学文献出版社，2002．

［29］ 保罗·格林．基于能力的人力资源管理［M］．欧阳袖，译．北京：高等教育出版社，2004．

［30］ 黄群慧，杨淑君．企业经营者年薪制的模式比较［J］．中国工业经济，1999．

［31］ 景玉祥．论决策树法在年薪制中的应用［J］．南开管理评论，2000（5）．

［32］ 吴定玉．宽带薪酬管理模式探析［J］．北京工业大学学报，2004（3）．

［33］ 王超．宽带薪酬实施中应注意的问题［J］．经济师，2004（3）．

［34］ 张超．宽带薪酬——薪酬体系的新视角［J］．华东经济管理，2004（10）．

［35］ 郑秀敏，梁为．宽带薪酬——“薪”趋势［J］．现代管理科学，2004（7）．

［36］ 周迪生．宽带薪酬在我国企业的适用性分析［J］．人口与经济，2004（10）

［37］ 刘蕊．试论宽带薪酬［J］．首都经济贸易大学学报，2004（5）．

［38］ 张建国．基于战略的薪酬体系设计模型［J］．中国人力资源开发，2002（8）

［39］ 郭勤中．小企业薪酬策略［J］．中国人力资源开发，2003（5）．